以医疗行业为视角

破产重整

实务操作指南

秦中峰　申劲颖　主　编

刘　涛　郝建礼　副主编

Practical Operation Guide for
Bankruptcy Restructuring

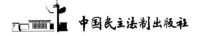

中国民主法制出版社

图书在版编目（CIP）数据

破产重整实务操作指南/秦中峰，申劲颖主编；刘涛，郝建礼副主编．—北京：中国民主法制出版社，2024.11. ISBN 978-7-5162-3774-8

Ⅰ. D922. 291. 92-62

中国国家版本馆 CIP 数据核字第 2024UL2255 号

图书出品人：刘海涛

责 任 编 辑：庞贺鑫

书名/破产重整实务操作指南
作者/秦中峰　申劲颖　主　编
　　　刘　涛　郝建礼　副主编

出版·发行/中国民主法制出版社
地址/北京市丰台区右安门外玉林里 7 号（100069）
电话/（010）63055259（总编室）　63058068　63057714（营销中心）
传真/（010）63055259
http：// www. npcpub. com
E-mail：mzfz@ npcpub. com
经销/新华书店
开本/16 开　710 毫米×1000 毫米
印张/27.5　字数/387 千字
版本/2025 年 1 月第 1 版　2025 年 1 月第 1 次印刷
印刷/三河市宏图印务有限公司

书号/ISBN 978-7-5162-3774-8
定价/89. 00 元
出版声明/版权所有，侵权必究。

作者简介

秦中峰律师，三级律师，北京德恒（郑州）律师事务所资深高级合伙人、执行主任。

申劲颖律师，三级律师，硕士研究生毕业于云南大学法学院，北京德恒（郑州）律师事务所合伙人、企业拯救与破产专业委员会副主任。

刘涛律师，二级律师，硕士研究生毕业于中国政法大学民商法学硕士，北京德恒（郑州）律师事务所高级合伙人，企业拯救与破产专业委员会主任。

郝建礼，二级律师，北京德恒（郑州）律师事务所高级合伙人，企业拯救与破产专业委员会副主任。

韩树一律师，三级律师，北京德恒（郑州）律师事务所合伙人、律师代表、党总支部青年委员、企业拯救与破产专业委员会委员。

李鹏飞律师，北京德恒（郑州）律师事务所律师、企业拯救与破产专业委员会委员。

姚宋伟律师，硕士研究生毕业于郑州大学法学院，北京德恒（郑州）律师事务所律师、第一党支部宣传委员、企业拯救与破产专业委员会委员。

张苗苗律师，北京德恒律师事务所律师。

李宁，硕士研究生毕业于甘肃政法大学法学院，曾任北京德恒（郑州）律师事务所律师、企业拯救与破产专业委员会委员。

任鸿翔，硕士研究生毕业于昆明理工大学法学院，北京德恒（郑州）律师事务所企业拯救与破产专业委员会委员。

一、破产重整的基本理论

一个长期存在于市场的企业，汇集了大量的社会资源和人力资源，对社会经济产生着难以预估的影响，这种企业在濒危时直接退出市场，会对社会秩序的稳定造成极大的不良影响，因此世界各国均会设立一项挽救危困企业，使其能够重新复兴的救济制度。危困企业救济制度最早出现于英国，最初被称为"公司整理"。在 1867 年的《铁路公司法》中，英国设置了"管理人"这一制度来整理濒临破产的铁路公司，这是破产重整的雏形。美国的危困企业救济制度同样起源于铁路公司，并于 1934 年在《破产法》中规定"公司重整"的内容。我国对于危困企业的救济制度起源于1986 年《企业破产法（试行）》（已失效）中的"企业和解与整顿"，但适用主体仅限于国有企业，且主要采取行政干预的手段对企业进行救济，不能被视为真正意义上的破产重整制度。直至 2007 年，《企业破产法》通过生效，我国才在法律意义上正式确立了企业破产重整制度。

破产重整，在不同国家又被称为"企业再生""公司整理""企业复兴"等，在本质上都是一种以危困企业现有的生产资料为基础，通过对陷入困境的企业进行资源配置、整合、调整，清偿企业债务，使其摆脱财务困境，实现困境企业重生、挽救危困企业的法律制度。其一般具有以下特征：首先，能够申请破产重整的主体范围较广。在我国，债务人、债权人、出资额占债务人注册资本十分之一以上的出资人这三类主体在满足法定条件时均可以向法院申请对债务人进行破产重整，申请主体比其他破产程序范围更广。其次，破产重整程序效力具有优先性。法院受理企业的破产重整申请后，有关债务人的诉讼、强制执行将被依法中止，财产保全措施将依法解除，债权人仅能通过向管理人申报债权的方式行使权利并以通过后的重整计划安排获得清偿，这既能保证资产的完整性，也能够实现资产价值的最大化。再次，破产重整能够采取的措施多样。只要适用的措施有利于企业获得重生，并经利害关系人同意就能使用。破产重整有相当大的让利空间，只要能保证债权人的待遇不会比清算时的获利更差，重整计划草案可作各种调整。最后，破产重整还具有一定的强制性。只要超过半数债权人同意重整计划草案，且其代表的债权金额占表决组债权总额三分之二以上即可通过，在少数服从多数的基础上，就能取得债权人的一致性意见。即使债权人未全部通过重整计划草案，法院仍有权直接裁定批准通过重整计划，并对各方产生法律约束力。

由于破产重整的目标是实现困境企业重生、挽救危困企业，因此其与其他破产程序有所区别。与破产清算相比，二者的区别在于：首先，债权人、债务人以及债务人的出资人均可以是破产重整的申请人，而破产清算的申请人只能是债务人或债权人；其次，破产重整中，只要适用的措施有利于企业获得重生，并经利害关系人同意就能使用，而破产清算基本仅能采用处置债务人财产的方式；最后，也是最重要的区别，实现困境企业重生是破产重整的最终目的，而破产清算的目的是处置债务人财产变现后清偿债务。而与破产和解相比，虽然二者均是危困企业再建的一种方式，但二者之间也存在很大差别，主要表现为：首先，能申请破产和解的只有债务人，而能申请破产重整的主体则更加广泛；其次，破产和解的实质是一项债务清理制度，而破产重整的最终目的在于实现企业复兴；最后，破产重整程序的优先性更高，重整程序一经开始，即使是有优先权的债权人也必须依重整程序行使权利。

破产重整制度对于企业和社会均具有重要意义。企业的价值不仅在于经济价值，还在于社会价值。在如今市场经济的背景下，各种企业如雨后春笋般涌现，企业的消亡更是屡见不鲜。然而，每个真实存在过的企业都不同程度地汇集了人力资源和社会资源，具有重整价值的企业更是如此。具有重整价值和重整可能性的企业一般都会拥有一定的市场地位和市场占比，一旦这样的企业出现濒临破产的问题，不仅影响企业自身的存亡，还会牵扯上下游及相关企业的经济利益、员工就业、政府税收、地方经济稳定等问题。因此，这样的企业进行破产重整不仅能够使企业解决债务问题，继续经营，实现企业的经济价值，而且有利于维护社会的整体利益，缓解员工就业问题，对社会起到和谐稳定的作用，实现企业的社会价值。这种企业双重价值的实现，在涉及关系人民群众利益的行业与领域体现得更为突出，因此在民生领域中的企业破产重整的意义更为重大。

二、医疗行业破产重整的特殊性

对比英美国家的危困企业救济制度，可以发现企业破产重整制度一般最早出现于以公共事业为主体的行业，如英美国家最早关于破产重整制度的规定均仅适用于铁路公司，这是因为当时其社会主要交通运输工具即为铁路，铁路公司在公共事业稳定中具有举足轻重的地位，若任由其直接进行破产清算，会对社会稳定产生很大影响。而我国最早的危困企业救济制度同样仅适用于国有企业，国有企业掌握国民经济命脉，对于社会稳定和公共事业的发展具有重要作用，维护国有企业的存续，能够维持社会经济和社会秩序的稳定。因此，破产重整制度对于涉及公共事业的行业意义重大。

近年来，医药工业和医疗服务不断提质增效，医药工业包括化学药制剂、原料药、中成药、医疗器械等，是关系国计民生、经济发展的战略性产业；医疗服务涉及药品供应、医疗卫生等重要事项，关系到人民群众的身体健康和生老病死，与人民群众切身利益密切相关，是重要的民生工程。本书结合律师团队多年的医药企业、医疗器械企业、医疗机构等破产业务从业经验，将医药工业和医疗服务统称为医疗行业，以医疗行业为视角论述破产重整相关问题。

医疗行业事关人民群众生命健康和高质量发展全局，是具有较强成长性、关联性和带动性的朝阳产业，是卫生健康事业的重要基础，是健康中国建设的关键领域，在惠民生、稳增长方面发挥了积极作用。目前，各地方医疗资源分布差异较大，许多地区，尤其是中小城市医疗资源有限，医疗机构承载力大多处于饱和状态，并且医疗行业中的企业一般都会具有比较特殊的资质，或者具有较为良好的医疗资源。在这种情况下，一旦医疗行业企业陷入危困状态，首先应考虑其社会价值，以最大限度留存医疗资源、维持医疗服务稳定为目标。而采用破产重整的方式可以避免直接进行清算带来的医疗行业动荡，保障医疗服务稳定，满足人民群众需求，最大限度地留存医疗资质和医疗资源。在破产重整程序中实现医疗行业危困企业涅槃重生，既能挽救身陷困境的企业、稳定职工情绪、最大限度保护全体债权人的利益，又能使医疗资质、装修设施等有效生产力得以保留，避免医疗资源的闲置和浪费，使当地获得优化和充实医疗资源的机会；既能实现医疗行业救死扶伤的社会功能，使人民群众能够继续享受优质便捷的医疗服务，在发展中保障和改善民生，又能有效地化解因债务危机可能引发的重大社会问题，实现法律效益、社会效益和经济效益的"三效合一"。因此，在医疗行业中适用破产重整制度具有重要意义。

　　由于医疗行业的特殊性，其破产重整案件中也有一些特别之处，如在申请破产重整时，一些特殊主体能否适用破产重整程序；管理人如何接管一些医疗企业的特殊资质；医疗企业特有的一些债权种类如何进行审查等问题，均与其他行业的破产重整案件有所不同。本书基于医疗行业中适用破产重整制度的重要意义和医疗行业破产重整案件中的特别之处，对医疗行业破产重整案件的流程进行梳理，并对医疗行业破产重整案件中的特殊问题进行阐述，以期能够对办理医疗行业破产重整案件提供参考。本书中所使用的法律法规，如无特指，均为我国法律规定。

目 录

第一章　申请、审查和受理

重整程序是指对已经具有破产原因而又有再生希望的债务人企业适用的旨在挽救其生命的积极法律程序。重整程序的意义在于为濒临破产的企业增加一次恢复生机的机会，减少债权人损失的同时也可以积极维护社会稳定，具有深远意义。就医疗行业而言，近年来医疗机构、医疗器械企业、医药生产企业等民办非企业单位、事业单位性质的医疗行业主体在实践中陆续也被法院受理破产申请。本章结合医疗行业重整程序中的申请、审查和受理部分，详细介绍重整程序的启动，同时也将实践中的相关模板和案例予以列举说明。

一、重整申请主体

根据《企业破产法》第七条第一款、第二款规定："债务人有本法第二条规定的情形，可以向人民法院提出重整、和解或者破产清算申请。债务人不能清偿到期债务，债权人可以向人民法院提出对债务人进行重整或者破产清算的申请。"第七十条第二款规定："债权人申请对债务人进行破产清算的，在人民法院受理破产申请后、宣告债务人破产前，债务人或者出资额占债务人注册资本十分之一以上的出资人，可以向人民法院申请重整。"从《企业破产法》的规定来看，申请重整的主体为债务人、债权人及符合特定条件的出资人，但实践中，管理人在特殊情况下也可以成为重整的申请主体。

（一）债务人

债务人在符合破产原因时可以直接向人民法院申请重整，也可以在清算程序中申请转为重整程序。

附：债务人申请破产重整申请书模板

破产重整申请书（债务人申请破产重整用）

申请人（名称）：×××

住所地：×××

法定代表人：×××，职务：×××，联系方式：×××

申请目的：破产重整

申请事实、理由和法律依据：×××

此致

×××人民法院

申请人：×××（印章）

××××年××月××日

（二）债权人

债权人对债务人享有合法债权，在债务人已经不能清偿债务的情形下，为维护自身权益，债权人有权申请对债务人进行重整。

附：债权人申请破产重整申请书模板

破产重整申请书（债权人申请破产重整用）

申请人（姓名或名称）：×××

住所地：×××

（法定代表人：×××；职务：×××；联系方式：×××）

被申请人（名称）：×××

住所地：×××

法定代表人：×××；职务：×××；联系方式：×××

申请目的：破产重整

申请事实、理由和法律依据：×××

此致

×××人民法院

申请人：×××（签名或印章）

××××年××月××日

（三）债务人的出资人

债务人的出资人申请破产重整需要符合两个条件：一是申请时间，是在人民法院受理破产申请后、宣告债务人破产前；二是出资人的出资额，必须是出资额占债务人注册资本十分之一以上的出资人才能向人民法院申请对债务人进行重整。

以上三类主体是《企业破产法》第七条、第七十条明确规定的可以申请破产重整的主体。

（四）管理人

此外，尽管立法层面并未有明确规定，但依据《全国法院破产审判工作会议纪要》及各地文件，在司法实践中，大量存在管理人作为申请人申请债务人进入重整程序的案例。不过，此种方式常见于实质合并破产重整程序，即一家企业进入破产重整程序，管理人在接管破产企业后发现与其他企业存在法人人格混同、满足破产原因、具有实质合并重整的必要性和可行性等情形，管理人申请其他混同的关联企业一并进入破产程序，在实践中这也是一种进入重整程序的渠道，近些年在关联企业实质合并破产重整程序中也较为常见。

综上所述，根据申请人身份的不同，债权人或债务人均可直接向人民法院申请重整，债务人的出资人在符合特定条件时也可以向人民法院申请重整，管理人一般在关联企业合并破产重整时也可作为重整的申请主体。

二、申请人须提交的材料

（一）债务人直接申请重整须提交的材料

根据《企业破产法》第七条、第八条以及《最高人民法院关于审理企业破产案件若干问题的规定》第六条之规定，债务人有权向人民法院提出重整申请，其应提交的材料包括但不限于：破产申请书、主体资格证明材料、法定代表人与主要负责人名单、亏损情况说明并附审计报告等财务会计报告、财产状况说明及明细表、银行账户详细情况的材料、债务清册、债权清册、担保情况材料、诉讼情况材料、职工情况和安置预案、职工工资的支付和社会保险费用缴纳情况的材料以及足以证明债务人符合《企业破产法》第二条规定情形的证据，对该证据的要求详见《最高人民法院关于适用〈中华人民共和国企业破产法〉若干问题的规定（一）》第二条、第三条、第四条之规定。

此外，结合司法实践，往往还需另行提交足以证明债务人具备"重整可行性"的证据及人民法院认为应当提交的其他材料。

附：债务人申请重整所需材料

1. 申请书应提交一式二份，供债务人不能清偿到期债务，并且资产不足以清偿全部债务，或明显缺乏清偿能力，或有明显丧失清偿能力可能时，根据《企业破产法》向法院申请破产重整用。申请书应当列明申请人基本情况、申请重整的事实和理由等。

2. 根据《企业破产法》及其司法解释的规定，债务人在申请破产重整时还应当提交以下书面材料：

（1）债务人主体资格证明，即工商行政管理机关颁发的企业法人营业执照，以及债务人最近一个年度的企业年度报告材料；

（2）债务人股东会或股东大会、董事会（外商投资企业）、职工股东大会或者其他依法履行出资义务的人同意申请重整的文件；

债务人为国有独资企业、国有独资公司的，还应当提交对债务人履行出资人职责的机构同意申请重整的文件；

（3）债务人法定代表人或者主要负责人名单、联系方式，及债务人董事、监事、高级管理人员和其他管理部门负责人名单、联系方式；

（4）财产状况说明，包括有形资产、无形资产、对外投资情况、资金账户情况等；

（5）债务清册，列明债权人名称、住所、联系方式、债权数额、债务性质、债权形成时间和被催讨情况；

（6）债权清册，列明债务人的债务人名称、住所、联系方式、债务数额、债权性质、债务形成时间和催讨偿还情况；

（7）有关财务会计报告；

（8）债务人涉及的诉讼、仲裁、执行情况；

（9）企业职工情况和安置预案，列明债务人解除职工劳动关系后依法对职工的补偿方案；债务人为国家出资企业的，职工安置预案应列明拟安置职工基本情况、安置障碍及主要解决方案等；

（10）职工、高管人员工资的支付和社会保险费用、住房公积金的缴纳情况；

（11）债务人重整的必要性和可行性证明材料；

（12）上市公司申请破产重整的，还应当提交关于上市公司具有重整可行性的报告、上市公司住所地省级人民政府向证券监督管理部门的通报情况材料以及证券监督管理部门的意见、上市公司住所地人民政府出具的维稳预案等材料；

（13）其他与申请事实、理由有关的材料。

（二）债权人直接申请债务人重整须提交的材料

根据《企业破产法》第七条、第八条以及《最高人民法院关于审理企业破产案件若干问题的规定》第七条之规定，债权人有权向人民法院提出对债务人进行重整的申请，其应提交破产申请书，申请人主体资格证明材料，被申请人主体资格证明材料，债权发生的事实与证据，证明其债权性质、数额、有无担保的证据，债务人不能清偿到期债务的证据和其他有关证据。

破产申请书应当载明下列事项：（1）申请人、被申请人的基本情况；（2）申请目的；（3）申请的事实和理由；（4）人民法院认为应当载明的其他事项。

由于债权人往往不能知悉债务人的资产和负债情况，因此，法律并不苛求债权人证明债务人"资产不足以清偿全部债务或者明显缺乏清偿能力或者有明显丧失清偿能力可能"，故而仅提交足以证明"债务人不能清偿到期债务"的证据即可。

此外，结合司法实践，债权人申请债务人重整的，往往还需另行提交足以证明债务人具备"重整可行性"的相关证据。

附：债权人申请重整所需材料

1. 申请书应提交一式二份，供债权人在债务人不能清偿到期债务，并且资产不足以清偿全部债务，或明显缺乏清偿能力，或有明显丧失清偿能力可能时，根据《企业破产法》向法院申请债务人破产重整用。申请书中应当列明申请人和被申请人基本情况、申请重整的事实和理由等。

2. 根据《企业破产法》及其司法解释的规定，债权人在申请破产重整时还应当提交以下书面材料：

（1）申请人与被申请人的主体资格证明；

（2）债权发生的事实与证据；

（3）债权性质、数额、有无担保的证据；

（4）债务人不能清偿到期债务的证据；

（5）债务人重整的必要性和可行性证明材料；

（6）申请上市公司破产重整的，还应当提交关于上市公司具有重整可行性的报告、上市公司住所地省级人民政府向证券监督管理部门的通报情况材料以及证券监督管理部门的意见、上市公司住所地人民政府出具的维稳预案等材料，以及债权人已将申请事项告知上市公司的有关证据；

（7）其他与申请事实、理由有关的材料。

（三）债务人申请破产清算转重整须提交的材料

由于债务人已经进入破产清算程序，因此申请人无须提交过多材料，一般仅需要向人民法院提交申请书及足以证明债务人具备"重整可行性"的相关证据。

附：债务人申请清算转重整模板

申请书

申请人：×××（列明基本信息）

申请事项：

申请对×××公司进行重整

事实和理由：

×××（介绍该案的基本情况及债务人自身可具备的重整价值）

此致

×××人民法院

申请人：×××

××××年××月××日

（四）申请合并重整须提交的材料

尽管合并重整并未得到立法层面的认可，但依据《全国法院破产审判工作会议纪要》及各地文件，在司法实践中，其他企业的管理人是可以申请将债务人纳入合并重整程序中的，其需要提交的材料包括但不限于：合并重整申请书，主体资格证明材料，足以证明债务人符合《企业破产法》第二条规定情形的证据，足以证明关联企业成员之间存在法人人格高度混同、区分各关联企业成员财产的成本过高、严重损害债权人公平清偿利益的证据。至于如何证明法人人格高度混同，往往从人员、财产、财务、管理、负债等方面展开。

附：管理人申请合并重整模板

合并重整申请书

申请人：×××公司管理人

被申请人：×××公司（列明基本信息）

被申请人：×××公司（列明基本信息）

……（根据实际被申请人数量列明）

申请事项：

请求人民法院裁定×××公司、×××公司、×××公司进行合并重整。

事实与理由：

×××（介绍该案的基本情况，主要是管理人在履职过程中发现几个被申请人存在法人人格高度混同、区分几个被申请人财产成本过高、严重损害债权人公平清偿利益等情形，具体详细分析合并重整的事实和理由）

此致

×××人民法院

申请人：×××公司管理人
××××年××月××日

三、审查标准及审查结果

人民法院根据重整申请书及相关证据材料，从是否具备管辖权、申请人是否具备主体资格、被申请人是否具备破产主体资格、被申请人是否具备破产原因、是否具有重整的可能等方面，审查是否受理破产重整申请。

（一）人民法院对破产申请的审查标准

1. 管辖权审查

与民商事诉讼案件一样，破产案件的管辖同样分为级别管辖和地域管辖两种。《企业破产法》第三条以及《最高人民法院关于审理企业破产案件若干问题的规定》第一条、第二条、第三条规定为地域管辖，由债务人住所地人民法院管辖。级别管辖是根据核准企业登记的工商行政管理机关的级别不同而分别由基层人民法院或中级人民法院管辖，即基层人民法院一般管辖县、县级市或者区的工商行政管理机关核准登记企业的破产案件；中级人民法院一般管辖地区、地级市（含本级）以上的工商行政管理机关核准登记企业的破产案件。当然，也有例外，即纳入国家计划调整的企业破产案件，由中级人民法院管辖。

关于执行案件移送破产审查的级别管辖和地域管辖，根据《最高人民法院印发〈关于执行案件移送破产审查若干问题的指导意见〉的通知》第三条的规定，执行案件移送破产审查，由被执行人住所地人民法院管辖。在级别管辖上，为适应破产审判专业化建设的要求，合理分配审判任务，实行以中级人民法院管辖为原则、基层人民法院管辖为例外的管辖制度。中级人民法院经高级人民法院批准，也可以将案件交由具备审理条件的基层人民法院审理。例如，在河南省某执行转破产案件中，基层人民法院将该执行案件移送中级人民法院进行破产审查，但因该破产企业的执行案件和住所地均在基层人民法院管辖范围内，经报河南省高级人民法院批准，指定基层人民法院审理，更有利于债务人企业的资产处理和社会稳控工作的开展。

关于民办非企业单位管辖，民办非企业单位一般在医院和学校中较为常见，并且登记机关为民政局，而非市场监督管理局，人民法院会依据住所地和经营地点综合审查是否具有管辖权，以此来判定是否受理。

2. 申请人主体资格审查

如前所述，申请人一般是四类主体，因此根据申请主体的不同，人民法院在审查申请人主体资格的时候，应当是根据前述不同情况和不同身份，区别审查。

3. 被申请人主体资格审查

根据《企业破产法》的规定，可以进入重整程序的主体，应当具备企业法人资格。因此，人民法院在对被申请人主体资格进行审查时，应根据被申请人的营业执照等证照，判断其是否具备企业法人资格。

实践中，越来越多的民办学校、民办医院作为民办非企业法人也被人民法院受理破产，如阜阳创伤医院、宝应颐康中西医结合医院、蚌埠交通医院、连州北山医院等，人民法院认为其虽然不属于企业法人，但其作为民办医院，与民办学校均属于公益法人，民办学校具备破产主体资格，民办医院可以参照执行，宝应颐康中西医结合医院依法设立并登记，以自己的名义从事经营活动，有负责日常运作的管理机构和固定的经营场所，赋予民办医院破产主体资格与《企业破产法》中破产制度的立法主旨一致[1]。

---

[1] 宝应县人民法院（2023）苏1023破申36号民事裁定书。

因此，不仅企业法人可被人民法院受理破产，民办非企业单位（法人）也具有破产主体资格。

参考案例

被申请人具有民办非企业法人资格，其作为民办医院，与民办学校均属于公益法人，民办学校具备破产主体资格，民办医院亦可参照执行，赋予民办医院破产主体资格与《企业破产法》中破产制度的立法主旨相一致。——宝应县人民法院（2023）苏1023破申36号民事裁定书

裁判要旨：被申请人具有民办非企业法人资格，其作为民办医院，与民办学校均属于公益法人，民办学校具备破产主体资格，民办医院亦可参照执行，赋予民办医院破产主体资格与《企业破产法》中破产制度的立法主旨相一致，宝应颐康中西医结合医院实质具备破产主体资格。

基本案情：在执行过程中，经扬州市佳祥医疗器械有限公司同意，于2023年4月27日决定将宝应颐康中西医结合医院作为被执行人的执行案件移送破产审查。

争议焦点：是否受理申请人扬州市佳祥医疗器械有限公司对被申请人宝应颐康中西医结合医院的破产清算申请。

法院认为：第一，被申请人的单位注册地在宝应县区域，法院依法对该案享有管辖权；第二，申请人扬州市佳祥医疗器械有限公司对被申请人享有到期债权，且未得到清偿；第三，被申请人具有民办非企业法人资格，其作为民办医院，与民办学校均属于公益法人，民办学校具备破产主体资格，民办医院亦可参照执行，赋予民办医院破产主体资格与《企业破产法》中破产制度的立法主旨相一致，宝应颐康中西医结合医院实质具备破产主体资格；第四，被申请人不能清偿到期债务，且资不抵债，丧失偿债能力，构成破产原因。

更为特殊的是事业单位能否被人民法院受理破产，尽管《企业破产法》未将事业单位纳入破产受理的主体，但实践中不乏事业单位已被人民法院受理破产，成为破产主体，如保定恒兴中西医结合医院，登记机关为河北省保定市新市区事业单位登记管理局，该事业单位已于2024年1月29日被河北省保定市竞秀区人民法院裁定批准重整计划并终止重整程序[①]。

---

① 河北省保定市竞秀区人民法院（2023）冀0602破申1号。

综上，经在全国企业破产重整案件信息网查询医疗行业破产的案件，这些主体一般为法人、民办非企业单位、个人独资企业、普通合伙企业、事业单位等主体，破产的主体不再局限于法人，实践中也越来越放开，越来越多的主体类型被纳入破产主体。

4. 被申请人破产原因审查

根据《最高人民法院关于适用〈中华人民共和国企业破产法〉若干问题的规定（一）》第一条之规定，"债务人不能清偿到期债务并且具有下列情形之一的，人民法院应当认定其具备破产原因：（一）资产不足以清偿全部债务；（二）明显缺乏清偿能力"。至于怎样认定债务人是否已经不能清偿到期债务、是否资产不足以清偿全部债务、是否明显缺乏清偿能力，则可根据《最高人民法院关于适用〈中华人民共和国企业破产法〉若干问题的规定（一）》第二条、第三条、第四条之规定进行审查。一般情况下负债大于资产较为常见，也是大多数企业进入破产的主要原因；特殊情况下明显缺乏清偿能力也属于破产原因，常见于一个破产企业的主要资产为土地使用权，但缺乏流动性，没有可流动的资产，因此资产大于负债时也有可能被人民法院受理破产。例如，四川华普医院有限公司被人民法院受理破产的原因就是资产大于负债，资产缺乏流动性，公司无法清偿债务①。

参考案例

债务人账面资产虽大于负债，但主要资产缺乏流动性，明显缺乏清偿能力的，属于可以申请破产的情形。——成都市武侯区人民法院（2023）川 0107 破申 30 号华普公司重整受理裁定书

裁判要旨：《最高人民法院关于适用〈中华人民共和国企业破产法〉若干问题的规定（一）》第四条："债务人账面资产虽大于负债，但存在下列情形之一的，人民法院应当认定其明显缺乏清偿能力：（一）因资金严重不足或者财产不能变现等原因，无法清偿债务；（二）法定代表人下落不明且无其他人员负责管理财产，无法清偿债务；（三）经人民法院强制执行，无法清偿债务；（四）长期亏损且经营扭亏困难，无法清偿债务；（五）导致债务人丧失清偿能力的其他情形。"

基本案情：2023 年 7 月 11 日，申请人四川华普医院有限公司以不能

---

① 四川省成都市武侯区人民法院（2023）川 0107 破申 30 号。

清偿到期债务，并且明显缺乏清偿能力，但具有重整价值为由，向人民法院申请破产重整并在重整申请审查阶段进行预重整。

争议焦点：是否受理申请人的破产重整申请。

法院认为：根据《最高人民法院关于适用〈中华人民共和国企业破产法〉若干问题的规定（一）》第四条"债务人账面资产虽大于负债，但存在下列情形之一的，人民法院应当认定其明显缺乏清偿能力：（一）因资金严重不足或者财产不能变现等原因，无法清偿债务；（二）法定代表人下落不明且无其他人员负责管理财产，无法清偿债务；（三）经人民法院强制执行，无法清偿债务；（四）长期亏损且经营扭亏困难，无法清偿债务；（五）导致债务人丧失清偿能力的其他情形"之规定，华普公司主要资产缺乏流动性，明显缺乏清偿能力，应当认定华普公司具备重整原因。

（二）人民法院对重整申请的审查结果

根据《企业破产法》第十条、第十一条、第十二条之规定，债权人提出破产申请的，债务人有权提出异议，如人民法院最终裁定受理重整申请的，则重整程序启动；如人民法院最终裁定不受理重整申请的，则申请人可向上一级人民法院提起上诉。债务人提出破产申请的，如人民法院裁定受理重整申请的，则重整程序启动；如人民法院裁定不受理重整申请的，则申请人可向上一级人民法院提起上诉。

实践中有种情形是人民法院已经受理了破产申请，但在案件进展过程中，人民法院发现不符合破产的条件，裁定驳回了破产申请，如泰州医药高新技术产业开发区人民法院（2019）苏 1291 破 2-2 号裁定中，人民法院认为，根据《企业破产法》相关规定，人民法院受理破产申请后至破产宣告前，经审查发现债务人不具备破产能力或者破产原因的，可以裁定驳回申请。人民法院受理企业破产案件后，经审查发现债务人有隐匿、转移财产等行为，为了逃避债务而申请破产或债务人巨额财产下落不明且不能合理解释财产去向的，应当裁定驳回破产申请。本案中，富瑞公司法定代表人陈永锋代表富瑞公司作为债务人向人民法院申请破产清算，但其向管理人提交的会计凭证未装订成册、存在大量涂改凭证编号、大额资金去向及用途不明等情况，且有转移财产的行为，在此情形下进行公司破产清算，不符合公平清理债权债务、保护债权人合法权益的目的。依照《企业破产法》第十二条第二款，《最高人民法院关于审理企业破产案件若干问题的规定》第十二条第（一）项、第十四条之规定，裁定如下：驳回江苏富瑞药业有限公司的破产清算申请。

> **参考案例**

　　人民法院受理企业破产案件后，经审查发现债务人有隐匿、转移财产等行为，为了逃避债务而申请破产或债务人巨额财产下落不明且不能合理解释财产去向的，应当裁定驳回破产申请。——泰州医药高新技术产业开发区人民法院（2019）苏 1291 破 2-2 号江苏富瑞药业有限公司驳回裁定书

　　裁判要旨： 人民法院受理破产申请后至破产宣告前，经审查发现债务人不具备破产能力或者破产原因的，可以裁定驳回申请。人民法院受理企业破产案件后，经审查发现债务人有隐匿、转移财产等行为，为了逃避债务而申请破产或债务人巨额财产下落不明且不能合理解释财产去向的，应当裁定驳回破产申请。

　　基本案情： 2019 年 6 月 5 日，江苏富瑞药业有限公司（以下简称富瑞公司）以其自成立时起一直未进行生产和经营，明显缺乏偿还债务能力为由向人民法院申请进行破产清算。

　　争议焦点： 是否应当受理富瑞公司的破产申请。

　　法院认为： 根据《企业破产法》相关规定，人民法院受理破产申请后至破产宣告前，经审查发现债务人不具备破产能力或者破产原因的，可以裁定驳回申请。人民法院受理企业破产案件后，经审查发现债务人有隐匿、转移财产等行为，为了逃避债务而申请破产或债务人巨额财产下落不明且不能合理解释财产去向的，应当裁定驳回破产申请。本案中，富瑞公司法定代表人陈永锋代表富瑞公司作为债务人向法院申请破产清算，但其向管理人提交的会计凭证未装订成册、存在大量涂改凭证编号、大额资金去向及用途不明等情况，且有转移财产的行为，在此情形下进行公司破产清算，不符合公平清理债权债务、保护债权人合法权益的目的。

四、管理人的选任

（一）担任管理人的条件

　　根据《企业破产法》及《最高人民法院关于审理企业破产案件指定管

理人的规定》，管理人是由人民法院指定的，管理人应当纳入管理人名册，管理人可以由有关部门、机构的人员组成的清算组或者依法设立的律师事务所、会计师事务所、破产清算事务所等社会中介机构担任，也可以由个人担任管理人。但有特殊情形的，不得担任管理人，如因故意犯罪受过刑事处罚、曾被吊销相关专业执业证书、与本案有利害关系、人民法院认为不宜担任管理人的①。

（二）管理人选任方式

管理人是破产程序启动以后由依法设立的清算组或者中介机构担任，在人民法院和债权人的监督之下全面接管债务人企业并负责债务人财产的保管、处理和分配等事务的专门机构。

我国选任管理人的主体为人民法院，指定管理人的时间一般是在人民法院裁定受理破产申请的同时就指定管理人，这种设计有利于破产程序的顺利开展，提高审判效率，使管理人尽快接管债务人财产，调查债务人的债权债务情况，依法保障债权人利益。实践中指定管理人的方式通常有三种，第一种为轮候、抽签、摇号等随机方式；第二种为竞选的方式；第三种为推荐的方式。

1. 以轮候、抽签、摇号等随机方式指定管理人

根据《最高人民法院关于审理企业破产案件指定管理人的规定》第二十条之规定，人民法院一般应当按照管理人名册所列名单采取轮候、抽签、摇号等随机方式公开指定管理人。这种选任方式具有形式上的公平，但这种选任方式不能滥用，否则可能造成管理人专业能力无法与疑难复杂的破产案件相匹配，因此《全国法院破产审判工作会议纪要》第六条规定，对债务人财产数量不多、债权债务关系简单的破产案件，可以在相应等级的管理人中采取轮候、抽签、摇号等随机方式指定管理人，此种选任方式只适用于简单的破产案件，否则对债权人、债务人及破产案件的开展来说是很不利的。

> **参考案例**

以轮候、抽签、摇号等随机方式指定管理人。——湖南省长沙市岳麓

---

① 《企业破产法》第二十四条。

区人民法院（2023）湘 0104 破 37 号决定书

内容简述： 本院通过随机摇号方式选定湖南湘达律师事务所为本案的破产管理人，故依照《企业破产法》第十三条之规定，指定湖南湘达律师事务所担任湖南循力源口腔医院集团有限公司管理人。

2. 以竞选的方式指定管理人

破产案件中可以根据《全国法院破产审判工作会议纪要》第七条建立竞争选定管理人工作机制，引入竞争机制选任管理人，提升破产管理质量。上市公司破产案件、在本地有重大影响的破产案件或者债权债务关系复杂，涉及债权人、职工以及利害关系人人数较多的破产案件，在指定管理人时，一般应当通过竞争方式依法选定。《最高人民法院关于审理企业破产案件指定管理人的规定》第二十一条第一款规定，对于商业银行、证券公司、保险公司等金融机构或者在全国范围有重大影响、法律关系复杂、债务人财产分散的企业破产案件，人民法院可以采取公告的方式，邀请编入各地人民法院管理人名册中的社会中介机构参与竞争，从参与竞争的社会中介机构中指定管理人，参与竞争的社会中介机构不得少于三家。该规定旨在说明人民法院对于具有重大影响的破产案件在选任管理人时更加谨慎小心，法院在评选管理人时结合案件的特点，综合考量社会中介机构的专业水准、经验、机构规模、初步报价等因素，从参与竞争的社会中介机构中择优指定管理人，这种竞选的方式在实践中是经常发生的，各家中介机构发挥各自的专业优势凭实力竞任。

参考案例

以竞选的方式指定管理人。——山东省阳谷县人民法院（2024）鲁 1521 破 2 号决定书

内容简述： 本院根据河南省方格医疗器械有限公司的申请，裁定受理鲁西南医院有限公司破产清算一案。经过竞争方式，依照《企业破产法》第二十二条，《最高人民法院关于审理企业破产案件指定管理人的规定》第十五条、第二十一条之规定，指定北京市君合律师事务所为管理人（负责人为连晶），山东国曜琴岛（济南）律师事务所为备选管理人。

3. 以推荐的方式指定管理人

《最高人民法院关于审理企业破产案件指定管理人的规定》第二十二

条规定，对于经过行政清理、清算的商业银行、证券公司、保险公司等金融机构的破产案件，人民法院除可以按照本规定第十八条第（一）项的规定指定管理人外，也可以在金融监督管理机构推荐的已编入管理人名册的社会中介机构中指定管理人。实践中债务人和主要债权人也可以协商一致推荐管理人，如广东省高级人民法院《关于印发〈关于规范企业破产案件管理人选任与监督工作的若干意见〉的通知》第二十五条规定，在人民法院通过随机方式或启动竞争方式指定管理人前，债务人和主要债权人协商一致选择广东省或外省市在册管理人担任破产案件管理人，不违反相关规定的，受理法院可以指定被选择的中介机构或个人担任案件管理人。北京破产法庭《接受债权人推荐指定管理人的工作办法（试行）》第四条第一款规定，符合下列情形之一的破产案件受理前，债务人的主要债权人协商一致，可以以一家或者多家债权人的名义，在北京市企业破产案件管理人名册中向本院推荐一家中介机构或者两家中介机构联合担任该破产案件的管理人。重庆市第五中级人民法院《破产案件管理人指定办法》第一条规定，本院受理的破产案件，采取下列方式指定管理人：（一）随机指定；（二）竞争选任指定；（三）指定清算组；（四）接受主要债权人推荐指定。因此主要债权人协商推荐管理人也已在进行实践和探索，这种选任方式便于管理人履行职务，债权人信任管理人，也愿意配合管理人的工作，有助于破产案件的顺利进行。

参考案例

以推荐的方式指定管理人。——石家庄市中级人民法院（2023）冀01破申1号决定书

内容简述：经本院采取接受主要债权人推荐方式选定管理人，依照《企业破产法》第十三条、第二十二条第一款、第二十四条第一款，《最高人民法院关于审理企业破产案件指定管理人的规定》第十六条之规定，指定国浩律师（石家庄）事务所为石家庄时光供热有限公司的管理人。

第二章 接 管

根据《企业破产法》第二十五条第一款第（一）项规定，被人民法院指定的管理人应当依法、全面接管才能保证破产程序高效顺利推进，保护债权人和债务人的利益。因此，管理人厘清接管范围和内容就显得很有必要。

通常情况下，人民法院指定管理人后，管理人会立即进驻债务人现场开展工作，且进场后开展的第一项工作便是接管。接管包括接收与管理两层意思，接收是指接收、清点债务人的财产、印章、账簿、文书等资料；管理是对债务人的财产进行保管与维护，对债务人的营业事务进行管理，实现债务人财产的保值增值，保障债务人经营活动的顺利进行。

一、接管的范围

对于债务人财产的接管是接管工作的重点。债务人的财产是办理破产案件的物质基础，接管范围包括但不限于以下方面。

（一）印章

印章的重要性不言而喻，一级公章在所有印章中具有最高效力，是法人权利的象征，在我国特殊历史传统下显得尤为重要。

管理人应接管的印章包括但不限于公章、法定代表人名章、财务专用章、合同专用章、发票专用章、海关报关章、职能部门章、各分支机构章以及电子印章等。管理人可提前制作好印章交接表格，交接时依次在表格上盖上印样。同时，有些企业涉及多套印章，需要在接管时做好交接笔录和登记确认，并及时与相关部门核实原始印章。必要时管理人还需要到工商行政管理部门及公安机关提取债务人印章登记备案的印样，核对一致性。

医院作为特殊的主体，其内部科室组成复杂，每个科室都可能有各自的印章，这些印章在医院正常经营过程中使用频率极高。因此，为保证医院各科室之间正常运营，管理人可在完成债务人向管理人移交后，综合判

断其科室印章的法律效力范围，对一些使用频率较高且不产生违法违规后
果的科室印章向债务人做反向移交，由债务人自行保管，同时出具相应的
用章制度并由专管人员签署承诺书。

附：印章移交清单模板和承诺书模板

印章移交清单

编号：1 名称：×××有限公司	编号：2 名称：×××有限公司财务专用章
印样	印样
编号：3 名称：×××名章	编号：4 名称：×××有限公司合同专用章
印样	印样

移交人：   接交人：

移交时间：   接交时间：

承诺书

本人现郑重承诺，已按照法院和管理人的要求，交接了本人保管的

────────────────────────────

交接过程中本人无任何隐匿、销毁、转移相关资料的行为，所交资料
真实，无遗漏。

如果存在上述隐匿、销毁、转移的行为，本人愿意承担相应的法律
责任。

承诺人：
联系电话：
时间：

承诺书

（反向移交使用）

　　本人为×××公司法定代表人，自愿保管管理人移交的我单位×××印章，该印章仅用于×××使用（写明用途），若因此而产生其他问题，本人自愿承担相应的法律责任。

承诺人：

年　月　日

（二）资质类文件

　　资质类文件主要包括：债务人的法人营业执照或类似文件、海关登记证明、经营资质文件等与债务人经营业务相关的批准、许可或授权文件。医疗器械企业还包括药品注册证、药品生产许可证、医疗器械生产许可证和医疗器械注册证等证照；医院需要提交医疗机构执业许可证，民办非企业医院还要提供民政局签发的民办非企业单位登记证书。同时，若存在分（子）公司情形的，要区分资质证照主体。

　　附：证照移交清单模板

证照移交清单

序号	名称	正本/副本	数量	备注
1				
2				

移交人：　　　　　　　　　　　接交人：

移交时间：　　　　　　　　　　接交时间：

（三）财务资料

　　财务资料作为企业的核心机密文件，可以充分反映企业的财务状况，通过客观、真实的财务记录可以查清企业的债权债务，同时也是保护债务人财产完整性的重要依据。

　　管理人应接管的财务资料包括但不限于总账、明细账、台账、日记账、原始会计凭证、重要空白凭证、会计报表、银行票据、电子账等财务账及债务人涉及审计、评估、税务等资料。尤其是在互联网支付时代，还需要接管网络汇款（包括电脑端和移动端）涉及的U盾、数字证书等电子支付所需资料，以及微信/支付宝等支付平台。财务资料的交接过程貌似简单，实则烦琐、漫长、复杂。财务资料接收后，要与实际的企业生产情况、资产情况和债权债务情况进行对比，为下一步破产重整做准备。

附：财务资料移交清单模板、银行账户移交清单模板

财务凭证移交清单

序号	年份	月份	册数	存放位置	备注
1					
2					
3					
4					

移交人：   接交人：

移交时间：   接交时间：

银行账户移交清单

序号	银行账号	开户行	类型	U盾（数量）	印鉴卡（数量）	户名	状态
1			基本户				
2			一般户				

移交人：   接交人：

移交时间：   接交时间：

（四）人事资料

通过人事资料可以了解企业用工情况，董监高等人员是否存在不正常的过高收入，有利于后期职工债权核查工作。

在接收工作中，每一名职工档案中的所有资料均应进行登记，对职工档案中的文件缺失情况，由债务人说明情况，必要时采取笔录形式记录。职工档案应特别注意职工姓名、出生年月日、身份证号码、参加债务人企业工作时间起算点、工作岗位、工种等详细信息。

职工档案在社会保险法领域有着极其重要的地位，事关每一名职工的切身利益，处理不当极易导致信访事件的发生。职工债权公示中的信息公

开基础也来源于每一份档案的梳理，身份证号码的核实确定是向社保机构调查职工社保缴纳等情况的前提条件；职工出生时间的确定关系到社保机构对职工退休的办理；参加债务人企业工作时间起算点，关系到职工的经济补偿金计算。

（五）不动产

通常而言，债务人的不动产包括但不限于债务人所有与占用的土地使用权、房屋、建筑物、构筑物、在建工程。在接管不动产的过程中，不仅要接管前述各项实物资产，对于相关的权利凭证也要同步接管，相关权利凭证包括但不限于：不动产权证、建设用地规划许可证、建设工程规划许可证、建筑工程施工许可证、国有土地使用证、商品房预售许可证、建设施工图纸等。

在接管医院时，土地用途一般多为医卫慈善用地，这一特殊用途对资产上附属的担保权利的认定至关重要。依据现行法律法规和司法判例，医卫慈善用地以及其上附属的资产通常具有较高的公益属性，这一属性直接影响了资产作为担保物权的合法性及可执行性。

（六）动产

动产特指有形动产，是指可移动且不损毁其价值的财产。通常而言，债务人的动产包括：机器设备、运输工具、原材料、半成品、产成品、低值易耗品等，对于动产相关的权利证书，在接管过程中也需一并接管。

（七）银行存款

银行存款包括债务人各类银行账户的存款，包括企业使用个人账户中的银行存款，以及债务人所有的现金、银行票据等。

（八）有价证券

有价证券是指能够交易的，表明特定主体对特定财产享有所有权或者债权的权利凭证，包括但不限于股票、债券、基金份额等。

（九）无形资产

无形资产是指没有实物形态的非货币性财产，主要包括但不限于股权、商标、专利权、著作权等。

附：专利证书移交清单、商标注册证移交清单模板

专利证书移交清单

序号	证书号	专利名称	专利号
1			
2			

移交人：　　　　　　　　　　　　　接交人：

移交时间：　　　　　　　　　　　　接交时间：

商标注册证移交清单

序号	商标样稿	商标类别	注册号码	商标名称	截止日期
1					
2					
3					

移交人：　　　　　　　　　　　　　接交人：

移交时间：　　　　　　　　　　　　接交时间：

（十）公司治理类文件

公司治理类文件主要包括：重整企业的批准设立文件、章程、管理制度、股东名册、股东会决议、董事会决议、监事会决议以及债务人内部会议记录等档案文件。

（十一）法律事务类文件

重整企业的涉诉涉执案件材料以及仲裁资料，主要涉及的内容包括但不限于诉讼当事人、受理法院、案由、诉讼标的、基本案情简介、诉讼所处阶段等，并按案件明细，收集诉讼证据、法律文书等涉及诉讼的各类资料。在交接过程中要收集熟悉案件情况的工作人员的姓名、联系方式等信息，便于进一步了解情况。

（十二）其他重要资料

与债务人资产、负债、经营等有关的其他重要资料，也应属于接管的范围。

二、接管要点

在接管工作开始之前，管理人一般会安排专人到人民法院阅卷并通过债务人的有关人员了解债务人的财产状况、经营状况，制作《接管告知书》，《接管告知书》明确接管的范围、内容及不配合接管的法律后果。《接管告知书》应当向债务人的法定代表人、财务负责人、其他有关负责人送达，并向人民法院报告。债务人的财产状况与经营状况较为复杂，交接有一定难度的情况下，接管过程还可以提请人民法院召集债务人的法定代表人、财务负责人及有关人员召开接管协调会，对接管事项作出安排部署。

附：接管告知书模板

接管告知书

×××：

×××人民法院于××××年××月××日作出×××号《民事裁定书》，裁定受理×××对你公司提出的破产申请，并于××××年××月××日作出×××号《决定书》，指定×××担任你公司管理人。根据《企业破产法》第二十五条之规定，管理人应当履行接管债务人的财产、印章和账簿、文书等资料的职责。为了做好财产、印章和账簿等资料的交接工作，现将管理人本次拟接管的内容告知如下：

1. 印章印鉴类

公司的公章、财务专用章、合同专用章、发票专用章、海关报关章（如有）、法定代表人章、内设机构章、分支机构章、数字证书、电子印章等印章，以及银行预留的私人印鉴等。

2. 证照类

公司的营业执照、税务登记、外汇登记证、经营资质文件等，以及与债务人经营业务相关的批准、许可或授权文件等资料。

3. 权属凭证类

公司的土地、房产、车辆、机器设备等资产权属证明，包括土地使用权证、房屋所有权证（或不动产登记证）、车辆登记证书以及商标注册证书、专利证书、对外投资权益凭证等各类资产凭证。

4. 财务凭据类

公司财务会计资料，包括历年的审计报告、评估报告、验资报告、总账、明细账、台账、日记账、会计凭证、重要空白凭证、会计报表等资料。

5. 各类决议、制度文件类

公司的章程、管理制度、股东名册、股东会决议、董事会决议、监事会决议以及内部会议记录等档案文件。

6. 合同类

公司的各类合同协议等资料。

7. 债权债务类

公司的相关债权债务等资料。

8. 人事档案类

公司的人事档案资料，包括公司花名册、劳动合同、人事档案以及职工工资的支付和社会保险费用的缴纳情况等资料。

9. 银行账户、现金、票据类

公司的全部银行账户情况明细表、现金、有价证券、银行票据、网银盾、有关电子数据、管理系统授权密码，以及支付宝和微信等电子支付工具的账号密码等资料。

10. 诉讼、仲裁文书类

公司的涉诉、仲裁案件材料（包括以公司为原告、被告、申请人或被申请人的所有一审、二审、再审、执行案件及仲裁案件等）。

×××公司管理人

××××年××月××日

三、接管方案的制定

接管工作一般会在管理人进场后短期内完成，通常是对重整企业的全面接管，包括重整企业的财产与经营。一般的重整企业财务和经营状况都较为复杂，接管工作的工作量和工作难度都较大，在接管开始前制定接管方案尤为重要。接管方案是整个接管工作的行动纲领，既要符合相关法律规定，又要根据重整企业的具体情况而有所不同。

在制定接管方案的过程中，应遵循以下原则。

全面接管：管理人要全面接管债务人企业，在制定接管方案的过程中要切实落实全面接管的原则。全面接管重整企业的全部资产，包括重要的资产与不重要的资产、有形资产与无形资产、资产本身与权利证书、资产的各项权益与资产的各项负担。在接管债务人经营的过程中，既要接管重整企业的各类印章、证照、财务账簿、支付工作，还要接管重整企业的各项制度、营业事务。

有序快速：对重整企业的接管是管理人首先要开展的工作。接管工作的快速开展与完成，不仅有助于重整后续工作的展开，还有利于避免债务人通过不当行为影响债权人权益与重整的效果。这就要求在制定接管方案的过程中，既要做到全面，又要安排好工作的重点与难点。

不影响经营：多数重整企业进入程序时，营业事务仍在继续进行，由于接管涉及企业经营管理权的移交，因此在接管的过程中还要处理好接管和企业经营管理两项活动，不能因为接管造成债务人经营的停滞与管理的缺失。

基于债务人通常的资产与经营情况，对于接管需注意的事项根据接管的内容不同也有所不同。

对于不动产的接管：对于重整企业所有与占有的不动产与土地使用权，通常构成了债务人的主要资产。对于不动产的接管，首先要获得重整企业提供的不动产清单，然后对不动产的基本情况进行实地核查。对于不动产的面积、价值等无法直接获知的信息，在后续资产审计与评估的过程中再行核查。同时，还应当赴当地不动产登记中心查询债务人所有与占有的不动产登记信息，不仅包括登记的权属信息，也包括登记的权利限制信息，如抵押、查封等。对不动产进行管理，一方面要做好不动产的防火、防水；另一方面要对有损害不动产的危险行为及时制止，对拒不配合的，通过诉讼、府院联动等途径解决。

对于动产的接管：对于重整企业所有与占有的动产，包括机器设备、原材料、产成品、半成品等，重整企业提供清单后，需要对清单上所列逐项清点，不仅要核实数量，还要核实生产厂家、型号、实际状态与权利限制等信息，对于有登记的，应当去相关部门获取登记信息与权利限制信息。对动产进行管理，主要由重整企业保证动产的保值增值，以及经营过程中合理地使用动产，不得毁坏财产。

对于银行存款的接管：接管银行存款除银行卡内余额外，还包括重整企业持有的现金、支票、汇票等。接管银行存款时，需要重整企业提供开户信息明细，并注明账户余额与状态，同时对重整企业开户行或者电子银行等进行接管核实。需要注意，此时的接管还包括现金、支票、汇票、U

盾等支付工具。

对于有价证券的接管：根据重整企业提供的有价证券清单，通过相关的发行或者登记机构进行核实，并接管有价证券的交易工具。

对于无形资产的接管：根据重整企业提供的无形资产清单，通过相关机构或者网站进行核实，同时要查询无形资产所涉及的缴费信息。

对于资质类文件的接管：根据重整企业提供的资质类文件清单，核实相关文件的真实性，对资质类文件不仅要接管相应的正本，也要接管相应的副本和其他附件。因在重整的过程中，重整企业处于持续经营的状态，管理人一方面要妥善保管接管的资质类文件，另一方面还要在经营过程中监督相关文件的使用。

附：接管实施方案模板

关于管理人依法接管×××有限公司工作实施方案

为保证管理人对×××有限公司的财产、印章和账簿、文书等资料顺利接管，现对×××公司接管工作做以下安排：

一、参与人员

1. 管理人工作人员

管理人派×××名工作人员，对×××公司接管流程进行记录，对接管资料进行盘点并登记造册，对场区内相关人员进行询问并记录。

2. 公司相关负责人

公司人员 3 名，其中法定代表人 1 名，财务负责人 1 名，行政人事负责人 1 名，协助管理人对相关材料的移交。

二、接管内容

1. 印章印鉴类

公司的公章、财务专用章、合同专用章、发票专用章等印章，以及银行预留的私人印鉴等。

2. 证照类

公司的营业执照、税务登记、外汇登记证、经营资质文件等。

3. 权属凭证类

公司的土地、房产、车辆、机器设备等资产权属证明，包括不动产登记证、车辆登记证书以及商标注册证书、专利证书、对外投资权益凭证等各类资产凭证。

4. 财务凭据类

公司财务会计资料，包括历年的审计报告、评估报告、验资报告、总账、明细账、台账、会计报表等资料。

5. 各类决议、制度文件类

公司的章程、管理制度、股东名册、股东会决议、董事会决议、监事会决议以及内部会议记录等档案文件。

6. 合同类

公司的各类合同协议等资料。

7. 债权债务类

公司的相关债权债务等资料。

8. 人事档案类

公司的人事档案资料，包括公司花名册、劳动合同、人事档案以及职工工资的支付和社会保险费用的缴纳情况等资料。

9. 银行账户、现金、票据类

公司的全部银行账户情况明细表、现金、有价证券、银行票据、网银盾、有关电子数据、管理系统授权密码，以及支付宝和微信等电子支付工具的账号密码等资料。

10. 诉讼、仲裁文书类

公司的涉诉、仲裁案件材料等。

三、接管方式

管理人与公司法定代表人对上述交接内容进行交接，并填写交接清单。

×××公司管理人

××××年××月××日

四、接管流程

在接管方案制定后，要根据接管方案的安排与分工开展接收工作，主要分为以下几步进行。

首先，重整企业及其相关负责人按资产类别提供清单，清单上应包含资产名称、数量、使用年限、登记状况、面积、生产厂家、型号、权利负担等信息。

　　其次，管理人与重整企业指定人员一同根据交接清单的内容，实地清点交接清单所涉的各项财产与物品。在清点的过程中，不仅要清点相关财产的数量，还应该核实型号、生产厂家等各项信息，还需到有关部门查询相关资产的登记状态。整个清点过程可制作图文保存，以及对清点过的资产做标记，确保清点的过程都有据可查。清点完成，参与清点的人员在资产交接表上签字确认。对于不动产的面积、动产的使用状况等无法直接获取的信息，应先保证相关资产存在，待后期重整企业进行审计和评估的过程中再进行核实。

　　最后，为保证重整企业程序内正常生产经营活动，资产清查完毕后，不动产、动产、知识产权等原则上仍由重整企业的相关部门妥善保管、使用相关资产，对于故意或者过失导致债务人资产毁损的，应根据实际情况承担赔偿责任。重整企业的公章、法人章、财务专用章、其他专用章、合同章等对外可以让他人形成信赖的印章应由管理人保存，对于仅在重整企业内部使用的印章，可由重整企业相关部门自行保存。对于银行 U 盾、支票、汇票等支付工具应当由管理人保管，重整企业经营过程中支付款项的，由管理人监督。一般重整案件中，为保证程序内正常经营用印，仍可按照重整企业原有的规章制度进行用印审批，审批完成后由管理人对用印事项进行审查。

五、特别注意事项

（一）对重整企业分支机构的接管

　　重整企业有分支机构的，分支机构的财产、印章、账簿、文书等资料，管理人应当一并接管。

（二）重整企业不配合接管的处置

1. 申请人民法院对重整企业的相关人员进行警告

　　若在办理重整案件过程中，存在重整企业相关人员不配合接管工作的，管理人可申请人民法院对相关人员进行警告。因重整案件需要管理人与人民法院协力规避风险，人民法院作为公权力机关，需审慎行使职权，故在相关人员不配合接管时，人民法院不宜直接采取强制措施，而应先向其发出警告，告知其拒不配合接管的法律后果。人民法院的警告能够对相关人员产生威慑作用，当然人民法院也可通过发函、谈话等软性方式告知其配合义务。

2. 申请人民法院对债务人及相关人员采取强制措施

在出现不良后果时，管理人也可申请人民法院追究债务人及相关人员的民事责任。当重整企业相关人员不配合接管导致管理人无法执行职务，并给债权人的利益造成损失时，管理人可依据下列规定要求其承担赔偿责任：《最高人民法院关于债权人对下落不明或者财产状况不清的债务人申请破产清算案件如何处理的批复》第三款载明："债务人的有关人员不履行法定义务，人民法院可依据有关法律规定追究其相应法律责任；其行为导致无法清算或者造成损失，有关权利人起诉请求其承担相应民事责任的，人民法院应依法予以支持。"《全国法院民商事审判工作会议纪要》第一百一十八条第四款规定："上述批复第三款规定的'其行为导致无法清算或者造成损失'，系指债务人的有关人员不配合清算的行为导致债务人财产状况不明，或者依法负有清算责任的人未依照《企业破产法》第七条第三款的规定及时履行破产申请义务，导致债务人主要财产、账册、重要文件等灭失，致使管理人无法执行清算职务，给债权人利益造成损害。'有关权利人起诉请求其承担相应民事责任'，系指管理人未主张上述赔偿，个别债权人可以代表全体债权人提起上述诉讼。"

若债务人、相关人员不配合管理人接管，人民法院可依据下述规定对债务人及相关人员处以罚款，必要时可采取搜查、强制交付等措施进行强制接管。《最高人民法院关于推进破产案件依法高效审理的意见》第八条第一款规定："管理人应当及时接管债务人的财产、印章和账簿、文书等资料。债务人拒不移交的，人民法院可以根据管理人的申请或者依职权对直接责任人员处以罚款，并可以就债务人应当移交的内容和期限作出裁定。若债务人不履行裁定确定义务的，人民法院可以依照民事诉讼执行程序的有关规定采取搜查、强制交付等必要措施予以强制执行。"

若债务人、相关人员拒不配合管理人接管，人民法院可依据下述规定对相关人员采取罚款、拘留、限制出境等行政措施。《全国法院民商事审判工作会议纪要》第一百一十八条第三款规定："上述批复第三款规定的'债务人的有关人员不履行法定义务，人民法院可依据有关法律规定追究其相应法律责任'，系指债务人的法定代表人、财务管理人员和其他经营管理人员不履行《企业破产法》第十五条规定的配合清算义务，人民法院可以根据《企业破产法》第一百二十六条、第一百二十七条追究其相应法律责任，或者参照《民事诉讼法》第一百一十一条的规定，依法拘留，构成犯罪的，依法追究刑事责任；债务人的法定代表人或者实际控制人不配合清算的，人民法院可以依据《出境入境管理法》第十二条的规定，对其作出不准出境的决定，以确保破产程序顺利进行。"

若债务人、相关人员拒不配合接管，并实施隐匿或者故意销毁依法应当保存的财务资料等行为，构成犯罪的，人民法院可依据下述规定追究债务人及相关人员的刑事责任。《企业破产法》第一百三十一条规定："违反本法规定，构成犯罪的，依法追究刑事责任。"《刑法》第一百六十二条规定："公司、企业进行清算时，隐匿财产，对资产负债表或者财产清单作虚伪记载或者在未清偿债务前分配公司、企业财产，严重损害债权人或者其他人利益的，对其直接负责的主管人员和其他直接责任人员，处五年以下有期徒刑或者拘役，并处或者单处二万元以上二十万元以下罚金。"《刑法》第一百六十二条之一规定："隐匿或者故意销毁依法应当保存的会计凭证、会计帐簿、财务会计报告，情节严重的，处五年以下有期徒刑或者拘役，并处或者单处二万元以上二十万元以下罚金。单位犯前款罪的，对单位判处罚金，并对其直接负责的主管人员和其他直接责任人员，依照前款的规定处罚。"《刑法》第一百六十二条之二规定："公司、企业通过隐匿财产、承担虚构的债务或者以其他方法转移、处分财产，实施虚假破产，严重损害债权人或者其他人利益的，对其直接负责的主管人员和其他直接责任人员，处五年以下有期徒刑或者拘役，并处或者单处二万元以上二十万元以下罚金。"

在河南省郑州市中级人民法院郑州星领科技有限公司破产清算一案中，因该公司法定代表人、股东（持股比例60%）李辉拒不向星领公司管理人移交公司财产、印章和账簿、文书等资料，不配合星领公司管理人工作；亦拒绝向人民法院提供财产状况说明、债务清册、债权清册、有关财务会计报告以及职工工资的支付情况和社会保险费用的缴纳情况。法院责令预被处罚人李辉十日内配合星领公司管理人的工作，移交公司账簿财产等资料。逾期未配合办理的，法院依照《企业破产法》第一百二十七条、《中华人民共和国民事诉讼法》第一百一十条之规定，预作出对李辉罚款7万元。

在破产案件中，管理人应当将风险意识贯穿始终。接管是破产程序顺利推进的基础，也是开展工作的必要程序，在债务人、相关人员不配合接管的情况下，管理人应在尽职履责中规避风险，依法推进破产程序。

第三章　财产调查

一、债务人财产的认定

债务人财产在破产程序中意义重大，债务人财产的范围与数额决定了破产程序能否顺利进行以及债权人最终实际清偿的数额。破产申请受理时属于债务人的全部财产，以及破产申请受理后至破产程序终结前债务人取得的财产，为债务人财产。债务人被宣告破产后，债务人称为破产人，债务人财产称为破产财产，人民法院受理破产申请时对债务人享有的债权称为破产债权。

根据《最高人民法院关于适用〈中华人民共和国企业破产法〉若干问题的规定（二）》第一条之规定："除债务人所有的货币、实物外，债务人依法享有的可以用货币估价并可以依法转让的债权、股权、知识产权、用益物权等财产和财产权益，人民法院均应认定为债务人财产。"同时，其第二条规定："下列财产不应认定为债务人财产：（一）债务人基于仓储、保管、承揽、代销、借用、寄存、租赁等合同或者其他法律关系占有、使用的他人财产；（二）债务人在所有权保留买卖中尚未取得所有权的财产；（三）所有权专属于国家且不得转让的财产；（四）其他依照法律、行政法规不属于债务人的财产。"管理人应当严格按照上述规定界定债务人的财产范围。

二、破产程序中债务人财产范围的特殊问题

（一）划拨土地使用权问题

债务人取得土地使用权的方式有三种：出让方式、转让方式、划拨方式。对于土地使用权是否可以作为债务人财产进行处理，应根据债务人取得土地使用权方式的不同进行区分。对于以出让、转让方式取得土地使用权的，债务人已支付了相应的对价，其土地使用权是完整意义的财产

权，可以自由进行流通，实践中作为债务人财产处理没有争议。

对于以划拨方式取得的土地使用权，曾有观点认为，其是企业财产的组成部分，更有部分企业将划拨取得的土地使用权作为其注册资本，如在破产程序中，不将其作为债务人财产，有抽逃资金之嫌，同时也会损害其他债权人的合法权益。但在 2020 年 12 月 29 日，最高人民法院《关于破产企业国有划拨土地使用权应否列入破产财产等问题的批复》第一条明确指出："破产企业以划拨方式取得的国有土地使用权不属于破产财产，在企业破产时，有关人民政府可以予以收回，并依法处置。纳入国家兼并破产计划的国有企业，其依法取得的国有土地使用权，应依据国务院有关文件规定办理。"该回复明确了以划拨方式取得的土地使用权不属于债务人财产。

在实践中，需特别注意划拨土地上附着物的处理。在处理相关附着物时，一般存在两种处置方式。

一是由政府收回划拨用地，并对土地上的建筑物等给予补偿。《城镇国有土地使用权出让和转让暂行条例》第四十七条第三款规定："无偿收回划拨土地使用权时，对其地上建筑物、其他附着物，市、县人民政府应当根据实际情况给予适当补偿。"根据上述规定，在破产清算程序中，应由政府收回划拨用地，并对其地上建筑物进行补偿，补偿款可作为债务人财产进行分配。但实践中，除划拨土地上的房屋在破产清算程序进行中被纳入征迁范围外，一般各级政府很难因企业破产就对其建筑物进行专门补偿。

二是以补缴土地使用权出让金的方式改变土地性质，进而自行处置地上建筑物。根据《城市房地产管理法》第四十条第一款的规定："以划拨方式取得土地使用权的，转让房地产时，应当按照国务院规定，报有批准权的人民政府审批。有批准权的人民政府准予转让的，应当由受让方办理土地使用权出让手续，并依照国家有关规定缴纳土地使用权出让金。"另，根据《城镇国有土地使用权出让和转让暂行条例》第四十五条第四款的规定，管理人可通过向市、县人民政府补交土地使用权出让金或者以转让、出租、抵押所获收益抵交土地使用权出让金的方式，改变土地性质，将划拨用地转变为出让用地，进而处置地上附着物。实践中通过该种方式改变土地性质存在一定难度，需管理人与土地管理部门协商，经其同意后方可实施。

（二）已经划扣但尚未支付的执行款项问题

在债务人的财产不能清偿全部债务时，为保障全体债权人的债权可通过破产程序实现公平清偿，《企业破产法》第十九条规定："人民法院受理破产申请后，有关债务人财产的保全措施应当解除，执行程序应当中止。"那么人民法院受理对被执行人的破产申请情况下，执行程序中已执行扣划到法院账户但未发放给申请执行人的款项是否属于债务人财产呢？

最高人民法院在（2017）最高法执监422号民事裁定书中认为："已经扣划到执行法院账户的银行存款等执行款，但未完成向申请执行人转账、汇款、现金交付的，财产权利归属未发生变动，仍属于被执行人的财产，执行法院收到受移送法院受理裁定后，不应再支付给申请执行人，应当将其移交给受理破产案件的法院或管理人。"《最高人民法院关于对重庆高院关于破产申请受理前已经划扣到执行法院账户尚未支付给申请执行人的款项是否属于债务人财产及执行法院收到破产管理人中止执行告知函后应否中止执行问题的请示的答复函》（〔2017〕最高法民他72号）又重申了此观点。而在《最高人民法院关于执行案件移送破产审查若干问题的指导意见》第十七条规定中，明确已完成转账、汇款、现金交付的执行款，因财产所有权已经发生变动，不属于被执行人的财产，不再移交。

综上，对已完成向申请执行人发放和分配的执行款，因财产归属已发生变动，不属于债务人的财产；未完成向申请执行人交付的款项，因财产权利归属未发生变动，仍属于债务人的财产。

（三）施工合同履约保证金问题

在工程招标项目中，履约保证金是工程发包人为防止承包方在履行合同过程中违约，而要求承包方提供的一种担保，其形式通常表现为货币。当债权人将履约保证金交付给债务人，后债务人进入破产程序，债权人对履约保证金是否还拥有所有权呢？其能否向管理人主张取回呢？

在探讨此问题之前，首先要明确取回权的概念。取回权是指人民法院受理破产申请后，债务人占有的不属于债务人的财产，该财产的权利人可以通过管理人取回财产的一种权利。基于保证合同正常履行的担保属性，履约保证金实质上应属于"金钱质押"的范畴，具有担保物权的法律效力。《最高人民法院关于适用〈中华人民共和国民法典〉有关担保制度的解释》第七十条规定："债务人或者第三人为担保债务的履行，设立专门的保证金账户并由债权人实际控制，或者将其资金存入债权人设立的保证金账户，债权人主张就账户内的款项优先受偿的，人民法院应予支持。"根据以上规定，承包方交付保证金至发包方处，并未转移质物的所有权，履约保证金应认定为承包方所有。

但对于"货币"，其作为种类物，具有"占有即所有"的性质。此时，其与取回权产生冲突。此种情况下，承包人是否可以行使取回权呢？

在浙江省温州市中级人民法院（2019）浙 03 民终 3054 号民事判决书中，人民法院认为："债权人在缴纳款项时明确注明为'保证金'，且债务人收取该款项时亦已明知该款项性质的，该保证金已具备特定化的形式和特征。该履约保证金的担保性质决定了债务人对其仅享有占有权，而并未取得其所有权。债权人向破产管理人主张取回权的，人民法院应予支持。"在最高人民法院（2021）最高法民申 4928 号民事裁定书中，最高人民法院以债权人所缴纳的履约保证金与债务人公司资金混同，不具备特定化的特征为由认定其不能行使取回权。

在实务中，判断承包人是否可以行使取回权，管理人应注意判断承包人所主张的货币是否已经通过特户、封金、保证金等形式特定化，若已特定化，应当准许承包人取回该货币。若未特定化，可以货币"占有即所有"的原则，驳回承包人的请求。

总而言之，债务人财产的范围与债权人的合法权益密切相关，债权人的合法权益最大化也依赖于债务人财产价值的最大化。为维护债权人的合法权益，贯彻破产法立法宗旨，在进入破产程序后，管理人应穷尽各种方式对债务人财产进行调查，尽快了解债务人财产范围并对存在争议的债务人财产进行厘清界定。

三、资产核查方式

对债务人的财产进行调查，需要根据债务人财产的种类进行。同时，需要聘请专业的审计、评估机构进行相关专业审计和评估。一般情况下，财产调查可以分为以下两种方式进行。

（一）现场盘点

对债务人财产的现场盘点，需要根据债务人财产的种类分别进行，盘点人员主要包括债务人相关人员、评估机构人员和管理人工作人员，必要时也可邀请审计机构人员共同参与盘点工作。对债务人财产的现场盘点，原始盘点数据可以从破产医院财务系统或医院的信息管理系统中获取。

（二）外部调查

对债务人财产的外部调查能够从相关主管机关或机构获得更为准确的债务人名下所属的国有土地使用权、房产、车辆、机器设备的查封、抵押等基础信息。

四、核查内容

（一）土地使用权

在自然资源等相关土地登记主管部门调取的破产企业全部土地登记档案；核查破产企业自有的、使用的或占用的所有土地的情况，并核查权属、位置、数量、面积、取得方式、土地对价款、用途、使用年限、账面价值、地上房屋（标明房产证号）以及抵押、查封情况。如破产企业以出让方式取得土地使用权的，需要核查相关国有土地使用权证书（或不动产权登记证书）、土地使用权出让合同、地价款及相关契税的缴清证明；如破产企业以转让方式取得土地使用权的，需要核查相关国有土地使用权证书（或不动产权登记证书）、土地使用权转让合同、转让对价及相关契税的缴付证明；如破产企业以划拨方式取得土地使用权的，需要核查相关的国有土地使用权证书和有关的批准文件、土地使用权抵押的协议以及土地他项权利证书或其他登记证明文件、土地使用权查封相关材料（如相关判决书、裁定书、查封通知书等诉讼材料）；如有土地租赁情形，则需要审阅土地使用权租赁合同，并核验租金支付履行情况。

（二）房屋构筑物类

在自然资源等相关房产登记主管部门调取的破产企业全部房产登记档案；破产企业自有的、使用的或占用的所有房产的清单，并注明权属、位置、数量、面积、取得方式、房产对价款、用途、使用年限、账面价值、占用土地（标明土地证号）以及抵押、查封等情况；房产所有权证书或其他权属证明文件，若房产因历史问题仅具有房屋所有权证书而不具有国有土地使用权证书的，则需要在房产所有权证书复印件上注明相关情况；房产抵押协议（包括但不限于贷款协议和抵押合同等）及房产抵押登记文件或他项权证；房产查封相关材料（如相关判决书、裁定书、查封通知书等司法文书材料）；如存在公司对外出租房产情形的，则需要审阅房产租赁合同，并核查承租方交付租金的情况；如存在公司承租使用房产情形的，需要核查租赁合同及相关所有权证。

现场盘点土地房屋和构筑物前，需向债务人财务人员或其他辅助人员索要账面记载的房屋构筑物和无形资产中的土地使用权统计表、土地房屋产权证书和厂区分布图（如无法提供厂区分布图，可利用相关卫星定位导航系统查看厂区分布图）。

现场盘点时，要重点关注土地房产现状，土地上是否建设有其他非债务人的房屋或构筑物。已经办理过产权证的房屋是否存在，是否存在租赁状况，同时要了解构筑物的种类及大致分布情况。现场盘点时需对房屋和构筑物现状拍摄影像资料进行留存备查。

（三）在建工程

如破产企业存在尚未建设完毕的房产或其他在建工程项目，需核查相关明细清单及账面价值；核查抵押情况，包括但不限于所担保债权情况和抵押合同等；在建工程项目的立项批复、环评报告批复、建设用地许可证、建设工程规划许可证、施工许可证、竣工验收文件（包括规划、环保、消防、工程质量验收等）；在建工程抵押的协议，包括但不限于贷款协议和抵押合同及在建工程登记文件或他项权证；如在建工程存在抵押之外的其他性质的权益（如拖欠工程款等情况），则需要核查相关情况；在建工程司法查封相关材料（如相关判决书、裁定书、查封通知书等司法文书）。

（四）机器设备类

对机器设备类财产进行盘点前，需向债务人财务人员及相关人员索要账面记载的机器设备统计表，但需要注意的是，债务人账面记载的机器设备名称、设备型号、资产编号会存在与实际不匹配的情形，此时需要注意，与财务人员沟通相关资产入账逻辑，最少要确保机器设备名称、设备型号、资产编号有一项可与现场机器设备相匹配，若均不相符，需要现盘，即每一样机器设备都要手工填写设备名称、设备型号、生产日期、生产厂家（要仔细查看设备铭牌）。

（五）电子设备、办公用品和低值易耗品

电子设备、办公用品和低值易耗品因种类繁多，且存放杂乱，可抽样盘点。

（六）存货盘点

存货盘点时要注意询问存货出库入库流程，以便后续核查。如果存货量大也可抽样盘点。

（七）生物性资产

以树木为例，要注意树木的种类、棵数和分布，部分树木可根据实际需要确定是否要实地测量。

（八）车辆

车辆盘点要拍摄车辆的整体照片、内部照片、发动机照片、车辆存放地点、仪表盘照片（主要查看里程数）和车辆营运状态，若装有 ETC 还要记录 ETC 卡内余额，询问绑定的银行账户信息。完成现场盘点后，要对财产情况进行外部调查，外部调查能够从相关主管机关或机构获得更为准确的债务人名下所属的车辆查封、抵押等信息。

（九）对外投资

破产企业所有的对外投资企业的股权结构图和清单，包括破产企业所有境内外子公司、分公司、办事处等，需要核查每家公司的准确名称、注册地址、法定代表人、成立日期、注册资本、股权比例及经营范围；破产企业所持有的上述股权是否设置了质押或任何其他对股权转让有限制的情况，并核查包括但不限于主债权合同、质押合同及有关登记证明等相关材料；如破产企业持有的上述股权涉及被查封、冻结，需要破产企业提供查封清单、查封通知书、相关判决书等司法文书；破产企业签署或拟签署的任何合资、合作、联营以及承诺对外投资的文件；政府有关主管部门对破产企业境外投资的批复。

（十）知识产权

针对商标、专利、著作权等无形资产的核查，需在接管债务人财产的

基础上，登录官方网站进行查询，如中国商标网等。

（十一）医疗行业特殊资质查询

医疗行业相较其他行业有着特殊资质，如药品生产许可证、药品经营许可证、药品注册证、医疗器械注册证等，针对这些特殊资质的核查，需在接管债务人财产的基础上，登录国家药品监督管理局官网进行查询。

五、资产外调注意事项

（一）调取信息要全面

进行外部调查时，首先调取的是国有土地使用权、房产、车辆的基本信息，基本信息一定要尽可能详尽。涉及存在查封情形的，需记录查封时间、法院、依据、承办法官、联系方式等信息。涉及存在抵押情形的，需记录好抵押的时间、期限、金额、抵押权人、他项权证号等信息，机器设备抵押除上述注意事项外，一定要获取抵押设备清单，以便日后核对抵押的机器设备是否还存在。

（二）所需携带的材料

在进行外部调查时，需要携带管理人出具的委托书和受托人的身份证明及受理破产法律文书等。若债务人公司变更过名称，需携带工商变更名称的相关材料或在委托书中写明债务人曾用名。

附：授权委托书模板

授权委托书
（调取土地信息使用）

委托人：×××有限公司管理人
受托人：×××　身份证：××××××××××××××
职务：管理人工作人员

委托人现委托上列受托人办理以下事宜：
一、代委托人向不动产登记部门调取×××有限公司（曾用名：×××有限公司）的实时不动产信息；

二、代委托人向不动产登记部门调取×××有限公司的不动产抵押、查封的相关完整信息。

委托人：×××有限公司管理人

××××年××月××日

授权委托书

（调取房屋信息使用）

委托人：×××有限公司管理人

受托人：×××　身份证：×××××××××××××××

职务：管理人工作人员

委托人现委托上列受托人办理以下事宜：

一、代委托人向房产管理部门调取×××有限公司（曾用名：×××有限公司）的实时不动产信息；

二、代委托人向房产管理部门调取×××有限公司的不动产抵押、查封的相关完整信息。

委托人：×××有限公司管理人

××××年××月××日

授权委托书

（调取车辆信息使用）

委托人：×××有限公司管理人

受托人：×××　身份证：×××××××××××××××

职务：管理人工作人员

委托人现委托上列受托人办理以下事宜：

一、调取×××有限公司（曾用名：×××有限公司）的车辆基本登记信息；

二、调取×××有限公司的车辆变更、抵押、查封的相关完整信息。

委托人：×××有限公司管理人

××××年××月××日

（三）留存证据

尽量要求相关单位出具纸质证明材料，否则需手工记录所要查询的信息。并及时整理外调信息，制作财产外调记录。

附：外调记录模板

关于×××有限公司财产调查记录

一、时间

××××年××月××日

二、地点

×××车管所、×××住建局、×××不动产登记中心

三、调查事项

（一）调查×××有限公司的车辆的数量、抵押、查封情况；

（二）调查×××有限公司的房屋数量、查封、抵押情况；

（三）调查×××有限公司的不动产查封、抵押情况；

（四）调查×××有限公司的机器等设备的抵押、质押情况。

四、涉及公司

×××有限公司

五、经办人员

管理人工作人员：×××和×××

六、调查情况

×××车管所

管理人工作人员前往×××车管所档案室，向工作人员说明来意，递交针对上述公司调查文书后，车管所工作人员以裁定书、营业执照上的公司名称与机动车所在的公司名称不符为由拒绝查询。

第二次前往：管理人工作人员再次前往×××车管所档案室，除上次提供的信息，附加了工商局盖章的企业名称变更证明。查询结果如下：×××。附现场查询照片。

×××不动产登记和交易中心

管理人工作人员前往×××不动产登记和交易中心，向该部门的工作人员表明来意后，又向其递交了调查文书。查询结果如下：×××。附现场查询照片。

×××住建局

管理人工作人员前往×××住建局，向工作人员说明来意，递交上述公司调查文书后，工作人员随即开始了查询，查询结果如下：×××。附现场查询照片。

经办人签字：×××

六、财产调查的其他问题

（一）融资租赁物处置

根据《中华人民共和国民法典》第七百五十七条之规定："出租人和承租人可以约定租赁期限届满租赁物的归属；对租赁物的归属没有约定或者约定不明确，依据本法第五百一十条的规定仍不能确定的，租赁物的所有权归出租人。"融资租赁物原则上归出租人所有，若出租人与承租人对租赁物归属有约定的，按照约定处理。但承租人破产的，出租人则需根据破产程序而行使相关权利。

1. 解除合同，取回租赁物并主张赔偿损失

最高人民法院《关于审理融资租赁合同纠纷案件适用法律问题的解释》第十一条规定："出租人依照本解释第五条的规定请求解除融资租赁合同，同时请求收回租赁物并赔偿损失的，人民法院应予支持。前款规定的损失赔偿范围为承租人全部未付租金及其他费用与收回租赁物价值的差额。合同约定租赁期间届满后租赁物归出租人所有的，损失赔偿范围还应包括融资租赁合同到期后租赁物的残值。"若债务人存在未按照合同约定的期限和数额支付租金的，出租人可要求解除合同，取回租赁物并主张赔偿损失，损失赔偿的范围为承租人全部未付租金及其他费用与收回租赁物价值的差额，如合同约定届满后租赁物归出租人所有的，损失还应包括合同到期后租赁物的残值。对于所要取回的租赁物价值的认定，若合同有约定的，应按照合同约定确定；若合同没有约定的，应当以评估价值为准（仅限于破产和解和重整程序，若为破产清算程序则以实际拍卖价款为准）。

2. 主张全部剩余租金并主张别除权

根据《最高人民法院关于适用〈中华人民共和国民法典〉有关担保制度的解释》第六十五条之规定："在融资租赁合同中，承租人未按照约定支付租金，经催告后在合理期限内仍不支付，出租人请求承租人支付全部

剩余租金，并以拍卖、变卖租赁物所得的价款受偿的，人民法院应予支持；当事人请求参照民事诉讼法'实现担保物权案件'的有关规定，以拍卖、变卖租赁物所得价款支付租金的，人民法院应予准许。"出租人可以向承租人申报债权的形式主张全部剩余租金并就该部分租金在租赁物拍卖、变卖所得价款中优先受偿。

（二）对外债权处置

1. 证据材料收集

债务人的对外债权主要是指债务人账面记载的或虽未账面记载，但真实存在的预付账款、应收账款和其他应收款。因此，管理人需在破产企业提供的对外债权信息及债权清单的基础上，结合审计机构出具的审计报告，必要时可以针对对外债权出具专项审计报告，对账面记载的预付账款、应收账款和其他应收款与债务人财务人员和负责的业务人员进行核对，在排除记账错误、发票未回等原因造成的前述对外债权外，逐个核查应收账款形成的原因、依据、是否超过诉讼时效等事宜。

同时，针对已经诉讼、仲裁确认的债权，包括破产企业提供的各种涉诉、涉仲裁等法律文书，以及管理人通过查询裁判文书网、执行信息公开网等所得的案件信息，根据裁判文书中记载的相关事实及判决生效后的执行情况汇总破产企业应收债权，均可以作为催收的依据。

2. 清收方案

对外债权的追收方式主要包括非诉手段追收和诉讼仲裁手段追收两种。非诉手段追收主要是针对已获得债务人联系方式的对外债权，可通过电话询问、发送书面债务催收函等方式，协商处理欠款事宜。诉讼仲裁手段追收主要针对债权形成证据确实充分，且债务人不予清偿的情形。

对于基础材料齐全、证据充分的债权，未超过诉讼时效或已有生效裁判的，如债务人经营正常有清偿能力，即使债务人未反馈，该类债权一般也能得到较好的清收效果。

对于故意逃废债务的债务人，管理人可以通过发送催收函、提起诉讼和申请法院强制执行等方式加以解决。对于信誉较好且立即还债有困难的债务人，经债权人委员会或主审法院批准，也可与债务人达成和解协议，形成还款计划逐笔清偿。若债务人不完全履行协议时，再通过提起诉讼和申请强制执行的方式予以清收。

对于基础材料不够充分，或双方对债权的金额存在严重分歧，未过诉讼时效或时效不明的债权，此类债权存在一定的清收可能性。另外，虽然债权的证据材料充分，但债务人已明显缺乏偿债能力，也存在一定的清收可能性，但应当充分考虑追收的难度和投入的成本。

对于存在争议的债权，可要求对方举证或通过诉讼程序依法申请调取相关证据，若证据仍不足时，可以对方认可的债务金额予以清收。对于确实缺乏偿债能力的债务人，经债权人委员会或主审法院批准，也可采取减免部分债务后一次性结清的办法。

对于无基础材料，或诉讼时效已过多年，或债务人为自然人且无法取得其联系方式，或债务人企业已注销股东为自然人等情况的对外债权，这类债权几乎无清收可能性。另外，对于一些无法取得联系的小额债权，或经调查已明显丧失偿债能力的债务人，这些债权的清收难度大、投入成本高，且最终可能也难以收回。对于此类债权，管理人穷尽一切必要手段后，可将相关债权的调查情况报告给债权人委员会或主审法院确定处理方式。比如对于债务人企业已注销的情况，管理人已经依法调查取证，通过寻找注销时的清算义务人，要求其举证已经尽了各项清算义务，然后管理人再将该笔债权的清收情况报告给债权人委员会或主审法院确定处理方式。

3. 破产程序终结后对外追收诉讼是否适用集中管辖问题

《企业破产法》第一百二十三条规定，破产程序终结后二年内，债权人发现债务人有应当追回的财产或者其他应供分配财产的，可以请求人民法院按照破产财产分配方案进行追加分配。《企业破产法》第二十一条仅规定了破产受理后的集中管辖问题，对破产程序终结后的诉讼管辖没有明确规定。部分观点认为，因追加分配而需要进行的追收诉讼与原破产程序密切相关，且追回的财产需要按照原破产程序中的分配方案进行追加分配，仍由原破产案件受理法院管辖，能够更好地统筹个案审理与后续追加分配，充分保障债权人清偿利益。因此，对于破产程序终结后，根据《企业破产法》第一百二十三条的规定，发现应当追回的债务人财产所引发的诉讼，可以适用集中管辖的规定由原破产受理法院管辖。应当注意，该条适用于破产程序终结后新发现债务人有应当追回或者可供分配的财产，且财产数量足以支付分配费用的情形。如果是在破产程序中已经发现的应当追收财产或财产线索，根据破产程序概括性、全面性清偿原则，应当统一在破产程序中由管理人依职权进行追收，不应留待破产程序终结后再行处理。

七、财产状况报告的撰写

　　根据《企业破产法》第二十五条第一款第（二）项的规定，管理人在接受法院指定后，应当履行调查债务人财产状况、制作财产状况报告的职责。制作财产状况报告是管理人应当履行的法定职责，财产状况报告是在对债务人财产进行全面调查、梳理、产权进行界定的基础上制作的，及时向债权人会议及人民法院报告债务人财产状况，有利于债权人及法院了解债务人财产状况，为后续破产工作的推进提前做好准备。

　　财产状况报告的撰写应当遵循合法性、客观性、完整性等原则，从而全面真实地反映债务人财产状况。财产状况报告的内容应当包括债务人的基本信息、财产状况明细、财产权利限制及瑕疵情况（主要包括抵押、查封信息），以及审计机构和评估机构工作进程及相关结果。

　　附：财产状况的报告模板

　　　　　　　关于×××（债务人名称）财产状况的报告

　　×××（债务人名称）债权人会议：

　　×××（债务人名称）因＿＿＿＿＿＿＿（写明破产原因），×××（申请人名称/姓名）于××××年××月××日向×××人民法院提出对×××（债务人名称）进行重整/和解/破产清算的申请［债务人自行申请破产的，写×××（债务人名称）因＿＿＿＿＿＿＿（写明破产原因），于××××年××月××日向×××人民法院提出重整/和解/破产清算申请］。

　　×××人民法院于××××年××月××日作出（×××）×××破（预）字第×××-×××号民事裁定书，裁定受理×××（债务人名称）重整/和解/破产清算，并于××××年××月××日作出（×××）×××破字第×××-×××号决定书，指定×××担任管理人。

　　本管理人接受指定后，按照《中华人民共和国企业破产法》之规定，对×××（债务人名称）的财产状况进行了调查，现报告如下：

　　一、×××（债务人名称）基本情况

　　1. 企业的设立日期、性质、住所地、法定代表人姓名；

　　2. 企业注册资本、出资人及出资比例；

　　3. 企业生产经营范围；

　　4. 企业目前状态。

二、×××（债务人名称）的资产、负债及相关情况

列明×××（债务人名称）截至××××年××月××日的财产总额，并附财产清单。（委托审计机构审计的，列明审计情况）

三、关联方关系及其往来余额

列明关联企业名称及与×××（债务人名称）的关系，并列明往来款科目、余额和性质。

四、其他事项

（一）双方当事人均未履行完毕的合同

列明合同名称、订立日期、合同金额、合同履行状态等情况。

（二）影响债务人财产变现能力的情况

列明财产的状况、保管费用、变现障碍等情况。

（三）其他债务人财产可能出现增减的情况

列明管理人行使撤销权、确认无效、追缴注册资本、行使抵销权等情况。

特此报告。

（管理人印鉴）

××××年××月××日

附：财产清单

说明：

一、本文书依据的法律是《企业破产法》第二十五条之规定："管理人履行下列职责：……（二）调查债务人财产状况，制作财产状况报告。"由管理人调查债务人财产状况后所制作，并递交债权人会议。

二、本文书应当附财产明细清单。

附：破产接管工作办法

<h3 style="text-align:center">上海破产法庭关于规范破产案件接管工作办法</h3>

为更好促进管理人依法及时履行接管职责，规范接管行为，不断促进提升管理人专业能力，充分保护债权人合法权益，提高办理破产质效，上海破产法庭按照《企业破产法》及其司法解释、《全国法院破产审判工作会议纪要》（法〔2018〕53号）、《全国法院民商事审判工作会议纪要》（法〔2019〕254号）、《最高人民法院关于推进破产案件依法高效审理的意见》（法发〔2020〕14号，以下简称《依法高效审理意见》），以及上

海市高级人民法院《企业破产案件管理人工作职责指引》《破产审判工作规范指引（2021）》的有关规定和指导意见，结合上海破产法庭实践，制定本办法。

一、总体原则

1. 法院依法支持、监督管理人履行接管职责。

2. 管理人忠实、勤勉履行接管职责，依法依规开展接管工作，提高接管效率，切实维护当事人合法权益。

3. 接管工作应公开透明，依法保障债权人程序参与权和知情权，接受债权人监督。

二、基本要求

4. 接管范围

管理人依据《企业破产法》第二十五条规定，全面接管债务人的财产、印章、账簿和文书等资料（以下统称债务人财产），包括但不限于：

（1）经营证照。包括：法人营业执照、税务登记证、外汇登记证、经营资质等相关经营的审批文件；

（2）印鉴。包括：公章、法定代表人章、财务专用章、税务登记专用章、银行账户印鉴、合同专用章、发票专用章、内设机构、分支机构章、数字证书、电子印章等；

（3）财务会计资料。包括：总账、明细账、台账、日记账等会计账簿；会计凭证、空白凭证；财务会计报告；审计、评估报告等财会资料；

（4）现金、银行存款、有价证券、债权凭证；

（5）土地、房屋等不动产及权利凭证；

（6）机器设备、交通工具、原材料、产品，以及办公用品等；

（7）知识产权、对外投资、特许经营许可等无形资产；

（8）文件资料。包括：章程、管理制度、股东名册、股东会决议、董事会决议、监事会决议、商业合同、劳动合同、人事档案、涉诉涉仲裁涉执行案件材料等；

（9）有关电子数据、管理系统授权密码、U盾，以及支付宝和微信等电子支付工具的账号密码；

（10）其他应当接管的财产和资料。

5. 接管规范要点

（1）调查财产和相关人员信息

管理人接受法院指定后需立即进行调查，查明债务人财产和相关人员信息或线索。调查途径可包括：

① 信息公开平台：企业信息查询平台、裁判文书网、执行信息公开网、庭审公开网等信息公开平台。

② 档案户籍：债务人及关联企业工商登记信息；债务人的法定代表人、实际控制人、股东、董事、监事、高管的户籍和居住地信息。

③ 产权登记部门和银行：不动产、船舶、机动车、有价证券、知识产权等产权登记部门，以及开户银行和相关资金往来银行。

④ 实地查看：包括债务人注册地、主要办事机构所在地等经营场所。债务人系"三无"企业的还需向物业等周边可能知情人员询问。

⑤ 涉诉涉仲裁涉执行案卷：向相关法院和仲裁机构申请查阅涉诉涉仲裁涉执行案件卷宗，必要时可申请破产案件受理法院协助。

破产受理前六个月内相关执行程序中已经进行的调查，管理人可直接沿用调查结果，但有证据或线索显示确有重新调查必要的除外。

⑥ 其他途径：第三方线上支付平台、线索征集、悬赏等途径。

管理人调查发现债务人资产与负债规模过度失衡的，应责令债务人对重大资产去向作出说明，严格审查债务人的财产状况，切实防止逃废债。

（2）审核占有债务人财产的合法性

债务人有关人员或第三人占有债务人财产合法的，管理人根据相应法律关系依法处理。占有缺乏合法依据的，管理人应依法及时接管。

（3）制定接管方案

法院根据案情明确接管完成时间。对于债务人财产分布于不同地区，难以短期内完成接管的，管理人应制定接管方案，并按方案完成接管工作。管理人应及时向法院报告阶段性接管情况。

适用快速审理方式的案件，应按照上海高院《破产审判工作规范指引（2021）》第一百九十八条要求的时间完成接管。

（4）释明配合接管要求

管理人凭《破产受理裁定书》和《指定管理人决定书》，要求债务人法定代表人、实际控制人、股东、董事、监事、高管，以及财务管理人员、直接保管人员等责任人员配合接管，通过约谈、书面、电话、电邮、通讯群组等方式，告知以下内容：

① 破产案件受理和指定管理人情况；

② 接管的时间、范围等事项安排；

③ 责任人员应配合接管的法律规定；

④ 无正当理由不配合接管的法律后果；

⑤ 管理人联系方式；

⑥ 其他需告知事项。

（5）现场接管

管理人根据个案情况做好人员、车辆等接管准备工作。

接管过程应制作接管笔录、工作记录，或视情摄影摄像，实行全程留痕。

管理人接管时可视现场情况，在财物上贴封条，或在债务人经营或财物存放场所周边张贴告示，载明破产案件受理情况、财产情况、接管依据等有关内容。

管理人应注意邀请债权人代表现场参与、见证接管过程。

（6）制作接管清单

管理人需审查所接管财产的真实性和完整性，清点核对后制作接管清单，按不同财产类型记明财产的名称、数量、编号、价值、外观现状等财产信息。数量众多、难以清点的原材料或者半成品等财产，可以采用存储箱/柜等方式计数，并留存相关影像资料。

接管完成时，债务人有关人员和管理人均应在接管清单上签字确认。债权人代表参与见证接管的，一并签字确认。上述人员拒绝签字或无法签字的，管理人应在清单上记明情况和原因。

接管清单应提交法院存卷。

（7）债务人自行管理的移交

法院批准债务人自行管理财产和营业事务的，管理人需依法将已接管的债务人财产和营业事务移交债务人，并参照上述第（5）/（6）点接管清单要求制作移交清单。

6. 有效管控

管理人对已接管财产不得脱管，须视情采取上锁、贴封条、聘用人员看管等有效管控措施，确保所接管财产置于有效管控下。接管物移转应报告法院同意。

管理人须定期核查接管财产保管状况，发现财产可能发生毁损、遗失等风险的，应及时采取相应防范措施。

7. 归集债务人财产

对债务人以下情形，管理人需依法及时追回、归集债务人财产：

（1）股东未履行出资义务或者抽逃出资；

（2）为逃避债务而隐匿、转移财产；

（3）依法应予撤销的个别清偿行为；

（4）应收账款；

（5）其他应追回的财产。

管理人追回、归集财产应尽量采取协商、催讨等非诉讼方式，以降低程序成本。非诉讼方式未能实现财产归集效果的，管理人应及时提起诉讼或申请仲裁，或者按照债权人会议决议的其他方式处置。对于涉嫌妨害清算、虚假破产，以及隐匿、故意销毁会计凭证、会计账簿、财务会计报告犯罪的，应依法向公安机关报案或请求法院移送公安机关。

8. "三无"企业的调查接管

管理人需按上述第5/（1）点的六种调查途径全面开展调查。调查情况及结果应书面报告法院，并附调查笔录、寄件凭证、现场照片、工作记录等材料。

管理人未能穷尽前述"六查"途径调查的，应向法院报告原因，法院予以督导。

管理人"六查"工作情况以及后续措施，应完整、如实地向债权人会议报告。

9. 及时追究债务人有关人员责任

债务人有关人员不履行法定义务配合接管，导致无法清算或者造成损失的，管理人应及时依法追究其责任。

10. 落实安全生产和环境保护责任

接管物系易燃易爆物品、危险化学品、放射性物品等危及人身安全和财产安全的物品，管理人应依照相关危险物品处置和环境污染防治法律法规审慎处理，并做好必要防护措施。

债务人经法院批准继续营业的，管理人应依照有关安全生产和环境保护的法律法规，严格落实安全生产和环境保护责任。

11. 及时报告

管理人应依照《企业破产法》第二十三条规定，及时向法院报告接管工作。

管理人报告接管工作应提交书面报告。一次性接管难以完成的，管理人须提交接管进展的定期或专项工作报告。报告一般应包括：接管措施、进度、困难和对策意见，并附接管清单、笔录、影像、录音等材料。若附件材料系复制件的，需与原件核对无误，原件由管理人妥善保管。

接管中出现重大、突发事项，或生鲜易腐食品、保质期临界货物等需尽快处理的，管理人应主动及时报告，并提出拟采取的处置意见。遇紧急情形，管理人可以口头方式先行报告法院，事后及时补充书面报告。

三、特殊情形的接管

12. 一并接管情形

债务人设有分支机构或被裁定纳入实质合并破产的关联企业，管理人应一并接管分支机构或关联企业。

融资租赁物、售后回租物等债务人占有的不属于债务人所有的财产，以及权属不明的财产，管理人应一并接管后予以妥善保管。

13. 债务人财产已被其他执法机关依法查扣情形

债务人财产被其他执法机关依法查封、扣押、冻结的，管理人应及时与有关机关沟通并报告法院。必要时，法院依照上海高院《破产审判工作规范指引（2021）》第四十八条第三款规定提供协助。

有关机关尚不能移交债务人财产的，管理人需注意了解后续进展情况，适时完成接管。对可以通过复印、扫描等方式复制的文件资料，可先行接管复制资料。

14. 委托保管情形

船舶、飞行器、大型设备等不便移动的债务人财产，管理人可以委托保管并报告法院。遇紧急情形，管理人可以先予口头报告。

采取委托保管的，管理人需与受托人签订合同明确保管责任及失责后果，并附保管的财产清单。管理人对委托保管过程，可采取笔录、摄影、摄像，以及第三方见证或公证等措施留存。

管理人需定期核查委托保管财产状况，发现财产有受到毁损或者脱离控制可能的，应立即终止委托保管，并报告法院，及时采取场地租赁等适当措施予以直接接管。

委托保管终止时，管理人需核对财产数量，确认财产状况。财产毁损的，应依法及时追究受托人责任。

15. 境外和港澳台资产

管理人需及时接管中华人民共和国境外和港澳台地区的债务人财产，必要时可聘请境外专业机构提供相关协助服务。

管理人接管债务人财产，如需向香港特别行政区法院申请认可内地破产程序及管理人身份的，应遵循最高人民法院与香港特别行政区政府《关于内陆与香港特别行政区法院相互认可和协助破产程序的会谈纪要》的相关规定。

四、强制接管

16. 管理人需开展的工作

依法应当接管的债务人财产，债务人有关人员拒不移交、故意拖延移交或部分移交，以及实施其他阻挠行为不配合接管的，管理人应注意做好以下工作：

（1）约谈释明

管理人应约谈债务人有关人员，告知破产案件受理情况和接管事项，释明相关法律规定，明确依法配合接管义务以及拒不配合的法律后果。约谈应做好笔录或录音录像。

（2）收集和固定证据

对债务人有关人员拒不配合接管的行为，管理人须注意采取摄影、摄像、录音、笔录等方式收集、固定证据。

（3）强制接管和预案制定

经释明后债务人有关人员仍然拒不配合接管的，管理人应实行强制接管。采取强制接管前，管理人需制定接管预案并报告法院。预案内容可包括接管范围、财产状况、拒不配合情形、拟采取的强制措施、准备工作和现场应急处置措施等。法院予以指导监督，确保强制接管稳妥进行。

（4）保障债权人程序权利

管理人可邀请债权人参与强制接管，保障债权人参与权、知情权和监督权，取得债权人的支持和协助。

17. 申请法院依法处理

管理人开展上述工作后仍然未能完成接管的，应将相关情况以及申请拟采取的强制措施意见，书面报告法院。法院审查后依据《企业破产法》第一百二十七条、第一百二十九条、《中华人民共和国民事诉讼法》第一百一十一条、《中华人民共和国出境入境管理法》第十二条、《依法高效审理意见》第八条等规定作出处理。对涉嫌刑事犯罪的，依法移送公安机关。

第四章　债权审查

一、债权申报及接收

（一）申报流程

依据《企业破产法》第十四条及第六章债权申报章节规定的债权申报流程，自裁定受理破产申请之日起二十五日内，人民法院会确定债权申报期间，债权申报期限自人民法院发布受理破产申请公告之日起计算，最短不得少于三十日，最长不得超过三个月①，同时发布公告。管理人协助法院通知已知债权人申报债权，并告知债权人申报债权需填写的文件及提交资料的流程和注意事项。债权人得知申报债权的信息后向管理人申报债权，管理人对债权人提交的申报资料进行形式审查，形式审查通过，即说明债权人申报债权成功。

（二）申报形式

目前，债权申报方式有线上申报和线下申报两种，有些情况下也采用两种方式相结合接收债权申报。不同方式对债权申报进行形式审查的注意事项也略有不同。线上申报债权，形式审查需注意线上申报提交的资料是否清晰，部分债权人对线上债权申报系统较为陌生，难操作，管理人需耐心指导，同时需要注意申报资料的保存留档。线下申报债权，形式审查需注意将债权人提交的资料复印件核对原件，需与原件一致，同时注意核查提交资料人员的身份、是否有代理权限、纸质档案编号留存等。

（三）申报资料

债权人申报债权时需提交的申报资料，包括需填写的模板文件及证据资料。一般情况下，管理人在发布债权申报公告时会同时附带需填写的模

---

① 《企业破产法》第四十五条。

板文件，如债权申报表、授权委托书、送达地址确认书等。同时也会披露债权申报指引，指导债权人填写、提交申报资料。

在模板文件中，债权申报表是债权人提交的显示债权情况及申报金额的制式表，需能够充分体现债权人的债权基本情况，方便管理人后续债权审查工作的推进。在医疗服务机构破产案件中，债权申报表应当由债权人注明债权负责部门或科室，备注债权发生原因，若债权人未注明，也需在接收申报资料时向债权人了解此项，尤其是涉及医院破产的情况。医院内部科室众多，器材药品等种类繁多，大型综合性医院还会分设各类库房，如果医院内部管理体制不完善，债权人不能明示对接的科室，后期管理人和债务人可能无法找到或很难找到核查债权的内部人员。同时，若采用线上申报债权的形式，需注意债权申报表填写的信息与线上申报债权系统填写的信息是否一致，若不一致时提醒债权人进行修改，保持一致。如未单独设置联系方式确认单，也可在债权申报表中一并设置。

附债权申报登记表样例，仅供参考。

债权申报登记表

编号：

债权人信息	债权人名称		（自然人）身份证号码	
	（法人）法定代表人		统一社会信用代码	
	地址			
	联系人		联系电话	
	代理人		联系电话	
	开户银行（具体到支行）			
	开户名		银行账号	
	债务人名称			

续表

债权基本情况	债权总额	小写：　　　　　大写：		
	本金			
	利息			
	违约金			
	其他			
	有无担保/优先权	□无 □有（担保物）对应金额：	到期时间	
	有无保证	□无　□有（保证人）		
	诉讼（仲裁）情况	□未起诉/未申请仲裁 □已起诉/已申请仲裁（□已决　□未决）		
	有无进入执行	□有　　　　□无	已获偿金额	
债权发生经过				
违约金及利息	请备注：违约金及利息的计算方式			
备注				

（四）接收债权申报

接收债权申报是指管理人对债权人提交的申报资料进行核查，符合申报要求的，接收债权申报。对申报资料进行核查时，一般是按照债权申报指引的要求进行核查，审查是否符合申报债权的形式要求，包含申报资料的填写是否符合要求、资质文件及证据资料是否完整，形式是否符合申报要求，如果涉及使用申报平台申报债权的，需核查申报平台填写的信息与债权人提交的纸质资料体现的信息是否一致。资质文件指按照申报要求需提交的证明债权人主体身份的文件，如债权人的营业执照、身份证件复印件、负责人及代理人的相关授权委托手续；证据资料指证明存在债权债务关系的协议、付款单、送货单等资料。管理人在接收申报资料时，一般不接收资质文件和证据资料原件，如身份证、营业执照原件、合同、发票、银行回单等。原件仅用于核对是否与复印件一致。

通过债权申报资料核查的债权，即为成功接收债权申报。如果在申报阶段有要求债权人邮寄纸质资料的，纸质资料送达后应编号归档保存。

二、债权审查一般规则

（一）审查流程

1. 流程及人员安排

债权审查是指管理人对破产案件中债权人申报债权的真实性、合法性、时效性以及债权性质、债权金额等进行审查的过程。债权审查的流程是管理人接收债权申报后，将债权人提交的申报资料同步给债务人及聘请的审计机构，债务人及审计机构核查后出具审查意见，管理人通过核查债权人提交的证据资料、债务人的账面情况、债务人掌握的财务资料并结合债务人及审计机构出具的债权审查意见审查债权。部分案件体量较小，未聘请审计机构参与债权审查工作，或债务人负责人员处于失联状态、财务资料丢失或无法使用，则需要管理人根据债权人提交的证据资料独立完成债权审查工作。

如果破产案件中债权种类较多，为保证审查标准的统一，可根据债权法律关系进行分类，并将同类债权分专人负责审查或复核。若项目涉及债权人数不多的情形下，债权审查人员可以由接收债权申报资料审查的人员充任，通过接收材料掌握相关信息便于更好地审查债权，能够避免债权审查阶段多次频繁与债权人沟通。此外，管理人也应当规范债权审核工作流程，做好记录，债权组人员分工应当明确，以保证债权审核时可及时精准对接到某一债权人的具体负责人员。

2. 对接债务人

债权审查过程中，债务人需出具审查意见，管理人在核查债权过程中，也会向债务人了解债权涉及的基本情况及调取资料，这些都需要债务人的配合。因此，管理人工作过程中需提前做好对接债务人的准备，尽可能直接对接到了解实际情况的工作人员，降低沟通成本，提高工作效率。对于一般企业，管理人在审查债权时可能仅需要对接财务部门人员和业务部门人员，基本就可以全面了解债权债务的具体情况。但涉及医疗服务机构破产的案件，财务人员和业务人员并不一定了解所有债务的情况，主要是因为医院为了更有力地保障管理信息，一般均会使用医院管理信息系统（全称为 Hospital Information System，HIS 系统）。该系统主要将门诊管理、住院管理、药房管理、药库管理、电子处方、物资管理、媒体管理等统一布局规划，并以财务信息、病人信息和物资信息为主线，通过对信息的收集、存储、传递、统计、分析、综合查询等为医院领导及各部门管理人员提供全面、准确的各种数据。但是，大多数的综合性医院尤其是具有改制或公有色彩的医院多采用传统事业单位的收付实现制记账方法，再加之若未能使用较为完备的财务管理 HIS 系统，仅凭财务账册，很难为债权核查提供完备的基础核查信息。同时，进入破产程序后管理层的更迭或接任不及时，也会出现找不到对接人员或者对接人员更换无法核清事实等问题。因此，管理人在对接债务人关于债权审查事宜之前，首先要了解债务人的管理体系，以及债权涉及的部门间的关系，找到核心对接人，获取相关信息。在对接流程方面，沟通确定一个总对接人员，达成一致意见，以免出现具体对接人不配合的情况。在工作机制方面，在确定所有部门的对接人员后，可集中见面沟通一下各部门在债权核查方面需要做的工作及存在的问题，确定解决方案后，跟进各部门的进展并收集证据开展债权核查。

如某案例中，由于某医院 HIS 系统的财务系统设置不完备，医院各部门采用较为原始的流程审批，如医院后勤科与债权人签订维修合同，合同约定了总价款，但财务只对每次向对方付款的金额进行记账，无法明确付款对应的费用批次、用途，甚至审批付款金额与实际付款金额不一致，导致后勤科并不知道财务已支付款项金额及付款对应的费用批次，无法确定欠款金额。而财务也不知道具体应付合同相对方多少款项、已支付款项及欠款金额。此类情况下就必须由财务科及后勤科相互配合、核查才能确定欠款金额。但是若两个科室又隶属于不同的分管领导，就需优先协调分管领导逐级安排协调配合工作，若协调效果不好就会出现两部门相互推诿的情况。因此，建立良好的管理人与债务人对接机制，是全面核查债权的基础。

3. 协调审计工作

如果破产案件中，管理人聘请审计机构参与债权核查工作的，需要求审计机构对债权审查结果发表意见的同时，提供核查结论依据的证据资料，尤其是对债务人账面核查结果及相应的分析依据。根据债务人的账面记载情况了解债务人对应的欠款情况是债权审查的一个重要途径，但是，如果债务人的记账方式与业务实际发生情况有出入，需及时提醒审计人员及时了解情况，要求审计机构了解债务人的记账情况及存在的问题。

在出现医疗服务机构信息管理不对称造成部分业务的欠款未计入账面、记账期间与入库时间存在差异、破产受理日、财务入账日期及审计基准日期不同等情况时，基于对上述情况的不同理解作出的判断会影响对债权金额的判断，因此，管理人需要组织审计机构和债务人提前沟通了解债务人账面情况，并确定审计机构参与债权审查的要求、规范及操作流程。

（二）一般审查事项

债权审查时需遵守一般的审查原则，目前的审查原则普遍体现为标准统一、实体与程序并重、保障实质公平、自愿处分原则、法律适用原则。在遵守审查原则的基础上，普遍的审查事项主要有以下几个方面。

1. 债权债务主体

根据现有证据资料，判断债权人申报的债权是否为债务人的债权，债权人的名称是否为证据资料涉及的债权主体。如并非债务人的债权人，直接不予确认即可。

2. 是否涉诉

根据《最高人民法院关于适用〈中华人民共和国企业破产法〉若干问题的规定（三）》第七条的规定，对于涉诉已决的债权，管理人应在充分理解裁判文书的基础上严格依照裁判文书确定的法律义务确认债权。管理人需注意核查裁判文书是否生效，必要时可要求债权人举证落实。经核查发现存在《最高人民法院关于适用〈中华人民共和国企业破产法〉若干问题的规定（三）》第七条规定的生效法律文书确定的债权错误或虚构债务的情形，如果生效法律文书是判决、裁定、调解书的，应当依法通过审判监督程序向作出该判决、裁定、调解书的人民法院或者上一级人民法院申请撤销生效法律文书后，重新确定债权；如果生效法律文书是仲裁裁决或公证债权文书的，向受理破产申请的人民法院申请撤销或者不予执行仲裁裁决、不予执行公证债权文书后，重新确定债权。

同时管理人需注意核查涉诉未决的债权，积极与债权人沟通案件进展，避免遗漏诉讼未结债权的情况。同时还应将涉诉涉保涉执情况及时向相关人民法院反馈，及时跟进案件进展情况。对于正在诉讼中的债权，需暂缓确认。

3. 债权金额

审查认定债权应当在债权人申报的范围之内，根据不告不理原则，债权认定不得超出债权人申报的金额和范围。对于债权金额计算截止日期，一般情况下债权金额计算截止日为破产受理裁定日①，受理日可计算利息，当日欠款可认定为破产债权。对于涉担保或债务加入的连带债权，应在核查各保证人及主债务人的已还款情况后，确认债权总额。债权涉及合同的，需核查合同是否真实有效，是否存在法定无效或可撤销情形，并依法处理。

4. 债权性质

确认债权前需明确债权人申报债权的性质，仔细查看债权人提交的债权申报表，如债权人无明确主张有财产担保优先债权、税款债权、社保债权、建设工程优先权等优先权情形，一般为普通债权。各类优先债权核查注意事项如下。

（1）有财产担保优先债权

依据《企业破产法》第一百零九条的规定，对债务人的特定财产享有担保权的权利人，对该特定财产享有优先受偿的权利。审查是否符合有财产担保债权的条件，需着重核查以下几点：①担保财产为债务人资产；②担保是否真实有效，核查抵押、质押登记情况，确定是否按照法定要求进行公示登记，确定担保行为是否存在《企业破产法》第三十一条规定的可撤销情形；③核查合同约定的担保范围，依据民法典第三百八十九条规

---

① 《企业破产法》第四十六条。

定区分有财产担保债权金额及无财产担保债权金额；④有财产担保债权的审查通知书，在审查结论部分必须载明财产有无担保债权金额，有财产担保债权的担保物及担保范围。

（2）税款债权

税务机关申报的税款债权根据税务部门提交的欠税情况进行审查确认，破产受理前发生的欠款本金为税款债权。依据《最高人民法院关于税务机关就破产企业欠缴税款产生的滞纳金提起的债权确认之诉应否受理问题的批复》，滞纳金为普通债权。海关申报的关税滞纳金的债权性质认定有争议，由于关税不适用普通的税款缴纳制度，因此对于关税滞纳金是否认定为普通债权尚不明确，实践中，可根据地方规定及当地法院的判例情况进行判断。

（3）社保债权

社保部门申报的社保债权，可根据社保部门核查认定的情况进行确认。对于《企业破产法》第四十八条规定的应当划入职工个人账户的基本养老保险、基本医疗保险费用是否需要从社保债权金额中区分出来，可以根据案件类型处理。在重整案件中，依据《企业破产法》第八十三条，应当划入职工个人账户的基本养老保险、基本医疗保险费用以外的社会保险费用不会予以调减，不影响最终的清偿及职工的权益，在债权确认阶段可考虑不予拆分。在清算案件中，依据《企业破产法》第一百一十三条之规定，如果清偿资金不足，应当划入职工个人账户的基本养老保险、基本医疗保险费用优先于该部分之外的社保保险费用清偿，因此需进行欠缴费用区分。

（4）建设工程优先权及其他优先权

建设工程优先权涉及的法律关系较为复杂，对主张权利的主体、主张期限、优先权范围等有相对具体的核查标准，将在建设工程类债权部分详细进行分析。

破产债权中除上述常见的优先债权外，还涉及购房人优先权、船舶优先权、航空器优先权等，此类优先权可根据相关法律法规认定债权性质。涉及优先债权的审查，应严格审查其优先权是否成立，严格区分优先部分与普通部分。

5. 不予认定情形

在债权审查过程中，需考虑是否存在依据《最高人民法院关于审理企业破产案件若干问题的规定》第六十一条规定不予认定债权的情形，如存在该类情形，可直接不予认定债权，即债权人申报的下列债权不予认定：

① 破产案件受理日以后的债务利息；

② 债权人参加破产程序所支出的费用；

③ 债务人的股权、股票持有人在股权、股票上的权利；

④ 超过诉讼时效的债权，超过法律规定的期限未申请强制执行的债权；

⑤ 债务人开办单位对债务人未收取的管理费、承包费；

⑥ 管理人或债务人在破产程序内解除合同，合同相对方申报的超出实际损失的赔偿请求或者要求返还定金的加倍部分；

⑦ 政府无偿拨付给债务人的资金，但财政扶贫、科技管理等行政部门通过签订合同，按有偿使用、定期归还原则发放的款项除外；

⑧ 超过债权人申报范围的债权；

⑨ 其他依据相关法律法规不予认定的债权。

三、类型化债权审查

债权类型根据不同的标准可以进行不同的分类。根据债权性质或债权清偿顺序，可以分为有财产担保债权、税款债权、职工债权、社保债权、其他优先债权、普通债权、劣后债权。根据债权事实涉及的法律关系，可以分为买卖合同类债权、建设工程类债权、金融类债权等。不同经营范围的企业涉及的债权类型有所不同。债权审查重点审查法律关系、债权发生的事实和法律依据，下面对于几种典型的债权类型的审查进行分析探讨。

（一）买卖合同类债权

1. 欠款本金

买卖合同的欠款本金根据申报证据资料，结合债务人账目及审计审查结论进行核查。总的数据逻辑是欠款本金＝应付本金总额－已付本金。首先确定应付本金总额，再确定已付本金，最后确定欠款本金。

（1）应付本金总额

关于应付本金总额的核查，可以通过核查合同约定价款及债权人履行约定义务情况来进行，核查确定债权人是否已履行完毕约定义务，是否已达到债务人付款条件。需注意，付款条件和付款期限属于不同的法律概念。若债务人付款义务未到期，因破产受理提前到期，不影响债权审查确认，如果债务人付款义务尚未满足付款条件，已确定不可能满足付款条件的需不予确认；尚不能确定以后是否会满足付款条件的，需暂缓确认。债权人合同义务是否履行完毕可以通过核查合同约定应履行义务情况、签收单、验收单、送货单等进行确定。如债权人申报退款的，需核查退款对应的款项是否已支付，可通过核查银行回单、收据等支付凭证进行，如果是以承兑汇票支付的，需核查承兑汇票是否承兑。

（2）已付本金

关于已付本金的核查，可以通过核查债务人账目，债权人提供的银行回单、收据等资料以及合同约定的对应义务情况，确定债务人已付款项及未付款或其他未履行义务。如发生多笔付款，无法对应支付合同约定的具体款项，视为按欠款发生时间依次支付。有生效法律文书确定清偿情况的，需核查确定日期之后是否有已执行或持续清偿情况。

2. 违约金

此处的违约金包括债权人主张的违约金、利息、资金占用费等孳息和具有补偿性或惩罚性的赔偿，以上分项合计金额过高时，管理人可适当调减。如债权人主张违约金，有裁判文书的按照裁判文书认定；无裁判文书的，依据合同核查债务人的违约情况，确定违约金起止时间、计算基数和利率。

关于利率认定，有裁判文书的按照裁判文书认定，有合同约定的按照合同约定，金额过高的，适当调减。合同约定不明或者合同未约定违约金，但债权人主张违约金或资金占用损失的，可适当认定。依据《最高人民法院关于审理买卖合同纠纷案件适用法律问题的解释》第十八条及其他相关规定，如果违约金过高，调减的标准参考如下：2019 年 8 月 19 日前的违约金，按照中国人民银行同期同类人民币贷款基准利率上浮 30%—50% 的利率标准计算；2019 年 8 月 20 日之后的违约金，按照违约行为发生时中国人民银行授权全国银行间同业拆借中心公布的一年期贷款市场报价利率（LPR）上浮 30%—50% 的利率标准计算。

3. 保留所有权的买卖合同

根据《民法典》第六百四十一条规定，债务人购买价值较高的动产时，债权人可能会与债务人约定在付清全部价款前保留所有权。当债务人经催告不能履行到期债务或存在《民法典》第六百四十二条的情形时，债权人可能会依据《企业破产法》第三十八条规定向管理人主张取回权。债权审核过程中，管理人应查明双方当事人真实的意思表示及权利外观，确定合同是否属于保留所有权的买卖合同，是否符合取回权行使的条件，重点核查以下几点。

（1）取回权行使的前提条件

取回权的权利基础来源于民法规定的物上返还请求权，是权利人基于其所有或者占有物的事实以及法律上的原因，请求无权占有人返还其所有物或者占有物，以恢复其所有或者占有状态的权利。只要债务人（财产占有人）被人民法院受理破产申请，无论其占有是否合法或者期限是否届满，财产权利人都可以行使取回权取回自己的财产。首先，管理人应查明所有权是否登记在债权人名下或是否有明确合同条款约定在债权人名下。其次，管理人应进一步查明债务人是否欠付债权人款项，债权人是否仍享有所有权。根据以上事实分析债权人是否仍然享有对合同标的物的所有权。

（2）行使取回权的时间

《最高人民法院关于适用〈中华人民共和国企业破产法〉若干问题的规定（二）》第二条第（二）项规定，债务人在所有权保留买卖中尚未取得的财产不应认定为债务人财产。第二十六条规定，权利人依据《企业破产法》第三十八条行使取回权，应当在破产财产变价方案或者和解协议、重整计划草案提交债权人会议表决前向管理人提出。权利人在上述期限后主张取回相关财产的，应当承担延迟行使取回权增加的相关费用。从该条文内容可知，破产取回权的权利人行使取回权的时间应为从人民法院受理破产申请开始至破产程序终结，不受破产管理人是否已经将破产财产变价方案或者和解协议、重整计划草案提交债权人会议讨论等时间节点的限制，只是若在相关时间节点后行使取回权的，应当承担增加的费用。因此，债权人在破产程序终结前都可以向管理人主张行使取回权。

（3）申报债权是否视为放弃取回权

关于债权人在法院受理破产申请后向管理人申报普通债权及法院通过裁定书的形式确认债权金额的事实是否可以认定为放弃取回权的问题，若管理人在选择解除合同后仍然通知债权人，债权人在收到管理人的通知后填写债权申报登记表的行为，是债权人的合理反应，不能因此认定债权人选择放弃行使取回权。即使法院在破产程序中作出债权确认裁定，应是对管理人核对后的债权数额及性质进行的进一步确认，在取回权人作出相反的意思表示后，应当对其是否享有取回权进行实体判断，不能苛责债权人因对自身权利行使的不准确而作出其放弃更有利的权利行使方式的判断，剥夺当事人行使取回权的权利。综上，管理人不能以债权人申报债权，或经人民法院生效的民事裁定书予以确认其债权金额为由拒绝债权人行使取回权。

（4）行使取回权的方式

第一种方式：直接取回标的物。根据《最高人民法院关于适用〈中华人民共和国企业破产法〉若干问题的规定（二）》第三十八条的规定，管理人决定解除合同的，债权人可以选择直接取回标的物，取回标的物价值减少造成损失的，可从债务人已支付的款项中扣减，扣减后将剩余款项返还。如果已支付款项不够负担损失，债权人可就无法负担部分主张共益债。实务中多会通过评估价值确定标的物取回时的价值。

第二种方式：以标的物评估值或拍卖所得价款优先受偿。根据《民法典》第六百四十二条的规定，出卖人可以与买受人协商取回标的物；协商不成的，可以参照适用担保物权的实现程序。如果破产债务人因经营需要不适合让债权人取回标的物的，可与债权人协商以标的物评估价值优先清偿；如标的物不宜取回且债权人支持由管理人拍卖，则债权人就拍卖所得价款优先受偿。以上两种方式确定的优先受偿额度，相当于债权人取回的金额，如标的物价值减少给债权人造成损失的，根据《最高人民法院关于适用〈中华人民共和国企业破产法〉若干问题的规定（二）》第三十八条的规定处理。若管理人将标的物转让、出卖致使债权人不能行使取回权，根据《最高人民法院关于适用〈中华人民共和国企业破产法〉若干问题的规定（二）》第三十七条的规定，未付价款应当作为共益债务予以清偿。

4. 药品、医疗器械类买卖合同

药品、医疗器械类买卖合同是医疗行业较为常见的买卖合同类债权，审查时除了一般买卖合同应注意的核查要点，也有其特殊注意事项。

（1）核查证据资料

药品、医疗器械类买卖合同债权，管理人需重点核查债权人提供的证据材料所主张的欠款金额与债务人账面记载的差异。因此，管理人在审查证据资料的过程中应引导债权人提供足够的证据材料，方便核查差异金额。债权人需提供书面合同、出库单（出库随行单）、销售清单、财务明细表、发票、对账单、债务人入库单、回款银行回单等能证明欠款金额发生的证据材料。证据材料需同时提交用印版、电子表格版，电子表格版方便管理人核查金额。业务往来中，债务人、债权人会因为各种原因没有签订书面合同，但不影响债权人提交其他证据材料证明债务人存在欠款的事实。

同时，债务人的财务记账可能存在不规范的情况，前期形式审查中可能也存在无法发现财务账面未入账的情况，因此需要与债权人沟通，尽可能提供足够的证据材料，方便管理人后期与债务人核查差异。

（2）核查债权发生时间

一般情况，以债务人对药品、医疗器械入库时间确认债权发生时间，若入库时间发生在破产受理日之前，则确认为破产债权予以核查。因此，债权审查过程中，管理人内部需充分沟通核查事实，正确判断债权金额。管理人需获得债务人财务明细、记账凭证、耗材入库时间等能证明债权发生的底稿材料。实质审查过程中，如有审计机构参与债权审查，管理人还可与审计机构充分沟通，共同找到差异原因。

（3）核查业务往来真实性

债务人、债权人是否签订了书面合同，对实质审查影响较小，实质审查重点应放在双方业务往来的实际履行情况。若债务人、债权人之间未签订书面合同，管理人需与债务人沟通未签订原因，并通过出库单（出库随行单）、销售清单、财务明细表、发票、对账单、债务人入库单、回款银行回单等其他证据材料查明双方事实合同履行情况、交易习惯。若债权人提供的证据材料证明的欠款金额与债务人账面记载、记账凭证一致，管理人可进行确认。若债权人提供的材料仅有发票等证据材料，证据材料不充分，管理人需仔细核查债务人入库情况、记账凭证，存在差异的，与债权人和债务人充分沟通，了解差异原因。若管理人自行核查差异难度较大，可允许债务人与债权人核对账目，核查差异原因。

实质审查过程中，管理人可能会通过债务人账面明细、记账凭证、入库单等债务人底稿材料发现财务未入账的情况，即债务人账面上无法反映未入账部分的欠款情况，债务人账面记载金额与债权人主张金额不匹配。此时需要与债权人沟通尽可能提供足够的证据材料，以及可能发生差异的原因，查明事实，确认债权金额。

（二）合作合同类债权

1. 一般表现形式

医疗服务机构中有类其他企业不常见的债权，即合作合同类债权，表现形式有托管、合作、承包经营等。典型的是合作科室类债权，这类债权一般表现为债权人或合作方与医院签订医疗管理服务协议，约定债权人向医院提供优质管理咨询或技术服务。合作内容一般包括学科建设服务、专科能力服务、学科发展服务、学科公益服务等。合作形式一般为医院与合作方共建一个科室，如五官科、内科等科室，合作方派驻专业人员，并为其派驻的人员提供后勤保障，承担推荐的专家劳务费支出、差旅、购买人身安全保险等全部费用，同时可自带部分设备等。医院提供场所、部分设备、耗材及医院的管理系统，为合作方派驻的医师办理执业注册备案，购买医疗责任险，同时，医院也会配备一定的医护工作人员。费用结算方式是医院统一收费后，按照计算标准向合作方支付咨询/技术服务费。

2. 证据资料审查

该类债权需要债权人提交的资料主要是合作合同或医疗管理服务合同，合同是记载双方建立法律关系的书面文件，包含了当事人对于服务项目、结算方式的约定，必须提交。其他前期能证明合同履行情况的证据资料，如实际结算方式与合同约定情况不同的证据资料、债权人已按约定提供服务的证据资料、债务人应支付款项的计算依据及计算方式等证据资料也应当提交。

3. 确定合同是否继续履行

合作合同涉及合作方提供服务和债务人向合作方付费两个主体的两种义务，同时合同会约定较长的履行期间，履行期间甚至在5年至10年不等。因此审理此类债权，首先应确定合作期限在破产受理日是否到期，如未到期需确定合同是否属于《企业破产法》规定的待履行合同，如果是待履行合同，那就需要判断是否需要继续履行。由于合作科室也是医院的一个科室，会影响医院在破产期间的经营情况，是否继续履行需管理人结合医院营收情况慎重判断。

如合作合同未到期，管理人决定继续履行合同，则依据《企业破产法》关于管理人决定继续履行双方均未履行完毕合同的规定，合作方的费用因合同继续履行可认定为共益债务①；如合作合同未到期，管理人决定解除合同，或者合作合同已到期，债务人欠付合作方服务费用，则合作方就破产受理前债务人欠付的费用可申报债权，按照破产债权审查认定。

---

① 《企业破产法》第四十二条。

4. 确定各主体及其权利义务

管理人应根据债权人提供的证据资料核查债权人主体身份，查看是否为合同中确定的权利义务主体，同时结合债务人意见核查证据资料的真实性，核查各方权利和义务的履行情况。由于此类债权计算数据的基础信息多数由债务人掌握，债权人无法提供原始数据，因此需重点查看核实债务人提供的证据资料。

5. 核查债权金额

（1）确定计算公式

合作合同一般会约定医院按期按照合同约定的计算标准向合作方支付咨询或技术服务费。如某合同约定的计算公式为：咨询或技术服务费=医疗服务性收入-科室成本-甲方管理费。该公式各项具体含义是：医疗服务性收入，指合作科室产生的收入，该收入根据医院的服务系统的收费数据体现；科室成本，科室招聘的医生医助等工作人员薪资、福利、保险、绩效等均列为科室成本；管理费，指双方约定的医院向合作方收取的管理费。计算公式根据合同约定有所不同，有的也可能按核算到科室有效收入的10%、12%、15%计算，随着合作年限有所变动，有效收入=医疗服务性收入-科室成本。

（2）梳理计算数据基数及依据

依据合作合同约定的方式计算数据不难，但是计算金额的基础数据"医疗服务收入"需通过医院收费系统查询。同时，科室支出成本明细数据也由医院掌握，且成本计算涉及项目繁多，包括水电费摊分、资产的折旧摊销、员工工资、绩效等内容。在医院正常运营时，会专门设置核算部门核算给合作方的费用，正常确定付款金额的流程为：医院根据合同约定的付款期间计算出金额，发送给合作方核对，合作方对金额无异议，付款。此类债权的金额计算，需由了解科室成本支出等情况的核算部门先计算出数据，管理人核查每层嵌套的数据的真实性及是否按照合同约定的核算方式进行计算。

如果属于解除合同的情况，一般会涉及破产受理日并非合同约定的整个付款期间，如合同约定按月付款，但是截至破产受理日，合同解除，应付款的最后一个期间并未满一个月的期间，那这期间的服务费用需特别关注，应拆分具体到日的数据。因此还需查看债务人的核算方式是否便于拆分，避免有漏算或其他情况。

（3）合作方推荐职工的工资核算

一般情况下，合作合同会约定合作方自带部分职工，这部分职工被称为"合作方推荐的医务人员"。若合同约定合作方推荐的医务人员由合作方支付工资，则由合作方从自己收到的服务费中支付工资给职工。但是进入破产程序后，合作方可能会主张将职工工资由医院先行支付，即在核算时，由医院将该部分职工的工资计入科室成本中，实现职工工资的及时发放。此种情况需考虑职工的劳动关系情况，如果并非与债务人有劳动关系，那么该部分职工工资债务人无义务支付，一旦支持合作方主张，由债务人先行支付职工工资，则核算时会将职工工资从合作方的债权额中扣除，由此认定的债权金额将比本应认定的金额减少。如果该部分职工已与债务人签订劳动合同，则债务人有义务支付职工工资，可在核算时扣减工资。

如果涉及医务人员与债务人或合作方均未签订劳动合同，需首先依据劳动合同确定的相关规定，确认该部分人员的事实劳动关系[1]，根据劳动关系的归属确定支付工资主体。

6. 债权性质

合作科室债权人基于科室对于医院运营的重要性，会主张优先债权，核查此类债权时，管理人应依法核查是否属于有财产担保等优先权。如不符合法定的优先权条件，则为普通债权。

7. 医院是否有权追收亏损金额

医院签订科室合作合同后，合作科室经营长期亏损，医院是否有权就亏损金额主张损失。确定该问题需考虑医院主张追收亏损金额的依据，如果合同并未就亏损进行约定，且合作方无违约行为，医院主张追收亏损金额无依据，认可这种处理方式的案件有江苏省高级人民法院（2011）苏商终字第0120号如皋市百信医院与上海亿舒医院投资管理有限公司挂靠经营纠纷上诉案件和淄博市淄川区人民法院（2020）鲁0302民初1710号山东仲乾餐饮管理有限责任公司与淄博矿业集团有限责任公司中心医院合同纠纷案；如果合同中对于经营亏损情况或其他损失有约定，参照合同约定处理，乳源瑶族自治县人民法院（2022）粤0232民初892号、1020号黄冀京诉龙秋福、乳源瑶族自治县新益胜金属制品有限公司合伙合同纠纷案件的裁判观点即体现了按合同约定处理的情况。

---

[1] 《劳动和社会保障部关于确立劳动关系有关事项的通知》第一条、第二条。

参考案例

1. 合同双方均有违约情况，损失的承担等应根据协议终止的原因进行确定，如果合同未约定损失的承担方式，且无证据证明损失金额，主张追收损失金额无法律依据，不予支持——江苏省高级人民法院（2011）苏商终字第0120号如皋市百信医院与上海亿舒医院投资管理有限公司挂靠经营纠纷

裁判要旨： 案涉协议终止造成的损失及相应费用的承担等应根据协议终止的原因予以确定；对托管期间的经营亏损，系由亿舒公司经营行为所致，应由亿舒公司自行承担；对百信医院主张的2009年8月9日协议解除之后的资产折旧及其他费用，无合同和法律依据，不能得到支持；由于双方对协议的解除均有过错，对百信医院要求亿舒公司支付违约金的诉讼请求不予支持。

基本案情： 2008年4月15日，百信医院与亿舒公司签订托管协议约定：百信医院委托亿舒公司实行所有权和管理权分离的全面委托经营管理形式；托管期间设立百信医院管理委员会。对于亿舒公司的责任和义务，协议中约定：亿舒公司必须严格执行国家的法律、法规、规章和各级卫生行政部门的规定，保证在医疗活动中严格执行各项操作规程，规范医疗行为；因管理违规、违反法律产生的后果均由亿舒公司自行承担。后双方签订补充协议，补充协议签订后，亿舒公司按约对百信医院实行托管，并以委托书的形式委派部分人员参与百信医院的行政管理工作。后因合同履行问题亿舒公司起诉百信医院主张确认合同解除、要求赔偿投资损失、可期待利益损失等。百信医院反诉亿舒公司主张亏损等损失。

争议焦点： 案涉协议终止造成的损失应如何承担，双方各自应负担本案所涉哪些费用；亿舒公司应否向百信医院支付违约金50万元。

法院认为： 案涉协议终止是亿舒公司、百信医院双方违约造成。案涉协议终止造成的损失及相应费用的承担等应根据协议终止的原因予以确定，具体逐项表述如下：第一，关于百信医院综合楼1—6楼装潢费用的问题。……后因双方违约，合同实际终止履行，双方在合同中对该情形下已形成附合的装饰装修物的处理没有明确约定，事后也未就此达成协议，相关法律法规对此亦没有明确规定，故可以参照城镇房屋租赁合同中类似情况的处理……考虑到本案中因双方违约导致案涉协议实际终止的事实，结

合亿舒公司在装潢前未办理相应的手续，百信医院在亿舒公司装潢期间也未及时提出异议，且百信医院在亿舒公司撤离后接管医院并截至本院审理期间仍在使用原装修，本院酌定对于装潢的残值由百信医院负担60%，亿舒公司负担40%，由于装潢费用系由亿舒公司支出，故百信医院对应负担的60%装潢残值部分应交给亿舒公司。第二，因案涉协议终止于2009年8月9日，故亿舒公司应承担2009年8月9日之前托管期间的经营后果，百信医院应承担2009年8月9日之后的经营后果……其次，双方协议中约定的装潢早已结束，百信医院并未证明因亿舒公司的装潢而对外承担责任或受到其他损失，原审判决百信医院返还亿舒公司装潢押金正确……因双方协议实际终止后，至今未对相应的物资账务进行交接，审计时双方也未能就未交接结算的账务设备等问题达成一致，在此情况下，百信医院上诉认为亿舒公司应向其支付代垫费用和亿舒公司托管期间应当支出而未支出的其他费用等，缺乏充分证据。另外，因双方协议实际终止的时间是2009年8月9日，百信医院认为2009年8月9日至2010年3月23日期间的亏损应由亿舒公司负担无事实依据，对其上诉理由，本院不予采信。

亿舒公司不应向百信医院支付50万元违约金。因双方在协议履行中均存在违约，原审判决未支持双方提出的要求对方支付违约金的诉讼请求正确。

2. 如果合同一方有法定的协助义务，但其未履行协助义务，导致合同相对方造成损失，未履行协助义务的一方，应承担给合同相对方造成的实际损失——淄博市淄川区人民法院（2020）鲁0302民初1710号山东仲乾餐饮管理有限责任公司与淄博矿业集团有限责任公司中心医院合同纠纷

裁判要旨： 对于合同未约定的无法律依据的补助款等损失不予认定；因当事人的原因造成不合理的款项扣留，应当按全国银行间同业拆借中心公布的贷款市场报价利率计算赔偿经济损失，超出部分的经济损失，依法不予支持。

基本案情： 淄矿中心医院与淄博仲乾餐饮管理有限公司于2016年11月1日签订《餐厅承包管理合同》（编号：73），甲方淄矿中心医院，乙方仲乾餐饮。主要内容为："二、合作方式：4. 就餐标准：甲方职工餐厅菜品及面食乙方需按成本价供应。所有菜品、面食明码标价实行自选就餐方式。5. 承包期限三年。自2016年11月1日至2019年10月31日

止。乙方独立经营，自负盈亏。承包期限内，甲方不收取乙方管理费，乙方承担水、电及医院五名正式工奖金（正式工奖金发放标准由甲方提供）等费用（具体结算以附加协议为准）。"合同签订后，仲乾餐饮依约进入淄矿中心医院食堂营业，其经营模式为：仲乾餐饮承包淄矿中心医院食堂，对外以"淄矿中心医院餐厅"的名义营业，消费者到食堂就餐时，交纳20.00元押金购买卡，然后充值消费，押金和充值款由仲乾餐饮收取，直接进入仲乾餐饮账户，此外，淄矿中心医院职工持有食堂的卡（均是实名），由淄矿中心医院按其内部规定的额度给职工卡充值（卡上显示的只是数字，未实际打入现金），职工持卡到食堂消费，该费用经仲乾餐饮统计后，由淄矿中心医院统一负责结算，本案所称的"营业额"，即为该项费用。后因合同履行纠纷仲乾餐饮起诉淄矿中心医院要求淄矿中心医院向仲乾餐饮支付所欠经营款、补助款、经济损失。

争议焦点：仲乾餐饮主张的补助款2097813.00元是否符合法律规定；仲乾餐饮主张的经济损失83040.00元是否符合法律规定。

法院认为：对于仲乾餐饮要求的补助款，其与淄矿中心医院既无书面合同，也无口头约定，并且仲乾餐饮所称淄矿中心医院负责人认可，录音内容中并没有确认，另外，除合同双方当事人约定外，我国法律也没有关于承包单位食堂应当由单位给予补助此类规定，因此仲乾餐饮的该要求既无事实依据，也无法律规定，依法不予支持。

关于仲乾餐饮主张的经济损失问题……在双方未结算清楚的情况下，淄矿中心医院应当是扣留争议部分，支付无争议部分，故淄矿中心医院应当于2020年1月21日，在仲乾餐饮开具发票后支付无争议款项，因其未支付相应款项，应当按全国银行间同业拆借中心公布的贷款市场报价利率计算赔偿经济损失。仲乾餐饮主张的超出部分的经济损失，依法不予支持。

3. 如果合同中对于损失有约定，参照合同约定处理——乳源瑶族自治县人民法院（2022）粤0232民初892号、1020号黄冀京诉龙秋福、乳源瑶族自治县新益胜金属制品有限公司合伙合同纠纷

裁判要旨：如果合同中对于损失有约定，参照合同约定处理，但是如果合同约定相互矛盾，应视为约定不明，在未有证据显示有进行补充约定的情况下，矛盾的约定不能作为定案依据，根据《中华人民共和国合同法》第六十一条之规定，应结合合同其他条款确定各方承担责任比例。

基本案情： 乳源新益胜公司系成立于 2014 年 9 月 5 日的有限责任公司，法定代表人为被告龙秋福。2016 年 12 月 1 日，以益胜金属制品厂为甲方，黄冀京为乙方，双方签订了《合作协议》，约定"甲乙双方就中频炉冶炼锌、铝等废旧金属的全面合作达成协议，甲方出厂房、中频炉等设备，及流动资金 70 万元。乙方出资 120 万—170 万元。甲方占股份55%，乙方占股份 45%……亏损承担：因市场价格大幅度下降、生产安全事故等原因造成的亏损按股份比例承担……"等。被告龙秋福、原告黄冀京在《合作协议》上签名确认。2017 年 3 月 22 日，以"乳源瑶族自治县益胜金属制品厂"为甲方，黄冀京为乙方，双方签订了《补充协议》，约定"……由于流动资金现在都由乙方出资……乙方开设一个农行卡账户，作为本厂专用……工厂生产管理实行厂长负责制，龙秋福主管，黄冀京、王忠良协助管理……如果违反生产安全管理条例造成重大人员伤亡，及设备财产损失，龙秋福负法律责任，双方按股份比例承担经济责任……"。2017 年 8 月 31 日凌晨 0 时许，乳源新益胜公司员工邓永付、温小祥在工作期间去盖炉口时，因加热后的材料突然喷出，不慎被烧伤。事故发生后，陆续发生医疗费用。2017 年 9 月 13 日，龙秋福（甲方）与黄冀京（乙方）签订了《二名烫伤人员承担责任协议》，约定"按合作协议，甲方、乙方按股份比例承担烫伤人员的医疗和医药费以及后续赔偿费……继续治疗两位烫伤人员的费用，将由甲、乙双方共同外借来支付这次事故的各项开支，以免影响工厂的正常经营。外借资金产生的债务及利息，由甲、乙双方共同承担"等。

2018 年 5 月 20 日，龙秋福（甲方）与黄冀京（乙方）签订了《协议》，其中约定"确认 2018 年 5 月 1 日之前双方的所有账目包括债权债务，固定资产投入，二名烫伤人员医疗费，经营亏损资金，并按甲方55%、乙方 45% 的股份比例承担。乙方截至 2018 年 5 月 13 日，垫付温小祥和邓永付烫伤住院和医药费共计约 160 万元，乙方不再承担温小祥和邓永付烫伤住院和医药费。甲方应按股份比例承担责任，双方努力赚钱还清医药费和赔偿费……"。后各方因医疗费用承担问题诉至法院。

争议焦点： 关于两名伤者的费用应如何分担的问题。

法院认为：（2020）粤 0232 民初 943 号民事判决认定"案涉《合作协议》《补充协议》《协议》是由龙秋福与黄冀京双方签订，新益胜公司并未在任何协议进行盖章确认，故本案的合伙协议的双方为龙秋福和黄冀京……"原告及合并审理原告均系以其承担的两名伤者的费用超过自己应当承担的数额为由，要求对方返还相应款项，故本案定为追偿权纠纷较为适宜。本案纠纷系因黄冀京、龙秋福的合伙而产生。首先，从案涉 2016 年 12 月 1 日签订的《合作协议》来看，双方占股比例为黄冀京占 45%、龙秋福占 55%，并约定按照股份比例承担因市场价格大幅下降、生产安全事故等原因造成的亏损。其次，案涉《补充协议》中明确约定"制定严格的生产安全管理条例，由龙秋福主管，黄冀京、王忠良协助管理，不管哪方主管，如果违反安全管理条例造成重大人员伤亡，及设备财产损失，龙秋福负法律责任，双方按股份比例承担经济责任"。再次，从案涉 2018 年 5 月 20 日签订的《协议》第 1 点来看，原、被告已约定两名伤者医药费按照龙秋福 55%、黄冀京 45% 股份比例承担……最后，虽然 2018 年 5 月 20 日签订的《协议》约定"乙方不再承担温小祥和邓永付烫伤住院和医药费用"，但该协议同时亦约定"甲方应按股比承担相应责任"，上述约定相互矛盾，应视为约定不明，在未有证据显示原、被告有进行补充约定的情况下，上述"乙方不再承担温小祥和邓永付烫伤住院和医疗费用"的约定不能作为定案依据，根据《合同法》第六十一条之规定，应结合《协议》其他条款确定原、被告承担责任比例。综上所述，根据《民法通则》第三十五条第一款之规定，本院认定，原、被告应按照约定的比例承担事故责任，即黄冀京承担事故 45% 赔偿责任、龙秋福承担事故 55% 赔偿责任。

8. 违约金和损失的认定

一般情况下，合作合同在破产受理时双方均未履行完毕，鉴于医院经营情况，可能无法继续履行，管理人依据《企业破产法》规定解除合同，债权人根据《企业破产法》第五十三条规定，基于合同解除申报损失，同时也会依据合同约定申报违约金。在认定损失和违约金时，有违约金条款的情况下，法律明确规定违约金不得过分高于损失[1]，在违约金低于实际损失时，也可以予以增加[2]。实际损失即为因违约所造成的损失，包括合同履行后可以获得的利益，但是不得超过违约一方订立合同时预见到或者应当预见到的因违约可能造成的损失[3]。关于合作方因合同解除的实际损失认定问题，按照"谁主张谁举证"的一般举证规则，在违约金案例中，主张违约金过高的一方应当承担违约金过分高于损失的举

---

[1] 《最高人民法院关于适用〈中华人民共和国民法典〉合同编通则若干问题的解释》第六十五条。
[2] 《民法典》第五百八十五条。
[3] 《民法典》第五百八十四条。

证责任，主张违约金低于损失的一方应当承担实际损失的举证责任，因此无论哪一方主张对违约金进行调整，均要证明实际损失。但是合作方损失的证据一般由债务人控制，依据民事诉讼证据相关规定，债务人应配合提供证据资料。

（三）医疗纠纷类债权

如医疗机构在从事医疗服务过程中存在侵权行为并造成相关后果，依据民法典关于侵权行为的规定，债权人因医疗机构的不当医疗行为受到损害的，可以向管理人申报医疗费、护理费、交通费、营养费、住院伙食补助费等为治疗和康复支出的合理费用，以及因误工减少的收入等费用，造成残疾的，可以申报辅助器具费和残疾赔偿金；造成死亡的，可以申报丧葬费和死亡赔偿金①。

1. 证据资料核查

医疗损害责任造成的人身损害赔偿是侵害他人人身权益造成的财产损失或其他损失后应当给予的赔偿。民法典对医疗损害债权专门进行了规定，患者在诊疗活动中受到损害，医疗机构或者其医务人员有过错的，由医疗机构承担赔偿责任②。医务人员在诊疗活动中未尽到与当时的医疗水平相应的诊疗义务，造成患者损害的，医疗机构应当承担赔偿责任③。处理医疗纠纷债权时需要做到法律效果与社会效果的统一，尤其对于医疗行业的重整企业，口碑的好坏影响企业的后续经营，因此在审查该类债权时应当审慎对待。债权人需提交的资料一般包含事故、伤情或其他鉴定资料，各项支付费用的凭证，法院生效判决（如有）等证明损害事实发生的原因及造成损害的证据资料。

2. 债权金额

管理人接收医疗纠纷债权申报后，首先应确定医疗纠纷的事实，查看债权人申报的债权是否已经人民法院审理判决，如果有已经生效的法律文书，则管理人可根据生效判决予以认定。因为医疗纠纷涉及的问题非常专业，在司法实践中一般需要鉴定才能确定债权人的损害结果与医疗行为之间是否存在因果关系，进而确定医疗机构是否负有赔偿责任和赔偿的金

---

① 《民法典》第一千一百八十一条。
② 《民法典》第一千二百一十八条。
③ 《民法典》第一千二百二十一条。

额。管理人不具有司法鉴定资质的情况下，无法在未经司法鉴定的情况下径行确认债权。故管理人应与破产受理法院协调该类案件可在程序内经人民法院判决后，管理人根据判决内容确认侵权造成的损失及赔偿金额。

根据《最高人民法院关于审理人身损害赔偿案件适用法律若干问题的解释》的相关规定，管理人在确认债权金额时，除了查看生效法律文书，还需核查债权人提供医药费、住院费等付费凭证，购买药品或其他物品的采购单据，诊断证明，护理费的支付凭证，交通费用的票据等证据材料①，管理人通过核查上述资料确认债权金额。

3. 债权性质认定

关于医疗纠纷债权的性质如何认定问题，依据《最高人民法院关于印发〈全国法院破产审判工作会议纪要〉的通知》第二十八条及《企业破产法》第一百一十三条的规定，如果医疗机构的医疗行为确实构成侵权并造成人身损害的，人身损害赔偿可以参照优先债权受偿，在人身损害赔偿范围内确认优先债权，注意涉及的惩罚性赔偿属于劣后债权。人身损害赔偿债权在破产法中并未明确提及，债权分类处理上可以单独分类②，也可以根据案件情况做其他调整。

（四）建设工程类债权

1. 证据资料核查

建设工程债权需提供的证据资料包括：建设工程施工合同及相关补充协议，现场签证单、工程验收单、竣工验收报告、工程交付的资料、结算单、审计报告、发票，其他证明债权债务关系的资料，同时需详细了解其施工的项目的具体情况，项目位置、项目内容、是否完工、交付使用情况等。

2. 建设工程优先权核查

根据《民法典》第八百零七条、《最高人民法院关于审理建设工程施工合同纠纷案件适用法律问题的解释（一）》第三十五条和第三十七条之规定，有权主张建设工程优先权的主体是与发包人订立建设工程施工合同

---

① 《最高人民法院关于审理人身损害赔偿案件适用法律若干问题的解释》第六条、第七条、第八条、第九条。
② 《上海市高级人民法院破产审判工作规范指引（试行）》第九条。

的承包人和装饰装修工程的承包人。在债权认定的过程中，常见的问题有建设工程合同和承揽合同的区别、装饰装修工程和普通承揽合同的区别等。

（1）建设工程合同与承揽合同的区别

医疗企业存在建设工程欠款时，可能所有参与工程项目的主体都会申报债权，常见的有建设工程合同的承包方、提供安装服务的门窗玻璃供应商、搭建围栏围墙的施工单位等。而且债权人申报债权时会尽可能主张有利于自己的权益，将申报债权性质主张为建设工程优先权，因此甄别建设工程合同与承揽合同是判断是否为建设工程优先权的前提。

根据《民法典》第七百八十八条之规定，建设工程合同的客体是工程建设，合同包括工程勘察、设计、施工合同，此处的工程是指土木建筑工程和建筑业范围内的线路、管道、设备安装工程的新建、扩建、改建及大型的建筑装修装饰活动，主要包括房屋、铁路、公路、机场、港口、桥梁、矿井、水库、电站、通讯线路等①。而根据《民法典》第七百七十条的规定，承揽合同的客体是一般定作物，合同包括加工、定作、修理、复制、测试、检验等工作。

建设工程合同的特征包括：①合同主体具有特殊资质，建设工程通常具有资金投入量大、工程复杂、技术含量高、专业性强的特点，所以一般应当由专门的具有相应资质的法人来完成；②合同具有计划性和程序性要求；③合同的签订及履行受到国家的监督管理；④合同为要式合同②。承揽合同的特征可以总结为合同主体没有强制性要求，自然人、非法人组织和法人都可以，合同条款取决于当事人意定，受法律强制性限制少。建设工程合同具备承揽合同的一般特征，即它的标的是完成一定工作成果，并具备诺成、双务、有偿的特性。与承揽合同相比，建设工程合同的标的不是一般的定作物，而是建设工程项目。这些工程项目耗资大，履行期长，并且有严格的质量要求。对于一些投资小、技术简单，对承包人主体资格没有特殊要求的工程，不应认定其属于需要建设工程合同法律制度调整的范围，而宜按照承揽合同处理。建设工程合同和承揽合同的区别总结如下。

---

① 最高人民法院民法典贯彻实施工作领导小组：《中华人民共和国民法典理解与适用》，人民法院出版社 2020 年版，第 1902 页。

② 最高人民法院民法典贯彻实施工作领导小组：《中华人民共和国民法典理解与适用》，人民法院出版社 2020 年版，第 1901—1904 页。

项目	建设工程合同	承揽合同
客体及特征	建设工程（通常具有资金投入量大、工程复杂、技术含量高、专业性强的特点，工程项目耗资大、履行期长，并且有严格的质量要求）	一般的定作物
主体	发包人（建设单位）和承包人（主体为法人，一般应当具有相应技术资质）	定作人和承揽人（主体为自然人、法人、非法人组织均可，资质一般没有强制性要求）
易混淆点	具备承揽合同的一般特征，标的是完成约定的工作成果	签订合同可能使用建设工程施工合同的模板

债权审核中，区分承揽合同和建设工程合同的关键是对建设工程的范围界定，对于债权人提交的名为建设工程合同的证据材料，需要辨别合同性质，以确定债权人是否有权就债务人欠付价款享有优先受偿权，可以根据投资数额、技术难度、工程用途、发包人情况等因素综合判断。一般来说，医疗企业委托建设的临时性简易房屋建筑、创文围挡、地下餐厅零星改造项目等，都属于债权人按照债务人的要求完成工作，交付工作成果，债务人支付报酬的承揽事项，不属于建设工程合同调整的范围，债权人对债务人欠付的款项不享有优先受偿权。

（2）装饰装修工程与普通承揽业务的区别

根据《最高人民法院关于审理建设工程施工合同纠纷案件适用法律问题的解释（一）》第三十七条之规定，装饰装修工程具备折价或者拍卖条件，装饰装修工程的承包人享有的工程价款就该装饰装修工程折价或者拍卖的价款优先受偿，享有优先权的承包人只能在建筑物因装饰装修而增加价值的范围内优先受偿。

建筑装饰装修是指为使建筑物或构筑物内外空间达到一定的环境质量要求，使用装修材料对建筑物、构筑物外表和内部进行修饰处理的工程建筑活动，通常指建筑物的整体装饰装修工程。依据《建设工程质量管理条例》第十五条之规定，装饰装修并不仅仅是对建筑物的内、外墙面及地面简单地处理，而是在建筑物上使用草、木、石、砂、砖、瓦、水泥、石膏、石棉、石灰、玻璃、马赛克、软瓷、陶瓷、油漆涂料、纸、生态木、金属、塑料、织物以及各种复合制品以提高建筑物的使用功能和美观，保护主体结构在各种环境因素下的稳定性和耐久性。那些涉及建筑主体和承重结构变动的装饰装修工程实际上涉及土建工程施工等，这种情形下的装饰装修工程就不在一般的承揽范围内，不属于一般的承揽合同，与《民法典》合同编规定的建设工程施工没有本质区别，该类装饰装修工程合同应纳入建设工程施工合同的范围。

债权审核中，债权人提交名为装饰装修施工合同，合同的形式也符合建设工程施工合同一般形式的证据材料，需要查明债权人实际履行的合同内容，根据合同双方的履行情况，依据相应的法律规定，辨别合同性质。对于那些不涉及建筑物主体结构的室内维修及装修，投资数额小、技术难度低、不具备建筑装饰装修工程专业承包资质、与建筑工程合同纠纷类型下的装饰装修合同纠纷有明显区别的装饰装修施工合同，即合同内容为债权人按照债务人的要求完成工作，交付工作成果，债务人支付报酬的，属于承揽事项，不属于装饰装修合同调整的范围，实为承揽合同，债权人对债务人欠付的价款不享有优先受偿权。若合同约定承包形式为大包，即工人由债权人自行雇用，所需工具、材料均由债权人自行提供，具体完成过程由债权人自行安排，债务人仅需验收成果给付报酬的，合同性质应为承揽合同。

（3）无权主张建设工程优先权的主体

勘察人、设计人、实际施工人不享有建设工程价款优先受偿权；合法分包合同的承包人与发包人之间也不存在建设工程施工合同关系，亦不享有建设工程价款优先受偿权；支解发包情况下，承包非主体工程的承包人不享有建设工程价款优先受偿权。此外，根据《民法典》第八百零七条之规定，承包人享有建设工程价款优先受偿权的条件是建设工程宜折价、拍卖，违章建筑不宜折价、拍卖，故承包人对违章建筑不享有建设工程价款优先受偿权。

（4）借用资质的实际施工人

借用资质签订建设工程施工合同的情况下，缺乏资质的单位或者个人是否享有建设工程价款优先受偿权的问题，实践中存在争议。发包人在订立建设工程施工合同时知道或者应当知道实际施工人借用资质的，此情形下，实际施工人借用有资质的建筑施工企业与发包人签订建设工程施工合同，实际包含两个法律行为：一是以虚假的意思表示实施的民事法律行为，即出借资质的建筑施工企业与发包人签订的建设工程施工合同；二是以虚假的意思表示隐藏的民事法律行为，即借用资质的实际施工人与发包人之间就建设工程施工合同之标的产生了实质性的建设工程施工合同关系。出借资质的建筑施工企业与发包人签订的建设工程施工合同，属于以虚假的意思表示实施的民事法律行为，应当被认定为无效合同。借用资质的实际施工人与发包人之间就建设工程施工合同之标的产生的实质性建设工程施工合同关系属于隐藏的民事法律行为，根据《最高人民法院关于审理建设工程施工合同纠纷案件适用法律问题的解释（一）》第一条之规定，发包人在订立建设工程施工合同时知道或者应当知道实际施工人借用资质的，建设工程施工合同无效，即借用资质的实际施工人与发包人之间实质性建设工程施工合同关系亦无效。根据《民法典》第七百九十三条第一款之规定："建设工程施工合同无效，但是建设工程经验收合格的，可以参照合同关于工程价款的约定折价补偿承包人。"因此，在借用资质的实际施工人与发包人之间形成事实上的建设工程施工合同关系且建设工程经验收合格的情况下，借用资质的实际施工人有权请求发包人参照合同关于工程价款的约定折价补偿。

发包人在订立建设工程施工合同时若不知道实际施工人借用资质，甚至不知道实际施工人存在的，此种情况需要通过举证确认是否存在实际施工人与承包人构成挂靠关系的事实。当事人有证据能够证明发包人在订立建设工程施工合同时知道或者应当知道实际施工人借用资质的，实际施工人可根据《民法典》第七百九十三条第一款之规定，在建设工程经验收合格的情况下，借用资质的实际施工人有权请求发包人参照合同关于工程价款的约定折价补偿。当事人没有证据能够证明发包人在订立建设工程施工合同时知道或者应当知道实际施工人借用资质的，实际施工人不可突破合同相对性，只能根据《最高人民法院关于审理建设工程施工合同纠纷案件适用法律问题的解释（一）》第四十三条之规定向转包人、违法分包人主张工程价款，发包人作为第三人在欠付转包人或者违法分包人建设工程价款范围内对实际施工人承担责任。

（5）房屋办理网签对优先权的影响

建设工程价款优先受偿权不因工程建成的房屋已经办理商品房预售合同网签而消灭，如符合建设工程价款优先受偿权的成立要件，承包人仍有权就工程折价或者拍卖的价款优先受偿。建设工程价款优先权是承包人的法定权利，在符合法律及司法解释规定的条件时，建设工程价款优先受偿权就已经成立。商品房预售合同网签是为规范商品房预售而采用的行政管理手段，并非法律规定的不动产物权设立、变更、转让和消灭的公示方式，不能产生物权变动的效力，亦不导致承包人原本享有的建设工程价款优先受偿权因此不成立或者消灭。如承包人行使建设工程价款优先受偿权时与房屋买受人之间发生权利冲突的，属于权利顺位问题，可另行解决。

（6）核查优先权行使期限

依据《最高人民法院关于审理建设工程施工合同纠纷案件适用法律问题的解释（一）》第四十一条之规定，承包人应当在十八个月内行使建设工程价款优先受偿权，自发包人应当给付建设工程价款之日起算。根据《最高人民法院新建设工程施工合同司法解释（一）理解与适用》，关于新旧解释行使期限衔接的问题，对于 2021 年解释施行前（2021 年 1 月 1 日，不含当日）签订的施工合同，"如果根据《最高人民法院关于审理建设工程施工合同纠纷案件适用法律问题的解释（二）》（已失效）的规定，六个月的优先受偿权行使期限已经届满，则优先受偿的履行并未持续至 2021 年解释施行后，优先权行使期限仍应适用《最高人民法院关于审理建设工程施工合同纠纷案件适用法律问题的解释（二）》（已失效）的规定，为六个月；如果 2021 年解释施行后，优先受偿权未满六个月的行使期限，承包人仍有权主张优先受偿权，权利还在履行期间则可适用 2021 年解释关于行使优先受偿权最长十八个月期限的规定"。①

（7）行使建设工程优先权的方式

债权人行使建设工程优先受偿权需符合法律规定，主要有以下几种方式。

① 提起诉讼或申请仲裁。承包人有申请拍卖建设工程的权利，一般而言，承包人可以先向法院或者仲裁机构提起建设工程优先权确认之诉或确权申请，然后请求拍卖建设工程，此种方式主要是通过裁判文书的既判力来实现建设工程优先权。如果发包人已经进入破产程序的，则承包人可直接向管理人提出享有优先受偿权的申请，提出该申请就意味着向发包人行使了优先受偿权。

② 发函。债权人可能会以已经向债务人发函为由向管理人主张优先权。实务中，以发函方式行使建设工程价款优先受偿权存在争议。（2018）最高法民再 84 号、（2019）最高法执监 71 号、（2020）最高法民申 5386 号裁判文书支持以发函的形式主张建设工程优先受偿权。支持该种

---

① 最高人民法院民事审判第一庭：《最高人民法院新建设工程施工合同司法解释（一）理解与适用》，人民法院出版社 2021 年版，第 426 页。

观点的认为工程价款优先受偿权的立法目的在于保护承包人利益，在承包人已主动发函要求行使优先受偿权的情况下，不能因为发包人不予配合而使得承包人的优先受偿权罹于法定期间。实务中一般认为，法院对承包人行使优先受偿权的方式不应做过于严格的限制，否则不利于实现法律规定保护承包人优先受偿权的制度目的。

参考案例

1. 以发函的形式主张建设工程优先受偿权有效，建设工程价款优先受偿权是法定权利，权利主体未提出异议并不影响其享有的工程款优先受偿权的效力——最高人民法院（2018）最高法民再84号昆明二建建设（集团）有限公司、北京国际信托有限公司第三人撤销之诉纠纷

裁判要旨： 昆明二建公司与金冠源公司协商以溪谷雅苑项目房产折抵部分工程款，并于2013年11月26日向金冠源公司发出催告函，要求金冠源公司尽快结算并声明享有建设工程价款优先受偿权，而金冠源公司也于2013年11月28日向昆明二建公司出具《协商意见》，表示会在两个月内进行结算，并认可昆明二建公司对溪谷雅苑小区工程享有优先受偿权。昆明二建公司行使案涉建设工程价款优先受偿权，符合规定；建设工程价款优先受偿权是法定权利，因承包人建设该工程的行为而成立，当北京信托公司刊登公告时，昆明二建公司未提出异议并不会影响其享有的工程款优先受偿权的效力。

基本案情： 昆明二建公司与金冠源公司于2011年8月签订了《建设工程施工合同》，约定由昆明二建公司承建位于龙泉路溪谷雅苑小区的土建、水电安装部分的工程，建筑面积为128063.29平方米，合同总价款为人民币1.38亿元。后经协商，双方对合同工期进行了调整，将工期延长至2013年6月10日。昆明二建公司于2013年5月底完成了溪谷雅苑小区工程，于2013年6月15日将溪谷雅苑小区工程移交给了金冠源公司。金冠源公司在接收了该工程后，未按合同约定与昆明二建公司进行结算，昆明二建公司分别于2013年11月26日、2014年9月10日向金冠源公司发出催告函，要求金冠源公司与昆明二建公司进行结算。金冠源公司均收到了催告函，并于2013年11月28日向昆明二建公司出具了《关于溪谷雅苑小区工程款结算支付事宜的协商意见》（以下简称《协商意见》），表示会在两个月内与昆明二建公司进行结算，并认可昆明二建公司对溪谷雅苑小

区工程享有优先受偿权，但金冠源公司仍未在此期限内与昆明二建公司进行结算。后昆明二建公司与金冠源公司于 2015 年 6 月 22 日达成了谅解备忘录，约定金冠源公司认可昆明二建公司享有对溪谷雅苑小区工程价款的优先受偿权……2014 年 2 月 19 日，北京信托公司与金冠源公司签订了《信托贷款合同》及其《补充协议》，约定由北京信托公司向金冠源公司提供总金额不超过人民币 5000 万元的信托贷款。同时，北京信托公司与金冠源公司签订了《在建工程抵押合同》及其《补充协议》，约定用金冠源公司溪谷雅苑项目中未销售部分 264 套房屋提供抵押担保。后因工程款及信托欠款未能清偿诉至法院。

争议焦点：昆明二建公司主张建设工程价款优先受偿权是否超过法定期限。

法院认为：首先，根据合同法第二百八十六条之规定，发包人逾期不支付建设工程价款的，承包人既可以与发包人协议将该工程折价，也可以申请人民法院将该工程依法拍卖来行使建设工程价款优先受偿权。即承包人享有的建设工程优先受偿权系法定权利，不需要经法院确认即享有。本案所涉溪谷雅苑项目工程于 2013 年 6 月 7 日竣工，金冠源公司未按照合同约定与昆明二建公司进行结算。昆明二建公司与金冠源公司协商以溪谷雅苑项目房产折抵部分工程款，并于 2013 年 11 月 26 日向金冠源公司发出催告函，要求金冠源公司尽快结算并声明享有建设工程价款优先受偿权，而金冠源公司也于 2013 年 11 月 28 日向昆明二建公司出具《协商意见》，表示会在两个月内进行结算，并认可昆明二建公司对溪谷雅苑小区工程享有优先受偿权。昆明二建公司行使案涉建设工程价款优先受偿权，符合《优先受偿权批复》第四条关于"建设工程承包人行使优先权的期限为六个月，自建设工程竣工之日或者建设工程合同约定的竣工之日起计算"之规定。原一审、二审判决关于昆明二建公司发函仅主张享有优先受偿权，而没有行使优先受偿权，起诉主张案涉工程享有优先受偿权已经超过了除斥期间的认定确有错误，本院予以纠正。此外，昆明二建公司享有的建设工程价款优先受偿权是法定权利，因承包人建设该工程的行为而成立。当北京信托公司刊登公告时，昆明二建公司未提出异议并不会影响其享有的工程款优先受偿权的效力。

2. 承包人以发出通知的形式催要工程款并声明享有和主张优先受偿权，发包人在通知书上注明无异议的，一般持支持的态度，认定属于法律上行使优先受偿权的有效形式，且不要求通知中必须具体写明将工程折价的意思——最高人民法院（2019）最高法执监 71 号连云港市朝阳建设工程有限公司、上海浦东发展银行股份有限公司连云港分行执行审查类纠纷

裁判要旨： 法院对承包人行使优先受偿权的方式不应做过于严格的限制，否则不利于实现合同法规定保护承包人优先受偿权的制度目的。对于承包人以发出通知的形式催要工程款并声明享有和主张优先受偿权，发包人在通知书上注明无异议的，一般持支持的态度，认定属于法律上行使优先受偿权的有效形式，且不要求通知中必须具体写明将工程折价的意思；对于通知书的真实性问题应结合案件整体情况判断，仅依据通知书原件丢失一个因素认定事实的依据不足。

基本案情： 2011 年 1 月 25 日，朝阳公司与沃菲德公司订立建设工程施工合同，约定将沃菲德公司 16 号生产厂房桩基、承台以上土建及水电安装承包给其施工。工程结束后，朝阳公司多次以口头或书面形式要求沃菲德公司尽快还款并主张行使优先受偿权。朝阳公司主张其分别于 2012 年 1 月 6 日、2013 年 12 月 24 日以书面通知形式向沃菲德公司主张建设工程价款优先受偿权。朝阳公司向本院提交两份该公司向沃菲德公司发出的通知复印件，朝阳公司称在仲裁程序中曾提交原件，后原件丢失。其中 2012 年 1 月 6 日《行使优先权通知》载明：我公司承建贵公司 1#、6#厂房新建工程，已于 2011 年 8 月 23 日竣工验收并交付使用……贵公司至今未付工程款……我公司对所建工程享有优先受偿权，现通知贵公司请予确认并请及时支付工程款。2013 年 12 月 20 日《再行行使优先权通知》载明的主要内容为：按合同约定应支付给我公司 2850 万元，现贵公司只支付 1496 万元工程款，我公司已于 2012 年 1 月 6 日通知贵公司行使工程款优先受偿权及按合同支付工程款，但是贵公司一直没有付款给我公司，现我公司再次通知贵公司对我公司所承建工程享有工程款优先受偿权及按合同约定支付工程款。浦发银行连云港分行对上述证据的真实性不予认可。经过多次诉讼之后，法院未认定朝阳公司享有建设工程优先权，朝阳公司向最高人民法院申请监督。

争议焦点： 朝阳公司是否在法定期限内依法行使案涉工程价款优先受偿权。

法院认为：（一）关于行使建设工程价款优先受偿权的方式和期限的法律问题。除依法向人民法院或仲裁机构主张权利外，对于当事人自行行使工程价款优先受偿权的方式问题，《中华人民共和国合同法》第二百八十六条只是原则规定"承包人可以与发包人协议将该工程折价"，而并未

对协议开始的时间及方式作出具体规定。鉴于最高人民法院《关于建设工程价款优先受偿权问题的批复》（法释〔2002〕16号）规定了承包人行使优先受偿权的期限，实务中一般认为，法院对承包人行使优先受偿权的方式不应做过于严格的限制，否则不利于实现合同法规定保护承包人优先受偿权的制度目的。对于承包人以发出通知的形式催要工程款并声明享有和主张优先受偿权，发包人在通知书上注明无异议的，一般持支持的态度，认定属于法律上行使优先受偿权的有效形式，且不要求通知中必须具体写明将工程折价的意思。同时，考虑到建设工程竣工后或者承包人与发包人解除建设工程施工合同关系后，建设工程价款的结算通常需要一个较长的过程，不可能短期内直接要求将工程折价或拍卖变卖，因而只要承包人在六个月期限内向发包人发出了书面通知主张优先权，至少不宜否认该书面通知具有固定及延续其权利，直至其此后通过诉讼、申请执行或参加分配，或者申请仲裁行使优先权的效力。

（二）关于本案朝阳公司发出通知书的事实认定问题。江苏高院复议裁定认为，朝阳公司主张其分别于2012年1月6日、2013年12月24日以书面通知形式向沃菲德公司主张建设工程价款优先受偿权，但朝阳公司提交通知书的原件已丢失，其真实性无法确认。但经查，在本案第一轮异议程序即连云港（2015）连执异字第00053号执行异议的听证记录上亦记载听证当日朝阳公司向连云港中院提交2012年1月6日、2013年12月20日的通知书原件，法院和对方当事人均未对该通知原件复印件问题提出质疑。此外，在本院执行监督阶段，申诉人向本院提交了一份盖有连云港仲裁委员会公章的通知书复印件，上面印有"本件与原件核对无误"章。上述情况对于本案应否确认该通知书的真实性有一定影响，应予进一步审查核实。

综上，江苏高院复议裁定关于朝阳公司所发出的通知书不能作为其依法行使建设工程价款优先受偿权依据的意见不当，该通知书的真实性问题认定事实的依据不足，申诉人申诉理由部分成立。

3. 以发函的方式主张工程价款优先受偿权，并不违反法律规定——最高人民法院（2020）最高法民申5386号兴业银行股份有限公司上海长宁支行、浙江国泰建设集团有限公司第三人撤销之诉纠纷

裁判要旨： 承包人享有的工程价款优先受偿权系法定权利，《合同法》第二百八十六条规定："发包人未按照约定支付价款的，承包人可以催告发包人在合理期限内支付价款。发包人逾期不支付的，除按照建设工程的

性质不宜折价、拍卖的以外，承包人可以与发包人协议将该工程折价，也可以申请人民法院将该工程依法拍卖。建设工程的价款就该工程折价或者拍卖的价款优先受偿。"承包人可以通过协议折价或者申请拍卖的方式主张优先受偿权，该条规定并未限定承包人必须通过诉讼的方式主张。本案中，国泰公司以发函的方式向世盟公司主张工程价款优先受偿权，并不违反法律规定。

基本案情：世盟公司投资开发世盟置地广场项目，由国泰公司施工，工程 2014 年 12 月 16 日竣工验收合格。2014 年 12 月 26 日，上海市嘉定区建设和交通委员会核发建设工程竣工验收备案证书。2015 年 1 月 21 日，国泰公司向世盟公司发出《关于世盟广场项目有关事项的函》称，因世盟公司已付款项远低于合同约定的比例，国泰公司主张工程款优先权，要求世盟公司积极解决拖欠工程款事宜。该函下方签收处有签名即草书签名。2016 年 5 月 6 日世盟公司与国泰公司签订《结算付款协议》载明，1. 双方确认系争工程已经于 2014 年 12 月 16 日竣工验收合格，2014 年 12 月 26 日竣工验收备案。2. 世盟公司确认国泰公司在竣工验收后六个月内及之后持续向其主张工程款优先受偿权；2016 年 6 月 13 日，上海市嘉定区房地产登记中心出具嘉××××××××××号《上海市房地产登记证明抵押权登记》，抵押房屋涉及上述工程，房地产抵押权人为兴业银行。2016 年 7 月 1 日，因世盟公司未能付清工程结算款，国泰公司诉至法院。之后双方达成调解协议，内容为：一、世盟公司确认欠国泰公司工程款本金 167996780.23 元……国泰公司就上述工程款本金享有以系争工程折价或者就拍卖、变卖所得价款优先受偿的权利。兴业银行认为国泰公司享有建设工程优先受偿权无法律依据提起上诉，二审法院驳回上诉，兴业银行申请再审。

争议焦点：关于案涉《函件》能否作为国泰公司行使优先受偿权的依据。

法院认为：本案所涉工程的竣工日期为 2014 年 12 月 16 日，国泰公司于 2015 年 1 月 21 日向世盟公司发送《函件》，世盟公司于同月 23 日签收，国泰公司在除斥期间内向世盟公司发出主张工程款优先权的催款函，世盟公司对此无异议，故原审认定国泰公司以发函的形式行使工程款优先受偿权，亦无不当。因此，国泰公司对案涉房产依法享有工程款优先受偿权，该权利优先于兴业银行的抵押债权，并不存在国泰公司与世盟公司虚构建设工程款优先受偿权损害兴业银行利益的情形，兴业银行亦未提交证据证明国泰公司与世盟公司系恶意串通达成调解，故兴业银行要求撤销 479 号案件调解书的相关内容，缺乏事实和法律依据，本院不予支持。

虽然向发包人以书面形式明确表示主张优先受偿权有助于塑造承包人积极行使建设工程价款优先受偿权的权利外观，有助于在实际诉讼过程中主张承包人的优先受偿权。但是以发函方式主张建设工程价款优先受偿权并不明确属于《民法典》第八百零七条规定的行使优先受偿权的法定形式，实务中，特别是在与抵押权发生冲突的情况下，有不被支持的风险。因此发函等书面形式并不为法律所禁止，属于对建设工程价款行使优先受偿权的方式，但行使时应在书面内容中明确表示主张建设工程价款优先受偿权，而不能仅仅主张工程价款。且在相对方不支付工程价款时，其应当依据法律规定，通过诉讼、仲裁等方式尽快使标的工程进入拍卖、变卖等程序，以保障自身的优先受偿权。

③ 在执行程序中主张。人民法院对建设工程采取强制执行措施时，案外人不能以其对该建设工程享有优先受偿权为由提起执行异议之诉要求停止执行，只能在执行程序中向执行法院提出优先受偿的主张。如果执行法院以案外人不享有优先受偿权为由对其主张不予支持的，由于优先受偿权属于主债权的从权利，需要在主债权确定且符合优先受偿权条件的前提下方可行使，故案外人可以另行提起诉讼主张实现建设工程优先受偿权。案外人提起诉讼的，执行法院应当中止执行。

④ 申请参与分配。根据《最高人民法院关于适用〈中华人民共和国民事诉讼法〉的解释》第五百零八条第二款之规定，对人民法院查封、扣押、冻结的财产有优先权、担保物权的债权人，可以直接申请参与分配，主张优先受偿权。如执行法院对其请求不予支持，可依法向上级人民法院申请复议，即执行行为复议，而非执行异议之诉。

⑤ 提起第三人撤销之诉。根据《最高人民法院关于印发〈全国法院民商事审判工作会议纪要〉的通知》第一百二十条之规定，享有建设工程价款优先受偿权的债权人因不能归责于本人的事由未参加诉讼，但因生效裁判内容错误导致其民事权益受到损害的，因该债权是法律明确给予特殊保护的债权，所以享有建设工程价款优先受偿权的债权人可以提起第三人撤销之诉。

3. 建设工程优先权的价款范围

根据《最高人民法院关于审理建设工程施工合同纠纷案件适用法律问

题的解释（一）》第四十条之规定，依照国务院有关行政主管部门关于建设工程价款范围的规定确定建设工程优先权的范围，建设工程价款的利息、违约金、损害赔偿金、实现建设工程价款优先受偿权的费用等不属于建设工程优先权范围。

关于建设工程价款范围，根据《建筑安装工程费用项目组成》第一条第一款和《建设工程施工发包与承包价格管理暂行办法》第五条第一款之规定，明确建设工程价款的范围包括人工费、材料费、施工机具使用费、企业管理费、利润、规费和税金，即建设工程价款优先受偿的范围包括全部工程价款，而非限于承包人的劳务成本或者承包人实际投入建设工程的成本[①]。从合同层面看，如果发包人与承包人签订的建设工程施工合同有效，承包人依合同约定完成建设工程后，建设工程价款的范围按合同约定确定。如果建设工程施工合同无效，但建设工程经竣工验收合格，根据《民法典》第七百九十三条第一款的规定，承包人请求参照合同关于工程价款的约定折价补偿，人民法院应予支持。如果建设工程有增加、变更的工程，当事人申请对工程价款进行鉴定，经质证后鉴定意见可以作为认定案件事实依据的，以鉴定意见所确定的建设工程价款为准。

若合同无效，承包人请求实际施工人按照合同约定支付管理费的，不予支持。转包合同、违法分包合同及借用资质合同均违反法律的强制性规定，属于无效合同。前述合同关于实际施工人向承包人或者出借资质的企业支付管理费的约定，应为无效。实践中，有的承包人、出借资质的企业会派出财务人员等个别工作人员从发包人处收取工程款，并向实际施工人支付工程款，但不实际参与工程施工，既不投入资金，也不承担风险，实际施工人自行组织施工，自负盈亏，自担风险，承包人、出借资质的企业只收取一定比例的管理费。该管理费实质上并非承包人、出借资质的企业对建设工程施工进行管理的对价，而是一种通过转包、违法分包和出借资质违法套取利益的行为。此类管理费属于违法收益，不受司法保护。因此，若合同无效，承包人或者出借资质的建筑企业请求实际施工人按照合同约定支付管理费的，不予支持。

4. 医疗服务机构建设工程债权

医疗服务机构的建设工程债权可能存在发包主体和建筑物实际使用主

[①]　最高人民法院民事审判第一庭：《最高人民法院新建设工程施工合同司法解释（一）理解与适用》，人民法院出版社 2021 年版，第 412—415 页。

体不一致的情况，判断承担建设工程价款债务的主体时需谨慎处理。常见的医疗服务机构建设工程债权存在医疗服务机构与其设立机构同时参与并签署建设工程施工合同，后医疗服务机构破产，施工人向医疗服务机构申报债权，但施工合同的发包方还有医疗服务机构的设立主体。如特殊改制医院，存在公立医院改制为股份制医院过程中，股份制医院一般又会投资设立其他医院，前期建设医院办公大楼等建筑由股份制医院作为发包方对外签订施工合同开工建设，施工中后期，拟建设的医院手续齐全后正式成立，剩余部分工程款又由新成立的医院承担。工程款未支付完毕时，新成立的医院经营不善，进入破产程序，施工方向新设立的医院管理人申报债权。

这种情况债权认定的重点在于核查新设医院在施工事实中的法律关系。一般情况下，依据合同相对性，发包方是合同履行主体，即使新设医院有参与工程款流转的情况，不影响对合同主体的判断，但是实务中也会根据新设医院对施工合同的参与程度、获利及权益享受情况判定其是否需承担责任，在最高人民法院（2007）民一终字第 39 号公报案例中，法院认为某主体虽未参与签订施工合同，但是实际参与了施工合同的履行并享有已施工工程的权利，且从该合同中获取利益，因此理应承担该合同相应的义务。因此，若新成立的医院实际上参与了施工合同的履行，享有已施工工程的权利，并从合同中获取利益，则可能需要承担相应的义务。如果新设医院后期与发包方、施工方签订补充合同，参与建设工程价款债务的承担，那么可根据补充合同审查债权。

参考案例

应依据合同相对性，确定债权债务主体，如果第三方因以取得讼争建设项目的部分房屋作为受益方式需承担连带责任，需考虑其是否为无端受益——最高人民法院（2007）民一终字第 39 号大连渤海建筑工程总公司与大连金世纪房屋开发有限公司、大连宝玉房地产开发有限公司、大连宝玉集团有限公司建设工程施工合同纠纷

裁判要旨： 债是特定当事人之间的法律关系，债权人和债务人都是特定的。债权人只能向特定的债务人请求给付，债务人也只对特定的债权人负有给付义务。即使因合同当事人以外的第三人的行为致使债权不能实现，债权人不能依据债权的效力向第三人请求排除妨害，也不能在没有法

律依据的情况下突破合同相对性原则要求第三人对债务承担连带责任。金世纪公司虽以取得讼争建设项目的部分房屋作为受益方式，但这是其以土地使用权作为出资应当获得的回报，属对价有偿的商业行为，并非无端受益。

基本案情： 2000 年 10 月 8 日，宝玉集团与金世纪公司签订《联合建房协议书》，约定：金世纪公司与宝玉集团在大连市沙河口区星海二站 39023 部队院内联合开发建设新世纪家园，由金世纪公司办理项目用地的相关手续，并承担全部费用。由宝玉集团和金世纪公司共同办理《施工许可证》及相关手续，宝玉集团承担项目开工至竣工所需的全部费用。2002 年 10 月 15 日，宝玉集团与金世纪公司签订《联合建房协议书之补充协议》，约定：双方联建项目分成比例为金世纪公司分得联建项目总面积的 33.5%，宝玉集团分得联建项目总面积的 66.5%，项目由双方共同负责，联合办公。同年 11 月 1 日，宝玉集团与金世纪公司签订《关于共管账户的补充协议》，约定：本项目的《商品房销售许可证》办理在金世纪公司名下。金世纪公司在《大连日报》发表郑重声明，该声明称：新世纪家园开发权及所有权属于金世纪公司，凡涉及该项目的任何交易（包括以该项目房屋抵顶工程款或债务等）均属非法。

2001 年 3 月 5 日，渤海公司与宝玉集团签订《建设工程施工合同》，约定由渤海公司承建大连新世纪住宅小区（后更名为新世纪家园，以下简称新世纪家园）2#、4#高层住宅楼，合同价款 4440 万元（按实结算）。后渤海公司与宝玉集团陆续签订多份协议约定关于工程进度及款项支付问题。2004 年 5 月 8 日，渤海公司施工的 2#、4#楼工程竣工。后各方因工程款支付问题，渤海公司起诉宝玉集团和金世纪公司，主张金世纪公司对工程款支付承担连带责任，一审判决后，金世纪公司及渤海公司均不服，提起上诉，渤海公司主张金世纪公司应当对全部工程欠款承担连带责任，金世纪公司主张对宝玉集团、宝玉公司偿还施工人渤海公司工程欠款不承担连带责任。

争议焦点： 金世纪公司是否应当对宝玉集团、宝玉公司偿还施工人渤海公司工程欠款承担连带责任。

法院认为： 一审法院认为：首先，施工合同虽然是宝玉集团与渤海公司签订的，但金世纪公司是渤海公司施工工程项目的联合开发方，金世纪公司与宝玉集团的联建利益尚未分割，且新世纪家园项目土地使用证、销售许可证等均以金世纪公司名义办理，销售新世纪家园项目房产的《商品房买卖合同》也是以金世纪公司名义签订。金世纪公司虽未与渤海公司签订施工合同，却享有了渤海公司已施工工程的权利，并从该合同中获取利益，因此金世纪公司理应承担该合同相应的义务。其次，金世纪公司已实际参与了施工合同的履行。最后，根据宝玉集团和金世纪公司签订的联建协议，双方共同投资，共同获取利益，其联建行为在法律性质上应属合伙行为，合伙人应当对合伙债务承担责任。

一审判决认定金世纪公司应当承担连带责任的理由概括为三点：第一，金世纪公司是真正的开发商，联建利益尚未分割，联建各方应对施工方承担连带责任；第二，金世纪公司不仅享有施工合同所带来的利益，而且还参与了施工合同的履行；第三，联建各方共同投资、共同管理、共同受益，在法律上属于合伙，即合伙型联营。

二审法院认定：金世纪公司不应当对宝玉集团、宝玉公司偿还施工人渤海公司工程欠款承担连带责任。理由如下：首先，本案讼争的法律关系是施工合同纠纷，而不是合作开发房地产合同纠纷。本案施工合同的当事人为宝玉集团、宝玉公司与渤海公司，宝玉集团、宝玉公司为发包人，渤海公司为承包人。施工合同只对合同当事人产生约束力，即对宝玉集团、宝玉公司和渤海公司发生法律效力，对合同当事人以外的人不发生法律效力。其次，债权属于相对权，相对性是债权的基础。债是特定当事人之间的法律关系，债权人和债务人都是特定的。债权人只能向特定的债务人请求给付，债务人只能对特定的债权人负有给付义务。即使因第三人的行为致使债权不能实现，债权人也不能依据债权的效力向第三人请求排除妨害，债权在性质上属于对人权。最后，《民法通则》第八十四条第一款规定：债是按照合同的约定或者依照法律的规定，在当事人之间产生的特定的权利和义务关系。只有合同当事人才受合同权利义务内容的约束。债权人要求债务人履行义务的基础是合同约定或法律规定。本案渤海公司主张金世纪公司就宝玉集团、宝玉公司偿还工程欠款承担连带责任，因当事人之间不存在"特定的"债的关系，突破合同相对性也没有法律依据，渤海公司主张金世纪公司对还款承担连带责任的上诉请求，于法无据。第一，金世纪公司不存在取代施工合同的发包人或因加入债的履行而与宝玉集团、宝玉公司成为共同发包人的事实。金世纪公司对施工人《请款报告》的审核行为是为了保障施工款项专款专用，是履行合作开发合同的行为，亦不能因此认定金世纪公司参与了施工合同的履行。第二，金世纪公司与宝玉集团、宝玉公司之间签订合作开发合同，既不属于个人合伙，也没有成立合伙企业，不应当适用《民法通则》或《合伙企业法》有关个人合伙和普通合伙人承担连带责任的规定。第三，一审判决认为联建利益尚未分割，讼争建设项目在金世纪公司名下，其享有了渤海公司已施工工程的权利，并从该合同中获取利益，据此应承担连带责任。应当看到，金世纪公司虽以取得讼争建设项目的部分房屋作为受益方式，但这是其以土地使用权作为出资应当获得的回报，属对价有偿的商业行为，并非无端受益。

（五）融资租赁类债权

融资租赁类债权涉及的申报主体主要是租赁物的出租方。债权人申报债权时主张权利主要有两种方式：一是基于合同双方均未履行完毕，主张合同继续履行+欠付租金，在程序内全部支付的，后期继续支付合同约定的费用。如管理人决定继续履行合同，则不涉及债权审查问题。二是主张全部未付租金+违约金+留购价款（如有），并同时主张所有权。本部分就第二种申报方式讨论债权审查认定问题。

1. 证据资料核查

医疗服务机构涉及融资租赁的设备多为医疗设备，关系医院继续运营，需慎重处理。该类债权人需提供的证据资料一般包括：购买合同、融资租赁合同、租赁物清单（涉及的设备明细，需注明规格便于分辨，租赁时有留存照片等能证明租赁物规格型号的资料亦可一并提交）、租赁物验收证明（承租方出具的确认接收的租赁物的质量及数量等文件）、租金起租通知书或租金支付明细表、补充协议、付款明细及付款凭证，根据合同约定的其他涉及文件。如有涉诉或涉及仲裁情形的，相应的诉讼仲裁文书需提供，如在执行阶段，需说明执行情况及执行回款情况，并提供相应证明资料。

2. 交易形式

依据《民法典》第七百三十五条的规定，融资租赁涉及三方主体，即出租人、出卖人、承租人。融资租赁合同的交易形式有三种，分别为直接租赁、售后回租、厂商租赁。直接租赁指租赁物的出卖人、出租人和承租人为不同的主体，是典型的融资租赁模式；售后回租是指承租人将其所拥有的设备出售给出租人，再从出租人手里将该设备重新租回，即出卖人与承租人为同一主体；厂商租赁是指出卖人与出租人有关联关系，以出卖人为主导，直接与承租人沟通，签订融资租赁合同，厂商租赁的典型特征是通过分期支付租金的方式吸引消费者购买产品。

3. 判断是否为融资租赁

审查债权时首先需甄别是否为真正的融资租赁法律关系，如果并非融资租赁债权，则按照普通租赁合同及买卖合同关系审查债权。一般可通过以下几点进行考量：一是出租人是否为获得租赁物所有权，融资租赁中出租人的交易目的是提供资金并获取收益，而非获得租赁物。二是直接租赁中，承租人的目的是获取融资和租赁物的使用价值；售后回租中，承租人的目的是获取融资。三是融资租赁应体现为买卖和租赁两个环节，买卖的表现是转移租赁物所有权并支付货款，租赁的表现是租赁物由承租人占有、使用。四是考虑金额的合理性，租金金额＝出租人购买租赁物的价款＋合理利润，出租人购买租赁物的价款＝租赁物的真实价值或价格。

4. 出租人主张权利的方式

依据《民法典》第七百五十二条和《最高人民法院关于审理融资租赁合同纠纷案件适用法律问题的解释》第九条、第十一条规定，融资租赁合同承租人未依约支付租金时，出租人行使权利的方式，可选择以下两种方式中的任意一种：第一种方式是主张支付全部租金、违约金、逾期利息；第二种方式是主张解除合同，要求收回租赁物并赔偿损失，损失＝收回租赁物的价值－（全部未付租金＋其他费用），特殊情况下，损失包含融资租赁到期后租赁物的残值（损失包含残值的前提条件是合同约定租赁期间届满后租赁物归出租人所有）。

5. 债权性质

经查询融资租赁承租人破产债权审查认定的案例，对于债权人的主张债权性质的认定，实务中存在以下几种情形。

（1）债权性质为普通债权，债权人对租赁物享有优先权

破产受理前已判决合同解除，支付损失，债权人申报债权（判决确定的支付损失金额），同时主张取回权。法院判决确认的债权为普通债权，债权人对需返还的租赁物享有优先权。代表案例是江苏省泰兴市人民法院（2019）苏1283民初10623号仲信国际融资租赁有限公司、江苏和谐油墨有限公司等破产债权确认纠纷。

参考案例

破产受理前已判决合同解除，融资租赁出租人申报租金债权，同时主

张取回权，债权性质确认为普通债权，出租人对租赁物享有优先权——泰兴市人民法院（2019）苏 1283 民初 10623 号仲信国际融资租赁有限公司、江苏和谐油墨有限公司等破产债权确认纠纷

裁判要旨：抵押财产买受人与抵押权人对抵押财产权利冲突时，融资租赁出租人申报的租金等债权应确认为普通债权，债权人对需返还的租赁物享有优先权，对于案件所涉租赁物，原告仲信公司依法享有所有权，第三人工行泰兴支行依法享有向原告的抵押追偿权，即原告仲信公司对涤除抵押权后的机械设备享有优先权。

基本案情：2013 年 4 月 17 日，仲信公司与和谐公司签订《买卖合同（回租）》，双方约定，和谐公司将其所有的总价值为 12597458.11 元的标的物（标的物名称、规格、数量及价款详见合同附表）向仲信公司申请办理融资租赁（回租），自合同签订之日起，标的物所有权从和谐公司转移到仲信公司。同日，双方签订《融资租赁合同》，对租赁物的交付与验收、租期、租金及其他费用保险税费、违约责任进行了明确约定，仲信公司在任何时候对租赁物享有完整的所有权，租赁期间届满，承租人和谐公司有优先购买权……和谐公司如有任一期租金或者其他约定的费用到期后未足额支付，仲信公司无须通知或者履行法定程序即可终止合同，请求立即支付已到期未付及未到期租金，没收保证金，收回租赁物，并有权请求赔偿损失。后合同未依约履行，仲信公司遂向法院提起诉讼，法院判决《融资租赁合同》解除并确定了和谐公司应承担的租金等义务。2013 年 1 月 9 日，和谐公司向工行泰兴支行借款 400 万元，后双方签订展期合同，2012 年 9 月 3 日，和谐公司将自己价值 2242.7 万元的机械设备抵押给原告，担保金额为 1100 万元。同日，办理动产抵押登记。后因借款合同未依约履行，工行泰兴支行起诉和谐公司，法院判决工行泰兴支行对和谐公司所有的用以抵押的机器设备折价或者以拍卖、变卖该财产的价款在 1100 万元内优先受偿。2018 年 9 月 6 日，法院裁定受理和谐公司破产清算，仲信公司向被告的破产管理人申报破产债权，并提交行使取回权申请书，要求被告返还案涉租赁物。2018 年 12 月 12 日，被告的破产管理人出具债权登记与审查情况报告，未确认原告申报的破产债权，也不同意原告提出的租赁物返还要求。后双方多次交涉仍未达成一致。仲信公司诉至法院，要求确认已经生效判决的确定的租金等债权、返还租赁物，如不能返还按照上述租赁物的市场价值向原告进行折价赔偿。本案审理过程中，讼争被告和谐公司的机械设备已与该公司的其他破产财产一并被本院司法拍卖，相关

价款已交于被告公司管理人账户。

争议焦点：仲信公司申报的债权确认金额及性质问题。

法院认为：本案争议实系抵押财产买受人与抵押权人对抵押财产权利冲突所致。按照民法原理，设定抵押权，仅是在物上设定了权利负担，抵押人作为抵押财产的所有权人，仍然享有对抵押财产的支配权，其中应当包括转让抵押财产的权利。当然，在抵押权已经进行登记的情况下，基于抵押物权的追及效力，抵押权人有权向买受人主张抵押权。基于此，取得抵押财产所有权的受让人，取得的抵押财产所有权是有权利负担的，该权利负担可由受让人通过代替债务人清偿其抵押债务的方式予以涤除。具体到本案，第三人工行泰兴支行基于 2012 年 9 月 3 日与被告和谐公司签订的抵押合同以及在泰兴市工商行政管理局办理动产抵押登记，依据本院（2015）泰济商初字第 0080 号民事判决书，享有对被告和谐公司用以抵押的机器设备的优先受偿权。原告仲信公司基于 2013 年 4 月 17 日与被告和谐公司签订的《买卖合同（回租）》，依据江苏省泰州市中级人民法院（2014）泰中商初字第 00108 号民事判决书，享有对被告和谐公司全部租赁物（机器设备）的所有权。按照上文理论，原告仲信公司取得讼争机器设备的所有权，但第三人工行泰兴支行有权向原告仲信公司主张设定于上述机械设备上的抵押权，原告仲信公司若想行使上述机械设备的完全所有权，需首先涤除上述抵押债权。

解决上述争议后，本案原告仲信公司所主张之债权性质应当清晰，具体分述如下：首先，江苏省泰州市中级人民法院（2014）泰中商初字第 00108 号民事判决书项下未获清偿的货币债权 348730 元、诉讼费用 48320 元，合计 397050 元，应为原告仲信公司对被告和谐公司享有的破产债权，且债权性质为普通债权。关于原告仲信公司主张的 85449.69 元利息，属于债务人未执行生效法律文书应当加倍支付的迟延利息，按照相关规定，该部分利息不属于破产债权。其次，对江苏省泰州市中级人民法院（2014）泰中商初字第 00108 号民事判决书项下所涉机械设备，原告仲信公司依法享有所有权，第三人工行泰兴支行依法享有向原告的抵押追偿权，即原告仲信公司对涤除抵押权后的机械设备享有优先权。最后，关于原告仲信公司第三项诉讼请求主张的不能返还需按 2016 年 4 月 20 日上述租赁物的市场价值进行折价赔偿的问题，因该项债权具体金额尚未确定，本案中不予处理。

出租人在破产受理前取得判决书，判决支付全部租金和违约金（承租人未按期付款，所有付款义务加速到期），租赁物已经在另案中被拍卖，债权人申报债权，并主张优先权。法院判决，基于债权人享有取回权，案涉《售后回租赁合同》项下租赁物委托拍卖，但拍卖所得价款不属于破产财产，不应参与破产财产分配，应当优先支付给融资租赁设备的所有权人（出租人）。优先权金额以标的物的拍卖价值衡量，以拍卖价值为限确认优先权金额（优先权金额包括租金、留购价款、违约金；诉讼费、保全费债权为普通债权）。由于承租人履行支付义务，所有权转移至承租人处，拍卖价值大于申报债权金额的情况下，超出金额属于承租人所有。代表案例是常州市金坛区人民法院（2021）苏0413民初912号平安国际融资租赁有限公司、常州韩保保护膜有限公司普通破产债权确认纠纷。

参考案例

承租人破产，融资租赁物所有权尚未转移给承租人时，租赁物不属于破产财产，出租人基于所有权享有优先受偿权，租赁物拍卖价款不应参与破产财产分配，应当优先支付给融资租赁设备的所有权人——常州市金坛区人民法院（2021）苏0413民初912号平安国际融资租赁有限公司、常州韩保保护膜有限公司普通破产债权确认纠纷

裁判要旨： 案涉《售后回租赁合同》项下"涂布机"不应属于破产财产；人民法院受理破产申请后，债务人占有的不属于债务人的财产，该财产的权利人可以通过管理人取回；在租赁物已经被拍卖的情况下，平安公司客观上已经不具备取回租赁物的条件，平安公司要求优先受偿并非基于一般债权，而是基于取回权；案涉《售后回租赁合同》拍卖所得价款不属于破产财产，不应参与破产财产分配，应当优先支付给融资租赁设备的所有权人即平安公司。

基本案情： 2017年9月27日，平安公司与韩保公司签订《售后回租赁合同》及相关附件。根据合同约定，平安公司根据韩保公司的要求向其购买租赁合同约定的设备涂布机（开卷机）一台，设备型号为IS20054，制造商为HANMIELECTRONIC，并回租给韩保公司使用。合同约定租赁期间内韩保公司应按月向平安公司支付租金，租赁成本为110万元，保证金为10万元，租金计算方式为不等额期末后付，共24期，租金总额为120.6万元；合同约定在甲方（平安公司）向乙方（韩保公司）出

具所有权转移证明书之前，甲方对租赁物拥有完整、独立的所有权。上述合同签订后，平安公司按照合同约定，向韩保公司支付了设备购买款，韩保公司在收到款项后向平安公司出具了资金收据（110 万元）。之后根据合同约定，平安公司将租赁物出租给韩保公司使用，韩保公司向平安公司出具了《租赁物接收证明》，确认已接收设备且验收合格。随后平安公司向韩保公司发出《起租通知书》，该通知书载明，起租日为 2017 年 9 月 30 日，租赁期间自 2017 年 9 月 30 日至 2019 年 9 月 30 日，租金计算方式为不等额期末后付，留购价款为 100 元。韩保公司在支付了前 12 期租金后，自 2018 年 10 月 30 日（第 13 期扣款日）起未履行相应租金支付义务。

平安公司以韩保公司违约为由向浦东人民法院提起诉讼，请求判令韩保公司支付租金、留购价款并承担违约金等。浦东人民法院审理后，于 2019 年 11 月 2 日作出（2019）沪 0115 民初 68724 号民事判决书，判决：一、被告韩保公司应于本判决生效之日起十日内支付原告平安公司租金及留购价款 306100 元；二、被告韩保公司应于本判决生效之日起十日内支付原告平安公司截至 2019 年 9 月 20 日的违约金 36307 元；三、被告韩保公司应于本判决生效之日起十日内支付原告平安公司自 2019 年 9 月 21 日起至实际清偿日止的违约金（以 289000 元为基数，按照年利率 24%，以实际欠款天数计算）……上述判决书生效后，各被告未履行判决书确定的义务，平安公司向浦东人民法院申请强制执行。

涉案融资租赁设备已在另案中拍卖完毕。2020 年 12 月 18 日韩保公司破产清算，韩保管理人于 2020 年 12 月 4 日对平安公司申报的债权（439629.16 元，含租金、留购价款 306100 元，加速到期日前违约金 36307 元，加速到期后违约金 74870.79 元，诉讼费、保全费 4995.5 元，加倍支付迟延履行利息 17355.87 元）核定为 422157.1 元（核减 17472.06 元），并确认为普通债权。平安公司对上述审查意见有异议，诉至法院，要求确认原告向韩保管理人所申报债权为优先债权，债权金额为 439629.16 元。

争议焦点：平安公司申报的债权是否具有优先性，平安公司是否有权对案涉机器设备拍卖款优先受偿。

法院认为：一、平安公司与韩保公司之间系售后回租型融资租赁法律关系。韩保公司向平安公司转移租赁物是对租赁物物权的转移，其实质是租赁物所有权的占有改定。租赁物的物权始终属于平安公司，韩保公司对租赁物只享有占有、使用和收益权。《中华人民共和国合同法》第二百四十二条规定：出租人享有租赁物的所有权。承租人破产的，租赁物不属于破产财产。《最高人民法院关于适用〈中华人民共和国企业破产法〉若干问题的规定（二）》第二条规定，下列财产不应认定为债务人财产：（一）债务人基于仓储、保管、承揽、代销、借用、寄存、租赁等合同或者其他法律关系占有、使用的他人财产。因此，案涉《售后回租赁合同》项下"涂布机"不应属于破产财产。

二、《中华人民共和国企业破产法》第三十八条规定，人民法院受理破产申请后，债务人占有的不属于债务人的财产，该财产的权利人可以通过管理人取回。《最高人民法院关于审理融资租赁合同纠纷案件适用法律问题的解释》第二十一条规定，出租人既请求承租人支付合同约定的全部未付租金又请求解除融资租赁合同的，人民法院应告知其依照合同法第二百四十八条的规定作出选择。出租人请求承租人支付合同约定的全部未付租金，人民法院判决后承租人未予履行，出租人再行起诉请求解除融资租赁合同、收回租赁物的，人民法院应予受理。通过上述规定可见，虽然平安公司请求支付租金已获判决支持，但在韩保公司未按判决履行的情况下，平安公司仍有权要求解除融资租赁合同并收回租赁物（当然，人民法院是否支持，应根据具体案情判断）。《中华人民共和国企业破产法》第十八条规定，人民法院受理破产申请后，管理人对破产申请受理前成立而债务人和对方当事人均未履行完毕的合同有权决定解除或者继续履行，并通知对方当事人。管理人自破产申请受理之日起二个月内未通知对方当事人，或者自收到对方当事人催告之日起三十日内未答复的，视为解除合同。结合本案事实，案涉《售后回租赁合同》已解除。但是本案中，在租赁物已经被拍卖的情况下，平安公司客观上已经不具备取回租赁物的条件。本案中，虽然平安公司向韩保管理人申报债权的依据是浦东人民法院（2019）沪0115民初68724号民事判决书，但结合平安公司在本案中的陈述理由可知，其行使权利的实质是基于其融资租赁设备所有人的特殊身份，这种权利与债权请求权有明显的不同。平安公司要求优先受偿并非基于一般债权，而是基于取回权。平安公司未在案涉《售后回租赁合同》项下"涂布机"上张贴任何载明权属的标志，也未在本院执行过程中提出异议。本院为了全体债权人的共同利益，将案涉《售后回租赁合同》项下租赁物委托拍卖，但拍卖所得价款不属于破产财产，不应参与破产财产分配，应当优先支付给融资租赁设备的所有权人即平安公司。

三、关于平安公司优先受偿的数额。鉴于本案双方约定的融资租赁留购价仅为 100 元，即根据合同约定和法律规定，如韩保公司支付完毕未付租金、违约金、留购价后租赁物所有权就不再属于平安公司，因此，平安公司优先受偿额应以未付租金、违约金、留购价之和为限。拍卖款高于该限额的，款项应属韩保公司所有，并属于破产财产。平安公司主张权利是基于取回权，而非仅依据（2019）沪 0115 民初 68724 号民事判决书确认的一般债权，故其也不应根据该判决书要求加倍支付迟延利息；平安公司申报的债权中诉讼费、保全费 4995.5 元，该项费用不具有优先性，应为普通债权。

清算案件中，合同到期于破产受理日之前，债权人享有租赁物的所有权及取回权，合同双方可对租赁物协议折价，或者租赁物拍卖、变卖，所得价款用于清偿被告尚欠的租金、利息、罚金。如所得价款不足以清偿上述债务，不足部分由被告（债务人）按照破产清算程序予以清偿；如所得价款超过上述债务，超过部分归被告所有。代表案例是湖南省津市市人民法院（2015）津民二初字第 51 号安徽信成融资租赁有限公司诉湖南卡普吉诺建材有限公司取回权纠纷。

参考案例

出租人享有租赁物的所有权及取回权，合同双方可对租赁物协议折价，或者租赁物拍卖、变卖，所得价款用于清偿欠付出租人的费用——湖南省津市市人民法院（2015）津民二初字第 51 号安徽信成融资租赁有限公司诉湖南卡普吉诺建材有限公司取回权纠纷

裁判要旨：清算案件中，合同到期于破产受理日之前，债权人享有租赁物的所有权及取回权，合同双方可对租赁物协议折价，或者租赁物拍卖、变卖，所得价款用于清偿被告尚欠的租金、利息、罚金；如所得价款不足以清偿上述债务，不足部分由被告（债务人）按照破产清算程序予以清偿，如所得价款超过上述债务，超过部分归被告所有。

基本案情：2012 年 9 月 25 日，出租人安徽信成公司与承租人卡普吉诺公司签订《融资租赁合同》，后该项融资租赁业务在中国人民银行征信中心办理了租赁登记。该《融资租赁合同》约定由卡普吉诺公司向安徽信成公司申请融资购买相关生产设备……在租赁期满及卡普吉诺公司履行完毕本合同项下所有义务前，安徽信成公司对本合同所记载的租赁

物件拥有完整的所有权，租赁期满且卡普吉诺公司付清全部租金及其他款项后，由安徽信成公司出具《租赁物所有权转移证明书》，租赁物归卡普吉诺公司所有……如因到期不能支付租金等情形出租方采取措施收回租赁物产生的相关费用均由承租方承担等内容。《融资租赁合同》签订后，安徽信成公司按约向卡普吉诺公司交付租赁物，出具租金收取通知书，卡普吉诺公司出具租赁物件收据。2014 年 12 月 2 日，卡普吉诺公司破产重整，安徽信成公司向管理人申报债权，同时要求行使取回权，管理人审查认定了债权，但是行使取回权未果。安徽信成公司起诉要求取回租赁物件并判令被告卡普吉诺公司承担拆除上述设备过程中产生的费用。

争议焦点： 安徽信成公司对租赁物是否享有取回权。

法院认为： 安徽信成公司与卡普吉诺公司签订的《融资租赁合同》变更了卡普吉诺公司与科达公司、泰威公司之前的购销合同关系，当事人意思表示真实，内容不违反法律规定，合法有效，双方当事人的权利义务受《融资租赁合同》约束并受法律保护。安徽信成公司按约履行了合同义务，卡普吉诺公司未按合同约定履行按时支付到期租金的义务已构成违约，依据双方合同约定安徽信成公司享有租赁物的所有权及取回权。被告卡普吉诺公司辩称的磨边生产线、自动包装线系自行购买，喷墨打印机已支付部分货款与融资租赁合同无关的抗辩主张本院不予以采纳。卡普吉诺公司付清租金之前，租赁物件的所有权应归安徽信成公司所有。该所有权具有担保租金债权的功能，安徽信成公司有权以处置租赁物件所获得的款项抵偿欠款，未能抵偿部分由卡普吉诺公司按照破产清算程序予以清偿。本案所涉融资租赁设备价值明显大于卡普吉诺欠付安徽信成公司的债务数额，故对卡普吉诺公司要求安徽信成公司对收回租赁物的价值超过欠付租金及其他费用的部分予以支付返还的抗辩主张予以支持。当然，基于拍卖、变卖亦可能产生变价数额不足以清偿上述债务数额的情形，这种情形下，卡普吉诺公司仍应按照破产清算程序清偿不足部分。

出租人在破产受理前取得生效判决，判决承租人支付全部到期未到期租金，债权人申报所有到期未到期租金债权，并主张所有权，管理人确认租金为普通债权，同时支付留购款，主张所有权已转移至承租人，法院判决不满足留购条件，债权人依然享有租赁物所有权，但是在重整期间不宜行使，未对债权性质及债权申报金额做其他论述。代表案例是山东省日照市中级人民法院（2019）鲁 11 民终 732 号长城国兴金融租赁有限公司、山东恒隆粮油有限公司融资租赁合同纠纷。

参考案例

不满足留购条件的前提下，出租人依然享有租赁物所有权，但是在重整期间不宜行使——山东省日照市中级人民法院（2019）鲁 11 民终 732 号长城国兴金融租赁有限公司、山东恒隆粮油有限公司融资租赁合同纠纷

裁判要旨：如果合同约定的承租人行使留购权的条件并未成就，即使承租人向出租人支付了留购款，根据合同约定和法律规定，涉案租赁物的所有权仍归出租人享有；现恒隆公司处于破产重整阶段，国兴公司申报的债权仅被管理人确认为有效债权，但国兴公司尚未参与破产财产分配，一审法院亦未裁定执行破产财产分配方案，国兴公司的债权至今未能实现，不符合合同约定的"合同项下全部租金及相关费用已全部结清"的条件；依据《中华人民共和国企业破产法》第七十六条规定国兴公司主张取回权应提交证据证明其行使取回权的条件已经成就。

基本案情：恒隆公司作为承租人与国兴公司作为出租人签订《回租租赁合同》后，恒隆公司自第 5 期租金起即未依约付款。后国兴公司向新疆高院提起诉讼，新疆高院判决恒隆公司支付国兴公司逾期和加速到期租金85255574.18 元、违约金（罚息）3196439.66 元、逾期和加速到期租金的逾期利息等。2017 年 3 月 24 日一审法院裁定受理恒隆公司的破产重整申请。同年 4 月 27 日国兴公司向恒隆公司管理人申报债权，同年 8 月 24 日一审法院裁定恒隆公司、昌华公司等九家公司合并重整，同年 10 月 31 日恒隆公司及昌华公司管理人作出合并重整债权表，对国兴公司申报恒隆公司的债权予以确认，债权性质为普通债权。同年 11 月 2 日，国兴公司向合并重整管理人对其申报债权的初步确认提出异议，主张涉案租赁物所有权并申请对其享有所有权的租赁物一并处置，并将处置款分配给国兴公司。同年 12 月 13 日，恒隆公司通过银行转账支付给国兴公司 100 元留购费。次日，恒隆公司管理人对国兴公司的异议作出回复，主张恒隆公司通过支付 100 元留购费取得了租赁物所有权。国兴公司起诉要求确认国兴公司对出租给恒隆公司使用的租赁物享有所有权。

争议焦点：恒隆公司是否有权通过支付 100 元留购款的方式取得涉案

租赁物的所有权。

法院认为：双方关于恒隆公司行使留购权的约定包括：《回租租赁合同》5-7. 租赁期限届满后，承租人可留购全部租赁物及其附属物，留购价为 100 元；10-1. 租赁期限届满后，在本合同项下的全部租金及相关费用已全部结清的前提下，租赁物按以下第 A 种方式处理：A. 乙方依据本合同附件所列金额向甲方支付租赁物留购价款，乙方自支付留购价款之日起取得租赁物之所有权。可见，《回租租赁合同》中载明的上述约定情形将是否取得租赁物所有权的选择权赋予了承租人恒隆公司，且其行使选择权的时间节点为租赁期限届满之时，即涉案协议订立时以及合同履行期间均无法确定租赁期满后租赁物的归属。涉案融资租赁合同为承租人和对方当事人均未履行完毕的合同，并不属于合同约定的租赁期限届满的情形。一审法院于 2017 年 3 月 24 日裁定受理恒隆公司的破产重整申请，在管理人未通知国兴公司继续履行合同的情况下，应视为涉案《回租租赁合同》于 2017 年 5 月 24 日解除，国兴公司有权对合同项下的租赁物主张所有权。《最高人民法院关于审理融资租赁合同纠纷案件适用法律问题的解释》第二十一条第二款规定："出租人诉请全部租金未予清偿后，出租人再行起诉请求解除融资租赁合同、收回租赁物的，人民法院应予受理。"现恒隆公司处于破产重整阶段，国兴公司申报的债权仅被管理人确认为有效债权，但国兴公司尚未参与破产财产分配，一审法院亦未裁定执行破产财产分配方案，国兴公司的债权至今未能实现，不符合合同约定的"合同项下全部租金及相关费用已全部结清"的条件。根据《回租租赁合同》的约定，涉案租赁物所有权已由恒隆公司转移至国兴公司，现恒隆公司主张其通过向国兴公司支付 100 元留购款取得了涉案租赁物的所有权，但合同约定的承租人行使留购权的条件并未成就，根据合同约定和法律规定，涉案租赁物的所有权仍归国兴公司享有。《中华人民共和国企业破产法》第七十六条规定："债务人合法占有的他人财产，该财产的权利人在重整期间要求取回的，应当符合事先约定的条件。"虽然依照《中华人民共和国企业破产法》第十八条的规定涉案合同解除，但国兴公司未主张亦未提交证据证明其行使取回权的条件已经成就，同时，破产重整程序是企业的重生程序，而涉案租赁物是承租人持续生产经营所必需，国兴公司不宜在恒隆公司破产重整阶段将租赁物取回，否则将很可能直接导致恒隆公司丧失重整机会，重整失败。

（2）债权性质为优先债权，未清偿完毕的债权转为普通债权

出租人在破产受理前起诉要求支付租金和违约金，后达成和解协议，继续支付租金，破产受理后，出租人申报债权，并起诉要求确认合同解除，返还租赁物、支付应付未付款项，可就租赁物与债务人协商折价或租赁物拍卖、变卖，并就该价款优先抵偿。法院判决解除合同，确认出租人就租赁物折价或拍卖价款优先受偿未付租金、违约金及其他费用，未清偿完毕的债权转为普通债权。对原告主张直接收回租赁设备的诉请不予支持。代表案例是天津市西青区人民法院（2019）津 0111 民初 4330 号平安国际融资租赁有限公司与天津市华伦塑料制品有限公司、天津市中环精模注塑有限公司普通破产债权确认纠纷。

参考案例

售后回租业务类型中，融资租赁合同解除后，出租人依然对租赁物享有所有权及取回权，但是承租人破产的情况下，为保障全体债权人利益，限制出租人的取回权，出租人对拍卖、变卖或协议折价所得价款享有优先受偿权——天津市西青区人民法院（2019）津 0111 民初 4330 号平安国际融资租赁有限公司与天津市华伦塑料制品有限公司、天津市中环精模注塑有限公司普通破产债权确认纠纷

裁判要旨：现被告华伦公司、中环公司未按照在先生效判决足额履行给付租金及逾期付款违约金的义务，符合《最高人民法院关于审理融资租赁合同纠纷案件适用法律问题的解释》第十二条关于解除融资租赁合同的法定事由，故原告有权再行选择解除融资租赁合同；原、被告签订的《售后回租赁合同》解除后，原告对租赁设备仍享有所有权，但考虑到二被告已经履行了大部分在先生效判决确定的义务，且被告华伦公司已经进入破产程序，如租赁设备直接由原告收回并进行处分，华伦公司其他债权人的合法权益将难以保障。故为了既保护原告对租赁设备享有的所有权权益及基于所有权而享有的合法债权利益，又最大限度减少华伦公司债权人的债权利益损失，本院对原告主张直接收回租赁设备的诉请不予支持，该租赁设备应在华伦公司破产程序中依法予以拍卖、变卖或协议折价，原告在被告华伦公司尚欠的租金、逾期付款违约金及诉讼费用范围内对拍卖、变卖或协议折价所得价款享有优先受偿权。

基本案情：2015 年 9 月 28 日，原告平安公司（出租人）与被告华伦

公司（承租人）签订《售后回租赁合同》及相关附件。合同约定，原告向被告华伦公司购买设备，并将该设备作为租赁物出租给被告华伦公司使用，租赁期间内被告华伦公司应按时、足额向原告支付租金等应付款项。租赁合同项下租赁成本为10500000元，租赁期间共计24个月，自2015年10月30日至2017年10月30日，初始租金总额为11114256元，留购价款100元。2015年11月3日，原告向被告华伦公司发送《起租通知书》及《租金变更通知书》，列明因中国人民银行同期贷款利率调整，租金总额变更为11096255.78元，自2016年4月起各期租金作出相应调整；并约定违约责任。后被告华伦公司自2016年4月30日（第六期租金日）起未支付租金462146.62元。平安公司将华伦公司、中环公司诉至上海市浦东新区人民法院，该院作出（2016）沪0115民初36109号民事判决，判决确定华伦公司应支付租金、留购价款、违约金等款项。上述判决生效并进入执行程序后，当事人达成执行和解协议，内容为《售后回租赁合同》项下的租赁设备所有权人为原告，并确定原告应付款金额、还款节奏及违约情形。2017年9月21日，天津市华伦塑料制品有限公司进入破产清算程序。原告平安公司起诉至法院，要求确认《售后回租赁合同》已经解除、被告华伦公司返还原告《售后回租赁合同》项下全部租赁物及给付原告应付未付款项，原告可就上述第2项诉请所述的租赁物价值与被告华伦公司协议折价或将该租赁物拍卖、变卖，所得价款用于抵偿被告华伦公司应付未付款项，如所得价款不足以清偿上述金额，则不足部分由被告华伦公司继续清偿。

争议焦点： 1. 融资租赁合同是否解除。2. 租赁物是否应当返还。3. 承租人应支付费用金额。

法院认为： 本案为普通破产债权确认纠纷，本案的审理应当结合被告华伦公司的破产事宜认定原、被告的权利义务。根据《中华人民共和国合同法》第二百四十八条的规定，承租人应当按照约定支付租金。承租人经催告后在合理期限内仍不支付租金的，出租人可以要求支付全部租金；也可以解除合同，收回租赁物。《最高人民法院关于审理融资租赁合同纠纷案件适用法律问题的解释》第二十一条第二款规定，出租人请求承租人支付合同约定的全部未付租金，人民法院判决后承租人未予履行，出租人再行起诉请求解除融资租赁合同、收回租赁物的，人民法院应予受理。现被告华伦公司、中环公司未按照在先生效判决足额履行给付租金及逾期付款违约金的义务，符合《最高人民法院关于审理融资租赁合同纠纷案件适用法律问题的解释》第十二条关于解除融资租赁合同的法定事由,故原告有权再行选择解除融资租赁合同,且本案被告亦认可双方签订的《售后回租赁合同》已经解除,故本院对原告的该部分诉讼请求予以支持。

关于租赁物的返还。根据《中华人民共和国合同法》第九十七条的规定,合同解除后,尚未履行的,终止履行;已经履行的,根据履行情况和合同性质,当事人可以要求恢复原状、采取其他补救措施,并有权要求赔偿损失。《最高人民法院关于审理融资租赁合同纠纷案件适用法律问题的解释》第二十二条第二款规定,损失赔偿的范围应为承租人全部未付租金及其他费用与收回租赁物的差额。原、被告签订的《售后回租赁合同》解除后,原告对租赁设备仍享有所有权,但考虑到二被告已经履行了大部分在先生效判决确定的义务,且被告华伦公司已经进入破产程序,如租赁设备直接由原告收回并进行处分,华伦公司其他债权人的合法权益将难以保障。故为了既保护原告对租赁设备享有的所有权权益及基于所有权而享有的合法债权利益,又最大限度减少华伦公司债权人债权利益损失,本院对原告主张直接收回租赁设备的诉请不予支持,该租赁设备应在华伦公司破产程序中依法予以拍卖、变卖或协议折价,原告在被告华伦公司尚欠的租金、逾期付款违约金及诉讼费用范围内对拍卖、变卖或协议折价所得价款享有优先受偿权。关于尚欠的租金、逾期付款违约金及诉讼费的数额,参照在先判决予以确认。

融资租赁物已被先行抵押登记,管理人委托评估机构对租赁物进行评估,管理人审查确认出租人的债权性质为担保债权,且因某银行债权人申报的有担保的债权对应的抵押财产与出租人租赁物及抵押财产存在部分重合,某银行登记时间在先,出租人无法就重合部分财产取得所有权。故其可优先受偿金额为标的物评估值中减去某银行优先受偿后的金额,剩余部分被确认为普通债权。代表案例是最高人民法院(2020)最高法民终393号渝农商金融租赁有限责任公司、天津钢铁集团有限公司等破产债权确认纠纷。

参考案例

融资租赁出资人优先受偿金额为标的物评估值中扣减抵押权人的优先受偿后的金额,剩余部分被确认为普通债权——最高人民法院(2020)最高法民终393号渝农商金融租赁有限责任公司、天津钢铁集团有限公司等

破产债权确认纠纷

裁判要旨：融资租赁标的在融资租赁业务发生之前已存在抵押权，融资租赁出租人出租时未尽审慎的调查核实义务，继续进行租赁业务，不属于善意买受人，融资租赁出租人对于租赁物优先受偿权顺位劣后于在先的抵押人。

基本案情：2015 年 7 月 9 日，渝农商公司与天钢集团签订《融资租赁合同》和《买卖合同》，双方约定以租赁物清单中记载的机械设备开展售后回租型融资租赁业务。2015 年 7 月 16 日，渝农商就上述业务在中国人民银行征信中心融资租赁登记公示系统办理了租赁物初始登记。2016 年 5 月 3 日，渝农商公司与天钢集团签订《抵押合同》，约定租赁物抵押给渝农商公司以确保《融资租赁合同》项下承租人义务的履行，以及抵押权人对租赁物的所有权不受侵害。同时双方办理了抵押登记。2015 年 6 月 24 日，上海银行与天钢集团签订《最高额动产抵押合同》约定，天钢集团为上海银行取得的对天钢集团的债权提供抵押担保，将上述融资租赁物部分抵押给上海银行并办理了抵押登记。2018 年 8 月 24 日，天钢集团破产重整案被受理，渝农商公司向管理人申报上述融资租赁合同项下的债权为有担保的债权，上海银行对欠付款项也进行了申报，性质为有抵押财产担保的债权。破产重整过程中，经管理人委托的评估公司评估，租赁物价值为 314917980.84 元。管理人经审查确认，渝农商公司债权的性质为对债务人的特定财产享有担保权的债权，债权金额为 360313174.18 元。且因上海银行申报的有担保的债权对应的抵押财产与渝农商公司租赁物及抵押财产存在部分重合，上海银行登记时间在先，渝农商公司无法就重合部分财产取得所有权。故其可优先受偿金额为 125013258 元，剩余部分被确认为普通债权。渝农商公司不认可债权确认结果起诉至法院，要求其对租赁物设备享有的优先受偿权顺位在上海银行之前。

争议焦点：渝农商公司是否优先于上海银行就案涉租赁物享有受偿权。

法院认为：渝农商公司在与天钢集团签订《融资租赁合同》和《买卖合同》时，未尽审慎的调查核实义务，不属于善意买受人。《中华人民共和国物权法》第一百九十一条第二款规定："抵押期间，抵押人未经抵押权人同意，不得转让抵押财产，但受让人代为清偿债务消灭抵押权的除外。"《金融租赁公司管理办法》第三十二条规定："金融租赁公司应当合法取得租赁物的所有权。"第三十四条规定："售后回租业务的租赁物必须由承租人真实拥有并有权处分。金融租赁公司不得接受设置任何抵押、权属存在争议或已被司法机关查封、扣押的财产或所有权存在瑕疵的财产作为售后回租业务的租赁物。"渝农商公司作为一家主营融资租赁业务的专业金融机构，在开展售后回租业务时，应当严格按照上述法律和监管规定，合法取得租赁物的所有权，不得接受已设置抵押的财产作为售后回租业务的租赁物。渝农商公司应知案涉设备的最高额抵押情况，因重大过失而不知，其无权引用《最高人民法院关于适用〈中华人民共和国担保法〉若干问题的解释》第六十一条的规定主张权利。管理人依据上海银行提交的《最高额动产抵押合同》《动产抵押登记证》及其他债权证据，认定上海银行2017年5月5日向天钢集团发放的1054332451.73元借款在最高额抵押担保的范围内，并无不当。

以上案例中，基于租赁物的所有权人是出租人，均认定出租人的债权在租赁物的评估价值范围内清偿，也可以看出虽然出租人享有取回权，但在破产重整案件中，法院为保障重整程序进展，会不同程度地限制出租人的取回权。对于债权性质的认定，实务中虽有不同的处理方式，但是依据《企业破产法》第一百零九条的规定，"对破产人的特定财产享有担保权的权利人，对该特定财产享有优先受偿的权利"。一般情况下，依据融资租赁合同约定，承租人未付清租金前，租赁物归出租人所有，融资租赁物并非债务人的破产财产，故认定为《企业破产法》规定的有财产担保债权法律依据并不充分。因此，融资租赁债权中，没有其他优先权因素的情况下，应认定为普通债权，同时确定出租人对租赁物享有取回权，出租人的租金债权就租赁物拍卖、折价价款优先清偿。但是在实务处理中，基于重整方案或清偿方案的表决分组等因素，债权性质的认定可根据案件情况选择较为妥当的处理方式，应重点关注融资租赁债权的清偿方式是否参考有财产担保债权处理的表述。

6. 债权金额

在破产案件中，普遍存在的情况是破产受理时租期未届满，债权人主张"全部未付租金+违约金+留购价款"（如有），并同时主张所有权，本部分重点讨论在破产重整案件中，出租人依照此方式申报债权的债权审查认定。依据《民法典》第七百五十二条及《最高人民法院关于审理融资租赁合同纠纷案件适用法律问题的解释》第十条之规定，债权人申报债权的行为应当视为"出租人请求承租人支付合同约定的全部未付租金"之情形，此处"全部未付租金"应包含"全部未付租金+违约金+留购价款"。

（1）未付租金、违约金认定

依据融资租赁合同约定核查欠付的全部未付租金、违约金等。如违约金过高，可根据相关规定予以调整。重整计划制订并表决通过之前，承租人均无法确定能否按照合同约定履行"全部未付租金"，因此出租人所申报的债权，应暂缓确认。如重整计划表决通过后，普通债权可获全额清偿，则按照"全部未付租金+违约金+留购价款"确认其普通债权。

（2）损失认定

如债权无法全额清偿，债权人可依据《最高人民法院关于审理融资租赁合同纠纷案件适用法律问题的解释》第十一条，主张损失及取回租赁物。根据《最高人民法院关于审理融资租赁合同纠纷案件适用法律问题的解释》第十一条的规定，"出租人依照本解释第五条的规定请求解除融资租赁合同，同时请求收回租赁物并赔偿损失的，人民法院应予支持。前款规定的损失赔偿范围为承租人全部未付租金及其他费用与收回租赁物价值的差额。合同约定租赁期间届满后租赁物归出租人所有的，损失赔偿范围还应包括融资租赁合同到期后租赁物的残值"。"价值"即出租人取回租赁物时的价值，该数值应按照或参照合同约定确定，如有争议，则以会计准则确定。"残值"即融资租赁合同到期后租赁物的残值，该数值应参照合同约定确定，如合同未约定则按照会计准则确定，如租赁物现实存在且进行了评估，按照评估值认定。

损失=收回租赁物的价值-（全部未付租金+其他费用）+融资租赁到期后租赁物的残值。损失包含残值的前提条件是合同约定租赁期间届满后租赁物归出租人所有。

（3）租赁物灭失的补偿金额认定

如无法全额清偿租金等债权，出租人有权取回租赁物，如租赁物灭失，出租人无法取回的，出租人有权主张补偿。《民法典》第七百五十六条规定，融资租赁合同因租赁物交付承租人后意外毁损、灭失等不可归责于当事人的原因解除的，出租人可以请求承租人按照租赁物折旧情况给予补偿。依据本条的规定，如果租赁物灭失，出租人有权主张补偿，管理人可依据债权人提交的租赁合同、清单、照片等会同出租人、债务人共同核查租赁物的现状，确定是否存在灭失情况。依据《民法典》第七百五十六条、《最高人民法院关于审理融资租赁合同纠纷案件适用法律问题的解释》

第十一条及第十二条之规定，补偿金额即为收回租赁物的价值。

如重整计划表决通过后，普通债权不能全额清偿的，应告知出租人将按照《最高人民法院关于审理融资租赁合同纠纷案件适用法律问题的解释》第十一条之规定确认其因解除合同而带来的损失债权，同时要求出租人明确是取回租赁物还是委托管理人处置。

7. 租赁物的权属及处置

对于租赁物所有权的认定，一般情况下，依据融资租赁合同约定，承租人未依约付清租金前，租赁物归出租人所有，因此融资租赁物并非债务人的破产财产。如债务人可全额清偿出租人的债权，即"未付全部租金+违约金+留购价款"，则租赁物所有权即依合同约定转给债务人。如不能全额清偿出租人债权，出租人有权取回租赁物，或者委托管理人处置租赁物。

8. 医疗服务机构融资租赁核查

医疗服务机构通过融资租赁的设备是为了进行医疗服务，在此类债权处理时，首先应考虑设备后续在债务人生产经营过程中的作用。鉴于医疗设备的专用特性，融资租赁债权人知晓收回租赁物可能会出现设备闲置、无法再次出租或者无法找到合适承租方的情况，因此融资租赁债权人一般对于设备取回的意愿并不强烈，其更希望确定债权金额，并在债权性质上或债权清偿时做优先处理。管理人对该类债权的审查更需关注其债权性质认定的问题，保证依法、公平清偿的前提下合理认定。

（六）金融类债权

金融类债权通常涉及的金额较大、种类较多且计算复杂，在审查金融债权时应当注意本金、利息、复利、罚息、担保和清偿顺序等方面问题。

1. 核查证据资料

金融机构办理业务的流程比较合规，相应的文件齐全，但是通常债务人无法获取原始的合同文件，原始合同存放在金融机构处，因此金融机构申报债权时需要提供完整的流动资金借款合同、固定资金借款合同、贷款合同、最高额抵押合同、最高额权利质押合同、最高额保证合同、借据、相关账户的银行流水明细、质押登记协议、质押登记证明、发放贷款的凭证、承兑汇票合同、承兑汇票票面信息等证据材料，便于管理人结合债务人、审计机构的审查意见确认最终的债权金额。

2. 核查债权主体

金融类债权的主体多为金融机构。中国人民银行在《金融机构编码规范》中对金融机构的分类进行了规定，同时银保监会发布的《银行保险机构许可证管理办法》第四条对金融许可证的适用对象作出了明确规定。金融许可证适用于政策性银行、大型银行、股份制银行、城市商业银行、民营银行、外资银行、农村中小银行机构等银行机构及其分支机构，以及金融资产管理公司、信托公司、企业集团财务公司、金融租赁公司、汽车金融公司、货币经纪公司、消费金融公司、银行理财公司、金融资产投资公司等非银行金融机构及其分支机构，具有金融许可证的机构可视为金融机构。另外，在《最高人民法院关于新民间借贷司法解释适用范围问题的批复》中，最高人民法院认为由地方金融监管部门监管的小额贷款公司、融资担保公司、区域性股权市场、典当行、融资租赁公司、商业保理公司、地方资产管理公司等七类地方金融组织，属于经金融监管部门批准设立的金融机构，其因从事相关金融业务引发的纠纷，不适用新民间借贷司法解释[①]。该批复认可了上述七类地方金融机构在从事金融业务时的金融机构性质。因此，在审查金融类债权主体时应当认真审查主体是否属于法律规定的金融机构，进而确定审查债权时适用的法律法规。

3. 核查债权金额

（1）本金

金融机构通常会与借款人签订借款合同、承兑汇票合同等，根据合同约定向借款人发放款项。借款合同中一般会约定合同编号、借款人名称、贷款账号、借款金额、借款期限、利率、借款用途、还息、还款账号等内容，或者通过借据约定。如果涉及担保，金融机构会与借款人办理抵押登记或者质押登记，金融机构的手续相对较为齐全且规范。如果涉及保证，金融机构一般会与保证人签订保证合同。

审查借款合同金额时，一方面应根据合同约定金额确定，另一方面一定要求债权人提供放款凭证，如果是承兑汇票则需提供承兑汇票的出票信息，核查借款真实性。同时应当查看债务人的银行流水，确定实际收到款项的日期、金额和借款事实。此外，如果涉及担保或保证，需要金融机构出具借款时签订的全部担保合同或保证合同，并确认保证人是否存在代偿行为，结合审计机构和债务人出具的审查意见后确定最终的本金金额。如果管理人与债务人沟通比较顺利，可要求债务人提供一份完整的金融债权名册，方便后续专门审查金融债权。

---

① 《最高人民法院关于新民间借贷司法解释适用范围问题的批复》第一条。

（2）利息

利息是本金产生的孳息，这里的利息是指借款期限内以本金为基数按照约定利率计算出的利息，与复利和罚息不同。通常在借款合同中或者借据中会约定借款利率属于浮动利率还是固定利率、利率浮动周期、利率加减基数、计息日和结息日、计息方式等。不同的利率标准和计息方式对债权金额的审查都有一定的影响，审查时应当仔细核查。

明确利息计算方式。在核查利息时尽量要求金融机构提供电子版利息计算表，明确金融机构的利息计算方法。如果没有利息计算表，金融机构可能只会提供一个简单的利息金额，这个金额可能包含了复利和罚息。金融债权的利息计算相对较复杂，一旦核查认定的金额与申报的金额不符，就较难确定差异原因，不利于高效推进审查工作。

确定利率。合同或借据中通常会约定利率，利率分为浮动利率和固定利率两种。浮动利率是指中国人民银行在调整贷款基准利率时，债务人在下一个计息周期内随之调整利率。浮动利率的调整周期可能是年、半年、季或月。2019 年 11 月 8 日，最高人民法院发布的《关于印发〈全国法院民商事审判工作会议纪要〉的通知》中明确："自 2019 年 8 月 20 日起，中国人民银行已经授权全国银行间同业拆借中心于每月 20 日（遇节假日顺延）9 时 30 分公布贷款市场报价利率（LPR），中国人民银行贷款基准利率这一标准已经取消。"[①] 因此，自此之后人民法院裁判贷款利息的基本标准应改为全国银行间同业拆借中心公布的贷款市场报价利率。应予注意的是，虽然贷款利率标准发生了变化，但存款基准利率并未发生相应变化，相关标准仍可适用。因此，金融机构此前依据的人民银行贷款基准利率已经取消，现在浮动利率的基准利率是 LPR，金融机构一般会在 LPR 基础上加一定的基点作为实际借款利率。

核查结息日。银行是按照实际发放借款金额的实际使用天数计算利息的，利息实际是按日计算。一般借款合同约定的是年利率，在转换利率时需注意，根据《中国人民银行关于人民币存贷款计结息问题的通知》，人民币业务的利率换算公式为：日利率（0/000）＝年利率（%）÷360，月利率（‰）＝年利率（%）÷12[②]。关于结息，则根据《中国人民银行关于印发〈人民币利率管理规定〉的通知》，短期贷款按季结息的，每季度末

---

① 《全国法院民商事审判工作会议纪要》第（三）部分。
② 《中国人民银行关于人民币存贷款计结息问题的通知》第三条。

月的二十日为结息日；按月结息的，每月的二十日为结息日①。中长期贷款按季结息，每季度末月的二十日为结息日②。审查利息时应根据结息日分别计算每一个计息周期的利息，付息日是结息日的次日或同一日。分段计算利息时，注意付息日当日利息不计入上一段利息，但应计入下一段利息，如不仔细，可能存在遗漏计算的情况。同时合同中经常约定如果本金的最后一期清偿日不在付息日，则本金的最后一期清偿日为付息日，借款人应付清全部应付利息。

（3）复利

复利又称"利息的利息"，是对借款人不按时足额支付利息而对未支付利息部分计收的利息。金融机构的复利有别于民间借贷里的非法高利贷，非法高利贷是本金及利息的和作为计算利息的基数，这种利息计算方式是民间常谈的"利滚利"，金融机构的复利仅是对未支付利息的利息。

《中国人民银行关于印发〈人民币利率管理规定〉的通知》第二十条规定："对贷款期内不能按期支付的利息按贷款合同利率按季或按月计收复利，贷款逾期后改按罚息利率计收复利。"《中国人民银行关于人民币贷款利率有关问题的通知》第三条规定："对不能按时支付的利息，按罚息利率计收复利。"由此可见金融机构可以计收复利。同时借款合同中应当约定复利的具体计算方式。金融机构在合同中明确约定复利及复利计算方法的，才可以认定复利金额。没有明确约定复利的，不应确认复利金额。

确定复利利率。合同明确约定复利后需要确定复利的利率，根据前述可知，对贷款期限内不能按期支付的利息计算复利有两种计算方式，一种是按照借款利率计算复利，另一种是按照罚息利率计算复利。借款逾期后则按照罚息利率计算复利。在审查复利时需要注意以下几点：第一，复利的计收主体是否是金融机构，只有金融机构才可以计收复利，受让金融不良债权的非金融机构债权人不能依据原借款合同请求确认复利；第二，合同对复利的约定应当明确具体，既要明确复利的定义，也要明确复利的结息方式，没有明确约定复利的，人民法院可能不予支持；第三，承兑汇票垫款的复利不予支持，对承兑汇票垫款收取的利息利率通常是日万分之五，已经可视为对借款人的惩罚，具有惩罚作用，如果对该部分利息再计收复利，对借款人来说属过分苛责，违反公平原则。综上，在审查复利时

---

① 《中国人民银行关于印发〈人民币利率管理规定〉的通知》第二十条。
② 《中国人民银行关于印发〈人民币利率管理规定〉的通知》第二十一条。

要结合合同约定、金融机构提供的利息计算明细、债务人实际付款明细等综合计算。

（4）罚息

《中国人民银行关于人民币贷款利率有关问题的通知》第三条规定："关于罚息利率问题。逾期贷款（借款人未按合同约定日期还款的借款）罚息利率由现行按日万分之二点一计收利息，改为在借款合同载明的贷款利率水平上加收30%—50%；借款人未按合同约定用途使用借款的罚息利率，由现行按日万分之五计收利息，改为在借款合同载明的贷款利率水平上加收50%—100%。对逾期或未按合同约定用途使用借款的贷款，从逾期或未按合同约定用途使用贷款之日起，按罚息利率计收利息，直至清偿本息为止。"该条规定了两种类型的罚息，一种是逾期偿还贷款的逾期后计收罚息，另一种是挪用贷款的罚息。司法实践中，一般金融机构对逾期偿还贷款的罚息利率约定为贷款利率加收50%，挪用贷款的罚息利率为贷款利率加收100%，采取顶格标准。

对逾期罚息的计算有三种方式，司法实践中也存在三种判决结果。第一种，以借款期限内未偿还的本金为基数计算罚息；第二种，以借款期限内未偿还的本金和利息为基数计算罚息；第三种，以借款期限内未偿还的本金、利息和罚息为基数计算罚息。逾期后产生的罚息是否计收复利，实务中存在不同意见。实践中对《中国人民银行关于人民币贷款利率有关问题的通知》中"对不能按时支付的利息，按罚息利率计收复利"[1]，这里的"利息"是否包含罚息存在不同理解，会产生不同的计算方法。管理人在审查罚息时可以结合破产企业所在地法院的判例以及不同司法案例，确定是否确认逾期罚息产生的复利，统一审查标准。

（5）利息、罚息、复利等认定的上限

依据最高人民法院《关于进一步加强金融审判工作的若干意见》第二条第二款的规定，对于金融借贷合同约定的利息、罚息、逾期利息及违约金等认定时，合计不应超过年利率24%。

（6）已清偿金额的扣减顺序

对于部分债权，债务人或担保人可能已清偿部分金额，关于已清偿金额是利息、复利或其他费用的认定，会影响剩余债权各项金额的确认。关于金融债权的具体清偿顺序，《民法典》第五百六十一条规定债务人在履

---

[1] 《中国人民银行关于人民币贷款利率有关问题的通知》第三条。

行主债务外还应当支付利息和实现债权的有关费用，其给付不足以清偿全部债务的，除当事人另有约定外，应当按照下列顺序履行：①实现债权的有关费用；②利息；③主债务。金融机构和借款人在借款合同中可以对债权的清偿顺序进行约定，有约定的，按照约定确认清偿顺序；如果没有约定清偿顺序，仅就清偿范围进行了约定，则按照法定顺序清偿。另外，如果生效法律文书涉及加倍部分债务利息的，《最高人民法院关于执行程序中计算迟延履行期间的债务利息适用法律若干问题的解释》第四条规定，被执行人的财产不足以清偿全部债务的，应当先清偿生效法律文书确定的金钱债务，再清偿加倍部分债务利息，但当事人对清偿顺序另有约定的除外。

4. 债权性质认定

根据《企业破产法》第一百零九条的规定，对破产人的特定财产享有担保权的权利人，对该特定财产享有优先受偿的权利。实践中，关于有财产担保债权的认定，对于债权人申报的对债务人的特定财产享有担保权的债权的审查包括但不限于：债权人申报主体的资格、申报人与债务人之间的债权债务关系、债权担保是否合法、是否进行财产担保登记，可根据债权人提供的抵押合同、质押合同、抵押物登记凭证及他项权证等进行核查，必要时应到相关登记部门进行调查核实。

（1）担保行为是否可撤销

依据《企业破产法》第三十一条的规定，在人民法院受理破产申请前一年内，债务人对无财产担保的债务提供财产担保的，管理人有权依法行使撤销权。如果金融机构的借款合同及财产担保是破产申请前一年内办理登记的，管理人应结合破产案件情况依法行使撤销权。

（2）有财产担保债权的范围

根据《民法典》第三百八十九条的规定，"担保物权的担保范围包括主债权及其利息、违约金、损害赔偿金、保管担保财产和实现担保物权的费用。当事人另有约定的，按照其约定"。一般合同会明确约定担保范围，如合同无明确约定可依据上述规定进行审查认定，审查时需考虑各项债权是否在有财产担保债权范围内，超出担保范围的债权即为普通债权。

5. 医疗服务机构对金融债权提供财产担保的核查

（1）不动产抵押

依据《民法典》第三百九十九条第（三）项的规定，为公益目的成立的非营利法人的教育设施、医疗卫生设施和其他公益设施不得抵押。部分医疗服务机构基于单位性质及资产性质的特殊性，其不动产并不属于法定可抵押的范围，因此涉及医疗服务机构提供不动产抵押的债权，需优先核查抵押行为的效力。如果属于法定无效行为，则其对应的金融债权的债权性质不能认定为有财产担保债权。

（2）收费权质押

除了一般的不动产担保，医疗行业内存在向金融机构质押收费权的情况，鉴于部分医疗服务机构非营利性、提供公用事业服务的特征，需对收费权质押的合法有效性进行核查。依据《最高人民法院关于适用〈中华人民共和国民法典〉有关担保制度的解释》第六十一条之规定，只要收费权质押符合质押权设立的规定，则金融机构有权在担保财产范围内优先受偿。

（七）民间借贷类债权

1. 证据资料核查

民间借贷债权人需提供基础证据材料，如借款合同、欠条、借据、收条等债权凭证及银行流水、还款记录等款项交付凭证及其他能够证明借贷关系存在的证据。管理人审查证据资料时，需注意查看证据资料是否清晰，证据资料是否齐全。由于时间久远、保存方式不当或复印文件不清晰等原因，自然人提交的证据资料可能出现模糊、看不清金额、主体等关键信息不清等问题，发现此情况后，需要告知债权人详细描述其提交文件上记载的内容，并签字捺印。

2. 债权真实性

核查债权真实性，除了要求债权人尽可能提供充分的证据资料证明债权事实，管理人需要调取债务人企业的财务入账记录以及银行转账收款回单等能够证明出借人出借资金转入债务人企业的证据材料，并将该款项用于企业正常生产经营的证据材料。为防止虚假借贷关系，管理人除了核实债权人、债务人各自对该借款的说明，还应结合款项来源、交易习惯、经济能力、财产变化情况、当事人关系以及当事人陈述等因素综合判断借贷的真实情况，严格审查借贷关系发生的原因、时间、地点、款项来源、交付方式、款项流向以及借贷双方的关系、经济状况等事实，综合判断债权真实性。

3. 债权金额

在确定债权真实有效后，欠款本金按照证据资料体现的金额认定即可。债权人主张利息的，有判决的按判决认定，无判决的按合同约定，但依据《最高人民法院关于审理民间借贷案件适用法律若干问题的规定》不得超过法定利息上限。认定利息上限：2020 年 8 月 20 日之前发生的借贷关系，2020 年 8 月 20 日之前的利息最高限度为年利率 24%，2020 年 8 月 20 日到破产受理裁定日的利息，适用 2020 年 8 月 20 日的一年期贷款市场报价利率的四倍；2020 年 8 月 20 日之后发生的借贷关系，适用合同成立时一年期贷款市场报价利率的四倍①。

合同对利率未约定或约定不明的，一般按照下列方式认定。逾期利率：既未约定借期内利率，也未约定逾期利率，自逾期还款之日起参照当时一年期贷款市场报价利率标准计算利息；约定了借期内利率但是未约定逾期利率，自逾期还款之日起按照借期内利率支付资金占用期间利息②。利息：此处利息单指借贷合同约定的借期内利息，合同未约定或自然人之间借贷合同约定不明的，不予确认；其他借贷合同利息约定不明的，应当结合民间借贷合同的内容，并根据当地或者当事人的交易方式、交易习惯、市场报价利率等因素确定利息，但利息及违约金等合计不得超过认定利息的上限③。

4. 医疗服务机构民间借贷债权的性质

医疗行业企业中，医院的民间借贷类债权较有代表性，医院作为债务人的案件中，民间借贷债权主要表现形式是医院集资建房或为医院经营借款，此类债权会涉及自然人。在该部分的债权审查中，核心的问题是债权性质的认定。

一般的民间借贷，如不符合有财产担保债权的特征，债权性质应认定为普通债权，但是职工集资款需要重点关注是否可以认定为职工债权，医疗单位尤其是医院职工对于集资款的清偿预期极高，一般会默认集资款应视为职工债权优先清偿，该类债权的认定及清偿关涉社会稳定，因此需谨慎处理。关于债权性质的认定，实务中存在三种处理方式，可以作为参考。

（1）职工债权

第一种方式是将集资款认定为职工债权，依据《最高人民法院关于审理企业破产案件若干问题的规定》第五十八条，职工集资款参照职工债权

---

① 《最高人民法院关于审理民间借贷案件适用法律若干问题的规定》第三十一条。
② 《最高人民法院关于审理民间借贷案件适用法律若干问题的规定》第二十八条。
③ 《最高人民法院关于审理民间借贷案件适用法律若干问题的规定》第二十四条。

优先清偿，即该类债权应认定为职工债权，但是对违反法律规定的高额利息部分不予保护，该规定尚未失效，可以参照适用。代表案例有河南省周口市中级人民法院（2021）豫16民终4527号莲花健康产业集团股份有限公司、吕光远等破产债权确认纠纷，湖南省常德市中级人民法院（2020）湘07民终136号常德市恒威汽车销售服务有限公司与陈琴破产债权确认纠纷。

参考案例

1. 职工出借的集资款应认定为职工债权——河南省周口市中级人民法院（2021）豫16民终4527号莲花健康产业集团股份有限公司、吕光远等破产债权确认纠纷

裁判要旨： 六被上诉人的转款行为是由于当时河南莲花味精股份有限公司为筹措资金解决公司经营困难，要求公司高管及中层干部向项城市莲花科贸公司进行集资，应当认为职工债权。

基本案情： 2002年4月8日项城市莲花科贸有限公司注册成立，后变更企业名称为项城市科茂谷朊粉有限公司。吕光远、李建华、崔士林、刘聪明、尹宏民、郭勇（简称"六被上诉人"）为响应河南莲花味精股份有限公司的号召，筹措资金解决公司经营困难，要求公司高管及中层干部向项城市莲花科贸公司进行集资。六被上诉人分别进行集资，项城市莲花科贸有限公司分别出具收款收据，备注收款为股金。2019年10月15日，周口市中级人民法院裁定莲花健康产业集团公司破产重整。六被上诉人分别向莲花健康产业集团公司管理人申报债权，债权申报总金900000元，债权性质为普通债权。2019年11月18日和11月25日，莲花健康产业集团股份有限公司管理人对六被上诉人的债权不予确认。2020年3月4日周口市中级人民法院作出（2019）豫16破7号裁定书，终结莲花健康产业集团股份有限公司破产重整程序。李建华、崔士林、刘聪明、尹宏民、郭勇、吕光远均是莲花健康产业集团股份有限公司的前身河南莲花味精股份有限公司职员；六被上诉人向一审法院提起诉讼，请求对六被上诉人集资款确定为职工债权，一审法院判决涉诉债权为职工债权，莲花健康产业集团公司不服一审判决，提起上诉。

争议焦点： 吕光远、李建华、崔士林、刘聪明、尹宏民、郭勇向项城市莲花科贸有限公司交款的行为应认定为何种性质。

法院认为：本案一审诉讼过程中六被上诉人向法庭提交了项城市莲花科贸有限公司出具的收款收据及其他相关证据，可以证明六被上诉人向项城市莲花科贸有限公司交纳集资款合计900000元的事实，一审法院结合本案实际情况，认定六被上诉人的转款行为是由于当时河南莲花味精股份有限公司为筹措资金解决公司经营困难，要求公司高管及中层干部向项城市莲花科贸公司进行集资。六被上诉人集资情况与另外两案中李怀清、任玉州关于河南莲花味精股份有限公司集资情况的事实基本一致，河南省高级人民法院作出的（2020）豫民终621号民事判决书和（2020）豫民终878号民事判决书均对当事人在项城市莲花科贸有限公司集资款确认为莲花健康产业集团股份有限公司的职工债权，该两份民事判决书已发生法律效力。一审法院认定涉案款项为职工债权，支持六被上诉人的一审诉请符合本案事实及相关法律规定，并无不当之处。莲花健康产业集团股份有限公司的上诉理由，因其并未提交相关证据予以证明，故不能成立，本院不予采信。

2. 《最高人民法院关于审理企业破产案件若干问题的规定》没有宣布废止的情况下，职工集资款应依据该规定认定为职工债权——湖南省常德市中级人民法院（2020）湘07民终136号常德市恒威汽车销售服务有限公司与陈琴破产债权确认纠纷第二审民事判决书

裁判要旨：2002年《最高人民法院关于审理企业破产案件若干问题的规定》第五十八条第一款规定，债务人所欠企业职工集资款，参照《企业破产法》有关破产企业清偿所欠职工工资和劳动保险费用的规定清偿，此后颁行的相关法律没有对职工集资款如何处理作出新的规定，一审法院根据当事人的举证，依法确认本案所涉职工集资为职工（劳动）债权，应予优先清偿并无不当；对于债权的性质，管理人应当依法认定，陈琴债权申报及确认材料不能直接否定陈琴债权的职工债权性质。

基本案情：恒威华天酒店系恒威公司的全资子公司，陈琴原系恒威华天酒店餐饮部经理。2013年，恒威华天酒店为解决资金紧张，通过召开股东会拟向职工进行集资，并通过召开部门负责人会议传达股东会决议，2013年7月1日，陈琴以其自有的住房抵押，作为借款人向临澧县农村信用合作联社出具借据借款49万元，双方约定的借款利率为9.225‰，借据载明的借款用途为"用于KTV经营装修"，借款到期日为2015年7月1日。临澧县农村信用合作联社将款项直接转入陈琴指定的恒威公司账户。2013年7月3日，恒威公司向陈琴出具金额为49万元的借条1份。

2013 年 7 月 4 日，陈琴以餐饮部的名义向恒威华天酒店呈报，要求将其借款认定为集资款，公司董事长朱恒在呈批件上批注："同意按集资款处理，请财务部执行。"此后，恒威公司陆续支付了应付临澧县农村信用合作联社的部分利息。2016 年 7 月 14 日，人民法院裁定恒威华天酒店破产清算，2016 年 7 月 15 日，人民法院裁定恒威公司破产重整，陈琴就案涉债权向恒威公司管理人申报的债权本金为 38 万元及利息 35 万元，管理人确认的债权本金为 21.2 万元，并将该债权列入民间借贷债权即普通债权。陈琴向法院起诉要求确认债权为职工债权，一审法院认定为职工债权，恒威公司上诉要求撤销一审判决，请求确认陈琴的债权性质为普通债权。

争议焦点： 陈琴的债权是否应当认定为职工债权优先清偿。

法院认为： 对于债权的性质，管理人应当依法认定，陈琴债权申报及确认材料不能直接否定陈琴债权的职工债权性质。根据《企业破产法》第四十八条第二款之规定，破产企业所欠职工工资和劳动保险费用等职工劳动债权不必申报，由管理人调查后列出清单并予以公示。为解决公司资金困难，恒威华天酒店决定向酒店中层骨干集资，陈琴向恒威公司出资后，随即要求公司将其认定为集资款，恒威公司已将其认定为集资款。陈琴集资的依据是股东会议决定，应当认定其具有一定的行政命令性和统一性。

职工集资是基于特定的劳动关系产生的民间借贷关系，集资主体双方在身份关系上不具有一般民间借贷主体双方的完全平等性，其直接影响到职工基于劳动关系所获得的收入，且承担着不能通过自己的劳动获得正常劳动收入的风险，因此不宜将职工集资等同于一般民间借贷。我国的《企业破产法》虽然没有针对职工集资作出明确规定，但基于司法实践的需要，从考虑职工的利益和社会稳定出发，2002 年《最高人民法院关于审理企业破产案件若干问题的规定》第五十八条第一款规定，债务人所欠企业职工集资款，参照《企业破产法》有关破产企业清偿所欠职工工资和劳动保险费用的规定清偿，此后颁行的相关法律没有对职工集资款如何处理作出新的规定，在《最高人民法院关于审理企业破产案件若干问题的规定》没有宣布废止的情况下，一审法院根据当事人的举证，依法确认本案所涉职工集资为职工（劳动）债权，应予优先清偿并无不当。

（2）普通债权

第二种方式是将集资款认定为普通债权，依据是《最高人民法院关于审理企业破产案件若干问题的规定》第五十八条是现行《企业破产法》颁布之前的规定，而现行《企业破产法》第一百一十三条明确界定职工债权范围，并未包含职工集资款。从法律适用角度考虑，法律优于司法解释，新法优于旧法，故集资款不是职工债权。代表案例有四川省乐山市中级人民法院（2021）川 11 民终 240 号王学刚、周琳破产债权确认纠纷，湖南省邵阳市中级人民法院（2021）湘 05 民终 800 号李大方、洞口雪峰贡米有限公司破产债权确认纠纷。

参考案例

1. 现行有效的《企业破产法》对职工债权进行了明确和细化，职工集资款不属于破产法规定的职工债权的范围——四川省乐山市中级人民法院（2021）川 11 民终 240 号王学刚、周琳破产债权确认纠纷

裁判要旨：《最高人民法院关于审理企业破产案件若干问题的规定》第五十八条第一款规定："债务人所欠企业职工集资款，参照《企业破产法》第三十七条第二款第（一）项规定的顺序清偿。但对违反法律规定的高额利息部分不予保护。"该条规定参照《企业破产法》第三十七条第二款第（一）项规定的顺序清偿即按职工债权认定，被参照的《企业破产法》指《企业破产法（试行）》，破产法（试行）已于 2007 年 6 月 1 日由于《企业破产法》的施行被废止失效，司法解释所参照的法律因被废止无法参照适用。现行有效的《企业破产法》对职工债权进行了明确和细化，职工集资款不属于破产法规定的职工债权的范围。

基本案情：上诉人王学刚因与被上诉人周琳、原审第三人乐山市沙湾海天建材有限责任公司（以下简称海天公司）破产债权确认纠纷一案，不服四川省乐山市沙湾区人民法院（2020）川 1111 民初 657 号民事判决，向法院提起上诉。上诉人认为其对海天公司享有的 5 万元借款债权为职工破产债权。

争议焦点：王学刚对海天公司的 5 万元借款债权是否属于职工债权。

法院认为：第一，《企业破产法》第一百一十三条第一款第（一）项规定："破产财产在优先清偿破产费用和共益债务后，依据下列顺序清偿：（一）破产人所欠职工的工资和医疗、伤残补助、抚恤费用，所欠的应当

划入职工个人账户的基本养老保险、基本医疗保险费用，以及法律、行政法规规定应当支付给职工的补偿金；"该条第一款第（一）项规定的内容即为职工破产债权的具体范围。第二，《最高人民法院关于审理企业破产案件若干问题的规定》第五十八条第一款规定："债务人所欠企业职工集资款，参照《企业破产法》第三十七条第二款第（一）项规定的顺序清偿。但对违反法律规定的高额利息部分不予保护。"该条规定参照《企业破产法》第三十七条第二款第（一）项规定的顺序清偿即按职工债权认定，被参照的《企业破产法》指《中华人民共和国企业破产法（试行）》，破产法（试行）已于2007年6月1日由于《中华人民共和国企业破产法》的施行被废止失效，司法解释所参照的法律因被废止无法参照适用。第三，现行有效的《企业破产法》对职工债权进行了明确和细化，职工集资款不属于破产法规定的职工债权的范围。第四，王学刚从2009年起向海天公司集资借款，海天公司按15%支付年利息，本金从最初的3万元经结算利息和补充部分本金最终本金转为5万元，期间收取了超过银行存款利息的高额利息，王学刚也未提供证据证明海天公司强行要求其缴纳职工集资款，王学刚对海天公司的借款系为获取借款利息的一般民间借贷，因此产生的债权属于普通债权，不属于《企业破产法》规定的破产债权。

2. 现行的《企业破产法》未将职工集资款确定为按第一顺位受偿的债权，职工集资款不是职工债权——湖南省邵阳市中级人民法院（2021）湘05民终800号李大方、洞口雪峰贡米有限公司破产债权确认纠纷

裁判要旨：现行的《企业破产法》未将职工集资款确定为按第一顺位受偿的债权，对李大方的诉讼请求，应不予支持。

根据《最高人民法院关于适用〈中华人民共和国企业破产法〉若干问题的规定（三）》第八条："债务人、债权人对债权表记载的债权有异议的，应当说明理由和法律依据。经管理人解释或调整后，异议人仍不服的，或者管理人不予解释或调整的，异议人应当在债权人会议核查结束后十五日内向人民法院提起债权确认的诉讼。当事人之间在破产申请受理前订立有仲裁条款或仲裁协议的，应当向选定的仲裁机构申请确认债权债务关系。"雪峰贡米公司管理人应对所有债权人申报的债权审查并制作债权表后，提交债权人会议核查，相关债务人、债权人对债权表记载的债权有异议，方可向人民法院提起诉讼。

基本案情：上诉人李大方因与被上诉人洞口雪峰贡米有限公司（以下

简称雪峰贡米公司）破产债权确认纠纷一案，不服湖南省洞口县人民法院（2020）湘 0525 民初 1741 号民事判决，向人民法院提起上诉。上诉人认为其集资本金 164 万元，利息 160.63 万元应为职工债权，应按第一顺位受偿。

争议焦点： 职工集资款债权是否应按第一顺位受偿。上诉人起诉是否符合法律规定。

法院认为： 一审法院认为：现行的《企业破产法》未将职工集资款确定为按第一顺位受偿的债权，对李大方的诉讼请求，应不予支持。

二审法院认为：雪峰贡米公司管理人依据李大方的债权申报，作出《破产债权审查认定结果通知书》，认定李大方申报的债权性质为普通债权，在该通知书上雪峰贡米公司管理人要求如李大方对破产债权审查认定的结果有异议应在收到该通知书之日起 15 日内向人民法院提起诉讼。但根据《最高人民法院关于适用〈中华人民共和国企业破产法〉若干问题的规定（三）》第八条"债务人、债权人对债权表记载的债权有异议的，应当说明理由和法律依据。经管理人解释或调整后，异议人仍不服的，或者管理人不予解释或调整的，异议人应当在债权人会议核查结束后十五日内向人民法院提起债权确认的诉讼。当事人之间在破产申请受理前订立有仲裁条款或仲裁协议的，应当向选定的仲裁机构申请确认债权债务关系"的规定，雪峰贡米公司管理人应对所有债权人申报的债权审查后并制作债权表后，提交债权人会议核查，相关债务人、债权人对债权表记载的债权有异议，方可向人民法院提起诉讼。雪峰贡米公司管理人径直要求李大方向人民法院提起诉讼，不符合法律规定，对李大方的起诉应予以驳回。

（3）确认为普通债权，但参考职工债权清偿

第三种方式是考虑案件整体进展及社会稳定需求，将债权确认为普通债权，但是在清偿方案中参考职工债权清偿，或者基于全体债权人权益让渡，将职工集资款作为单独一类债权，清偿时参考职工债权处理。代表案例有湖北省高级人民法院（2020）鄂民终 145 号湖北华盟建设投资有限公司、王爱林破产债权确认纠纷，宁夏回族自治区高级人民法院（2020）宁民终 497 号虎某与宁夏上陵实业（集团）有限公司职工破产债权确认纠纷。

参考案例

1. 职工集资类债权虽属于普通债权,在具体清偿时,应与其他优先受偿方同期同比例受偿,即可以优先受偿——湖北省高级人民法院(2020)鄂民终145号湖北华盟建设投资有限公司、王爱林破产债权确认纠纷

裁判要旨:《企业破产法》第九十二条规定,经人民法院裁定批准的重整计划,对债务人和全体债权人均有约束力。本案中,已经一审法院裁定批准实施的《重整计划》规定,作为普通债权的职工集资类债权,与其他优先受偿方同期同比例受偿;职工集资类债权数额以《债权表》为依据,不计利息。该《重整计划》对王爱林与华盟公司均具有法律约束力。对于该职工集资类债权,按前述法律规定以及《重整计划》规定,虽属于普通债权,但在具体清偿时,应与其他优先受偿方同期同比例受偿,即可以优先受偿。

基本案情:上诉人湖北华盟建设投资有限公司(以下简称华盟公司)因与被上诉人王爱林及原审被告湖北华盟建设投资有限公司管理人(以下简称华盟公司管理人)破产债权确认纠纷一案,不服湖北省襄阳市中级人民法院(2019)鄂06民初1515号民事判决,向法院提起上诉。上诉人认为被上诉人王爱林夫妻对华盟公司享有的债权性质为普通债权,并非职工集资款。

争议焦点:王爱林所主张的853万元债权是否属于华盟公司职工集资债权。

法院认为:关于王爱林主张的853万元债权是否属于华盟公司职工集资债权的问题。王爱林在原审提供了华盟公司分别出具给其本人和其妻子彭学华的收据,结合华盟公司二审提供的谷城华盟公司出具给王爱林的收据可知,谷城华盟公司给王爱林出具1000万元的收据(2013年6月14日)在前,该收据被作废,华盟公司再先后分别给彭学华出具500万元收据(2013年6月16日)、给王爱林出具500万元收据(2013年8月15日)。三张收据收款事由均未出现"集资"或此类表意文字,华盟公司出具给王爱林的收据记载收款事由B6-1-101~102,从中亦无法看出该款项与华盟公司集资款存在关联。王爱林在第一张1000万元收据上手写"此据只作伍佰万证,另500万挂湖北华盟王爱林2014年6.24日"的内

容，在一定程度上可以说明后面出现两张收据的原因。因此，王爱林提供的收据不能证明其主张的债权属于华盟公司职工集资债权。并且，王爱林与彭学华虽系夫妻关系，但对于彭学华转账的1000万元，华盟公司分别开具两张500万元收据给二人即表明，该款项有区分。王爱林在原审提交的2015年2月28日《债权登记申报表》记载的申报人为彭学华、王爱林两人，《无争议债权表》（2015年6月26日）记载的主体亦为王爱林、彭学华两人。据此，案涉1000万元款项的债权人不宜被认定为王爱林个人，王爱林仅能就其所持500万元收据提出主张。由于王爱林未能提供充分证据证明其所主张对华盟公司享有的853万元债权符合华盟公司《债权确认办法》关于确认职工集资债权的相关规定，其应承担举证不能的不利后果，华盟公司关于王爱林对华盟公司享有的债权性质并非职工集资款的上诉理由成立。

2. 职工集资款债权确认为普通债权，参考职工债权清偿，但是职工集资款的认定以职工与企业存在劳动关系为前提——宁夏回族自治区高级人民法院（2020）宁民终497号虎某与宁夏上陵实业（集团）有限公司职工破产债权确认纠纷

裁判要旨：上陵实业集团重整管理人依据《最高人民法院关于审理民间借贷案件适用法律若干问题的规定》第十二条，将所有职工福利借款均确认为普通债权。为了破产重整的顺利进行，上陵实业集团破产管理人对进入破产重整程序的上陵实业集团及其他六家关联破产企业职工福利借款参照了职工债权顺位进行清偿。《最高人民法院关于审理企业破产案件若干问题的规定》第五十八条第一款规定："债务人所欠企业职工集资款，参照企业破产法第三十七条第二款第（一）项规定的顺序清偿。但对违反法律规定的高额利息部分不予保护。"该条规定的企业欠职工的集资款的前提是双方之间存在劳动合同关系。

基本案情：上诉人虎某因与被上诉人宁夏上陵实业（集团）有限公司（以下简称上陵实业集团）职工破产债权确认纠纷一案，不服宁夏回族自治区银川市中级人民法院（2019）宁01民初3147号民事判决，向法院提起上诉。上诉人认为其与上陵实业集团存在劳动关系，其职工集资款债权或者劳动债权应当按照《最高人民法院关于审理企业破产案件若干问题的规定》第五十八条规定，参照《企业破产法》第一百一十三条第一款第（一）项的顺序优先清偿。

争议焦点：虎某是否是上陵实业集团职工，其债权是否属于职工集资

款债权。

法院认为： 2018 年 12 月 19 日银川市中级人民法院裁定上陵实业集团进入破产重整程序后，上陵实业集团重整管理人依据《最高人民法院关于审理民间借贷案件适用法律若干问题的规定》第十二条，将所有职工福利借款均确认为普通债权。为了破产重整的顺利进行，上陵实业集团破产管理人对进入破产重整程序的上陵实业集团及其他六家关联破产企业职工福利借款参照了职工债权顺位进行清偿。虎某所提交证据不能证明其与进入破产重整程序的上陵实业集团及其他六家关联破产企业之间存在劳动合同关系，一审判决对虎某要求确认其涉案债权为职工集资债权或劳动债权，应参照职工债权清偿涉案债权的诉讼请求不予支持并无不当。

四、特殊情况审查

（一）债权主体灭失

债权人是否有权申报债权，债权申报主体的适格性，是核查债权的重点之一，如果申报主体已经不存在，则不存在适格民事主体，其他主体可能亦无权申报债权。债权人主体灭失包括单位注销和自然人死亡两种情况。

1. 单位注销

债权人为单位的，核查债权人是否已经注销，如债权人主体注销，应由工商系统调取的资料中记载的债权债务承受主体作为债权人申报债权，如无该资料，需由原法定代表人作为债权人申报债权，并由原股东确认其债权申报行为。

2. 自然人死亡

债权人已死亡，其继承人可申报债权，已死亡的债权人不具有民事法律主体资格，其继承人可直接作为债权人申报债权。关于申报债权主体，依据《企业破产法》第五十条的规定："连带债权人可以由其中一人代表全体连带债权人申报债权，也可以共同申报债权。"即所有的继承人均可申报债权，亦可由一个继承人代表。鉴于破产程序中投票、表决、计算票数比例、分配等流程烦琐，由继承人推选一个代表申报债权较为便捷。继承人代表申报债权时需提供如下资料。

① 代表人推选书。该推选书需明确全部继承人的意愿，同时附所有继

承人的身份证复印件、联系方式及联系地址，方便管理人后续联系。

② 原债权人死亡的证明。公安部门出具的居民死亡户籍注销证明、火化证明、医院出具的死亡证明等能够证明原债权人死亡的文件。

③ 亲属关系证明。一般由公安机关出具亲属关系证明，部分案件中使用社区出具的亲属关系证明亦有证明效力。

④ 相关公证文件或判决文书（如有），主要是对于继承关系及继承人身份确定的公证文件和判决文书，如有此类文书，债权主体问题即可较快得以解决。

⑤ 有遗嘱的，需提供遗嘱。依据相关法律规定，若无遗嘱、遗赠等，则需按照法定继承处理遗产继承。有无遗嘱，处理的方式及遗产的分配均有不同，且遗嘱的效力也是管理人审查的事项之一。

⑥ 有遗赠的提供遗赠文件。若存在遗赠文件，继承人申报债权时不提供且未提及受遗赠人，在管理人不知情的情况下，遗漏了受遗赠人，后期受遗赠人主张权益，则债权主体会有变动，也会影响前期部分继承人行使债权人权利（如投票表决）的效力，因此，尽可能在申报债权时了解清楚是否有遗赠的情况，如有，必须提交相关文件。

⑦ 有继承人放弃继承的，需提供放弃的证明文件。

（二）债权转让情况

涉及债权转让的，为证明受让人主体身份及债权转让事实关系，债权人需提供以下资料。

① 债权受让人营业执照复印件等申报债权需要的资质文件。

② 债权转让协议。

③ 支付凭证。

④ 向债务人发送的债权转让通知。依据《民法典》第五百四十六条的规定，债权人转让债权，未通知债务人的，该转让对债务人不发生效力。因此，转让通知必须提交。

如在债权申报成功后转让债权，需变更债权人的，债权受让方需另外提交的资料包括：

① 变更债权人申请，申请中需载明对原债权人申报债权的金额等信息表示认可，如不认可需重新提交债权申报表等文件；

② 联系方式确认单，确认变更债权人后指定联系人、联系方式、联系地址；

③ 原债权人确认债权转让的情况说明。

审查此类债权时，首先需查看上述文件是否提交齐全，否则，债权人主体可能不适格。同时需核查合同是否有约定限制债权转让事由，核查债权转让的效力。如有债权存在转让又主张抵销的情况，管理人需核查债权转让的时间，如符合《企业破产法》第四十条规定的情形，则不可抵销。

（三）涉及连带债权的情况

1. 债权人连带

债权人连带的情况是指就同笔债权，有主债权人和担保人两个以上的债权人，债权审查中需关注以下问题。

（1）担保人申报债权

根据《企业破产法》第五十一条的规定，担保人是否可以申报债权，取决于其是否代偿。如果未代偿，其是否可以申报取决于债权人是否已经申报全部债权，需分不同申报情况进行债权审查认定。

如果担保人尚未清偿完毕所有债权，债权审查认定有两种情况。第一种情况，债权人申报全部债权，担保人申报其实际清偿的所有债权。对于债权人的债权认定：扣除破产受理前已获清偿的债权，其于破产受理后收到的保证人的清偿金额，不予认定。对于担保人的债权认定：确认破产受理前清偿的债权。第二种情况，债权人未申报债权，担保人申报债权人享有的所有债权。担保人债权审查确认：以破产受理日为节点确认债权。

如果担保人已经清偿完毕所有债权，担保人申报全部债权，确认已于破产受理前清偿的债权，其于破产受理后的清偿金额不予确认，债权人无须申报债权。如果债务人是反担保人的情况，同样适用。

（2）止息问题

根据《最高人民法院关于适用〈中华人民共和国民法典〉有关担保制度的解释》第二十二条的规定，"人民法院受理债务人破产案件后，债权人请求担保人承担担保责任，担保人主张担保债务自人民法院受理破产申请之日起停止计息的，人民法院对担保人的主张应予支持"。对于债权人的止息制度也适用于保证人。

2. 债务人连带

债务人连带的情况是指就同笔债权，债权人可向债务人或保证人等两个以上主体主张权利。《企业破产法》第五十二条规定，连带债务人数人被裁定适用本法规定的程序的，其债权人有权就全部债权分别在各破产案件中申报债权，《最高人民法院关于适用〈中华人民共和国企业破产法〉若干问题的规定（三）》亦对此做了细化规定。本部分重点讨论医疗服务机构作为保证人进入破产程序，债权人申报债权的审查。

（1）核查保证合同的效力

根据《民法典》第六百八十三条、《最高人民法院关于适用〈中华人民共和国民法典〉有关担保制度的解释》第六条的规定，以公益为目的的非营利法人、非法人组织不得为保证人，属于此类的民办非企业单位对外签订的保证合同无效。代表案例有深圳市宝安区人民法院（2016）粤0306民初8996号杭州银行股份有限公司深圳龙华支行与刘万伦、杜齐兴、冯华英、深圳市龙岗区培新学校、深圳市龙岗区新木小学、深圳市龙岗区平湖街道新木幼儿园等借款合同纠纷；深圳市宝安区人民法院（2020）粤0306民初33412号黄恩辉、潘华玲等民间借贷纠纷；山东省高级人民法院（2016）鲁民终2096号田牧凡与付海涌、何云霞等民间借贷纠纷；甘肃省高级人民法院（2019）甘民终480号赵天文、马潇等与王鹏华、马锐锋民间借贷纠纷；江苏省高级人民法院（2018）苏民终1055号连云港东方农村商业银行股份有限公司与连云港灌云仁济医院、连云港秉龙贸易有限公司等金融借款合同纠纷；最高人民法院（2017）最高法民终297号马鞍山中加双语学校、新时代信托股份有限公司金融借款合同纠纷等。因此在核查医疗服务机构作为保证人的债权时，首先需要根据医疗服务机构的性质核查保证合同的效力，如保证合同无效，则该笔债权不能按照保证合同的约定进行审查。

参考案例

1. 机构性质应归类为以公益为目的的学校，按照法律的规定不得作为保证人——深圳市宝安区人民法院（2016）粤0306民初8996号杭州银行股份有限公司深圳龙华支行与刘万伦、杜齐兴、冯华英、深圳市龙岗区培新学校、深圳市龙岗区新木小学、深圳市龙岗区平湖街道新木幼儿园等借款合同纠纷

裁判要旨：《担保法》第九条明确规定，学校等以公益为目的的事业单位、社会团体不得为保证人；同时《民办教育促进法》第三条规定，民办教育事业属于公益性事业，是社会主义教育事业的组成部分。本案被告属于民办非企业单位，其业务主管单位为深圳市龙岗区教育局，业务范围

为幼儿、小学、初中等教育，其经营活动具有一定的公共服务性质，公益性突出，对其性质应归类为以公益为目的的学校，按照法律的规定不得作为保证人。

基本案情：原告与被告因《个人贷款借款合同》发生纠纷，原告主张被告刘万伦偿还欠款本息，并对抵押物处分价款优先受偿，被告冯华英、深圳市龙岗区培新学校、深圳市龙岗区新木小学、深圳市龙岗区平湖街道新木幼儿园、深圳市需要教育科技有限公司、杜齐兴对上述债务承担连带保证责任。

争议焦点：有关原告与被告深圳市龙岗区培新学校、深圳市龙岗区新木小学、深圳市龙岗区平湖街道新木幼儿园签订的《保证合同》的效力认定。

法院认为：《担保法》第九条明确规定，学校等以公益为目的的事业单位、社会团体不得为保证人；同时《民办教育促进法》第三条规定，民办教育事业属于公益性事业，是社会主义教育事业的组成部分。本案被告深圳市龙岗区培新学校、深圳市龙岗区新木小学、深圳市龙岗区平湖街道新木幼儿园属于民办非企业单位，其业务主管单位为深圳市龙岗区教育局，业务范围为幼儿、小学、初中等教育，其经营活动具有一定的公共服务性质，公益性突出，对其性质应归类为以公益为目的的学校，按照法律的规定不得作为保证人。因此，本院认定上述三份《保证合同》为无效合同，深圳市龙岗区培新学校、深圳市龙岗区新木小学、深圳市龙岗区平湖街道新木幼儿园不承担本案保证责任。然而，根据《最高人民法院关于适用〈中华人民共和国担保法〉若干问题的解释》第七条的规定，主合同有效而担保合同无效，担保人、债权人有过错的，担保人承担民事责任的部分，不应超过债务人不能清偿部分的二分之一。本案中原告与被告深圳市龙岗区培新学校、深圳市龙岗区新木小学、深圳市龙岗区平湖街道新木幼儿园在签订《保证合同》时，双方均知晓保证人的民办学校性质，对于保证合同无效均有过错，深圳市龙岗区培新学校、深圳市龙岗区新木小学、深圳市龙岗区平湖街道新木幼儿园应对原告负担民事赔偿责任，其承担的民事责任不超过被告刘万伦不能清偿债务部分的二分之一。

2. 民办非企业单位，属于非营利性组织，其不能作为保证人承担保证责任，签订的保证合同无效——深圳市宝安区人民法院（2020）粤0306民初33412号黄恩辉、潘华玲等民间借贷纠纷

裁判要旨：《担保法》第九条明确规定"学校、幼儿园、医院等以公

益为目的的事业单位、社会团体不得为保证人"。该规定属法律的强制性规定。民办非企业单位，属于非营利性组织，其不能作为保证人承担保证责任，签订的《保证合同》无效。

基本案情：原告与被告因《最高额借款合同》发生纠纷，原告主张被告潘华玲、冯骥才偿还欠付本息，被告深圳市龙华区东王实验学校承担保证责任。

争议焦点：有关原告与被告深圳市龙华区东王实验学校签订的《最高额保证合同》的效力认定。

法院认为：《担保法》第九条明确规定"学校、幼儿园、医院等以公益为目的的事业单位、社会团体不得为保证人"。该规定属法律的强制性规定。本案中，深圳市龙华区东王实验学校登记为民办非企业单位，属于非营利性组织，其不能作为保证人承担保证责任，黄恩辉与深圳市龙华区东王实验学校签订的《最高额保证合同》无效。保证合同无效，因黄恩辉与深圳市龙华区东王实验学校都有过错，根据我国《担保法司法解释》的规定，深圳市龙华区东王实验学校对潘华玲、冯骥才不能清偿债务的二分之一承担连带清偿责任。

3. 民办学校与公办学校具有同等的法律地位，以公益为目的的事业单位对外签订保证合同无效——山东省高级人民法院（2016）鲁民终2096号田牧凡与付海涌、何云霞等民间借贷纠纷

裁判要旨：《民办教育促进法》第三条第一款"民办教育事业属于公益性事业，是社会主义教育事业的组成部分"、第五条第一款"民办学校与公办学校具有同等的法律地位"。《担保法》第九条"学校、幼儿园、医院等以公益为目的的事业单位、社会团体不得为保证人"。

基本案情：上诉人田牧凡因与被上诉人付海涌、何云霞、威海报关职业技术学校（以下简称报关学校）、威海市环翠区远大职业技术学校（以下简称远大学校）民间借贷纠纷一案，不服山东省威海市中级人民法院（2014）威民二初字第3号民事判决，向法院提起上诉。上诉人认为被上诉人报关学校是本案的实际借款人，即使认定被上诉人报关学校是本案所涉借款的担保人，其担保行为也是有效的，应承担担保责任。

争议焦点：被上诉人报关学校对本案借款应当承担何种民事责任。

法院认为：一审法院根据《民办教育促进法》第三条第一款"民办教育事业属于公益性事业，是社会主义教育事业的组成部分"、第五条第一款"民办学校与公办学校具有同等的法律地位"的规定，认定被上诉人报

关学校属于以公益为目的的事业单位是正确的，根据《担保法》第五条第二款"担保合同被确认无效后，债务人、担保人、债权人有过错的，应当根据其过错各自承担相应的民事责任"和第九条"学校、幼儿园、医院等以公益为目的的事业单位、社会团体不得为保证人"的规定认定被上诉人报关学校对外担保行为无效，从而又根据《最高人民法院关于适用〈中华人民共和国担保法〉若干问题的解释》第七条"主合同有效而担保合同无效，债权人无过错的，担保人与债务人对主合同债权人的经济损失，承担连带赔偿责任；债权人、担保人有过错的，担保人承担民事责任的部分，不应超过债务不能清偿部分的二分之一"的规定，确定报关学校、远大学校对付海涌、何云霞涉案债务不能清偿部分的 50% 向田牧凡承担赔偿责任并无不当。

4. 非营利性医疗机构对外签订保证合同无效——甘肃省高级人民法院（2019）甘民终 480 号赵天文、马潇等与王鹏华、马锐锋民间借贷纠纷

裁判要旨：《担保法》第九条规定"学校、幼儿园、医院等以公益为目的的事业单位、社会团体不得为保证人"。目的是因学校、幼儿园、医院等以公益为目的的事业单位、社会团体直接为社会公众服务，如果作为保证人而最终履行保证责任，势必直接影响社会公共利益。《最高人民法院关于适用〈中华人民共和国担保法〉若干问题的解释》第三条规定："国家机关和以公益为目的的事业单位、社会团体违反法律规定提供担保的，担保合同无效。"

基本案情：上诉人赵天文、马潇、甘肃易成电子科技有限公司（以下简称易成公司）、渭南康健医院（以下简称康健医院）因与被上诉人王鹏华民间借贷纠纷一案，不服甘肃省兰州市中级人民法院（2018）甘 01 民初 869 号民事判决，向法院提起上诉。上诉人认为欠付的借款本金数额认定有误，且康健医院不应承担连带还款责任。

争议焦点：康健医院应否就上述欠款及利息承担连带还款责任。

法院认为：康健医院属于以公益为目的设立的非营利性医疗机构，理由如下：1. 2000 年 7 月 1 日卫生部、国家中医药管理局、财政部、国家发展计划委员会联合制定的《关于城镇医疗机构分类管理的实施意见》将医疗机构分为非营利性医疗机构和营利性医疗机构，明确"非营利性医疗机构是指为社会公众利益服务而设立和运营的医疗机构，不以营利为目的，其收入用于弥补医疗服务成本，实际运营中的收支结余只能用于自身的发展，如改善医疗条件、引进技术、开展新的医疗服务项目等"。因

此，非营利性医疗机构设立之初的目的就是"为社会公众利益服务"。该实施意见中还规定："医疗机构按《医疗机构管理条例》进行设置审批、登记注册和校验时，需要书面向卫生行政部门申明其性质，由接受其登记注册的卫生行政部门会同有关部门根据医疗机构投资来源、经营性质等有关分类界定的规定予以核定，在执业登记中注明'非营利性'或'营利性'。"康健医院提交的《医疗机构执业许可证》中，登记其经营性质为非营利性（非政府办），其非营利性身份获得医疗卫生主管部门的认可。

2. 根据 2012—2016 年相关政策、法规的规定，"政府举办的非营利性医院，医疗服务价格按扣除财政补贴和药品差价收入后的成本制定；其他非营利性医疗机构的医疗服务价格执行政策指导价"，康健医院提交其设立后由渭南市临渭区物价局颁发的渭临 11830 号《收费许可证》，说明卫生医疗主管部门认可康健医院非营利性医疗机构的主体资格。尽管该许可证因陕西省统一取消收费证制度后注销，但仍不能改变该医院非营利性的属性。3. 康健医院享受非营利性医院的税收优惠政策。《中华人民共和国企业所得税法》第二十六条规定"企业的下列收入为免税收入：（一）国债利息收入……（四）符合条件的非营利组织的收入"。康健医院提交的部分缴税清单中，没有缴纳企业所得税的项目，且多个税种都享受免税政策，符合非营利性医疗机构的特征。本案中，康健医院登记为非营利性机构，为社会公众提供基本医疗服务，是以公益为目的的民办非企业法人，认定其满足《担保法》第九条主体资格的法律要件，符合该条规范的立法目的。王鹏华辩称其属于私营独资企业，但不能否认康健医院的非营利性及公益性，其意见本院不予支持。如上所述，康健医院系以公益为目的的民办非企业法人，依据《担保法》第九条规定不得作为保证人提供担保；《最高人民法院关于适用〈中华人民共和国担保法〉若干问题的解释》第三条规定，"国家机关和以公益为目的的事业单位、社会团体违反法律规定提供担保的，担保合同无效。因此给债权人造成损失的，应当根据《担保法》第五条第二款的规定处理"，故案涉《担保承诺函》无效。

5. 从事非营利性的、社会公益事业的法人，其设立具有公益性质，其不得为保证人，不具备为案涉借款提供担保的资格——江苏省高级人民法院（2018）苏民终 1055 号连云港东方农村商业银行股份有限公司与连云港灌云仁济医院、连云港秉龙贸易有限公司等金融借款合同纠纷

裁判要旨：判断仁济医院是否具备保证人的主体资格，应以其是否以公益为目的为要件。根据《关于进一步鼓励和引导社会资本举办医疗机构

的意见》（国办发〔2010〕58号）的相关规定，社会资本可按照经营目的，自主申办营利性或非营利性医疗机构；非公立医疗机构要严格按照登记的经营性质开展经营活动，使用税务部门监制的符合医疗卫生行业特点的票据，执行国家规定的财务会计制度，依法进行会计核算和财务管理，并接受相关部门的监督检查。非营利性医疗机构所得收入除规定的合理支出外，只能用于医疗机构的继续发展。仁济医院系从事非营利性的、社会公益事业的法人，其设立具有公益性质，依据《担保法》第九条的规定，其不得为保证人，不具备为案涉借款提供担保的资格。

基本案情：上诉人连云港东方农村商业银行股份有限公司（以下简称东方农商行）因与被上诉人连云港灌云仁济医院（以下简称仁济医院），原审被告连云港秉龙贸易有限公司（以下简称秉龙公司）、吴亮亮、潘望帆、臧嘉珍、潘周金融借款合同纠纷一案，不服江苏省连云港市中级人民法院（2015）连商初字第00150号民事判决，向法院提起上诉。上诉人认为被上诉人仁济医院应承担连带偿还责任。

争议焦点：保证人仁济医院是否不承担保证责任。

法院认为：《担保法》第九条规定，"学校、幼儿园、医院等以公益为目的的事业单位、社会团体不得为保证人"。判断仁济医院是否具备保证人的主体资格，应以其是否以公益为目的为要件。根据《关于进一步鼓励和引导社会资本举办医疗机构的意见》（国办发〔2010〕58号）的相关规定，社会资本可按照经营目的，自主申办营利性或非营利性医疗机构；非公立医疗机构要严格按照登记的经营性质开展经营活动，使用税务部门监制的符合医疗卫生行业特点的票据，执行国家规定的财务会计制度，依法进行会计核算和财务管理，并接受相关部门的监督检查。非营利性医疗机构所得收入除规定的合理支出外，只能用于医疗机构的继续发展。本案中，仁济医院系在民政部门登记设立的民办非企业单位，其在连云港市卫计委被依法核定为非营利性医疗机构，按国家规定享受税收优惠政策，其利润分配除开具人员工资、增添医疗设备、改善就诊条件外，受主管机关即连云港市卫计委的监管。东方农商行未举证证明仁济医院违反经营目的、收支结余用于分红、所得收益用于投资者经济回报。故可以认定仁济医院系从事非营利性的、社会公益事业的法人，其设立具有公益性质，依据《担保法》第九条的规定，其不得为保证人，不具备为案涉借款提供担保的资格。根据《最高人民法院关于适用〈中华人民共和国担保法〉若干问题的解释》第三条"国家机关和以公益为目的的事业单位、社会团体违反法律规定提供担保的，担保合同无效。因此给债权人造成损失的，应当根据担保法第五条第二款的规定处理"的规定，故案涉《最高额保证合同》系无效合同。因案涉《流动资金借款合同》系双方当事人真实意思表示，且不违反法律、行政法规的强制性规定，合法有效。根据《担保法》第五条第二款的规定，主合同有效而担保合同无效时的责任承担取决于债权人、担保人是否有过错。根据《最高人民法院关于适用〈中华人民共和国担保法〉若干问题的解释》第七条规定"主合同有效而担保合同无效，债权人无过错的，担保人与债务人对主合同债权人的经济损失，承担连带赔偿责任；债权人、担保人有过错的，担保人承担民事责任的部分，不应超过债务人不能清偿部分的二分之一"。本案中，东方农商行下设猴嘴支行作为专业从事借贷业务的金融机构，明知或应知以公益为目的的民办医院不能作为保证人，在未审查其性质的情况下，与仁济医院签订《最高额保证合同》，对导致担保合同无效具有过错，仁济医院作为民办医院明知或应知自身不具有担保资格，不能对外提供担保的情况下，仍然为秉龙公司的借款提供担保，对导致担保合同无效亦存有过错。即东方农商行下设猴嘴支行与仁济医院对担保合同无效均存有过错，仁济医院应对秉龙公司因不能清偿债务给东方农商行下设猴嘴支行造成的经济损失承担民事赔偿责任，一审法院依据双方的过错程度，酌定仁济医院对东方农商行的损失承担40%的赔偿责任，并无不当。

6. 以公益为目的的非营利法人、非法人组织不得为保证人，民办非企业单位对外签订保证合同无效。——最高人民法院（2017）最高法民终297号马鞍山中加双语学校、新时代信托股份有限公司金融借款合同纠纷

裁判要旨：判断中加双语学校是否具备保证人的主体资格，应以其是否以公益为目的为要件，对此应综合审查其登记情况和实际运行情况。《担保法》第九条规范目的是因学校、幼儿园、医院等以公益为目的的事业单位、社会团体直接为社会公众服务，如果作为保证人而最终履行保证责任，势必直接影响社会公共利益。民办非企业单位与事业单位的举办资金来源不同，但均有可能是以公益为目的的，故不能以民办非企业单位并非事业单位、社会团体而当然排除《担保法》第九条的法律适用。

基本案情：上诉人马鞍山中加双语学校（以下简称中加双语学校）因与被上诉人新时代信托股份有限公司（以下简称新时代信托公司）及一审被告马鞍山中加投资有限公司（以下简称中加投资公司）、安徽省阳光半岛文化发展有限公司（以下简称阳光半岛文化公司）、翟厚圣、陶明珠金

融借款合同纠纷一案，不服内蒙古自治区高级人民法院（2015）内民一初字第22号民事判决（以下简称一审判决），向法院提起上诉。上诉人认为其有公益性质，属于《担保法》第九条规定的情形，不应承担连带保证责任。

争议焦点：中加双语学校与新时代信托公司签订的 2013－XY536（D）BZ233-1 号《保证合同》是否有效以及 2013-XY536（D）HK233 号《还款协议书》中约定中加双语学校为中加投资公司的还款提供连带责任担保的条款是否有效。

法院认为：判断中加双语学校是否具备保证人的主体资格，应以其是否以公益为目的为要件，对此应综合审查其登记情况和实际运行情况。第一，2016 年 11 月 7 日，全国人民代表大会常务委员会通过了《全国人民代表大会常务委员会关于修改〈中华人民共和国民办教育促进法〉的决定》，对民办学校实行非营利性和营利性分类管理。因此，现有民办学校有权选择登记为营利性或者非营利性。经查，目前中加双语学校依照《民办非企业单位登记管理暂行条例》登记为民办非企业单位，尚未选择登记为营利性民办学校，故应依据《民办教育促进法》（2003 年 9 月 1 日起实施）及《民办非企业单位登记管理暂行条例》认定中加双语学校的性质。第二，中加双语学校的章程第二十四条第二款约定，学校接受的捐献、收取的学杂费的收支结余，归学校集体所有。第二十五条规定本校出资人暂不要求合理回报。第二十八条规定学校解散，剩余财产按三方投入方式并由审批机关统筹安排返还。新时代信托公司并不否认该份章程的真实性。故根据该份章程约定，中加双语学校出资人不享有学校财产所有权，对学校的盈余未约定个人分配规则，对学校解散之后的剩余财产约定了明确的处置规则，符合公益性事业具有非营利性的界定。第三，依据《民办教育促进法》第三十七条第二款规定民办学校收取的费用应当主要用于教育教学活动和改善办学条件。第五十一条规定，出资人可以从办学结余中取得合理回报。取得合理回报的具体办法由国务院规定。故中加双语学校从事办学活动，依法有权向接受教育者收取费用，收取费用是其维持教育教学活动的经济基础，并不能因收取费用而认定其从事营利活动。营利性法人区别于非营利性法人的重要特征，不是"取得利润"而是"利润分配给出资人"。中加双语学校章程明确了出资人暂不收取回报，新时代信托公司也未举证证明中加双语学校通过修改章程，报审批机关批准后收取回报。新时代信托公司以民办学校收取费用和合理回报认为中加双语学校具有营利性，本院不予支持。

《担保法》沿用了《民法通则》法人分类体系，而民办非企业法人是在上述立法之后创设的新类型法人单位，故《担保法》第九条事业单位及社会团体的范围客观上无法涵盖民办非企业单位。《担保法》第九条规范目的是因学校、幼儿园、医院等以公益为目的的事业单位、社会团体直接为社会公众服务，如果作为保证人而最终履行保证责任，势必直接影响社会公共利益。民办非企业单位与事业单位的举办资金来源不同，但均有可能是以公益为目的的，故不能以民办非企业单位并非事业单位、社会团体而当然排除《担保法》第九条的法律适用。本案中，中加双语学校登记证书中记载业务主管单位马鞍山市教育局，业务范围九年一贯制学校、普通高级中学，其招生范围包括义务教育阶段学生。因此，中加双语学校面向社会招生（包括义务教育招生），服务于全体社会成员的利益，是以公益为目的的民办非企业法人。认定其满足《担保法》第九条主体资格的法律要件，符合该条规范的立法目的，依据《担保法》第九条规定不得为保证人。根据《最高人民法院关于适用〈中华人民共和国担保法〉若干问题的解释》第三条的规定，案涉 2013-XY536（D）BZ233-1 号《保证合同》无效，案涉 2013-XY536（D）HK233 号《还款协议书》中约定中加双语学校为中加投资公司的借款提供连带责任担保的条款无效。

（2）担保合同无效时的责任承担问题

如果出现担保合同无效的情况，担保债权无法依据担保合同认定，但是，如果债权人主张因合同无效债务人需承担赔偿责任时，管理人可依据以下规定审查债务人是否需要承担赔偿责任，以及赔偿责任的划分。《最高人民法院关于适用〈中华人民共和国民法典〉有关担保制度的解释》第十七条规定，主合同有效而第三人提供的担保合同无效，人民法院应当区分不同情形确定担保人的赔偿责任：①债权人与担保人均有过错的，担保人承担的赔偿责任不应超过债务人不能清偿部分的二分之一；②担保人有过错而债权人无过错的，担保人对债务人不能清偿的部分承担赔偿责任；③债权人有过错而担保人无过错的，担保人不承担赔偿责任。

管理人在审查医疗服务机构作为主体对外提供担保的债权时，需核查单位性质，确定担保债权的效力，然后根据担保债权的效力，确定是否会因为赔偿责任产生赔偿债权，进一步进行债权审查。根据目前的法律规定，非营利性的民办非企业单位具有公益性特征，不得作为保证人，对外签订的保证合同无效，无须承担保证责任。但是，主合同有效而第三人提供的担保合同无效，如果担保人、债权人均有过错的，担保人需承担赔偿责任，担保人承担的赔偿责任不应超过债务人不能清偿部分的二分之一。

（四）涉及个别清偿的情况

由于法院裁定受理破产的时间与指定管理人时间、管理人接管企业印章及银行账户的时间间隔较长，在法院裁定受理破产日至管理人接管印章期间会出现个别清偿的情况。

1. 个别清偿情形识别

依据《企业破产法》第十六条、第三十二条的规定，个别清偿的情形有两种：一种是在破产申请受理后，债务人清偿个别债权人的债务，这种行为法定无效；另一种是破产申请受理前六个月，债务人清偿个别债权人的债权，这种行为属于可撤销行为，但是需满足的前提条件是《企业破产法》第二条第一款的规定，同时个别清偿使债务人财产受益的除外。在核查个别清偿时需注意排除《最高人民法院关于适用〈中华人民共和国企业破产法〉若干问题的规定（二）》第十五条、第十六条规定的特殊情况。

2. 核查方式

个别清偿事项的核查，需要管理人审查时，应查看破产受理前后的账面情况，判断是否存在个别清偿情形。债权人申报债权时主动扣减债权申报金额，认为已经清偿不需要申报，这也会给管理人审查个别清偿造成一定的困难。因此，管理人在核查账目的同时，也需与债务人沟通，告知个别清偿行为的法律后果，在核查债权时注意是否有债权人少申报债权的情况，也可由审计机构进行专项核查。

3. 应对措施

如发现存在个别清偿情况，依据《企业破产法》的相关规定，个别清偿的主体为已知债权人，一方面，管理人需及时通知债权人申报债权，避免后期补充申报，影响破产案件进展；另一方面，与债权人沟通已清偿款项的追回，如债权人拒绝退回款项或采取其他抵扣款项的措施，管理人需依法追回资产。同时，根据核查的欠款情况，预留债权清偿金额。

五、债权审查结果及救济

（一）债权审查结果通知

根据《企业破产法》第五十七条、第五十八条的规定，管理人审核完毕债权后需制作债权表提交债权人会议核查，后由法院裁定确认，对于债权人会议核查前向债权人进行通知并无强制性规定，但各地的破产案件指引规则中，会提及债权人会议核查之前需向债权人发送审查通知书。实务中，管理人在确定债权审查结果后，在债权表提交债权人会议之前，一般会向债权人告知债权审查结果。过去是寄送债权审查通知书，随着债权申报网络平台的使用，通过网络平台送达审查结果的形式目前也较为普遍。

债权审查通知书或审查结论通知中需体现债权人名称、债权人编号、债务人名称、债权申报情况、债权审查确认情况及债权人异议权的行使规则。债权审查通知书在实务中的命名有所不同，不影响其效力。附《江苏省破产管理人债权申报及审查业务操作指引（试行）》中《债权申报初审函》仅供参考。

债权申报初审函

债权编号：[　　　]

债权人名称	
债权人申报债权金额： 元	本金：元 利息：元 诉讼费用：元
管理人审查意见	
管理人审查确认债权金额： 元	本金：元 利息：元 诉讼费用：元 已受偿金额：元

续表

债权人确认意见	本债人对于申报债权金额、管理人审查意见以及由管理人审查确认的债权金额 (有或没有)异议,特此确认! 签字/盖章: 确认时间:
管理人告知	申报债权人对上述确认债权金额有异议的,可以在收到本初审函之日起七日内,向管理人申请复核,或自债权人会议核查结束后十五日内向法院提起债权确认之诉。当事人之间在破产申请受理前订立有仲裁条款或仲裁协议的,应当向选定的仲裁机构申请确认债权债务关系。逾期未提起债权确认之诉的,视为同意管理人的审查结论。
管理人联系方式	

此单盖章或签字确认后按上述地址请寄回

(二)债权异议

根据《最高人民法院关于适用〈中华人民共和国企业破产法〉若干问题的规定(三)》第八条之规定,在债权人会议核查债权后,债务人、债权人有向管理人提异议的权利,但这是对于债权表记载的债权提异议的方式,并未细化规定在债权表提交债权人会议之前,管理人向债权人发送债权审查通知书后,债权人提出异议的期限或方式。部分地区对于该事项做了细化规定,实务中管理人普遍的操作方式是在债权审查通知书中设置债权人提出异议的期限或方式,一般为收到债权审查通知书后7—15日向管理人提出书面异议并提交证据资料,否则就按照审定的债权提交债权人会议核查。但这种对于期限的设置,并不影响债权人依据《最高人民法院关于适用〈中华人民共和国企业破产法〉若干问题的规定(三)》第八条在债权人会议后提出异议或提起债权人确认之诉。

(三)债权复核

此处的债权复核是指债权人对债权审查结果提出异议之后,管理人开展的债权复核工作。依据《最高人民法院关于适用〈中华人民共和国企业破产法〉若干问题的规定（三）》第八条之规定，接收到债权人提交的异议后，管理人应解释或调整。实务中，管理人会依据各地的细化指引，在进行债权复核后，向债权人发送债权审查复核通知，告知最后的结论，复核结论通知形式不一，列举《江苏省破产管理人债权申报及审查业务操作指引（试行）》中的《债权审查复核通知书》供参考。

债权审查复核通知书

债权编号：[　　　　]

债权基本信息	债权人名称	
	申报债权金额 （人民币：元）	本金：元； 利息：元； 其他费用：元； 合计：元
管理人初步审查意见		
债权人异议及相应证据清单	债权人异议： 相应文件清单： （1） （2）	
管理人对异议的复查意见		
管理人审查异议后确认的债权金额	审查确认的债权金额，其中：本金：元；利息：元；其他费用：元。	
债权人确认意见	本债权人对于申报债权金额、管理人复审意见以及由管理人审查异议后确认的债权金额　　（有或没有）异议，特此确认! 签字/盖章： 确认时间：	
管理人告知	申报债权人对管理人复审确认债权金额仍有异议的，应当自债权人会议核查结束后十五日内向法院提起债权确认诉讼。当事人之间在破产申请受理前订立有仲裁条款或仲裁协议的，应当向选定的仲裁机构申请确认债权债务关系。逾期未提起债权确认之诉的，视为同意管理人的审查结论。	
管理人联系方式		

（四）债权确认之诉

1. 涉诉主体

根据《最高人民法院关于适用〈中华人民共和国企业破产法〉若干问题的规定（三）》第八条和第二十一条之规定，债务人、债权人对债权表记载的债权有异议的，可以向破产受理法院提起债权确认之诉。根据《最高人民法院关于适用〈中华人民共和国企业破产法〉若干问题的规定（三）》第九条之规定，异议情形有两种：第一种是债权人对自己的债权有异议时，以债务人为被告，这是最常见的情形，根据《企业破产法》规定，管理人代表债务人进行诉讼；第二种是债务人及债权人对他人债权有异议，以被异议债权人为被告。

2. 起诉期间

《最高人民法院关于适用〈中华人民共和国企业破产法〉若干问题的规定（三）》第八条规定对债权有异议的，相应主体在债权人会议核查后十五日内起诉，对于十五日的理解，实务中有所不同。

《最高人民法院关于企业破产法司法解释（三）理解与适用》一书中认为，十五日的期间并非除斥期间，起诉期间经过不导致债权人实体权利的丧失。该期间属于诉讼法意义上的期间，可根据《民事诉讼法》相关规定因法定事由申请顺延。如果未在规定期限内起诉，会丧失再为该项诉讼行为的权利。

相关案例中对于十五日期间的理解，有两种处理方式：第一种观点认为十五日期间，系附不利后果的引导性规定，该十五日期间届满并不导致异议人实体权利或诉权消灭的法律后果。法院以超过十五日起诉期限为由驳回起诉，适用法律错误，十五日起诉期限并非诉讼时效、除斥期间或起诉期限。该观点出自最高人民法院公报案例（2022）最高法民再 233号，同时，（2022）最高法民再 95 号案件也持同样观点。第二种观点是认为债权人会议结束之后十五日内并未向人民法院提出确认债权的诉讼，即应当视为对确认债权的认可，人民法院可不予受理债权确认之诉，参见（2021）最高法民申 2814 号案件。基于《最高人民法院关于企业破产法司法解释（三）理解与适用》的规定及公报案例的发布，第一种观点应会成为主流观点。

参考案例

1. 十五日期间届满并不导致异议人实体权利或诉权消灭的法律后果——最高人民法院（2022）最高法民再 233 号沙启英与塔尼尔生物科技（商丘）有限公司等破产债权确认纠纷

裁判要旨：《最高人民法院关于适用〈中华人民共和国企业破产法〉若干问题的规定（三）》第八条规定的十五日期间系附不利后果的引导性规定，目的是督促异议人及时主张权利、提高破产程序的效率，并非起诉期限、诉讼时效或除斥期间。该十五日期间届满后，破产程序按债权人会议核查并经人民法院裁定确认的结果继续进行，由此给异议人行使表决权和财产分配等带来的不利后果，由其自行承担，但并不导致异议人实体权利或诉权消灭的法律后果。

基本案情：再审申请人沙启英因与被申请人塔尼尔生物科技（商丘）有限公司（以下简称塔尼尔公司）、商丘市宏达汽车防滑设备有限公司（以下简称宏达公司），一审第三人李宏军、朱家祥破产债权确认纠纷一案，不服河南省高级人民法院作出的（2021）豫民终 1114 号民事裁定，向法院申请再审。再审申请人认为《最高人民法院关于适用〈中华人民共和国企业破产法〉若干问题的规定（三）》（以下简称破产法司法解释三）第八条规定的十五日期间，是与《企业破产法》债权申报期限相同性质的附不利后果承担的引导性规定，而非诉讼时效或除斥期间，不影响当事人的实体权利。

争议焦点：债权人会议结束之后十五日内并未向人民法院提出确认债权的诉讼，是否导致异议人实体权利或诉权消灭的法律后果。

法院认为：破产法司法解释三第八条规定的十五日期间，系附不利后果的引导性规定，目的是督促异议人尽快提起诉讼，以便尽快解决债权争议，提高破产程序的效率，防止破产程序拖延。异议人未在该十五日内提起债权确认的诉讼，视为其同意债权人会议核查结果，破产程序按债权人会议核查并经人民法院裁定确认的结果继续进行，给异议人财产分配和行使表决权等带来的不利后果，由其自行承担。但破产法司法解释三第八条规定的十五日期间并非诉讼时效、除斥期间或起诉期限，该十五日期间届满并不导致异议人实体权利或诉权消灭的法律后果。一、二审法院以沙启英超过十五日起诉期限为由驳回起诉，适用法律错误。

2.《最高人民法院关于适用〈中华人民共和国企业破产法〉若干问题的规定（三）》第八条的规定的内容，并非作出债务人超出十五日不得提起诉讼的规定——最高人民法院（2022）最高法民再95号宣城市政建设集团有限公司、宣城安美文化产业投资有限公司破产债权确认纠纷

裁判要旨： 从《最高人民法院关于适用〈中华人民共和国企业破产法〉若干问题的规定（三）》第八条所规定的"债务人、债权人对债权表记载的债权有异议的，应当说明理由和法律依据。经管理人解释或调整后，异议人仍然不服的，或者管理人不予解释或调整的，异议人应当在债权人会议核查结束后十五日内向人民法院提起债权确认的诉讼。当事人之间在破产申请受理前订立有仲裁条款或仲裁协议的，应当向选定的仲裁机构申请确认债权债务关系"内容看，该条款并非作出债务人超出十五日不得提起诉讼的规定。

基本案情： 再审申请人宣城市政建设集团有限公司（以下简称宣城市政公司）因与被申请人宣城安美文化产业投资有限公司（以下简称宣城安美公司）破产债权确认纠纷一案，不服安徽省高级人民法院（2021）皖民终765号民事裁定，向法院申请再审。再审申请人认为一、二审以宣城市政公司未在债权人会议核查结束后十五日内提起债权确认诉讼为由，驳回起诉不当。《最高人民法院关于适用〈中华人民共和国企业破产法〉若干问题的规定（三）》第八条规定的期间，不能理解为债权人丧失提起债权确认之诉的除斥期间。

争议焦点： 债权人会议结束之后十五日内并未向人民法院提出确认债权的诉讼，是否导致异议人实体权利或诉权消灭的法律后果。

法院认为： 宣城市政公司于2021年5月19日起诉要求确认其对宣城安美公司享有的2094918.67元债权中有工程款优先权1516420.76元，该起诉日期距离2020年6月22日第二次债权人会议对案涉债权进行核查认定日期虽已超过《最高人民法院关于适用〈中华人民共和国企业破产法〉若干问题的规定（三）》第八条所规定的十五天，但从《最高人民法院关于适用〈中华人民共和国企业破产法〉若干问题的规定（三）》第八条所规定的"债务人、债权人对债权表记载的债权有异议的，应当说明理由和法律依据。经管理人解释或调整后，异议人仍然不服的，或者管理人不予解释或调整的，异议人应当在债权人会议核查结束后十五日内向人民法院提起债权确认的诉讼。当事人之间在破产申请受理前订立有仲裁条款或仲裁协议的，应当向选定的仲裁机构申请确认债权债务关系"内容看，该

条款并非作出债务人超出十五日不得提起诉讼的规定，一、二审认定宣城市政公司提起本案诉讼已超过法定期限，不符合案件受理条件，适用法律错误。

3. 债权人会议结束之后十五日内并未向人民法院提出确认债权的诉讼，即应当视为对确认债权的认可，人民法院可不予受理债权确认之诉——最高人民法院（2021）最高法民申 2814 号平安银行股份有限公司太原分行普通破产债权确认纠纷

裁判要旨：《最高人民法院关于适用〈中华人民共和国企业破产法〉若干问题的规定（三）》第八条规定："债务人、债权人对债权表记载的债权有异议的，应当说明理由和法律依据。经管理人解释或调整后，异议人仍然不服的，或者管理人不予解释或调整的，异议人应当在债权人会议核查结束后十五日内向人民法院提起债权确认的诉讼……"根据上述规定，债权人就确认债权存在异议的应当向管理人提出，管理人不予解释或调整的，在债权人会议核查结束后十五日内可以提起债权确认诉讼，由人民法院对债权的真实性及合法性进行实质审查并作出裁判。债权人在债权人会议结束之后十五日内并未向人民法院提出确认债权的诉讼，即应当视为对确认债权的认可。

基本案情：再审申请人平安银行股份有限公司太原分行（以下简称平安银行太原分行）因起诉新疆金晖兆丰能源股份有限公司（以下简称金晖兆丰公司）、新疆金晖兆丰能源股份有限公司管理人（以下简称金晖兆丰公司管理人）、山西华炬律师事务所、四川豪诚企业清算事务所有限公司、德勤华永会计师事务所普通破产债权确认纠纷一案，不服新疆维吾尔自治区高级人民法院（2020）新民终 303 号民事裁定，向法院申请再审。再审申请人认为其债权确认、债权性质、清偿方式等均存在问题。

争议焦点：一、二审法院裁定对平安银行太原分行的起诉不予受理是否有误。

法院认为：《最高人民法院关于适用〈中华人民共和国企业破产法〉若干问题的规定（三）》第八条规定："债务人、债权人对债权表记载的债权有异议的，应当说明理由和法律依据。经管理人解释或调整后，异议人仍然不服的，或者管理人不予解释或调整的，异议人应当在债权人会议核查结束后十五日内向人民法院提起债权确认的诉讼……"根据上述规定，债权人就确认债权存在异议的应当向管理人提出，管理人不予解释或调整的，在债权人会议核查结束后十五日内可以提起债权确认诉讼，由人

民法院对债权的真实性及合法性进行实质审查并作出裁判。本案中，平安银行太原分行的第三项起诉请求为：对金晖兆丰公司债权债务及资产进行重新审计、评估。该项诉讼请求实质上是请求对金晖兆丰公司债权的重新确认，而平安银行太原分行在债权人会议结束之后十五日内并未向人民法院提出确认债权的诉讼，即应当视为对确认债权的认可。一、二审法院对其该项诉讼请求不予受理并无不当。

3. 对已裁定的无异议债权提起诉讼

对于人民法院已经裁定确认的无异议债权能否提起诉讼，根据破产程序中的裁定是否具有既判力确定①。基于《最高人民法院关于企业破产法司法解释（三）理解与适用》的这一观点，实务中对于既判力的认定出现了两种情况：第一种观点认为裁定无异议债权属于程序性事由，无既判力，如河南省高级人民法院（2022）豫民终330号民事判决书认为，无异议债权裁定"系法院在破产程序中对债务人、债权人对债权表记载的债权无异议的程序性事项，其性质仅属程序性裁定，不具有确认各项债权真实、合法的实体性法律效力，在债权人对债权表上的债权及债权性质存在异议的情况下，有权通过提起债权确认之诉寻求法律的救济"。第二种观点认为裁定无异议债权有既判力，如最高人民法院（2020）最高法民申284号民事判决书认为，债权人的债权已经破产受理法院裁定确认为无异议债权，债权人提起债权确认之诉属于对人民法院已经发生法律效力的裁定所认定的法律事实、法律关系提起诉讼，依照《最高人民法院关于适用〈中华人民共和国民事诉讼法〉的解释》第三百三十条应驳回起诉。管理人作为债务人的诉讼代表人在应对此类诉讼时，需综合案情考量答辩意见。

参考案例

1. 无异议债权裁定属于程序性事由，无既判力——河南省高级人民法院（2022）豫民终330号梁亚国、安阳中广发汇成置业有限公司破产债权确认纠纷

裁判要旨： 无异议债权裁定系法院在破产程序中，对债务人、债权人

---

① 最高人民法院民事审判第二庭：《最高人民法院关于企业破产法司法解释（三）理解与适用》，人民法院出版社2019年版，第178页。

对债权表记载的债权无异议的程序性事项，其性质仅属程序性裁定，不具有确认各项债权真实、合法的实体性法律效力，在债权人对债权表上的债权及债权性质存在异议的情况下，有权通过提起债权确认之诉寻求法律的救济。

基本案情：上诉人梁亚国因与被上诉人安阳中广发汇成置业有限公司（以下简称中广发公司）破产债权确认纠纷一案，不服河南省安阳市中级人民法院（以下简称一审法院）（2021）豫05民初50号民事裁定，向法院提起上诉。上诉人认为无异议债权裁定为程序性裁定，非实体性裁定，不具有确认各项债权真实、合法的实体性法律效力，即不具有任何事实的既判力，所以仍允许对债权表上的债权及债权性质提起债权确认诉讼。

争议焦点：无异议债权裁定是否具有既判力。

法院认为：一审法院对管理人制作的无异议债权表予以确认，并作出（2021）豫05破1-1号民事裁定。虽然该裁定已经发生法律效力，且确认的债权中包括梁亚国申报的债权，但是该裁定系法院在破产程序中，对债务人、债权人对债权表记载的债权无异议的程序性事项，其性质仅属程序性裁定，不具有确认各项债权真实、合法的实体性法律效力，在债权人对债权表上的债权及债权性质存在异议的情况下，有权通过提起债权确认之诉寻求法律的救济。

2. 无异议债权裁定有既判力——最高人民法院（2020）最高法民申284号崔福兴、海南中度旅游产业开发有限公司破产债权确认纠纷

裁判要旨：《企业破产法》对重整程序有专门规定，根据特别法优于一般法的原则，对重整中相关法律纠纷的处理应当首先适用破产法的规定。《企业破产法》第五十八条规定："依照本法第五十七条规定编制的债权表，应当提交第一次债权人会议核查。债务人、债权人对债权表记载的债权无异议的，由人民法院裁定确认。债务人、债权人对债权表记载的债权有异议的，可以向受理破产申请的人民法院提起诉讼。"

基本案情：再审申请人崔福兴因与被申请人海南中度旅游产业开发有限公司（以下简称中度旅游公司）破产债权确认纠纷一案，不服海南省高级人民法院（以下简称海南高院）（2019）琼民终352号民事裁定，向法院申请再审。再审申请人认为经债权人会议核查并经法院裁定确认的债权表并不具有等同于判决的既判力，债权人对此有异议的，可以提起债权确认之诉，法院应当受理。

争议焦点： 无异议债权裁定是否有既判力。

法院认为： 2017 年 5 月 27 日，中度旅游公司管理人提请法院确认无异议债权（其中登记崔福兴的债权为 0 元）。2017 年 6 月 2 日，三亚中院作出（2016）琼 02 破 1 号之二民事裁定对无异议债权予以确认，该裁定已发生法律效力。崔福兴提起本案诉讼，请求对该裁定确认的债权予以变更，海南高院认为其起诉属对人民法院已经发生法律效力的裁定所认定的法律事实、法律关系提起诉讼，依照《最高人民法院关于适用〈中华人民共和国民事诉讼法〉的解释》第三百三十条规定裁定驳回崔福兴的起诉，并无不妥。

第五章　职工债权认定

一、职工债权概述

（一）职工债权的概念

职工债权是指劳动者个人享有的基于劳动关系产生的，以工资为基本形态、用以维持其社会生活的债权①。根据《企业破产法》第四十八条的规定，职工债权包括债务人所欠职工的工资和医疗、伤残补助、抚恤费用，应当划入职工个人账户的基本养老保险、基本医疗保险费用，以及法律、行政法规规定应当支付给职工的补偿金。工资是劳动者为企业提供劳动所应得的报酬，是职工债权的基本组成部分。医疗、伤残补助、抚恤费用是劳动者在工作中受伤或因工作原因导致健康受损时，企业应当支付的费用。社会保险费用包括基本养老保险和基本医疗保险费用，这些费用应当划入职工个人账户，是职工的长期社会保障权益。法律、行政法规规定的补偿金包括因企业裁员、解除劳动合同等情况下，根据法律法规规定应当支付给职工的各种补偿金。

（二）职工债权的特性

为依法保障企业职工的合法权益，职工债权在企业破产程序中受到如下特殊保护。

1. 不必申报

职工债权在破产程序中具有一些独特的性质，其中之一就是不必申报，这是《企业破产法》第四十八条第二款的规定所明确的。具体来说，对于债务人所欠职工的工资、医疗、伤残补助、抚恤费用，以及应当划入职工个人账户的基本养老保险、基本医疗保险费用等，职工无须主动

---

① 王欣新、杨涛：《破产企业职工债权保障制度研究——改革社会成本的包容与分担》，《法治研究》2013 年第 1 期，第 23 页。

申报这些债权。相反，这些债权将由管理人进行调查，并列出清单进行公示。如果职工对公示的清单有异议，可以要求管理人进行更正。如果管理人不予更正，职工还有权向人民法院提起诉讼，以维护自己的合法权益。这一规定确保了职工债权的透明度和公正性，同时也为职工提供了有效的救济途径。

总的来说，职工债权在破产程序中的这一特性，体现了对职工权益的特殊保护，确保了职工基本生活需求得到满足。这也体现了破产法在处理债权债务关系时，对于不同债权人的权益进行了合理的平衡和保障。

2. 优先受偿

根据《企业破产法》第一百零九条、第一百一十三条的清偿安排，法定清偿顺序为：对特定财产享有优先受偿权、破产费用和共益债务、职工债权、社保债权和税款债权、普通破产债权。这一清偿安排，体现了职工债权享有一定的优先受偿权利，这意味着在企业破产过程中，在清偿企业债务时，职工债权应当在其他普通债权之前得到满足。这样的规定体现了对劳动者权益的保护，确保劳动者在企业破产时不会因为企业的经营风险而失去基本的生活保障。

二、职工身份的识别

根据《劳动合同法》第七条的规定，用人单位自用工之日起即与劳动者建立劳动关系，用人单位应当建立职工名册备查。这意味着，一旦劳动者开始为用人单位工作，劳动关系就已经形成，且用人单位有责任建立职工名册，以便备查。

（一）不规范用工的特殊劳动关系识别

在实践中，破产企业往往因管理混乱缺乏完整的职工档案，不规范用工在破产企业中也属常态。在没有书面劳动合同的情况下，如何确认劳动关系的标准和凭证成为难题。

根据《劳动和社会保障部关于确立劳动关系有关事项的通知》第一条之规定，如果满足特定条件，即使没有书面合同，也可以认定劳动关系的存在。主要可从以下方面进行识别：一是用人单位和劳动者符合法律、法规规定的主体资格；二是劳动者受用人单位的劳动管理并从事有报酬的劳动，以及劳动者提供的劳动是用人单位业务的一部分；三是劳动者提供的劳动是用人单位业务的组成部分。

司法案例也大多参照该规定作出判决结果，如在某某电子商务有限公司与杨某劳动争议案中，认定互联网平台与骑手之间是否构成劳动关系，应当在充分尊重互联网外卖行业商业逻辑和合同安排、避免简单适用"外观主义"的基础上，以传统劳动关系的认定标准为原则，重点审查双方是否具有建立劳动关系的合意，劳动者是否根据平台指令或控制完成工作任务、劳动者是否服从单位管理、工作是否具有一定的持续性等标准实质审查双方的权利义务，根据具体的用工方式进行个案判定。此外，在仁寿某机械租赁有限公司与许某确认劳动关系纠纷案中，法院在论述学徒工与企业之间是劳动关系还是劳务关系时，依据《劳动和社会保障部关于确立劳动关系有关事项的通知》第一条的规定，结合案件的具体情况予以分析，即应通过双方主体资格、管理模式及业务范围综合认定。

综上所述，根据相关法律法规和司法案例，用人单位与劳动者之间的劳动关系可以通过多种方式来识别，包括签订劳动合同、工资支付凭证或记录、缴纳各项社会保险费的记录、发放的"工作证""服务证"等身份证件、招用记录、考勤记录和其他劳动者的证言等。如果用人单位未与劳动者签订劳动合同，但双方存在劳动关系，用人单位需要提供相应的证据来证明劳动关系的存在。

（二）医疗行业职工身份认定

在医疗行业，尤其是在医院中，职工身份认定可能会有一些特殊性，这主要是因为医院的工作性质和对专业资格的特殊要求。

1. 职工借调

职工借调是指一个单位的员工被临时借调到另一个单位工作的现象。这种现象最早在 1962 年的《国务院关于国营企业使用临时职工的暂行规定》中出现，主要涉及国有企业之间的借调。随着经济的发展，集团企业和关联企业之间也开始出现借调现象。

在医疗行业中，尤其是在医院中，由于工作性质的特殊性，经常需要灵活调配人力资源以应对各种情况。因此职工借调在医疗行业中可能更为常见，包括借调职工给其他医院，还包括从其他医院借调职工两种情形。在借调期间，借调职工的劳动用工单位与用人单位不一致，给借调职工的劳动关系认定增加一定难度。下面将从借调的法律规定、与其他用工的区别及司法实践案例三个方面论述借调用工关系。

（1）借调的法律规定

根据劳动部关于印发《关于贯彻执行〈中华人民共和国劳动法〉若干问题的意见的通知》第七条的规定，用人单位应与其长期被外单位借用的人员、带薪上学人员以及其他非在岗但仍保持劳动关系的人员签订劳动合同，但在外借和上学期间，劳动合同中的某些相关条款经双方协商可以变更。第七十四条规定，企业富余职工、请长假人员、请长病假人员、外借人员和带薪上学人员，在借调期间仍需由原单位和个人继续缴纳社会保险费用，并且缴纳保险费期间计算为缴费年限。这意味着在借调期间，用人单位需与借调职工签订劳动合同，并且双方可以根据实际情况协商外借期间变更合同中的某些条款，其在借调期间，借调职工的社会保险费用仍由原单位和个人承担。

此外，根据《工伤保险条例》第四十三条的规定，职工在被借调期间受到工伤事故伤害的情况下，由原用人单位承担工伤保险责任，但原用人单位与借调单位可以约定补偿办法。在企业破产的情况下，在破产清算时依法拨付应当由单位支付的工伤保险待遇费用。

（2）借调与劳务派遣、劳务外包的区别

借调与劳务派遣的区别：劳务派遣单位是以派出劳动力进行营利的法人，必须要取得行政许可，所派遣的岗位具有"临时性、辅助性、替代性"，临时性岗位不得超过 6 个月，辅助性岗位为非主营业务岗位，替代性岗位为用工单位劳动者无法工作的一定期间内由其他劳动者替代的岗位，且劳务派遣人员比例不得超过用工单位总人数的 10%。而借调并不具有营利性，也没有前述资质要求、岗位要求、人数要求，共享期限只要不超过原劳动合同的剩余期限即可。

借调与劳务外包的区别：劳务外包是指劳务发包单位将本单位部分业务的劳务发包给具有合法资质的劳务承包方，并签订劳务外包协议，承包方按约完成劳务承包任务，发包单位按约向劳务承包方支付劳务外包费用，前述费用中包括了劳务承包工的劳动报酬，由承包方支付给具体的劳务承包工。而借调是原企业将自有的富余劳动者"借"给其他缺工企业，属于劳动力合理调配，不从中收取费用，具有非营利性。

参考案例

1. 借调并不影响劳动关系的认定。——山东省淄博市中级人民法院

（2017）鲁03民终3716号高青宏远石化有限公司、宋朝辉破产债权确认纠纷

裁判要旨：随着经济社会的发展，企业用工形式多种多样，用工地点、劳动内容、工资发放虽可作为认定劳动关系的依据，但对于一些特殊的用工形式，还需要结合其他证据予以综合认定，借调并不影响劳动关系的认定。

基本案情：宋朝辉与高青宏远石化有限公司签订的2010年12月24日至2012年12月23日的劳动合同到期后双方又续签了2012年12月24日至2015年12月23日的劳动合同，2016年8月31日双方解除劳动合同；高青宏远石化有限公司进入破产程序后曾对破产职工债权及由高青宏远石化有限公司代缴保险的人员进行了公示。高青宏远石化有限公司尚欠宋朝辉2015年6—10月份工资14190.50元、生活费4550.00元且宋朝辉不属于被代缴保险人范畴；宋朝辉在2011年6月之前的工资，由高青宏远石化有限公司通过银行系统支付。原告自2011年6月开始在安骋物流公司从事财务工作，工资由安骋物流公司发放，但宋朝辉与夏尚文、王庆乐、孙会光、赵娜等人实质上仍系高青宏远石化有限公司的职工。

争议焦点：借调职工与借调单位间是否具有劳动关系。

法院认为：在本案中，尽管被上诉人宋朝辉自2011年6月被派遣至安骋物流公司工作，但一审法院和二审法院均认定其实质上仍是上诉人高青宏远石化有限公司的职工。法院在判决中指出，单位之间的人员借用、借调特别是劳务派遣等现象也大量存在，在该种情况下与劳动者存在劳动关系的用人单位与劳动者提供劳务的工作单位会出现不一致的现象。因此，即使劳动者在其他单位提供劳动，也不足以证实其与原用人单位之间的劳动关系已经不存在。

法院在审理过程中综合考虑了多项证据，包括双方签订的劳动合同、解除劳动合同的证明、上诉人公布的欠发职工工资和生活费统计表、职工债权确认函等，均证实了上诉人认可被上诉人是自己的职工。此外，上诉人在破产程序中向被上诉人发放了经济补偿金，进一步证明了双方之间存在劳动关系。

2. 借调期间借调职工与原单位存在劳动关系。——山东省菏泽市中级人民法院（2020）鲁17民初405号张慧娟与洪业化工集团股份有限公司劳动争议纠纷

裁判要旨：在劳动关系存续期间，张慧娟被洪业集团指派到恒烁公司

工作，尽管工资是由恒烁公司支付的，但劳动关系和社会保险关系并未改变。

基本案情： 2008 年 11 月 1 日，张慧娟与洪业集团签订《劳动合同》，劳动合同期限自 2008 年 11 月 1 日至 2018 年 10 月 31 日。

2016 年 3 月，原告张慧娟受洪业集团委派抽调至恒烁公司工作，工资由该公司发放。洪业集团认可张慧娟入职时间为 2008 年 2 月 1 日，在恒烁公司上班期间工资由恒烁公司发放，调入恒烁公司工作后，张慧娟与洪业集团的《劳动合同》未发生变化。2020 年 11 月 7 日，恒烁公司出具证明，证明张慧娟借调期间工资由恒烁公司发放，社保和工作关系仍在原单位。

2017 年 6 月，洪业集团及相关企业经营困难被山东玉皇化工有限公司托管。2018 年 7 月 25 日，本院受理洪业集团等 29 家企业重整案。2018 年 9 月 28 日，本院作出（2018）鲁 17 破 6 号民事裁定书，认定"洪业集团、吉安公司等 29 家企业是以洪业集团为核心并受余庆明父子实际控制的关联企业"，裁定包括洪业集团、吉安公司在内的 29 家企业合并重整。

争议焦点： 请求确认张慧娟与洪业集团存在劳动关系。

法院认为： 张慧娟与洪业集团签订的劳动合同于 2018 年 10 月 31 日届满，在合同期间张慧娟受洪业集团指派到恒烁公司工作，虽然由恒烁公司发放工资，但原《劳动合同》和社会保险关系并未发生变化，在张慧娟与洪业集团未解除劳动合同的情况下，可以认定原告与被告的劳动合同关系仍在继续。双方劳动合同期满后，未续签劳动合同，原告未举证证实其仍系受洪业集团指派在恒烁公司工作，应视为双方劳动合同关系已经终止。根据《劳动合同法》第四十六条第五项之规定："有下列情形之一的，用人单位应当向劳动者支付经济补偿：……（五）除用人单位维持或者提高劳动合同约定条件续订劳动合同，劳动者不同意续订的情形外，依照本法第四十四条第一项规定终止固定期限劳动合同的；……"综上，依照《中华人民共和国社会保险法》第六十三条，《中华人民共和国劳动合同法》第四十四条第（一）项、第四十六条第（五）项、第四十七条规定，判决洪业化工集团股份有限公司于本判决生效之日起十日内支付张慧娟经济补偿 32274 元。

2. 医师多点执业

医师多点执业是指医师于有效注册期内在两个或两个以上医疗机构定

期从事执业活动的行为，从《中华人民共和国医师法》《医师执业注册管理办法》《关于推进和规范医师多点执业的若干意见》的规定来看，我国已建立了相对完善的医师多点执业业务规范，包括医师多点执业的资格条件、注册管理、医师多点执业的人事（劳动）管理和医疗责任等，有效地提高了医疗资源的利用效率，让更多的患者能够享受到优质的医疗服务。然而，多点执业也带来了一些问题，如医师人事关系的认定、医疗纠纷责任的承担等。

《关于推进和规范医师多点执业的若干意见》第三条规定，医师与第一执业地点医疗机构在协商一致的基础上，签订聘用（劳动）合同，明确人事（劳动）关系和权利义务，并按照国家有关规定参加社会保险。在办理医院破产案件时，应按照该条规定，并结合具有事实劳动关系为基础，认定多点执业医师的劳动人事关系。

参考案例

多点执业医师与第一执业机构间系劳动关系，与其他执业机构之间应属于劳务关系。——陕西省西安市中级人民法院（2021）陕 01 民终 9794 号贾颜锋与西安芯美昕医疗美容门诊部有限公司劳动争议纠纷

裁判要旨：执业医师与第一执业机构之间经协商一致签订聘用（劳动）合同，按照国家规定参加社会保险，所建立的是劳动关系；而执业医师拟多点执业时，应当获得第一执业地点医疗机构的同意，选择有条件的地方探索医师向第一执业地点医疗机构履行知情报备手续。执业医师在其他执业机构执业必须依附于第一执业机构而存在，与其他执业机构之间的关系具有从属性，应属于劳务关系。

基本案情：贾颜锋为注册执业医师，注册有河北省邯郸丽人医院、陕西省荣誉军人康复医院两个主执业机构，注册有西安芯美昕医疗美容门诊部等多执业机构。2019 年 8 月 12 日，贾颜锋到芯美昕公司工作，岗位为医疗部主治医师，双方未签订书面劳动合同，签订了个人经营合作协议，其中约定服务经营区域为西安，期限为 12 个月，自 2019 年 8 月 1 日至 2020 年 8 月 1 日，贾颜锋按照芯美昕公司要求完成所指定的企业咨询管理任务或服务，接受芯美昕公司监督，对芯美昕公司提出的修正意见及时采纳并改正，按时完成相关工作，并收取服务费用，芯美昕公司一次性全额结算费用给贾颜锋后，贾颜锋须于当月提供正规发票。其间，贾颜锋另

在陕西省荣誉军人康复医院坐诊，陕西省荣誉军人康复医院已为贾颜锋缴纳社会保险。2020 年 1 月 25 日，芯美昕公司因受新冠肺炎疫情影响停工停业，芯美昕公司通过网络转账按月支付了贾颜锋的薪酬，芯美昕公司未给贾颜锋缴纳社会保险。贾颜锋请求确认其与芯美昕公司 2020 年 3 月 25 日解除劳动关系，并请求芯美昕公司支付拖欠工资、双倍工资差额、经济补偿金，补缴社会保险。

争议焦点：贾颜锋与芯美昕公司是否存在劳动关系。

法院认为：依据《医师执业注册管理办法》第十条及《关于印发推进和规范医师多点执业的若干意见的通知》（国卫医发〔2014〕86 号）第三条的规定，执业医师与第一执业机构之间经协商一致签订聘用（劳动）合同，按照国家规定参加社会保险，所建立的是劳动关系；而执业医师拟多点执业时，应当获得第一执业地点医疗机构的同意，选择有条件的地方探索医师向第一执业地点医疗机构履行知情报备手续。执业医师在其他执业机构执业必须依附于第一执业机构而存在，与其他执业机构之间的关系具有从属性，应属于劳务关系。本案中，贾颜锋为注册执业医师，注册有河北省邯郸丽人医院、陕西省荣誉军人康复医院两个主执业机构，注册有西安芯美昕医疗美容门诊部等多执业机构。贾颜锋在陕西省注册登记的第一执业机构为陕西省荣誉军人康复医院，并未发生变更，且贾颜锋在该医院实际坐诊，该医院已为贾颜锋缴纳社会保险。贾颜锋在芯美昕公司工作，属于执业医师多点执业，同时进行了多执业机构备案，双方签订了个人经营合作协议，贾颜锋按照芯美昕公司要求完成相关工作，接受芯美昕公司监督，芯美昕公司按约定向贾颜锋支付了薪酬。按照上述规定，贾颜锋与第一执业机构陕西省荣誉军人康复医院存在劳动关系，与芯美昕公司之间应为劳务关系而非劳动关系。

3. 规范化培训医师

随着医疗行业的发展，医院对于专业技术人才的需求日益增长。规培医生作为医院人才培养的重要组成部分，其劳动关系的认定问题日益受到关注。

《关于建立住院医师规范化培训制度的指导意见》（国卫科教发〔2013〕56 号）第三条第（十二）项对住院医师的管理与待遇进行了规定，明确了培训对象是培训基地住院医师队伍的一部分，应遵守培训基地的有关管理规定，并依照规定享受相关待遇。单位委派的培训对象，培训期间原人事（劳动）、工资关系不变，委派单位、培训基地和培训对象三方签订委托培训协议，委派单位发放的工资低于培训基地同等条件住院医师工资水平的部分由培训基地负责发放。

参考案例

单位委派的培训对象，培训期间原人事（劳动）不变。——浙江省金华市中级人民法院（2018）浙 07 民终 4307 号东阳市妇幼保健院、崔艳辉劳动争议纠纷

裁判要旨：一、二审法院对崔艳辉与东阳市妇幼保健院间存在劳动关系的认定并无争议，仅对崔艳辉违反规培协议约定，需承担的违约责任作出不同认定结果。

基本案情：2013 年 6 月 14 日，崔艳辉取得硕士研究生学位学历。2013 年 7 月，崔艳辉进入东阳市妇幼保健院工作。2013 年 10 月，双方签订《事业单位聘用使用书》一份，约定：合同期自 2013 年 10 月 28 日至 2016 年 10 月 31 日止；崔艳辉的工作岗位为住院医师；双方还对其他事项做了约定。2014 年 8 月 13 日，双方签订《东阳市妇幼保健院住院医师规范化培训协议书》一份，约定："一、甲方同意选派乙方到省新华医院培训基地进行住院医师规范化培训，培训时间按照上级和医院有关规定执行。二、乙方培训期间待遇按医院有关规定执行。三、乙方在规范化培训期间不得调动、辞职及未经甲方同意离院，住院医师规范化培训结束后，乙方需及时回甲方上班。乙方执业地点需注册在甲方，违反本协议的，甲方有权不予变更执业地点。四、关于培训费用的约定：1. 甲方承担乙方在住院医师培训期间的工资及有关福利费用。2. 乙方中途自行放弃住院医师规范化培训的，所有费用（包括工资、福利及其他相关费用）由乙方自行承担。3. 乙方在住院医师规范化培训期间因调动、辞职、自动离职等原因离开医院的，或者乙方住院医师规范化培训结束后不回甲方工作的，乙方必须承担其在住院医师规范化培训期间甲方支付所有培养费用，并且向甲方缴纳培养损失费每年捌万元（每年 80000 元）。五、专业型硕士在规培结束后至少为甲方服务 5 年，科研型硕士及本科生至少服务 8 年，服务期限不足的乙方需向甲方缴纳违约金每年伍万。"2014 年 9 月 1 日，东阳市妇幼保健院选送崔艳辉到浙江省新华医院培训基地进行住院医师规范化培训，培训期限为 2 年。2016 年 8 月 31 日，崔艳辉通过了住

院医师规范化培训结业考试。2016 年 9 月 1 日，崔艳辉返回东阳市妇幼保健院工作。2017 年 7 月 5 日，东阳市妇幼保健院收到崔艳辉提交的书面辞职报告，东阳市妇幼保健院未同意。

争议焦点：住院医师规范化培训是否属于劳动合同法第二十二条规定的专业技术培训的问题。

法院认为：一审法院认为，根据《关于建立住院医师规范化培训制度的指导意见》及《住院医师规范化培训管理办法（试行）》等规定，住院医师规范化培训是指医学专业毕业生在完成医学院教育之后，以住院医师的身份在认定的培训基地接受以提高临床能力为主的系统性、规范化培训。培训内容包括医德医风、政策法规、临床实践能力、专业理论知识、人际沟通交流等，重点提高临床规范诊疗能力，适当兼顾临床教学和科研素养。培训目的是为各级医疗机构培养有良好的职业道德、扎实的医学理论知识和临床技能，能独立、规范地承担本专业常见多发疾病诊疗工作的临床医师。由此可见，该培训的对象为已具备一定基础的专业医疗人员，针对的人群具有特定性，培训的内容专业化程度高并分专业实施，培训目的是提高受训者的医疗专业素质与特定职业的技能从而使其能胜任岗位，住院医师规范化培训是培养临床医师的必经途径。故崔艳辉参加的住院医师规范化培训属于《劳动合同法》第二十二条规定的专业技术培训。因此，培训费用不应由委派单位承担，东阳市妇幼保健院也无须向浙江省新华医院支付培训费。同时，崔艳辉在培训期间的工资、奖金、福利等费用不属于直接培训费用，因此崔艳辉无须返还这些费用或支付违约金。

二审法院则认为，根据双方签订的培训协议，崔艳辉违反了服务期的约定，因此东阳市妇幼保健院要求其承担违约责任是合理的。但是，东阳市妇幼保健院为崔艳辉缴纳的五险一金不属于培训费用，政府财政补助的个人生活费用也不属于东阳市妇幼保健院的支出。因此，二审法院酌定 5 万元作为崔艳辉应承担的违约责任支付给东阳市妇幼保健院。

4. 进修医师

进修医师作为医疗行业特有的人才培养方式，其在提升医疗服务质量、促进医学知识更新和技术交流方面发挥着重要作用。然而，进修医师在进修期间的法律地位和权益保护一直是医疗法律实践中的难点问题。进修医师劳动关系的认定涉及劳动合同法等多个法律领域，因此需要综合考量多方面因素。

（1）进修医师与原工作单位的劳动关系

进修医师在进修期间通常保留与原工作单位的劳动合同关系，原单位一般会继续支付基本工资或生活补助。因此，进修医师与原工作单位之间的劳动关系并未中断。

（2）进修医师与接收单位的关系

进修医师与接收单位之间的关系较为复杂。一方面，进修医师在接收单位进行学习和实践，接收单位提供培训和指导，但不一定支付报酬；另一方面，进修医师可能参与接收单位的实际工作，为接收单位提供劳动，并可能获得一定的报酬。这种情况下，进修医师与接收单位之间可能构成事实劳动关系。

（3）法律实践中的认定标准

在法律实践中，对于进修医师是否与接收单位构成劳动关系的认定，通常会考虑以下几个因素：进修医师在接收单位的工作性质、工作时间、是否接受接收单位的管理和调度、是否获得报酬等。如果进修医师在接收单位的工作与常规员工无异，并获得相应的报酬，那么可能被认定为与接收单位存在劳动关系。

参考案例

进修医生与用人单位间系劳动关系，应依法为其缴纳社保支付薪资。——福建省厦门市中级人民法院（2022）闽 02 民终 194 号厦门市第五医院、颜智琛劳动争议纠纷

裁判要旨： 培训目的是使医生能够获得《住院医师规范化培训合格证书》，颜智琛在培训期间与厦门市第五医院存在劳动关系，厦门市第五医院向颜智琛支付其培训期间的基本工资，缴纳社会保险费、住房公积金等费用，系履行其法定义务。

基本案情： 颜智琛于 2015 年 11 月 2 日入职厦门市第五医院。2019 年 11 月 1 日，以厦门市第五医院为甲方，以颜智琛为乙方，双方签订《劳动合同》，合同为无固定期限。2017 年 8 月 14 日，以厦门市第五医院为甲方，以颜智琛为乙方，双方签订一份《协议书》，约定乙方参加住院医师规范化培训期间应遵守甲方和培训所在单位的各项规章制度，乙方参加培训结束后必须按时返回甲方工作。乙方参加培训期间，工资由甲方按基本工资待遇发放，津贴补贴和社会保障待遇由甲方按财务管理规定发放。乙

方培训结束后，需按照甲方要求及时返回医院工作，继续为甲方服务，服务期限从乙方结束培训回到甲方医院正式开始工作之日起计算，服务期限为10年。如在培训期间或服务期内，乙方因个人理由单方解除劳动合同，或因个人原因不能履行服务期协议，或乙方严重失职、违反劳动合同中的条款而被甲方辞退、解除劳动合同的，乙方应按如下计算方式支付服务期尚未履行部分所分摊的费用，规培时间：2017年9月1日至2020年8月31日，地点：厦门大学附属第一医院。颜智琛培训结束后未回到厦门市第五医院上班，双方劳动关系于2020年11月28日起解除。

争议焦点：用人单位厦门市第五医院能否要求进修医生颜智琛返还培训期间的工资、社会保险费。

法院认为：《中华人民共和国劳动合同法实施条例》第十六条规定，劳动合同法第二十二条第二款规定的培训费用，包括用人单位为了对劳动者进行专业技术培训而支付的有凭证的培训费用、培训期间的差旅费用以及因培训产生的用于该劳动者的其他直接费用。《福建省住院医师规范化培训实施意见（试行）》第五条第二款第（一）项规定，培训期间人事关系不变，培训对象享受所属医院同类人员的基本工资、津贴补贴和社会保障待遇。具体到本案，颜智琛在培训期间与厦门市第五医院存在劳动关系，厦门市第五医院向颜智琛支付其培训期间的基本工资，缴纳社会保险费、住房公积金等费用，系履行其法定义务，故厦门市第五医院要求颜智琛支付其培训期间的工资、社会保险费等费用缺乏法律依据，本院不予支持。一审法院认定本案因培训产生的用于劳动者的其他直接费用主要为厦门市第五医院向颜智琛支付的奖金，并无不当。

三、职工债权的范围

根据《企业破产法》第四十八条的规定，职工债权范围包括：①债务人所欠职工的工资；②医疗、伤残补助、抚恤费用；③所欠的应当划入职工个人账户的基本养老保险、基本医疗保险费用；④支付给职工的补偿金。但在实践中，因用工形式的多样性造成工资构成较为复杂，用工法律关系难以识别，下面将结合法律规定及实践案例详细论述职工债权的范围。

（一）工资

《关于工资总额组成的规定》第四条规定，工资总额由下列六个部分组成，包括计时工资、计件工资、奖金、津贴和补贴、加班加点工资以及特殊情况下支付的工资。计时工资指按照工作时间和计时工资标准支付的劳动报酬，包括基础工资、职务（岗位）工资、见习工资等。计件工资是根据完成的工作量按计件单价支付的劳动报酬，包括超额累进计件、直接无限计件、限额计件等。奖金是支付给职工的超额劳动报酬和增收节支的劳动报酬，如生产奖、节约奖、劳动竞赛奖等。津贴和补贴是为补偿职工特殊或额外的劳动消耗和因物价变动保证职工工资水平而支付的款项，如补偿性津贴、保健性津贴、技术性津贴等。加班加点工资是按规定支付的加班工资和加点工资。

同时，《关于工资总额组成的规定》第十一条也明确了不属于工资的项目，因此这些项目自然也不属于职工债权，如发明创造奖金、劳动保险和职工福利费用、退休人员待遇、稿费、讲课费、出差补助、股息和利息、解除劳动合同时的补助费等。

（二）医疗费用、伤残补助、抚恤费用

1. 基于工伤产生的医疗费用、伤残补助、抚恤费用

根据《社会保险法》第三十八条的规定，工伤产生的医疗费用、伤残补助、抚恤费用等应当从工伤保险基金中支付。具体费用包括治疗费用、康复费用、住院伙食补助费、交通食宿费、伤残辅助器具费用、生活护理费、一次性伤残补助金、伤残津贴、一次性医疗补助金、丧葬补助金、供养亲属抚恤金、因工死亡补助金以及劳动能力鉴定费。

对于用人单位破产时的工伤保险待遇支付，《工伤保险条例》也有明确规定。该条例第四十三条第四款规定，在企业破产清算时，应依法拨付由单位支付的工伤保险待遇费用。但是，关于工伤保险待遇是否属于《企业破产法》第一百一十三条规定的职工债权或按照职工债权优先清偿，各地规定并不统一。有的地方法规如《江苏省实施〈工伤保险条例〉办法（2015）》第三十四条明确规定应当优先安排解决工伤职工的有关费用。而其他各地相关规定中很少明确工伤保险待遇就是职工债权或按照职工债权优先清偿，如《浙江省工伤保险条例》第二十九条规定，用人单位破产的，破产财产依法清偿的职工工伤保险待遇，应当包括为一级至四级工伤

职工一次性缴纳至其退休后有权享受基本医疗保险待遇所需年限的医疗保险费，但未明确工伤保险待遇就是职工债权或按照职工债权优先清偿；再如《广东省工伤保险条例》第三十九条规定，企业破产的，清算时依法拨付应当由用人单位支付的工伤保险待遇，也未明确工伤保险待遇就是职工债权或按照职工债权优先清偿。

此外，《社会保险法》第四十一条规定了未缴纳工伤保险费的情况，如果用人单位未依法缴纳工伤保险费，发生工伤事故时，用人单位应当支付工伤保险待遇；如果用人单位不支付，工伤保险基金可以先行支付，但用人单位应当偿还这部分费用；如果用人单位不偿还，社会保险经办机构可以依法追偿。

2. 基于患病或非因工负伤产生医疗、伤残补助、抚恤费用

《社会保险法》第十七条规定，参加基本养老保险的个人，因病或者非因工死亡的，其遗属可以领取丧葬补助金和抚恤金；在未达到法定退休年龄时因病或者非因工致残完全丧失劳动能力的，可以领取病残津贴，所需资金从基本养老保险基金中支付。《国务院关于建立城镇职工基本医疗保险制度的决定》第二条规定，参加所在统筹地区的基本医疗保险的职工，可以按基本医疗保险待遇标准报销医疗费用。

此外，根据《最高人民法院关于审理劳动争议案件适用法律若干问题的解释（一）》第一条之规定，劳动者以用人单位未为其办理社会保险手续，且社会保险经办机构不能补办导致其无法享受社会保险待遇为由，要求用人单位赔偿损失而发生的纠纷，人民法院应予受理。因此，对于未投保社会保险的职工，用人单位需要自行向职工支付相应费用。

如果用人单位未按规定支付患病或非因工负伤、残疾、死亡职工或其亲属应该享受的全部医疗、伤残补助、抚恤费用的，则破产程序中应将用人单位欠付的该部分费用纳入职工债权进行清偿。

（三）应当划入职工个人账户的费用

1. 应当划入职工个人账户的基本医疗保险费用

根据《社会保险法》第二十三条及《国务院关于建立城镇职工基本医疗保险制度的决定》第三条的规定，职工基本医疗保险费由职工和用人单位共同缴纳，分为统筹基金和个人账户两部分。职工个人缴纳的部分全部计入个人账户，用人单位缴纳的部分一部分用于统筹基金，另一部分划入个人账户。

在企业破产时，应计入职工债权的基本医疗保险费用包括用人单位应缴且应划入个人账户的部分，以及用人单位代扣未代缴的职工个人应缴部分。而用人单位欠缴的用于统筹基金的部分由社保征收机构作为第二顺位债权申报。

2. 应当划入职工个人账户的基本养老保险

根据《社会保险法》第十一条的规定，基本养老保险是由社会统筹与个人账户组成。从2006年1月1日起，个人账户全部由个人缴费形成，单位缴费不再划入个人账户。也就是说虽然《企业破产法》规定了企业欠缴的应计入个人账户部分的养老保险应纳入职工债权，但在实际统计职工债权时，无须再考虑2006年1月1日及之后用人单位欠缴的应当划入职工个人账户的基本养老保险，仅需考虑2006年1月1日之前用人单位欠缴的应当划入职工个人账户的基本养老保险。但是，对于用人单位从职工工资中代扣未代缴的职工个人应向个人账户缴纳的费用应计入职工债权。

3. 工伤保险、生育保险、失业保险不纳入职工债权

《企业破产法》将应当划入职工个人账户的基本养老保险、基本医疗保险费用纳入职工债权，但是对于同属日常谈到的五险范畴下的工伤保险、生育保险、失业保险，因为不涉及个人账户，因而也就不属于因企业欠付而纳入职工债权的情况。对于这三类保险的欠付，应属于《企业破产法》第一百一十三条第二项"破产人欠缴的除前项规定以外的社会保险费用"按照第二顺位由社保征收机构进行债权申报，并在职工债权之后进行清偿。

当然，为核查出以上债权的具体数额，需要考虑以下几种情况：第一，企业正常为职工开设账户仅存在欠缴的情形，应向社会保险管理中心确认欠缴数额，并区分单位应缴数额及个人应缴数额；第二，企业没有为职工开设账户但承诺以现金补偿的，应依法核查并结合职工入职时间及缴费基数确定单位应补缴数额，在进行清偿时需扣除此前企业实际发放给职工的补偿金数额；第三，企业没有为职工开设账户也未承诺以现金补偿，应依法核查并结合职工入职时间及缴费基数确定单位应补缴数额。

（四）法定应当支付给职工的补偿金

1. 法定补偿金支付情形

根据《劳动合同法》的规定，法律、行政法规规定应当支付给职工的

补偿金的认定主要包括以下几种情形。

（1）根据《劳动合同法》第三十八条，劳动者解除劳动关系时，需要支付经济补偿金。如用人单位未按照劳动合同约定提供劳动保护或者劳动条件，或者未及时足额支付劳动报酬，或者低于当地最低工资标准支付劳动者工资，或者未依法为劳动者缴纳社会保险费，或者规章制度违反法律法规的规定损害劳动者权益等，劳动者解除劳动合同时，用人单位需要支付经济补偿金。

（2）根据《劳动合同法》第三十六条，用人单位与劳动者协商一致，解除劳动合同时需要支付经济补偿金。

（3）根据《劳动合同法》第四十条，用人单位解除劳动合同时具有下列情形的，需要支付经济补偿金：劳动者患病或者非因工负伤，在规定的医疗期满后不能从事原工作，也不能从事由用人单位另行安排的工作的；劳动者不能胜任工作，经过培训或者调整工作岗位，仍不能胜任工作的；劳动合同订立时所依据的客观情况发生重大变化，致使劳动合同无法履行，经用人单位与劳动者协商，未能就变更劳动合同内容达成协议的。

（4）根据《劳动合同法》第四十一条第一款，企业依照《企业破产法》规定进行重整时裁员的，需要支付经济补偿金。

（5）根据《劳动合同法》第四十四条第一款，劳动合同期满的，除用人单位维持或者提高劳动合同约定条件续订劳动合同，劳动者不同意续订的情形外，终止固定期限劳动合同时，需要支付经济补偿金。

（6）根据《劳动合同法》第四十四条第四款、第五款，因用人单位被依法宣告破产的，因用人单位被吊销营业执照、责令关闭、撤销或者用人单位决定提前解散而导致劳动合同终止的情况下，需要支付经济补偿金。

《最高人民法院关于审理企业破产案件若干问题的规定》第五十六条规定，因企业破产解除劳动合同，劳动者依法或者依据劳动合同对企业享有的补偿金请求权，参照《企业破产法》第三十七条第二款第（一）项规定的顺序清偿。该规定也为将补偿金认定为职工债权提供了法律依据。

2. 经济补偿金的计算方法

《劳动合同法》第九十七条第三款规定，本法施行之日存续的劳动合同在本法施行后解除或者终止，依照本法第四十六条规定应当支付经济补偿的，经济补偿年限自本法施行之日起计算；本法施行前按照当时有关规定，用人单位应当向劳动者支付经济补偿的，按照当时有关规定执行。相比《劳动法》，《劳动合同法》扩大了给予经济补偿金的范围，且改变了经济补偿金的计算规则，当劳动者工作年限跨越了 2008 年 1 月 1 日前后，涉及解除或终止劳动合同经济补偿金的计算时，计算经济补偿金的算法需适用不同的计算规则。由此可见，根据新旧法的不同计算规则，经济补偿金的计算方法也有所不同。

首先，根据新法（《劳动合同法》第四十七条）的计算规则，经济补偿金的计算分为一般算法和特别算法两种情况。

一般算法的计算公式为：经济补偿金数额＝工资基数×工作年限。其中，工资基数是劳动者在劳动合同解除或终止前 12 个月的平均工资，工作年限每满一年支付一个月工资，六个月以上不满一年的按一年计算，不满六个月的支付半个月工资的经济补偿。此时，没有工作年限 12 年的限制。

特别算法的计算公式为：经济补偿金数额＝本地区上年度职工月平均工资的三倍×工作年限。其中，工资基数是本地区上年度职工月平均工资的三倍，工作年限最高不超过 12 年（这个最高不超过 12 年针对的是 2008 年 1 月 1 日后的工作年限）。

其次，根据旧法《违反和解除劳动合同的经济补偿办法》（已失效）的计算规则[①]，经济补偿金的计算也分为一般算法和特别算法两种情况。

一般算法的计算公式与新法一致，即经济补偿金数额＝工资基数×工作年限。工资基数是劳动者在劳动合同解除前 12 个月的平均工资，工作年限每满一年支付一个月工资。

特别算法的计算公式为：经济补偿金数额＝工资基数×工作年限，但最多不超过 12 个月。特别提醒的是，并非所有情况下都有 12 个月限制。只有当劳动合同的解除原因为协商一致解除或劳动者不能胜任工作被解除时，经济补偿金最多不超过 12 个月。

综上所述，经济补偿金的计算基于两个关键因素：工资基数和工作年限。工资基数通常是指劳动者在劳动合同解除或终止前 12 个月的平均工资。工作年限是指劳动者在用人单位工作的总年数。而新法与旧法对工资基数计算规则存在一些差异。首先，新法针对工资高于本地区上年度职工月平均工资 3 倍的劳动者，经济补偿工资基数有本地区上年度职工月平均工资 3 倍的上限，而旧法没有该上限。其次，新法针对工资高于本地区上

[①] 《违反和解除劳动合同的经济补偿办法》第五条、第六条、第七条、第八条、第九条、第十条。

年度职工月平均工资 3 倍的劳动者，规定经济补偿金最多 12 个月，而旧法规定协商一致解除或劳动者不能胜任工作被解除时，经济补偿金最多不超过 12 个月，其他情况下没有 12 个月限制。计算规则存在这两方面的显著差异，导致经济补偿金分段计算时还需判断劳动合同解除原因及解除前 12 个月劳动者的平均工资数额。

因此，在计算经济补偿金时需要根据具体情况具体计算。经济补偿金数额由工资基数和工作年限决定，分段计算的核心是工资基数的分段计算和工作年限的分段计算。如果劳动者的劳动关系没有跨越旧法与新法，可以按照当时的法律计算经济补偿金。而当劳动者的工作年限跨越 2008 年 1 月 1 日前后时，需要分别按照《劳动合同法》和《违反和解除劳动合同的经济补偿办法》的规定计算经济补偿金，然后将两项计算结果相加得到最终的经济补偿金数额。

四、职工债权认定的特殊问题

（一）住房公积金债权

1. 住房公积金债权的性质

根据《住房公积金管理条例》的相关规定，住房公积金由单位缴存和个人缴存两部分组成。单位缴存部分由职工所在单位每月为其缴存，职工个人缴存部分由其所在单位每月从其工资中代扣代缴[1]。与社会保险费分为个人部分和社会统筹部分不同，住房公积金的单位缴存部分和个人缴存部分均计入职工个人住房公积金账户，属于职工个人所有[2]。

破产程序中，职工债权的认定依据是《企业破产法》的第一百一十三条第一款，该条款并未明确住房公积金是否属于职工债权。但在最高人民法院发布的《全国法院破产审判工作会议纪要》第二十七条规定，破产程序中要依法妥善处理劳动关系，推动完善职工欠薪保障机制，依法保护职工生存权。由第三方垫付的职工债权，原则上按照垫付的职工债权性质进行清偿；由欠薪保障基金垫付的，应按照《企业破产法》第一百一十三条第一款第（二）项的顺序清偿。债务人欠缴的住房公积金，按照债务人拖

---

[1] 《住房公积金管理条例》第十九条。

[2] 《住房公积金管理条例》第三条。

欠的职工工资性质清偿。依据该纪要精神，住房公积金债权应当纳入职工债权的范畴。

参考案例

府院联动实现解决欠薪与促进就业"双赢"①。——某器材公司破产清算转重整案

基本案情：某器材公司陷入财务困境，债务规模超过8亿元，涉及债权人超过410户。2022年7月，人民法院裁定受理债权人对某器材公司的破产清算申请。截至破产受理时，某器材公司仍有在册职工235名，已拖欠7个月工资未付且长期欠缴社会保险费，导致职工生活困难、无法享受基本医疗保险待遇。

法院认为：审理法院虑及某器材公司职工人数多、欠薪时间久等因素，在指导管理人安抚职工情绪、加紧核查债权的同时，依托府院联动机制，积极争取欠薪应急保障金全额垫付欠薪550余万元。审理法院牵头人力资源社会保障部门同步举办专场招聘会，将某器材公司的技术性人才、熟练工人等人才资源输出给同行业其他企业，帮助职工再就业，现场意向签约率超过50%，基本解决235名职工的安置问题。

典型意义：破产程序可以实现资源重新配置，通过企业的优胜劣汰完善社会主义市场主体的救治和退出机制。《全国法院破产审判工作会议纪要》第二十七条规定："企业破产与职工权益保护。破产程序中要依法妥善处理劳动关系，推动完善职工欠薪保障机制，依法保护职工生存权。由第三方垫付的职工债权，原则上按照垫付的职工债权性质进行清偿；由欠薪保障基金垫付的，应按照《企业破产法》第一百一十三条第一款第二项的顺序清偿。债务人欠缴的住房公积金，按照债务人拖欠的职工工资性质清偿。"本案中，人民法院依法妥善处理劳动关系，推动完善职工欠薪保障机制，依法保护职工生存权。人民法院对于符合条件的破产企业，积极协调以欠薪保障基金垫付的方式先行清偿职工债权，及时解决破产企业职工工资久拖未决的问题。同时，破产企业职工再就业与其后续生活保障息息相关。人民法院发挥府院联动机制优势作用，高效解决破产企业职工欠薪和安置问题，继续发挥技术人才社会价值，促进社会经济发展。

---

① 最高人民法院、人力资源和社会保障部、中华全国总工会《涉欠薪纠纷典型案例》。

2. 住房公积金债权核查主体

根据《企业破产法》的相关规定，破产企业拖欠职工的住房公积金应当由管理人接管并负责调查核实后予以公示①，市公积金中心不作为申报主体申报债权。

（二）董监高工资认定问题

1. 董监高身份的识别

依据《市场主体登记管理条例》的规定，不管是设立有限责任公司或者股份有限公司，都应当向公司登记机关提交载明公司董事、监事、高级管理人员的文件办理备案②。并且，公司董事、监事、高级管理人员发生变动的，也应当向原公司登记机关备案。所以从理论上说，公司董事、监事的认定应当不困难，但对于高级管理人员范围的认定，因企业组织架构、用工方式不同不易识别。虽然《公司法》第二百六十五条第一款规定："高级管理人员，是指公司的经理、副经理、财务负责人，上市公司董事会秘书和公司章程规定的其他人员。"但仅根据该条可能无法准确判断高级管理人员的身份。

高级管理人员的认定不应该仅依靠称谓等外在公示行为，而应当重点关注其职责及对债务人的影响力，一般可从以下几个方面综合认定：第一，从职位权限及职责上说，该职工具有与法律法规、债务人章程、规章制度等规定的高级管理人员应当具备的同等权限、职责；第二，从债务人经营规模及权力架构上说，该职工地位应与中层、基层员工存在区别，能对债务人经营产生实际影响；第三，高级管理人员工资、福利待遇普遍较高，但部分高薪技术骨干、研发人员等不应认定为高级管理人员；第四，高级管理人员一般有明确的任职文件、审批权限，但不必苛求固定的外在公示行为。

参考案例

1. 从公司内部任命文件及享受的高管工资两个方面认定为高级管理人员。——广东省深圳市坪山区人民法院（2020）粤0310民初7445号刘纪

---

① 《企业破产法》第四十八条。
② 《中华人民共和国市场主体登记管理条例》第九条。

磊、深圳市沃特玛电池有限公司职工破产债权确认纠纷

裁判要旨："公司章程规定的其他人员"赋予了公司自治的权利，允许公司自己选择管理方式，聘任高级管理人员。本案中，被告的公司章程未明确高管人员范围，但《关于对深圳市沃特玛电池有限公司新一届领导班子成员任命及工作分工的通知》表明，原告是作为沃特玛公司"新的领导班子成员""核心管理人员"被任命为总裁助理，分管公司技术管理工作的。本院结合原告的工资情况，认定原告为被告公司高管人员为宜。

基本案情：2019 年 10 月 14 日，沃特玛公司董事长兼总裁郭洪宝签发《关于对深圳市沃特玛电池有限公司新一届领导班子成员任命及工作分工的通知》，通知记载"经公司董事会决议及高层研究决定，对公司核心管理人员岗位进行调整并进行如下任命，同时对新的领导班子工作分工进行调整"，原告被任命为总裁助理，分管公司技术管理工作。原、被告双方确认原告的工资为 38000 元/月。

争议焦点：原告是否属于《企业破产法》第一百一十三条规定的适用平均工资的高级管理人员。

法院认为：《公司法》第二百一十六条规定，高级管理人员，是指公司的经理、副经理、财务负责人，上市公司董事会秘书和公司章程规定的其他人员。"公司章程规定的其他人员"赋予了公司自治的权利，允许公司自己选择管理方式，聘任高级管理人员。本案中，被告的公司章程未明确高管人员范围，但原告提交的 2019 年 10 月 14 日经沃特玛公司董事长兼总裁郭洪宝签发的《关于对深圳市沃特玛电池有限公司新一届领导班子成员任命及工作分工的通知》表明，原告是作为沃特玛公司"新的领导班子成员""核心管理人员"被任命为总裁助理，分管公司技术管理工作的。本院结合原告的工资情况，认定原告为被告公司高管人员为宜。根据《企业破产法》第一百一十三条的规定，原告在被告处任高级管理人员期间，被告破产，原告的工资应当按照被告职工的平均工资计算。被告管理人最终确定的职工债权金额为 28292.8 元，并不违反上述规定，亦最大限度地保护了原告的职工债权，并无不当。原告对被告管理人确定的职工债权金额所持异议，无事实及法律依据，本院不予采纳。

2. 结合工作岗位、职责、收入状况等因素并根据法律规定综合高级管理人员身份。——浙江省高级人民法院（2017）浙民申 2367 号奚振析、万嘉旅游开发有限公司职工破产债权确认纠纷

裁判要旨： 高级管理人员的认定，首先，从薪资上看，根据双方签订的《劳动合同》，奚振析在岱山项目任项目总经理，薪资远高于普通职工收入，系公司最高薪酬。其次，从岗位职责上看，奚振析自认其负责建设项目工程质量、预算管理和安全管理，负责二、三、四期工程和一期二幢高层的建设施工安全、质量、进度、验收方面的工作。同时，奚振析在工薪单的总经理一栏签字，对公司员工的工资发放及员工请假单进行审批。综合认定奚振析系万嘉旅游公司高级管理人员。

基本案情： 申请人主张其系公司项目经理，属于专业技术人员，而非公司高级管理人员，工作中也未行使过公司总经理的管理职权。申请人在相关材料上的签字并非在行使公司主要负责人的职责，而仅尽了项目经理的审查职责，并非行使了公司法和公司章程规定的高级管理者的职责。申请人的薪酬高低并不能说明其所任职务。

争议焦点： 申请人是否属于公司高级管理人员。

法院认为： 一、关于奚振析是否为万嘉旅游公司高级管理人员的问题。根据审理查明的事实，首先，从薪资上看，根据双方签订的《劳动合同》，奚振析在岱山项目任项目总经理，合同期限为三年，年薪为税后50万元起，每年递增8%，该薪资远高于普通职工收入，根据万嘉旅游公司破产管理人的统计，奚振析薪资系万嘉旅游公司最高薪酬，高于公司副总经理庄雪芬。其次，从岗位职责上看，奚振析自认其负责建设项目工程质量、预算管理和安全管理，负责二、三、四期工程和一期二幢高层的建设施工安全、质量、进度、验收方面的工作。同时，奚振析于2012年1月、2月、3月，在工薪单的总经理一栏签字，对万嘉旅游公司员工的工资发放进行审批。2013年5月，奚振析在员工请假单的公司领导意见一栏签字，对万嘉旅游公司员工的请假事由进行审批。据此，原审结合奚振析工作岗位、职责、收入状况等因素并根据法律规定综合认定奚振析系万嘉旅游公司高级管理人员，并无不当，本院予以认同。

2. 董监高非正常收入的认定

职工债权作为优先保护的债权，体现了《企业破产法》保护劳动者基本生存权的立法宗旨。但作为公司的董监高，与普通劳动者不同，享有更高的福利待遇，并且对于公司陷入破产之困境负有不可推卸之责任。因此，在公司有限的破产财产范围内，若仍向其支付高额工资，则违背了《企业破产法》保护普通职工基本生存权的立法宗旨。

破产法对于董监高的权利进行了限制性的规定，主要体现在《企业破产法》第三十六条及《最高人民法院关于适用〈中华人民共和国企业破产法〉若干问题的规定（二）》第二十四条的三种"非正常收入"的情形。一是，在公司出现破产原因后进入破产程序前，董监高的绩效奖金应当被认定为非正常收入；二是，董监高在企业"普遍拖欠职工工资情况下"获得的工资性收入；三是其他非正常收入。上述非正常收入均应予以追回，因返还行为而产生的债权应按照普通债权处理。

下面针对第一、二种情形，结合在司法实践中的认定情况进行分析。

（1）在出现破产原因后进入破产程序前，董监高的绩效奖金应当被认定为非正常收入

首先，发放时间必须是在进入破产程序前；其次，发放时企业就已经具备了破产原因；最后，必须是董监高的绩效奖金，其他工资性收入则不在上述调整的范围内。上述三种情形同时具备时，才能被认定为"非正常收入"。

司法实务中，对绩效奖金是否属于"非正常收入"的认定，重点关注如下三方面：第一，该部分薪酬是否是董监高基于其特殊的身份而获得；第二，是否与公司业绩相关联，换言之，当企业已经具备破产原因，即资不抵债时，董监高不能因"业绩"而取得对应的奖金；第三，部分法院认为《企业破产法》第一百一十三条保护的职工债权，是用以保障职工生存利益的工资范畴，不宜无限制扩大，应当限制在合理的范围内，否则势必造成破产债权人权利义务的严重失衡。

参考案例

在债务人企业出现资不抵债、丧失清偿能力等破产原因时，债务人的董事、监事和高级管理人员基于其特殊身份或依职权所获得的绩效奖金应认定为非正常收入。——湖南省长沙市中级人民法院（2021）湘01民终15612号张弛、湖南南方博云新材料股份有限公司追收非正常收入纠纷

裁判要旨： 在案件中，债务人南方博云公司在未普遍拖欠职工工资的情形下，一审法院判决其副总经理张弛向公司返还非正常收入10516元。二审法院在说理部分写道：依据前述法律及司法解释的规定并结合相关法理，在债务人企业出现资不抵债、丧失清偿能力等破产原因时，债务人的董事、监事和高级管理人员基于其特殊身份或依职权所获得的绩效奖金等

收入应认定为非正常收入。

基本案情： 管理人认为南方搏云公司副总经理张弛系高级管理人员，其在 2020 年 1 月至 2 月期间获得的 10516 元为绩效奖金，属于非正常收入，应予追回。

张弛提供《关于南方搏云高管人员年薪工资情况说明的函》和《经营责任书（二○二○年度）》，说明了高管年薪收入的制定和执行情况。2020 年度南方搏云公司高管的工资为正常收入，与企业经济效益不挂钩。

法院查明，《关于湖南南方工业资产管理有限责任公司控股企业领导人员绩效管理办法》（2018 年修订版），规定了领导人员的年度绩效考核指标和绩效年薪挂钩的相关内容。南方搏云公司两个年度 2019 年、2020 年印发《关于湖南南方搏云新材料股份有限公司领导人员年薪收入通知》及《控股企业领导人员年薪收入备案表》。另查明，南方搏云公司审计报告显示，南方搏云公司于 2019 年 12 月 31 日已具有破产原因。此外，南方搏云公司管理人及该公司高级管理人员均确认南方搏云公司无普遍拖欠职工工资的情况。

争议焦点： 南方搏云公司主张张弛返还的绩效奖金 10516 元是否属于非正常收入性质，是否应予返还。

法院认为： 《企业破产法》第三十六条以及《最高人民法院关于适用〈中华人民共和国企业破产法〉若干问题的规定（二）》第二十条规定，并结合相关法理，在债务人企业出现资不抵债、丧失清偿能力等破产原因时，债务人的董事、监事和高级管理人员基于其特殊身份或依职权所获得的绩效奖金等收入应认定为非正常收入。本案中，首先，根据大信会计师事务所（普通合伙）出具的大信专审〔2020〕27-00032 号《清产核资专项审计报告》以及中兴财光华会计师事务所出具的中兴财光华（京）审会字〔2020〕第 01036 号《审计报告》，南方搏云公司自 2019 年 12 月 31 日开始即处于资不抵债状态。虽当时该公司未向法院提出破产申请，但不能据此否定其存在资不抵债的破产原因。张弛上诉提出其在获得绩效奖金时南方搏云公司未达到事实上的破产条件依据不足，本院不予采信。其次，经查，南方搏云公司领导人员的薪酬标准系其控股股东南资公司统筹确定，张弛的薪酬亦基于其系南方搏云公司副总经理的身份而被纳入该标准范围内，故张弛依据该标准获得的绩效奖金系基于其特殊身份所获得。据此，张弛所获得的绩效奖金应属于非正常收入，一审法院判决其返还该款项并无不妥，本院予以维持。

（2）董监高在企业"普遍拖欠职工工资情况下"获取的工资性收入

董监高的工资性收入也并非绝对安全，如董监高利用职务之便在企业普遍拖欠职工工资情况下获取的工资性收入也应认定为"非正常收入"，也应依法返还。

参考案例

普遍拖欠职工工资情况下获取的工资性收入也属于"非正常收入"。——广西壮族自治区龙胜各族自治县人民法院（2022）桂0328民初296号恭城恒兴投资开发有限公司、钟明达追收非正常收入纠纷

裁判要旨：债务人的董事、监事和高级管理人员利用职权从企业获取的非正常收入和侵占的企业财产，不应当属于其个人所有，而仍然应当属于企业的财产，在该财产被债务人的董事、经理或者其他负责人占有后，管理人有权力并且也有义务去追回并将其纳入破产财产的范围。

基本案情：被告钟明达系恭城恒兴公司董事，2014年12月15日任公司总经理，负责恭城恒兴公司和该公司开发的"恭城名城"项目。

2020年5月26日，原告管理人向被告发出（2020）恒兴破管字第016号《函》，认为被告钟明达作为恒兴公司的董事、副总经理，在2015年4月至2016年11月期间，在恭城恒兴公司拖欠职工工资的情况下，仍领取了高额工资203770元，属于《最高人民法院关于适用〈中华人民共和国企业破产法〉若干问题的规定（二）》第二十四条第一款第（二）项规定的"非正常收入"，应当向管理人返还上述债务人财产。

争议焦点：被告应否向原告返还获取的非正常收入251770元。

法院认为：公司的董事、监事、高级管理人员应当遵守法律、行政法规和公司章程，对公司负有忠实义务和勤勉义务。董事、监事、高级管理人员不得利用职权从企业获取非正常收入和侵占企业财产，是公司董事、监事和高级管理人员负担的一项法定义务。因此，债务人的董事、监事和高级管理人员利用职权从企业获取的非正常收入和侵占的企业财产，不应当属于其个人所有，而仍然应当属于企业的财产，在该财产被债务人的董事、经理或者其他负责人占有后，管理人有权力并且也有义务去追回并将其纳入破产财产的范围。本案中，被告钟明达作为恭城恒兴公司的董事、总经理，自2014年10月起恭城恒兴公司就开始拖欠公司职工的工资，大部分工程也于2015年开始处于停工状态，仍领取工资203770元，以及将

桂林百节电子商务有限公司支付的 10 万元启动资金，给自己发放工资 48000 元。根据《最高人民法院关于适用〈中华人民共和国企业破产法〉若干问题的规定（二）》第二十四条第一款第（二）项的规定，以上被告钟明达从恭城恒兴公司领取的 251770 元，应属非正常收入，为原告的财产。被告在管理人向其催收后未返还，因此，原告主张被告予以返还的请求，依法有据，本院予以支持。

（三）绩效工资

根据《关于工资总额组成的规定》第四条之规定：工资总额由下列六个部分组成：①计时工资；②计件工资；③奖金；④津贴和补贴；⑤加班加点工资；⑥特殊情况下支付的工资。第七条规定：奖金是指支付给职工的超额劳动报酬和增收节支的劳动报酬，包括：①生产奖；②节约奖；③劳动竞赛奖；④机关、事业单位的奖励工资；⑤其他奖金。对于绩效奖金是否属于奖金的范畴，没有明确规定。虽然最高人民法院在（2013）民二他字第 22 号《关于李汉桥等 164 人与南方证券股份有限公司职工权益清单更正纠纷再审系列案有关法律问题请示的答复》中指出，"债务人有《企业破产法》第二条规定的情形的，对职工的绩效工资、奖金等债权，在破产程序中不应作为优先债权予以清偿，确定合理的可以作为普通债权进行清偿"。但关于绩效工资是否作为职工债权处理，司法解释和实务中处理各不相同。

参考案例

1. 职工对债务人享有的与业绩挂钩的绩效工资、奖金等债权，属于普通破产债权。——山东省高级人民法院（2021）鲁民终 1594 号山东方明药业集团股份有限公司、罗东岭职工破产债权确认纠纷

裁判要旨：职工对债务人享有的与业绩挂钩的绩效工资、奖金等债权，在破产程序中不应作为优先债权予以清偿，确定合理的可以作为普通破产债权进行清偿。

基本案情：2015 年至 2018 年，方明公司与罗东岭签订《销售协议书》，约定方明公司授权罗东岭在陕西省区域内销售方明公司生产的产品，协议还对产品年销售回款任务、佣金、奖惩条款、工资发放等作出约定。方明公司提供的明细显示从 2015 年至 2018 年罗东岭业务提成总额为

3113469 元。罗东岭认可其每月从方明公司领取的固定工资为 15000 元，从提成中支付，剩余提成转入其在公司的个人账户。2020 年 11 月 4 日，洪业化工集团股份有限公司等 29 家企业管理人作出债权审核结果通知书，对职工债权性质不予确认。

争议焦点：案涉款项是否为《企业破产法》第一百一十三条第一款第（一）项规定的优先受偿的债权。

法院认为：一审法院认为，从事销售工作而尚未发放的销售提成，本质上与职工个人业绩挂钩，也是其提供劳动的主要内容范围，通过项目提成系其获取劳动对价的主要方式，对此应认定具有工资报酬的性质。最后，也并无证据证明职工属于破产法及司法解释中规定的董事、监事及高级管理人员等身份，与劳动合同中约定的绩效工资并不矛盾，且金额未明显存在不合理之处，故该款项属于职工工资范畴。

二审法院认为，一审判决认定案涉债权款项系业务提成并无不当。最高人民法院《关于李汉桥等 164 人与南方证券股份有限公司职工权益清单更正纠纷再审系列案有关法律问题请示的答复》认为，债务人有《企业破产法》第二条规定的情形时，职工对债务人享有的与业绩挂钩的绩效工资、奖金等债权，在破产程序中不应作为优先债权予以清偿，确定合理的可以作为普通破产债权进行清偿。本案中，罗东岭已按时从方明公司领取固定工资，则案涉款项作为工资之外的业务提成属于前述规定的与业绩挂钩的绩效工资、奖金等债权，不属于职工债权范畴。故一审认定涉案提成款属于破产优先债权不当，本院予以纠正。

2. 业务提成属于职工债权。——四川省成都市中级人民法院（2019）川 01 民终 14015 号成都市科达自动化控制工程有限公司、张培兴职工破产债权确认纠纷

裁判要旨：该笔业务提成系基于张培兴在双方劳动关系存续期间产生。从张培兴的工作职责看，负责项目销售、联络等工作系其提供劳动的主要内容范围，通过项目提成系其获取劳动对价的主要方式，对此应认定具有工资报酬的性质。最后，科达公司并无证据证明张培兴属于破产法及司法解释中规定的董事、监事及高级管理人员等身份，其主张对该笔款项纳入非正常收入予以调整，缺乏法律依据。

基本案情：2009 年 11 月，张培兴入职科达公司。2013 年 11 月 23 日，科达公司（甲方）与张培兴（乙方）签订《伊朗北阿 TEG 脱水项目业务提成协议》，约定伊朗北阿 TEG 脱水项目销售合同签订（2013 年

10月9日签订）后，甲方给予乙方税后业务提成总金额为人民币350万元，作为支付乙方报酬。张培兴向科达公司管理人申报债权，科达公司管理人作出《债权初审意见》认定业务提成为普通债权。张培兴遂起诉至一审法院，一审法院作出（2018）川0106民初7882号民事判决书，确认业务提成属于职工债权。科达公司不服该判决提出上诉，成都市中级人民法院认为张培兴不能明确其主张确认的业务提成、国内通信费及交通费补贴三部分的具体金额，诉讼请求不明确，裁定撤销一审判决，驳回张培兴的起诉。2019年4月23日，科达公司破产管理人负责人唐荣龙接待张培兴并形成《接待谈话笔录》，唐荣龙确认案涉660453元系业务提成，并核定该款为普通债权。张培兴对此提出异议，认为该款应为职工优先债权，张培兴遂再次起诉至一审法院。

争议焦点： 案涉业务提成是属于职工债权还是属于普通债权。

法院认为： 首先，本院在（2017）川01民终7700号案件中已经作为劳动争议予以受理，并对该债权系工资报酬作出过相应认定。其次，国家统计局发布的《关于工资总额组成的规定》第四条规定中亦明确，"工资总额由下列六个部分组成：计时工资、计件工资、奖金、津贴和补贴、加班加点工资、特殊情况下支付的工资"。再次，该笔业务提成系基于张培兴在双方劳动关系存续期间产生。从张培兴的工作职责看，负责项目销售、联络等工作系其提供劳动的主要内容范围，通过项目提成系其获取劳动对价的主要方式，对此应认定具有工资报酬的性质。最后，科达公司并无证据证明张培兴属于破产法及司法解释中规定的董事、监事及高级管理人员等身份，其主张对该笔款项纳入非正常收入予以调整，缺乏法律依据。故，科达公司主张不予确认该职工债权的诉请和理由，缺乏法律依据，本院不予采纳。一审法院认定660453元系业务提成系职工破产债权，并无不当，本院予以确认。

（四）奖金

奖金是否可以认定为职工债权，应该首先考虑奖金是否与职工的劳动挂钩。如果奖金只是具有激励作用，而非是职工的劳动对价，此种情况不宜认定属于职工债权的范围。因为此种情况的奖金更多意义上强调的是激励，并非《企业破产法》中职工职权的范围。例如，医院设立的类似于医疗安全（不良）事件奖金制度等不宜认定为职工债权。对报告医疗安全

（不良）事件的职工进行奖励，是为了让医院各科室的人员严格落实核心制度，认真执行操作流程，也是为了激励当事人可以主动上报医疗安全（不良）事件，并不是职工的劳动对价，所以此类奖金不适宜认定为职工债权。

（五）违法解除劳动关系赔偿金

根据《劳动合同法实施条例》第二十五条的规定，用人单位违反劳动合同法的规定解除或者终止劳动合同，依照劳动合同法的规定支付了赔偿金的，不再支付经济补偿。从劳动赔偿金和经济补偿金不可重复适用的规定来看，用人单位所应支付的赔偿金实际上是将经济补偿包含在内的，即劳动赔偿金实际上包括两个部分，一半是弥补职工工资损失的经济补偿，另一半则是基于用人单位违法解除合同，损害职工利益而对用人单位进行的惩罚。

参考案例

劳动赔偿金在扣除经济补偿金后的具有惩罚性质的部分属于普通债权。——江苏省宿迁市中级人民法院（2021）苏 13 民终 3813 号孙修治、江苏龙嫂绿色食品有限公司破产债权确认纠纷

裁判要旨：破产法将经济补偿金认定为职工债权优先支付，是基于职工工资债权的集体性与公益性，保护的是破产企业职工这一群体的整体利益，而具有惩罚性的债权是司法等机关针对违法行为作出的民事、行政或刑事处罚措施，具有个体性和特定性，故应将惩罚性债权认定保护个体利益的普通债权，否则将使全体破产债权人应分得的财产减少，使得实际受到处罚的并不是违法之债务人，而是其余无辜的债权人，故劳动赔偿金中具有惩罚的债权应认定为普通破产债权。

基本案情：2019 年 5 月 14 日，孙修治因与龙嫂公司劳动争议纠纷诉至一审法院。一审法院于 2020 年 3 月 12 日作出（2019）苏 1311 民初 3158 号民事判决，判决确认孙修治与龙嫂公司之间的劳动关系于 2018 年 10 月 10 日解除，并判决龙嫂公司支付孙修治工资 36000 元、违法解除劳动合同赔偿金 96000 元，合计 132000 元。

争议焦点：孙修治对龙嫂公司享有的 96000 元债权是否应当全部列为职工破产债权。

法院认为：本案中，孙修治主张龙嫂公司应支付的因违法解除劳动合同产生的赔偿金 96000 元已由法院生效文书予以确认，对于其中具有补偿性质的 48000 元应列为职工破产债权优先受偿，而剩余 48000 元具有惩罚性质，应列为普通破产债权。首先，根据《中华人民共和国劳动合同法实施条例》第二十五条的规定，用人单位所应支付的赔偿金中实际上是将经济补偿包含在内的，即劳动赔偿金实际上包括两个部分，一半是弥补职工工资损失的经济补偿，另一半则是基于用人单位违法解除合同，损害职工利益而对用人单位进行的惩罚，故本案中孙修治的 96000 元劳动赔偿金债权也应按照性质不同划分为两部分分别认定。其次，破产程序中对于职工工资补偿认定为职工破产债权优先支付是基于职工工资债权的集体性与公益性，保护的是破产企业职工这一群体的整体利益，而具有惩罚性的债权是司法等机关针对违法行为作出的民事、行政或刑事处罚措施，具有个体性和特定性，故应将惩罚性债权认定为保护个体利益的普通债权，否则将使全体破产债权人应分得的财产减少，使得实际受到处罚的并不是违法之债务人，而是其余无辜的债权人。

（六）报销款

《企业破产法》第四十八条所规定的"债务人所欠职工的工资和医疗、伤残补助、抚恤费用，所欠的应当划入职工个人账户的基本养老保险、基本医疗保险费用，以及法律、行政法规规定应当支付给职工的补偿金"属于职工债权的范围，但对于职工报销费是否属于职工债权并未作出明确规定，仅能从司法案例中窥见一斑。实践中，一般从以下几个方面认定报销费属于职工债权：一是费用的产生原因，报销费系基于劳动者履行职务产生，不同于基于日常交易而与公司发生的一般性债务；二是报销费来源，职工垫付报销费往往来源于职工工资性收入，为确保职工的生存权也不应认定为普通债权；三是从垫付后最终受益的角度，报销费用一般是职工为了完成公司指令，支出是为了公司的生产经营需要，最终受益人是公司，故报销费不应当认定为普通债权。

参考案例

职工报销款属于职工债权。——最高人民法院（2021）最高法民申 3624 号张玉喜、云南第一公路桥梁工程有限公司职工破产债权确认纠纷

裁判要旨： 企业职工为公司垫付的招投标费用、未报销的差旅费用等系基于劳动者履行职务而产生，不同于基于日常交易而与公司发生的一般性债务，垫付款往往来源于职工工资性收入，且该项支出目的是公司的生产经营需要，最终受益人是路桥一公司，故该笔报销款不应当认定为普通债权。

基本案情： 2019 年 8 月 26 日，张玉喜向管理人申报债权 68032.70元，申报理由为"职工报销款"；2019 年 9 月 20 日，张玉喜向管理人申报债权 82388.85 元，备注为"工资"。2019 年 11 月 14 日，路桥一公司管理人公示债权，将张玉喜申报的 82388.85 元工资确认为高管工资列入普通债权，将张玉喜申报的报销款 68032.70 元列入普通债权。2019 年 11 月 19 日，张玉喜向管理人提出债权异议认为：1. 管理人将其工资中的 82388.85 元认定为高管工资并列入普通债权不妥，其并非公司高级管理人员，该工资亦非高管工资，应计入职工债权；2. 管理人应将其 68032.70 元职工报销款计入职工债权。管理人经审查于 2019 年 11 月 29 日作出（2018）路桥破管字第 160-18 号、（2018）路桥破管字第 160-19 号《债权复核结果通知书》，认为张玉喜的异议不成立，张玉喜于 2019 年 12 月 4 日向法院提起诉讼。

争议焦点： 职工报销款是否为职工债权。

法院认为： 二审法院认为，张玉喜的代垫报销款 68032.70 元包括了差旅费、投标的费用等，该项费用受益人是路桥一公司，并不是张玉喜与路桥一公司建立的平等的债权债务关系，不能认定为普通债权的性质。参照《最高人民法院关于审理企业破产案件若干问题的规定》第五十八条第一款"债务人所欠企业职工集资款，参照《企业破产法》第三十七条第二款第（一）项规定的顺序清偿。但对违反法律规定的高额利息部分不予保护"的规定，张玉喜的报销款 68032.70 元应认定为职工可优先受偿的职工债权。综上所述，张玉喜在本案中涉及的代垫报销款 68032.70 元可以认定为职工债权范围。

最高法院认为： 企业职工为公司垫付的招投标费用、未报销的差旅费用等系基于劳动者履行职务而产生，不同于基于日常交易而与公司发生的一般性债务，垫付款往往来源于职工工资性收入，且该项支出目的是公司的生产经营需要，最终受益人是路桥一公司，故该笔报销款不应当认定为普通债权。

（七）第三方垫付职工债权

由于职工债权是基于劳动合同关系和生存权等基本权利产生的债权，直接关系到职工的生存生活，还关系到企业的生存发展、社会的和谐稳定。所以有无第三方垫付职工债权关系重大。根据《关于正确审理企业破产案件为维护市场经济秩序提供司法保障若干问题的意见》第二条第五款，以及《全国法院破产审判工作会议纪要》第二十七条的规定，为优先解决破产企业职工的安置问题，鼓励第三方垫付职工债权，原则上按照垫付的职工债权性质进行清偿；由欠薪保障基金垫付的，应按照《企业破产法》第一百一十三条第一款第（二）项的顺序清偿。但在实践中，对于第三方垫付的行为进行审查，主要从以下几方面进行：①垫付的时间；②第三方的范围；③与破产企业之间是否就偿还职工债权达成合意。下面将结合案例逐一展开论述。

1. 垫付时间

在实践中，对于宣告破产后第三方垫付的工人工资等款项认定为职工债权不存在争议，但对于宣告破产前垫付的款项能否认定为职工债权，在实践中存在一定的争议。

参考案例

1. 破产程序前垫付的职工工资不属于职工债权。——江苏省南京市中级人民法院（2020）苏 01 民终 5294 号上诉人宗晋如与被上诉人南京顺宏玻璃有限公司破产债权确认纠纷

裁判要旨：一、二审法院认为，在破产程序中由第三方垫付的职工债权才可按所垫付的职工债权性质进行清偿，未在破产程序中垫付职工债权不应认定为职工债权性质。

基本案情：2016 年 8 月 15 日，顺宏公司、南京顺豪玻璃有限公司、邱顺祥共同向西善桥街道出具承诺书一份，由顺宏公司成立后接替顺豪公司进行生产经营活动。因顺宏公司拖欠 30 名职工劳动报酬，而职工不断上访，经法院协调，西善桥街道已于 2015 年 12 月将 987929.2 元汇至法院相关账户，垫付了顺宏公司拖欠的 30 名职工的劳动报酬。现另有顺宏公司拖欠徐路平等 40 名职工劳动报酬 1724124.8 元，在雨花台区劳动仲裁委员会已达成调解书。因未履行调解内容，徐路平等 40 人已向雨花台区人民法院

申请执行，同时不断上访。出于维稳等因素的考虑，西善桥街道办事处同意以受让徐路平等40人对顺宏公司债权的方式，支付徐路平等40名职工的劳动报酬。支付该款项后，西善桥街道取得对顺宏公司和顺豪公司的债权。

一审另查明，贾益强曾任顺宏公司总经理，系邱顺祥外甥，杨嘉系贾益强的妻子。宗晋如与邱浩系夫妻关系，邱浩系邱顺祥的儿子。2016年10月27日，宗晋如分两次将196661.73元汇入案外人杨嘉的个人账户，之后杨嘉将上述款项分别汇给齐廷等49人。

争议焦点：案涉垫付196661.73元的性质应如何界定。

法院认为：一审认为，《全国法院破产审判工作会议纪要》第二十七条规定，在破产程序中由第三方垫付的职工债权才可按所垫付的职工债权性质进行清偿。而本案中宗晋如向顺宏公司转入案涉196661.73元时，顺宏公司并未进入破产程序。另外，顺宏公司虽将案涉196661.73元用于发放工资，但宗晋如打款时与顺宏公司已达成垫付工资的一致意思依据不充分，即使其汇款时备注"工资"，但因并非系在破产程序中垫付职工债权情形，也不应认定为职工债权性质。同时，宗晋如在申报债权时亦明确系借款给顺宏公司，该公司在确认其为普通债权后宗晋如签字确认，故案涉196661.73元仅应认定为普通债权，宗晋如要求按职工债权进行清偿的主张，没有事实和法律依据，本院不予支持。

2. 破产程序前垫付的职工工资属于职工债权。——河北省高级人民法院（2019）冀民终1061号石家庄盛平自动化设备工程有限公司、河北邢矿硅业科技有限公司破产债权确认纠纷

裁判要旨：法律未限定垫款的时间，垫付资金的用途为职工债权，以其垫款发生在破产前为由否认其职工债权的性质，不利于第三方积极扶持企业的发展、不利于职工生存权利的保护。

基本案情：2013年6月15日，邢矿硅业向冀中能源出具一份"借款的函"。该函主要内容为："由于受市场因素影响，我公司于2011年10月被迫停产，贵公司作为我公司的控股股东，现申请向贵公司借款，用于支付我公司职工薪酬以及其他维护费用，以维护公司的安全稳定。如贵公司同意借款，因我公司涉及多起诉讼（仲裁），请将相应借款直接支付至对方账户（包括职工个人工资账户、社保账户等），待公司恢复生产经营后，优先偿还所借贵公司款项。"2013年6月18日，邢矿硅业出具一份邢矿硅业专题会会议纪要（以下简称会议纪要）。该会议纪要的主要内容为：

"鉴于邢矿硅业为冀中能源控股子公司，为维护职工队伍及企业的和谐稳定，会议同意向邢矿硅业暂借款项，用于其职工薪酬、厂区设备维护等必需费用。"

争议焦点：垫付资金的行为发生在破产程序之前，是否属于职工债权。

法院认为：《最高人民法院关于正确审理企业破产案件为维护市场经济秩序提供司法保障若干问题的意见》第二条第五款明确规定："有条件的地方，可通过政府设立的维稳基金或鼓励第三方垫款等方式，优先解决破产企业职工的安置问题，政府或第三方就劳动债权的垫款，可以在破产程序中按照职工债权的受偿顺序优先获得清偿。"该规定鼓励第三方就劳动债权进行垫款，第三方垫付职工债权的资金，区别于一般普通债权，该规定也并未限定垫款的时间。本案冀中能源垫付资金的用途为职工债权，以其垫款发生在邢矿硅业破产前为由否认其职工债权的性质，不利于第三方积极扶持企业的发展、不利于职工生存权利的保护，与上述规定"鼓励第三方垫付"不符。上诉人主张《破产案件司法保障意见》仅适用于破产过程中第三方垫付职工债权的情形没有依据。

2. 第三方范围

垫付的主体"第三方"究竟包括哪些单位和个人，根据深圳市中级人民法院出台的《破产案件债权审核认定指引》第七十二条之规定，劳动监察机构、社会保险机构、欠薪保障基金管理机构、工会、债务人经营场所的房屋出租方以及其他主体为债务人垫付工资和医疗、伤残补助、抚恤费用、基本养老保险、基本医疗保险费用、住房公积金、补偿金等费用的，视为职工债权。

但在实践中，第三方的范围应当做限缩性解释还是扩大性解释，是司法实践中存在较大争议的问题。尤其是特殊主体如企业的法定代表人、股东、高管或上述人员的亲属垫付的工资能否认定为职工债权，需要结合具体事实认定。存在上述人员与企业财产混同、难以区分的情形，企业的法定代表人、股东或高管的家属也有可能是企业经营的受益人，如家族企业中，法定代表人的家属一般也会享受企业生产经营的利益，在这种情况下，不宜认定为"第三方"；如果各自财务独立，不存在上述人员与企业财产混同的情形，则可认定为"第三方"。

参考案例

个人财产与公司财产混同的情形，所垫付的款项并非代为清偿职工债权。——江苏省南京市中级人民法院（2020）苏 01 民终 5294 号上诉人宗晋如与被上诉人南京顺宏玻璃有限公司破产债权确认纠纷

裁判要旨：因个人财产与公司财产混同的情形，垫付第三方并非与顺宏公司毫无利害关系的第三方，其向杨嘉汇款支付工人工资系了维持家族企业的经营，并非代为清偿职工债权。

基本案情：一审另查明，贾益强曾任顺宏公司总经理，系邱顺祥外甥，杨嘉系贾益强的妻子。宗晋如与邱浩系夫妻关系，邱浩系邱顺祥的儿子。2016 年 10 月 27 日，宗晋如分两次将 196661.73 元汇入案外人杨嘉的个人账户，之后杨嘉将上述款项分别汇给齐廷等 49 人。

争议焦点：个人财产与公司财产混同时，所垫付的款项是否属于职工债权。

法院认为：一审法院在对顺宏公司、顺豪公司、圣华公司进行合并破产清算期间，查明上述三个公司的实际控制人均为邱顺祥，邱顺祥的亲属朋友多人在上述三个公司任职，邱顺祥亦存在利用亲属个人银行账户进行公司资金往来的情况，甚至存在个人财产与公司财产混同的情形，可以看出顺宏公司实为家庭经营。宗晋如作为邱顺祥的儿媳妇，并非与顺宏公司毫无利害关系的第三方，其向杨嘉汇款支付工人工资系了维持家族企业的经营，并非代为清偿职工债权。

3. 与破产企业之间是否就偿还职工债权达成合意

在实践中，第三方垫付行为的性质容易产生分歧，属于"借款"还是"职工债权"意见不一。

首先，需考虑第三方出资的本意是借款还是垫付。为防止大量借款优先清偿的情况，确保破产债权公平受偿，司法审判中对此类债权认定也较为审慎，即使借款是用于发放工资，一般也不认定其优先性质。但是也有法院认为即使是借贷，用于支付职工债权的本金应优先清偿，但是利息按照普通债权清偿。

参考案例

1. 协议约定由第三方垫付，不属于职工债权。——江苏省泗阳县人民

法院（2020）苏 1323 民初 3923 号海润光伏设备销售有限公司与泗阳瑞泰光伏材料有限公司合同、无因管理、不当得利纠纷

裁判要旨：第三方垫付职工债权，应该是第三方自愿管理破产企业事务的无因管理行为，其没有法律上的义务，而从合同书中关于"一方违反合同约定应向另一方支付违约金，违约金以逾期付款金额按日利率万分之五计算"的约定来看，不符合垫付的性质。

基本案情：2019 年 10 月 28 日，瑞泰公司作为甲方、案外人霞印公司作为乙方、海润公司作为丙方签订委托代付合同书一份，主要内容：甲方和丙方同系海润光伏科技股份有限公司控股公司，甲方进入停业状态，并陆续就员工实施了协议安置。……甲方为了积极筹措资金用于支付安置员工的经济补偿金，通过委托书授权丙方向乙方指定账户汇款用于乙方偿付甲方被安置员工的经济补偿金等。甲方委托乙方具体向甲方被安置员工 150 人支付经济补偿金 2640149.32 元。甲方委托丙方向乙方指定账户支付 2640149.32 元，丙方向乙方系支付 2640149.32 元后，视为甲方向乙方履行了付款义务。丙方代甲方向乙方付款后，乙方应当于收到款项后 30 个工作日内向甲方安置的员工偿付经济补偿金。一方违反合同约定应向另一方支付违约金，违约金以逾期付款金额按日利率万分之五计算。

海润公司于 2020 年 10 月 29 日共计向霞印公司转账支付 15246694.32 元用于支付海润（集团）员工补偿金，霞印公司将其中 2640149.32 元发放给瑞泰公司的 150 名员工用于支付经济补偿金。2019 年 12 月 4 日，霞印公司向海润公司出具江苏省行政事业单位资金往来结算票据，金额为 2640149.32 元，收款项目为代付泗阳补偿金。

争议焦点：案涉 2640149.32 元是否是海润公司为瑞泰公司垫付的员工补偿金。

法院认为：《全国法院破产审判工作会议纪要》第二十七条规定：企业破产与职工权益保护。破产程序中要依法妥善处理劳动关系，推动完善职工欠薪保障机制，依法保护职工生存权。由第三方垫付的职工债权，原则上按照垫付的职工债权性质进行清偿；由欠薪保障基金垫付的，应按照《企业破产法》第一百一十三条第一款第（二）项的顺序清偿。债务人欠缴的住房公积金，按照债务人拖欠的职工工资性质清偿。该条规定的第三方应该是除债务人以外的单位或个人。本案中，虽然海润公司、瑞泰公司均系海润光伏科技股份有限公司出资的公司，资金由该公司统一调配，但是两公司为独立法人，且财务独立，因此海润公司应属于上述规定的第三

方范围。

对于案涉 2640149.32 元是否属于海润公司为瑞泰公司垫付的员工补偿金，本院认为，《现代汉语词典》中垫付的定义是：暂时替人付钱。从此定义可以看出，垫付存在两个特征：一是暂时性；二是替人付钱。因此《全国法院破产审判工作会议纪要》中"由第三方垫付的职工债权"应该符合以下情形，即付款的主体应当是垫款人，也就是说垫款人直接将款项支付给破产企业的职工，或者通过政府等组织将款项支付给破产企业的职工。本案中，海润公司将 2640149.32 元付至霞印公司，由霞印公司支付给瑞泰公司的 150 名员工，系基于三方签订的委托代付合同书约定。按照此合同，该 2640149.32 元资金来源是由瑞泰公司筹措，对于筹措的款项是借款还是垫付款或者其他性质，合同中没有予以明确。现海润公司主张系为瑞泰公司垫付职工债权，但是，第三方垫付职工债权，从本质上说应该是第三方自愿管理破产企业事务的无因管理行为，其没有法律上的义务，而从委托代付合同书中关于"一方违反合同约定应向另一方支付违约金，违约金以逾期付款金额按日利率万分之五计算"的约定来看，明显不符合垫付的性质。另外，海润公司也未提供由相关部门协调其为瑞泰公司垫付款项的证据。故对海润公司关于其为瑞泰公司垫付员工经济补偿金 2640149.32 元，应为职工债权的主张，本院不予支持。

2. 出借的本金为职工债权，利息为普通债权。——陕西省大荔县人民法院（2019）陕 0523 民初 3677 号任某与侯文阳、吴冬青、大荔东府医院破产管理人等职工破产债权确认纠纷

裁判要旨： 出借的款项用于发放大荔东府医院职工工资，参照《全国法院破产工作会议纪要》，由第三方垫付的职工债权，原则上按照垫付的职工债权性质进行清偿，故出借本金具有优先清偿权，利息应按普通债权处理。

基本案情： 2016 年 11 月 11 日，大荔县文阳汽贸有限公司经侯文阳之手向原告任美丽借款 350000 元，用于发放大荔东府医院职工工资，约定月息 2 分，期限为 2016 年 11 月 11 日至 2017 年 2 月 10 日，向原告出具了借条；原告任美丽将该款汇入大荔东府医院吴冬青账户，有银行电子回单；文阳汽贸记账册中载明"2016 年 11 月 12 日借华县任美丽 35 万元支医院工资（吴冬青账户收）"。2019 年 9 月 7 日，大荔东府医院破产管理人、大荔县文阳汽贸有限公司破产管理人出具对任美丽该笔款项不予确认债权通知。

争议焦点：出借的款项性质是否属于职工债权。

法院认为：本案系一起单位破产后，因其管理人不确认原告申报的借贷债权所引发的职工破产债权确认纠纷。原告主张确认原告在被告处债权总额为42万元借款债权并具有优先清偿权；被告大荔东府医院破产管理人、大荔县文阳汽贸有限公司破产管理人辩称借款35万元属实但不确认优先清偿权，利息7万元也属实但属于普通债权。庭审中，原告及被告侯文阳、吴冬青出示的各项证据能够证明原告出借的35万元是发放了大荔东府医院职工工资，与原告诉称的事实相一致，参照《全国法院破产工作会议纪要》，由第三方垫付的职工债权，原则上按照垫付的职工债权性质进行清偿，故原告出借的35万元具有优先清偿权。其所产生的利息不属于优先清偿的范围，应按普通债权处理。

其次，付款的主体应当是垫款人，也就是说垫款人直接将款项支付给破产企业的职工，或者通过政府等公共组织将款项支付给破产企业的职工。企业破产前，如果第三方将款项汇入债务人账户，由债务人将该款项发放给职工，在没有其他证据证明第三方确系为债务人垫付款项清偿职工债权的情况下，不宜认定第三方是垫付职工债权的行为。因为货币是种类物，一般适用"谁占有谁所有"的原则，第三方将款项汇入债务人的账户后，货币的所有权发生了变化，变成了债务人的财产，债务人是以自己的名义将款项发放给职工，也就不存在第三方垫付职工债权的情形。这种情况下，即使款项的用途最终是支付职工工资，实践中一般也不宜认定是第三方垫付职工债权的行为。但特定情形下，有确切证据证明第三方确系垫付行为，如经过政府协调或者双方之间存在垫付协议，并且通过债务人的账户进行发放时也可认定为第三方垫付职工债权的行为。

（八）职工集资款问题

1. 职工集资款的债权性质

职工集资款债权的实质为民间借贷，和普通民间借贷的区别主要在于债权人的职工身份。《最高人民法院关于审理企业破产案件若干问题的规定》第五十八条第一款规定，债务人所欠企业职工集资款，参照《企业破产法》第三十七条第二款第（一）项规定的顺序清偿。但在实践中，对职工集资款的性质认定意见并不统一。

一种观点认为职工集资款不属于职工债权，其主要依据是新破产法中没有明确规定职工集资款属于职工债权，而旧破产法已经废止，因此《最高人民法院关于审理企业破产案件若干问题的规定》也应当随之废止。这一观点强调法律渊源的层级和适用性，认为司法解释不能超越法律本身。在实务操作中，法院在审理破产案件时会综合考虑法律规定、司法解释、立法目的以及社会影响等因素，来认定职工集资款是否应当作为职工债权进行优先清偿。

而另一种观点认为职工集资款属于职工债权则更加注重法律的社会效果和立法目的。这一观点认为，新破产法对职工债权的规定有扩大的趋势，而且《最高人民法院关于审理企业破产案件若干问题的规定》并未被废止，说明立法和司法机关对其内容持肯定态度。此外，从社会稳定和保护职工利益的角度出发，职工集资款应当被视为职工债权，以确保职工在企业破产时能够得到适当的保护。

2. 职工集资的审查要素

（1）集资的对象及范围

职工集资是企业向本企业职工发起的集资，集资对象仅限于与企业有劳动关系的职工，且集资覆盖面应当具有不特定性和群体广泛性。集资行为发生时集资人不具有职工身份，或集资对象面向企业内的个别少数职工，则不宜认定为职工集资款。

参考案例

集资对象非企业职工不能认定为职工集资款。——最高人民法院（2021）最高法民申 6195 号虎某、宁夏上陵实业（集团）有限公司职工破产债权确认纠纷

裁判要旨： 根据《最高人民法院关于审理企业破产案件若干问题的规定》第五十八条第一款规定，企业欠职工的集资款的前提是双方之间存在劳动合同关系。

基本案情： 2018 年 2 月 12 日，虎某与上陵实业集团签订编号为员工福利借款之银字第（2018）第 JT-2018-114 号的《职工福利借款合同》一份，合同约定：第一条福利借款主体：上陵集团及所属关联公司的在册员工。第二条借款金额为 17 万元，自 2018 年 2 月 12 日起至虎某或上陵实业集团提出偿还本息之日。第三条借款年利率 15% 计息（即月息千分之十二点五）。合同签订当日，虎某通过转账方式支付借款 17 万元给上陵实业集

团的指定账户，上陵实业集团向虎某出具收据。另查明，虎某自2011年3月15日入职上陵实业集团以来，先后在宁夏波斯顿饭店管理有限公司、上陵牧业公司工作。涉案《职工福利借款合同》签订期间，虎某在翔达牧业公司工作。

争议焦点：案涉借款是否为破产企业的职工集资款。

法院认为：虎某与上陵实业集团签订的案涉《职工福利借款合同》依法应为民间借贷法律关系，虎某就该合同享有的债权应为民间借贷普通债权。虽然《最高人民法院关于审理企业破产案件若干问题的规定》第五十八条第一款规定"债务人所欠企业职工集资款，参照《企业破产法》第三十七条第二款第（一）项规定的顺序清偿。但对违反法律规定的高额利息部分不予保护"，该条规定的企业欠职工的集资款的前提是双方之间存在劳动合同关系。本案中，根据虎某提交的证据，其在签订《职工福利借款合同》时系上陵牧业公司综合部经理，其工资不是由上陵实业集团发放，社会保险也不是由上陵实业集团缴纳，虎某也认可从劳动关系角度，其不是上陵实业集团的内部职工，且虎某任职的上陵牧业公司亦不是案涉的上陵实业集团及其他六家关联的破产企业。因此，虎某不是案涉的破产重整企业职工，依法不符合《最高人民法院关于审理企业破产案件若干问题的规定》第五十八条第一款规定的条件。

（2）集资款的用途

职工集资得以正当化、合理化的重要依据在于，企业与职工利益紧密相连，其集资取之于企业职工、用之于企业。集资款的用途应具有合理性，集资资金必须用于企业自身的生产经营活动或开展企业自救，如采购原材料、设备维护或改造等。是否能认定集资属于职工集资，集资的用途是一个重要表征。

> **参考案例**
>
> 集资款需用于企业生产经营方能认定为职工集资款。——最高人民法院（2021）最高法民申6195号虎某某诉宁夏某有限公司破产债权确认纠纷
>
> **裁判要旨：**职工集资款应以解决企业发展所需资金为用途，用于企业生产经营活动是企业内部集资行为合法性的前提之一。
>
> **基本案情：**2018年2月12日，虎某某与宁夏某有限公司（以下简称

宁夏某公司）签订《职工福利借款合同》，当日，虎某某通过转账方式支付借款 17 万元给宁夏某公司指定账户，宁夏某公司向虎某某出具收据。虎某某申报债权后，管理人向虎某某出具《宁夏某公司公司债权异议回函》，认为《职工福利借款合同》属于民间借贷关系，不属于职工破产债权范围，确认为普通债权。虎某某不服，提起本案诉讼。

争议焦点：职工集资款是否应参照职工破产债权优先受偿。

法院认为：职工集资款应以解决企业发展所需资金为用途。用于企业生产经营活动是企业内部集资行为合法性的前提之一。一些企业进行内部集资并非为了企业生产经营，而是转贷牟利等，企业也存在以企业自用为名进行集资，为谋取利益将集资款用于违背社会公序良俗的方面或进行违法犯罪活动。为确保破产债权公平受偿，应结合集资目的、合同内容、借款流向等因素综合考虑是否应将借款列入职工集资款范围。如出借人明知上述情形仍出借资金，其出借资金明显属于牟利性的商业投资行为，而非通过提供资金帮助企业发展而保障其生存就业权，不符合职工集资款优先受偿的立法本意。

（3）集资款的来源

集资款主要来源于职工的生存性工资，且每位职工的集资款金额应当与其工资性收入水平较为接近。集资的职工与民间借贷的债权人都是出借给破产企业资金，民间借贷类债权人出借资金的目的是获取高额的利息回报，其出借的资金来源于自身积累或者其他路径的募集，通常情况下债权金额较高。职工集资款因其出借资金往往来源于职工在破产企业的薪酬收入，数额一般小于民间借贷类债权金额。如果出借人虽然是企业职工，但资金来源、出借目的、运作方式与民间借贷没有本质区别，则没有给予其特殊保护的必要，否则会产生相同债权不同清偿的结果，显失公平。

五、职工债权的核查方式

职工债权的核查是破产程序中的重要环节，其目的是确认破产企业对职工的债权情况，以便在破产财产分配中妥善处理职工的权益。职工债权的核查方式一般分为以下几个方面。

（一）核查债务人移交的材料

在接管破产企业后，应与债务人的人事部门或人力资源部门对接，获取相关的人事资料，包括但不限于职工的劳动合同、解除劳动合同的证明、工资发放记录、考勤记录、用工登记以及其他员工档案等，需要对这些材料进行梳理，以便了解职工的债权情况。

（二）核实职工身份

结合获取的职工劳动合同、工资发放凭证等材料，核实职工身份及是否存在劳动关系。在没有正式劳动合同的情况下，可以参考《劳动和社会保障部关于确立劳动关系有关事项的通知》中提到的其他凭证，如工资支付记录、社会保险缴费记录、工作证、服务证、招聘登记表、考勤记录等[①]，以此来确认劳动关系。

（三）编制职工花名册

为了便于核查职工债权，可以制作职工花名册模板，罗列统计职工的工资标准、欠薪期限、欠薪金额等信息。对于工资标准，债务人应提供相应的薪酬执行标准。对于欠薪期限和金额，需要债务人提供具体数据。此外，还需要查询社保部门的记录，了解破产企业为员工缴纳社保的情况。

（四）前往相关部门了解情况

走访劳动仲裁委员会及法院，调取仲裁、诉讼卷宗，以核实是否存在欠薪、工伤等纠纷。走访社保部门、公积金管理中心，核实是否存在社保和公积金缴存情况，尤其是住房公积金的核查，需管理人、职工、公积金中心三方配合。上海市高级人民法院与上海市住房和城乡建设管理委员会联合发布的《关于破产程序中规范处置住房公积金债权的会商纪要》，给出了详细的操作流程，在实务中可以参考，便于明确公积金债权的核查主体及操作流程。

附：公积金核查操作流程[②]

（1）在申报债权期间，管理人需联系对接市公积金中心区管理部调查债务人住房公积金缴存情况。包括债务人已经设立单位住房公积金账户的，联系单位住房公积金账户所在区管理部；债务人未设立单位住房公积金账户的，联系其住所地所在区管理部。管理人应当向区管理部书面邮寄

---

① 《劳动和社会保障部关于确立劳动关系有关事项的通知》第二条。
② 上海市高级人民法院《关于破产程序中规范处置住房公积金债权的会商纪要》第二条。

《协查函》，申请调查债务人住房公积金的开户和缴存情况，随函提供法院就破产或清算作出的《民事裁定书》《决定书》等有效法律文件。

（2）市公积金中心区管理部收到管理人的《协查函》后，应当配合查询和调查。配合查询债务人的单位住房公积金账号、开户日期、末次汇缴月份、目前缴存人数、缴存职工的名单和证件号码及个人住房公积金账号等信息。查询是否有针对债务人的投诉举报（含已立案的案件），查询市公积金中心是否已向人民法院申请强制执行。

（3）管理人在收到市公积金中心协查反馈的情况及材料后，根据已接管的企业资料，核查职工与债务人的劳动关系存续时间、工资基数等情况，并核定职工的住房公积金债权金额后予以公示。职工就公示清单中记载的住房公积金债权向管理人提出异议的，管理人可与对接的市公积金中心区管理部联系，市公积金中心区管理部帮助管理人进行复核。

（4）债务人进入破产程序后，管理人可持人民法院出具的受理破产申请裁定书、指定管理人决定书，以债务人名义至市公积金中心各管理部或银行住房公积金业务网点办理相关账户和缴存业务，业务网点予以支持。

（5）职工的住房公积金债权经债权人会议核查，人民法院裁定确认后，管理人应当向对接的市公积金中心区管理部提供确认债权的裁定书。人民法院债权确认裁定书中未单独列明职工住房公积金债权金额的，管理人应当向市公积金中心区管理部提供职工债权中所涉住房公积金债权的具体明细情况。

（6）破产案件有财产分配的，管理人应当依法将应清偿的住房公积金补缴入职工的个人住房公积金账户，并由对接的区管理部协助做好补缴入账等相关工作。

（7）管理人可以凭企业注销证明或法院裁定破产程序终结的相关材料至对接的区管理部办理单位住房公积金账户注销手续。

（8）管理人应当在法院裁定债务人破产程序终结后的十五日内，书面告知对接的市公积金管理中心区管理部。

综上，在破产程序中，职工债权通常享有优先受偿的权利，准确核查职工债权对于保障职工利益至关重要。通过上述方式，可以全面了解职工债权情况，为职工权益保护提供依据。

第六章 重整企业财产管理与继续营业

一、重整营业中的管理模式

（一）继续或停止债务人的营业

对于重整企业来说，继续营业过程中的经营失败或财产贬值、灭失的风险是由债权人承担的。但是，反过来说，过多的限制可能会降低继续营业的效率，减少企业复兴的希望，由此带来的不利后果也要由债权人来承担。因此，对于继续或停止营业的决定应审慎作出。

1. 决定继续或停止营业的主体

根据《企业破产法》第二十六条的规定，企业进入破产程序后，第一次债权人会议召开前由管理人决定债务人是否继续营业并报请人民法院许可。《企业破产法》第六十一条规定了债权人会议行使的职权范围，其中第五款是决定继续或者停止债务人的营业。即第一次债权人会议召开后企业是否继续营业问题，由债权人会议决定。

也就是说，企业进入破产后，债务人继续还是停止经营的决定权人为人民法院和债权人会议，分界点以召开债权人会议为界。管理人虽然有履行破产企业是否经营的职责权限，但是管理人没有决定权，管理人作出决定需向法院提出报告，最终由人民法院经过审查作出许可。召开第一次债权人会议后，管理人就不再向法院报告，而是向债权人会议提出，由债权人会议许可。

2. 决定继续或停止债务人的营业的标准

根据过往办理案件的经验，在重整案件中，除非管理人接管时债务人已停止经营或无法继续经营的，否则管理人应当继续企业的营业。管理人应根据对债务人企业生产经营情况的调查结果，在接管企业后尽快对继续或停止债务人的营业作出决定，并制作《关于继续/停止债务人营业的分析报告》报请法院许可或召开债权人会议进行审查表决。管理人决定继续债务人营业时可参考如下标准。

（1）债务人存在继续营业的可能

从破产受理到最终法院裁定批准重整计划一般会持续一段时间，在此期间，如债务人各项运转能快速启动，继续营业能使债务人的"造血"能力迅速恢复。只有正常生产，才能保证债务人的各项运转"不生锈"，才能在市场行情较好的时候不失去更多的客户和商机。

（2）有利于债权人和债务人的利益

《最高人民法院关于审理企业破产案件若干问题的规定》第三十三条规定："债务人自破产宣告之日起停止生产经营活动。为债权人利益确有必要继续经营的，须经人民法院许可。"

因此，企业进入破产程序后继续经营的首要条件和考量点就是要有利于债权人、债务人及相关各方的利益。具体来说，对于破产清算的企业应有利于提高债权人的清偿率，有利于债务人财产价值的最大化；对于直接申请重整，或者计划申请清算后转为重整的企业，继续经营应当有利于提升企业的重整价值、有利于重整投资人的招募。否则，债务人继续经营毫无意义。

（3）有利于破产财产保值、增值

如果债务人继续经营，能否使破产财产保值、增值，也是决定一个企业是否继续营业的重要考量。比如一家破产过程中的公司本属于行业龙头企业，由于种种原因资不抵债进入破产程序中，但是其客户群非常优质，公司的营业状态也非常好，在破产过程中继续营业可以带来更好的收益，既能降低破产财产立即停止使用带来的毁损风险，还能避免债务人的财产流失和价值的降低。

那么，选择继续营业对于破产企业、企业职员和债权人来讲一定是利大于弊。再如有些破产的企业属于生产型或者服务型，即使进入破产程序中，该破产企业的主营业务如果持续进行，将有利于破产企业的还债，有利于提高债务人财产价值和债权清偿比例，也避免企业一旦进入破产，就等清算解体，从而降低清偿财产的价值。

（4）有利于破产企业职工就业和当地社会稳定

企业破产必然会导致职工下岗、职工权益受到损害，根据《企业破产法》第一百一十三条的规定，破产财产在优先清偿破产费用和共益债务后，首先清偿的即是所欠职工工资和医疗、伤残补助、抚恤费用。破产企业的职工作为企业整个破产环节的弱势群体，一旦失去生活来源，将对当地社会的稳定问题产生影响，其利益应当在优先考虑的范畴。债务人如果能继续经营，可以安排职工继续上班，有利于职工继续就业，保障职工利益，同时维护社会稳定。

（5）一定程度上减少破产成本

重整法定审理期限是六个月，特殊情况下可以延长三个月，即便如此重整案件超期现象也普遍存在，重整期间往往少则半年多则两三年。而进入重整的企业即便已经停产，在此期间仍旧会产生应付职工工资、应缴社保费用及各类税费等共益债务，对外追收产生的诉讼费，管理、变价和分配债务人财产的费用及聘用工作人员的费用等破产费用，上述费用无疑进一步增加投资负担。如债务人各项运转正常的情况下，继续营业可以带来营业收益，从而减少破产成本，甚至是独立负担破产期间产生的破产费用和共益债务，增加可供分配的破产财产。

（6）便于招募投资人

如在法院裁定受理破产申请之前，已经有潜在的重组方与债务人沟通，有意愿继续发展债务人业务，债务人、债权人或出资人有意通过重整继续经营的，管理人需第一时间向法院申请继续营业。

在实操中，存在管理人提交继续营业申请后，法院未及时出具或者不愿意出具许可复函的情况，这对于裁定受理前正在营业中的企业来说是不利的。为便于法院及债权人会议准确快速地作出决策，管理人在提交法院许可或债权人会议表决前，应制作详细分析报告阐明继续或停止债务人营业的理由。此外，也建议完善有关继续或停止债务人营业决定程序相关法律规定，如明确法院在收到管理人有关继续或停止营业的报告后，需在一定期限内作出复函，避免持续等待造成的债务人重整基础的丧失。

附：《关于提请人民法院许可继续/停止债务人营业的报告》《关于债务人继续营业的分析报告》

关于提请人民法院许可继续/停止债务人营业的报告

（×××）×××破管字第×××号

×××人民法院/×××（债务人名称）债权人会议：

本管理人在接管债务人财产后，经调查认为，债务人继续营业将有利于/不利于广大债权人、职工和相关各方的利益，决定继续/停止债务人的营业，详细理由见附件《关于继续/停止债务人营业的分析报告》。

报请法院的：

现根据《企业破产法》第二十六条之规定，请贵院予以许可。

报请债权人会议的：

现根据《企业破产法》第六十一条第一款第（五）项之规定，提请债权人会议表决。

特此报告。

（管理人印鉴）

××××年××月××日

附：《关于继续/停止债务人营业的分析报告》

说明：

一、本文书依据的法律是《企业破产法》第二十五条第一款第（五）项、第二十六条或者第六十一条第一款第（五）项之规定，由管理人决定是否继续债务人的营业，并报请人民法院许可，或者报请债权人会议表决。

二、第一次债权人会议召开之前，管理人决定继续或者停止债务人的营业的，应当根据《企业破产法》第二十五条第一款第（五）项、第二十六条之规定，向受理破产案件的法院提出申请报告，由法院批准许可。第一次债权人会议召开后决定债务人的营业继续或者停止的，则应当根据《企业破产法》第六十一条第一款第（五）项之规定，提交债权人会议表决。

三、鉴于继续或停止债务人营业的理由比较复杂，因此，本文书应附详细分析报告。

关于债务人继续营业的分析报告

经多方协调、调查，结合×××提交的继续营业申请，并初步分析后，认为债务人继续营业有益于社会稳定，有利于地方经济发展，有利于提高债务人的债务偿还能力。故管理人特提交本分析报告，具体内容如下：

一、×××公司组织架构尚存，有能力继续开展生产

债务人虽然如今面临重整的巨大挑战，但目前债务人的管理团队尚健全，能够快速地组织生产经营，迅速地开辟市场；特色鲜明的企业文化尚在，能够凝聚人心汇集民力。总之，在原领导班子的全力带领下，在全体员工的共同努力下，管理人相信债务人有能力排除万难，完成预计的生产计划任务。

二、继续营业有利于债务人保留特定资质，维持债务人资产保值增值×××。

三、债务人维持正常运转对社会稳定、资源有效利用、重整成功具有极为重要的意义。

首先，重整程序一般会持续一段时间，在此期间继续营业，债务人的"造血"能力将会迅速恢复，才能在市场行情较好的时候不失去更多的客户和商机。只有正常生产，才能保证债务人的各项运转"不生锈"，降低债务人财产立即停止使用带来的毁损风险。

其次，债务人继续营业将产生收益，可以解决破产程序中的部分债务问题，使员工不至于拿不到工资报酬，能够使债务人减少破产成本，使之更少地依赖外部力量负担，甚至是独立负担破产期间产生的破产费用和共益债务。

此外，正常生产也可以给在职职工及意向战略投资者以更大的信心，有助于顺利推进合并重整程序更好地推进，在一定程度上使广大债权人更为安心、放心，保证了社会稳定。

综上，管理人认为债务人继续营业是有利于维护广大债权人合法权益和社会稳定的。

×××公司管理人

××××年××月××日

（二）债务人财产和营业事务的管理模式

根据《企业破产法》的规定，管理人接管债务人财产，负责管理债务人财产和营业事务。在重整期间，管理人可以继续执行这一职务。但在重整过程中，考虑到债务人更熟悉其业务和财产状况，由债务人来管理财产和营业事务可使重整成功的可能性更大。为了发挥债务人经营管理人员了解企业真实情况的优势，鼓励债务人通过法定程序尽早走出经营困境，《企业破产法》第七十三条规定，经债务人申请，人民法院批准，债务人可以在管理人的监督下自行管理财产和营业事务。但如果债务人不提出申请或者法院驳回其申请的，仍然由管理人来管理债务人财产和营业事务。

结合上述规定，我国将债务人财产和营业事务的管理模式分为管理人管理模式及债务人自行管理模式。但从我国目前的破产法立法体例来看，我国仍坚持以管理人管理为原则，债务人自行管理为例外。下面将两种管理模式进行对比，分析各自的优缺点。

1. 管理人管理模式的优势

（1）专业性与中立性

管理人由具有专业知识及专业资格的人员组成，这就意味着组成人员能够充分运用自身专业知识，排除各项干扰，公正、客观、专业地处理各项破产事务，保持中立性的态度。

（2）经验性与创造性

管理人比债务人管理层更有处理重整中纠纷的经验，由管理人管理有助于缓和利害关系人之间的分歧，平衡不同利益主体利益冲突，不受债务人企业内部层级中的偏见和争斗影响，更有可能提出创造性的解决方案。

2. 管理人管理模式的劣势

根据相关法律规定，管理人可以由有关部门、机构的人员组成的清算组或者依法设立的律师事务所、会计师事务所、破产清算事务所等社会中介机构担任，构成中缺乏专业的经营管理专业人员。而重整中的企业财产和营业事务的管理需要具有专业知识技能且熟悉债务人状况的人负责，而原董事会即管理层比管理人更具有这方面的优势。此外，原董事会及管理层与供应商、消费者、职工等利害关系以及社区之间关系的维持也会有助于企业经营。

（1）增加成本

《企业破产法》规定，管理人可以聘任债务人的经营管理人员负责营业事务，聘用经营管理者，将产生"转轨成本"，新的经营管理者需要时间熟悉重整事务，并重新建立与其他利害关系人的关系，增加破产成本。

（2）缺乏监督机制

当原来的管理人出任重整人时，重整程序中就缺少了专门的重整监督机构，重整程序中如果缺少了监督机构后果是不堪设想的。只能充分发挥司法能动作用，与债权人委员会一起定期对重整企业进行工作检查和指导，发现问题责令改正，这种监督很难做到深层次的监督，很可能最后流于形式。

3. 债务人自行管理模式的优势

（1）弥补管理人经营管理经验不足

目前管理人一般由中介机构（包括律师事务所、会计师事务所或清算事务所）单独或者与政府工作小组联合担任。从管理人目前的实际情况来看，管理人总体缺乏经营管理企业的相关领域的专业技能和管理技能。因此，如果采用债务人自行管理模式，可以弥补目前管理人经营管理经验不足的问题。

（2）有利于激励债务人、债务人股东和管理层积极参与重整程序并推动重整程序成功

企业获得重生后，企业继续存续，企业股东还可能会保留一定的股权或者免除一定的保证责任等，管理层可以继续任职，通过控制权的保留提升企业进入破产重整程序的效率，有利于激励债务人、债务人股东和管理层积极参与重整程序，推动重整成功。

（三）债务人自行管理模式

1. 债务人自行管理的申请时间

《企业破产法》第七十三条规定，在重整期间，经债务人申请、人民法院批准，债务人可以在管理人的监督下自行管理财产和营业事务。但该条对债务人能否在提出重整申请的同时向法院递交自行管理的申请未作规定。直至2019年11月8日最高人民法院《全国法院民商事审判工作会议纪要》对此予以明确，纪要第一百一十一条第二款规定，"债务人提出重整申请时可以一并提出自行管理的申请"。该条赋予债务人提出重整申请时，一并提出自行管理申请的权利，无须通过债权人会议对自行管理申请进行表决，也不以征求债权人意见为必要条件，一方面通过保护诚信债务人的经营管理权来激励债务人尽快启动重整程序，另一方面避免出现法院批准债务人自行管理申请过多征求债权人意见导致经营管理权出现真空和管理人接管进退两难的局面，同时又防止管理人接管后批准自行管理又再移交财产营业事务而造成经营管理权的反复变动，提高重整效率、维护重整企业的营业价值。

2. 债务人自行管理实质条件

《全国法院民商事审判工作会议纪要》第一百一十一条第一款规定，重整期间，债务人同时符合下列条件的，经申请，人民法院可以批准债务人在管理人的监督下自行管理财产和营业事务：

①债务人的内部治理机制仍正常运转；②债务人自行管理有利于债务人继续经营；③债务人不存在隐匿、转移财产的行为；④债务人不存在其他严重损害债权人利益的行为。

上述四个条件可以分别概括为具备自行管理能力、有利于重整、不存在恶意行为以及不损害债权人利益的兜底性条件。法院应当从这四个方面

审查债务人自行管理申请。

　　管理人在监督过程中，如发现债务人存在严重损害债权人利益的行为或者有其他不适宜自行管理情形的，可以申请人民法院作出终止债务人自行管理的决定。人民法院决定终止的，应当通知管理人接管债务人财产和营业事务。此时，涉及两种模式的转换，从债务人自行管理模式转为管理人管理模式。

参考案例

　　河南省太康县人民法院（2023）豫 1627 破 8 号许可债务人继续营业复函

　　内容简述： 法院于 2023 年 9 月 3 日收到管理人提交的《关于提请人民法院许可继续债务人营业的报告》，你方认为债务人继续营业将有利于广大债权人、职工和相关各方的利益，故提请法院许可债务人周口永兴医院继续营业。经研究，答复如下：

　　周口永兴医院作为重大民生项目，科室门类齐全，拥有六七百人的专业医疗人才队伍，在当地群众中有一定的影响力和美誉度，能够满足当地的居民医疗、康养、保健需求，符合继续经营的条件。目前能够正常运营，且有投资人重整意向。许可周口永兴医院在周口永兴医院管理人的监督下自行管理财产和营业事务。

　　在该案例中，法院准许债务人在管理人的监督下自行管理财产和营业事务，主要从以下几个方面综合考虑：一是破产企业所处行业，医院关系地方民生，停止营业将造成百姓对医院的不信任；二是具备管理人营业事务的机构及人员等继续营业的条件，目前能够正常运营；三是有重整投资人，一定程度上能确保破产快速推进。

参考案例

　　河南省某法院准许债务人医院在管理人的监督下自行管理财产和营业事务决定书

　　内容简述： 债务人申请理由：一是医院在预重整期间一直保持持续经营的状态，并未停产停业，内部管理机制仍良好运行，并未出现不能持续经营的情况；二是与管理人相比，申请人更为了解医院资产、财务、运营的状况等，能够有针对性地发挥其中优质医疗资产的潜力，并最大限度实现医院财产的保值增值，充分维护广大债权人的合法权益；三是重整程序以复兴为目标，涉及医院营业的恢复等事务，申请人具备更好的医疗管理事务判断能力，比管理人更具有优势；四是申请人在医院运营管理、员工安置及调配利益相关方沟通、协调、配合方面，均具有明显的优势；五是医院现有管理团队仍保持忠实、勤勉义务，且具有积极推进重整程序、尽早恢复医院活力的强烈意愿。请求本院许可其在重整期间自行管理财产和营业事务。

法院认为：债务人医院申请符合法律规定。依照《企业破产法》第七十三条的规定，决定如下：准许债务人医院在管理人的监督下自行管理财产和营业事务。

与上一个案例不同的是，将债务人自行管理与管理人管理进行了优势对比，强调债务人比管理人更为了解医院资产、财务、运营的状况，具备更好的医疗管理事务判断能力，在医院运营管理、员工安置及调配利益相关方沟通、协调方面，均具有明显的优势，能更好地实现破产企业重生。

参考案例

烟台市莱山区人民法院（2021）鲁 0613 破 1 号许可债务人自行管理财产和营业事务决定书

内容简述：债务人申请理由：内部管理机构正常运转，具备自营的基础条件，自营有利于企业财产保值增值和平稳运营；公司对待重整态度积极，出资人全力支持自营且具有自营的可行措施，不存在《企业破产法》第三十一条、第三十二条和第三十三条规定的行为，故请求本院许可其在重整期间自行管理财产和营业事务。

法院认为：渤海制药的申请符合实际情况，其经营团队熟悉行业信息，具有相应的管理经验及技术能力，了解债权债务关系及市场开拓情况，且已经制订了切实可行的经营计划，能够有效保证企业的平稳运行，对实现债务人财产最大化并推进重整程序有所助益，由其自主经营和管理各项事务更便于实现企业自救，有利于资产的保值、增值。渤海制药经营团队应当诚实守信，勤勉尽职，主动接受管理人和本院的监督。综上，依照《企业破产法》第七十三条之规定，决定准许烟台渤海制药集团有限公司在烟台渤海制药集团有限公司管理人的监督下自行管理财产和营业事务。

该案例也与上述两个案例相似，法院也从债务人医院的内部治理机制仍正常运转、债务人自行管理有利于债务人继续经营两方面出发，准许债务人自行管理财产和营业事务。

附：自行管理和营业申请书

申请书

申请人（债务人）：×××医院

住所地：

法定代表人：×××

申请事项：

在重整管理人的监督下自行管理财产和营业事务。

事实和理由：

××××年××月××日，贵院作出（×××）豫×××破申×××号《民事裁定书》，裁定受理×××有限公司对×××医院提起的破产重整申请；××××年××月××日，贵院作出（×××）豫×××破×××号《决定书》，指定×××为医院管理人。现申请人请求贵院批准在管理人的监督下，由申请人自行管理财产和营业事务。

根据最高人民法院关于印发《全国法院民商事审判工作会议纪要》的通知第一百一十一条第一款："【债务人自行管理的条件】重整期间，债务人同时符合下列条件的，经申请，人民法院可以批准债务人在管理人的监督下自行管理财产和营业事务：（1）债务人的内部治理机制仍正常运转；（2）债务人自行管理有利于债务人继续经营；（3）债务人不存在隐匿、转移财产的行为；（4）债务人不存在其他严重损害债权人利益的行为。"申请人认为，×××医院目前有较完善的治理结构，管理机构运作正常，有自行管理财产及营业事务的能力，符合法律规定的自行管理财产和营业事务。理由如下：

一是×××医院在预重整期间一直保持持续经营的状态，并未停产停业，内部管理机制仍良好运行，并未出现不能持续经营的情况；二是与管理人相比，申请人更为了解公司资产的状况、质量和分布情况等，能够有针对性地发挥其中优质资产的潜力，并最大限度实现债务人财产的保值、增值，充分维护广大债权人的合法权益；三是重整程序以复兴为目标，涉及医院营业的恢复等事务，申请人具备更好的商业判断能力，比管理人管理更具有优势；四是申请人在运营管理、员工安置及调配、利益相关方沟通与协调、配合方面，均具有明显的优势；五是医院现有管理团队仍保持忠实、勤勉义务，且具有积极推进重整程序，尽早恢复医院活力的强烈意愿。

综上，申请人申请自行管理和营业事务，具备高效推进重整程序的基础条件和能力，符合最高人民法院关于印发《全国法院民商事审判工作会议纪要》的通知第一百一十一条之规定，申请人具有恢复医院活力的强烈意愿，不存在隐匿、转移财产的行为，重整期间也一直积极配合管理人工作，不存在严重损害债权人利益的行为。基于以上事实与理由，恳请贵院依法予以批准。

此致

×××人民法院

申请人：×××医院

××××年××月××日

3. 债务人、管理人职责划分

《企业破产法》第七十三条第二款规定，依照本法规定已接管债务人财产和营业事务的管理人应当向债务人移交财产和营业事务，本法规定的管理人的职权由债务人行使。与美国 DIP 制度不同的是，《企业破产法》上述规定自行管理债务人并不能完全替代管理人行使职权，从现有实践经验来看，如果管理人的职权全部由自行管理债务人行使，存在可能导致自行管理债务人道德风险和权力滥用的忧虑。因此，"本法规定的管理人的职权由债务人行使"应当结合上文"管理人应当向债务人移交财产和营业事务"，限缩解释为"管理人职权中有关财产管理和营业经营的职权应当由债务人行使"。而《企业破产法》第二十五条规定的调查财产权、债权审查权、破产撤销权、诉讼代表权、提议召开债权人会议等其他职责原则上仍由管理人行使。

但在重整程序中，债务人自行管理模式下债务人和管理人的职责划分并没有明确的法律规定。根据实践中各地法院在重整案件工作指引中的相关规定，债务人和管理人职责可做如下的划分。

相关规定	债务人职责	管理人职责
《深圳市中级人民法院审理企业重整案件的工作指引（试行）》	1. 负责营业事务； 2. 管理债务人的财产、账簿和文书等资料； 3. 建立债务人日常管理的制度架构，制定相关规范文件； 4. 决定债务人内部管理事务； 5. 决定债务人的留用人员； 6. 按财务管理制度决定日常开支和其他必要开支； 7. 向债权人会议报告财产状况；接受管理人监督，向管理人提交预决算表，定期对账； 8. 制订重整计划草案及其说明文件； 9. 相关法律或职责分工方案规定的债务人其他职责； 10. 管理债务人的财产、账簿和文书等资料；债务人签订新的合同、继续履行合同以及实施涉及财产、经营和人员的其他重大处分行为的，应当提请管理人审核。	1. 调查债务人资产、负债状况； 2. 受理、审查债权申报，审查取回权、抵销权主张； 3. 根据《企业破产法》第三十一条至第三十三条规定追回财产； 4. 组织召开债权人会议及利害关系人会议； 5. 代表债务人参加诉讼、仲裁或者其他法律程序； 6. 督促债务人按期制作重整计划草案； 7. 相关法律或职责分工方案规定的管理人其他职责。
河南省高院《审理企业重整案件工作指引》	同上	在此基础上增加"制定监督债务人自行管理的具体制度并履行监督职责"。

此外在实践中，鉴于管理人和债务人的职责分工缺乏法律规定，为明晰管理人与债务人的职责，有些管理人通过与债务人签订《管理人与债务人的职责分工》来确定双方的权责边界。当然，管理人与债务人的职责分工需要向审理破产案件的人民法院备案。鉴于法律对管理人是否需要对债务人的自行管理行为承担责任未设有规定，在债务人自行管理获人民法院批准后，由管理人和债务人确定职责分工并交由人民法院备案，预先明确双方的责任就显得尤为重要。

附：债务人自行管理财产和营业事务的实施方案

关于×××有限公司自行管理财产和营业事务的实施方案

××××年××月××日，×××人民法院作出（×××）豫×××破×××号《决定书》，准许×××有限公司自行管理财产和营业事务。根据河南省高级人民法院下发的《审理企业重整案件工作指引》规定，管理人需依照该指引明确债务人与管理人职责分工，确保管理人监督债务人在重整期间合法自行管理财产和进行营业事务。现管理人制定本方案如下：

一、债务人与管理人职责分工

1. 债务人应当履行的职责

（1）负责营业事务，确保安全生产，依法依规营运；

（2）管理债务人的财产、账簿和文书等资料；

（3）建立债务人日常管理的制度架构，制定相关规范文件；

（4）决定债务人内部管理事务；

（5）决定债务人的留用人员；

（6）按财务管理制度决定日常开支和其他必要开支；

（7）向债权人会议报告财产状况；

（8）接受管理人监督，依法向管理人提交预决算表，定期对账；

（9）制订重整计划草案及其说明文件；

（10）相关法律规定的债务人其他职责。

债务人签订新的合同、继续履行合同以及实施涉及财产、经营和人员的其他重大处分行为的，应当提请管理人审核。

2. 管理人应当履行下列职责

（1）制定监督债务人自行管理的具体制度并履行监督职责；

（2）调查债务人资产、负债状况；

（3）受理、审查债权申报，审查取回权、抵销权主张；

（4）根据《企业破产法》第三十一条至第三十三条规定追回财产；

（5）组织召开债权人会议及利害关系人会议；

（6）代表债务人参加诉讼、仲裁或者其他法律程序；

（7）协助债务人按期制作重整计划草案；

（8）核查债务人日常和其他必要开支；

（9）相关法律或职责分工方案规定的管理人其他职责。

二、管理人监督原则

管理人监督债务人实施的涉及财产、经营和人员重大处分行为的，应当遵循以下原则：

1. 维持债务人生产经营所必要，且不损害全体债权人合法权益；

2. 维护债务人重整价值所必要；

3. 有利于实现全体债权人的合法权益。

三、终止自行管理情形

1. 发现债务人法人治理结构存在问题的；

2. 债务人违反《企业破产法》第三十一条至第三十三条规定；

3. 债务人违反忠实义务，存在欺诈、恶意减少财产或者其他不利于债权人的行为；

4. 债务人违反勤勉注意义务，造成程序迟延或产生其他严重不利后果；

5. 发现债务人存在其他严重损害债权人利益的行为或者有其他不适宜自行管理情形。

债务人在自行管理期间出现以上情形的，由管理人提请法院终止债务人自行管理。债务人有前款情形而管理人未申请的，债权人等利害关系人可以向人民法院提出申请。

四、移交公安处理情形

在重整期间，债务人有关人员隐匿财产，对资产负债表或者财产清单作虚假记载或者在未按程序清偿债务前分配债务人财产，严重损害债权人或者其他人利益的；债务人有关人员隐匿或者故意销毁依法应当保存的会计凭证、会计账簿、财务会计报告，情节严重的；债务人有关人员伪造、销毁有关证据材料，通过隐匿财产、承担虚假的债务或者以其他方法转移、处分财产，实施虚假破产，严重损害债权人或者其他人利益的，管理人将依法移交公安机关依法处理。

×××有限公司管理人

××××年××月××日

（四）债务人自行管理模式下的管理人监督

1. 管理人监督的基本原则

（1）合法性原则

管理人在行使监督权时，应当对法律法规的相关规定进行梳理，制作科学合理的监督方案，报破产案件受理法院备案，并严格遵照执行。

（2）合理性原则

对监督尺度有合理的把控。监督不是为了刁难，管理人应当审慎合理地行使监督权，力求在能对债务人经营管理情况进行有效的关注和把握的同时，不给重整带来不必要的负担和障碍，以避免因为管理人的过度监督使得重整流产，使债权人受到二次伤害。

（3）全面监督原则

管理人不仅要对重整计划的内容、重整计划的执行、日常的营业事务等大的方面进行监督，还要对涉及的财务支出、合同履行、人员调整等具体事务进行适当监督，争取能够最大限度地促使债务人早日"重生"，保护各方权利人的合法利益。

2. 监管范围

（1）对债务人自行管理财产和营业事务的监督

债务人自行管理模式下，由债务人自行管理财产和营业事务，此时，管理人应制定切实可行的监督方案，制定财务收支管理办法报法院核准后由债务人遵照执行。就此，管理人监督可分为两部分：一是对债务人付款、用印的监督；二是对债务人日常经营的监督。针对债务人付款、用印的监督，一般可通过用印、费用审批的方式予以监督。也即债务人在日常经营管理中的支出，都由管理人审批后进行支付。当然，就审批的方式，实践中存在不同的操作方法。严格的操作方法是，债务人的每笔支出管理人都需要进行审批。另外一种效率比较高的方法是，管理人对债务人的支出进行月初预算的审批和月末支出的复查。如果期间有任何预算外的支出，再单独审批。针对债务人日常经营的监督，可通过要求债务人提供月财务报表、定期报告账户余额的方式进行，并规定债务人有配合管理人咨询及查阅公司的账册、文件、业务报表以及其他与企业经营有关的重要文件的义务，以便于管理人及时了解企业重整的真实状况。

（2）重大事项的处理由管理人审核确定

管理人在审查债务人实施的涉及财产、生产经营和人员重大处分行为的，应当遵循以下原则：维持债务人生产经营所必要，且不损害全体债权人合法权益；维护债务人重整价值所必要；有利于实现全体债权人的合法权益。

涉及财产、生产经营和人员重大处分行为，包括重整期间借款，继续履行合同，重要或长期性契约的订立，处理他人行使取回权或解除权、抵销权事件以及实施涉及财产、经营和人员的重大处分行为，放弃权利的行为等属于债权人会议的职权或者向债委会报告的事项，管理人审核后依法履行相应的报告职责，并在取得相关方同意或者无异议的情形下债务人方可实施。管理人发现债务人实施过程中存在违法或不当行为的有权提出意见，要求债务人纠正，并及时报告法院。

（3）对债务人制作重整计划草案相关事宜进行监督

根据《企业破产法》的规定，债务人自行管理的，由债务人提交重整计划草案。由于重整计划涉及大量专业性很强的工作，由债务人自行完成重整计划草案具有很大难度。为了保障重整计划草案内容的合法性、正当性与合理性，确保企业重整成功，管理人应当发挥其积极作用，参与并监督债务人制作重整计划草案的全过程。在重整计划草案提交法院和债权人会议之前，管理人有权对草案提出合理化意见和建议；债权人应向管理人及时报告，债务人与债权人、股东、投资方就重整计划草案进行沟通与协调的情况，包括资产重组的条件、方式、期限等；督促债务人及时进行信息披露；在部分表决组未通过重整计划草案的情况下，管理人应督促债务人与该部分表决组进行协商，并监督协商结果是否有损其他表决组的利益。

二、继续履行合同

（一）继续履行合同的决定权

企业进入破产程序后，通常仍有部分破产企业和合同相对方在破产受理前成立的双方均未履行完毕的合同，对于该类合同的处理方式是继续履行还是解除合同，根据《企业破产法》第十八条的规定赋予了管理人选择权。

《河南省高级人民法院审理企业重整案件工作指引》规定，人民法院受理破产申请后，管理人对破产申请受理前成立而尚未履行完毕的合同进行慎重分析甄别，应当把有利于债务人财产保值、增值作为判断合同是否继续履行的原则。

1. 决定继续履行合同时应遵循的原则

（1）破产债权人利益最大化原则

管理人在对"未履行完毕的合同"作继续履行的决定时，必须以追求破产财产的价值维持和增值为目标，以保护债权人的利益。具体而言，继续履行应有利于破产财产的增值和保值；继续履行应有利于降低破产财产毁损、灭失的风险，如破产企业签订的财产保险合同，包括车辆保险、房屋保险等；继续履行应有利于破产财产的损失减少，如开发商破产，其继续履行在建工程合同确保商品房预售合同的继续履行，从而减少违约金和损失赔偿的支出。

（2）有利于破产程序的顺利进行原则

如果继续履行导致程序的无限期延长，实际上最终受到损失的是破产企业的债权人，那么就不应继续履行。

（3）兼顾社会公益原则

在合同的继续履行上应当考虑公共利益，如解除合同必然影响公众的利益，管理人应继续履行该类合同。

（4）解除受限的待履行合同

一是以使用、收益为目的的合同。以使用、收益为目的的合同主要关注不动产、动产或无形财产的使用权，其多以出租、许可使用等方式让渡财产的使用权，继而获取使用费用。当使用权人分期支付费用时，该类合同的继续履行不但有利于破产财产继续增值，也可以有效避免相对方在合同期限内的利益受损。由于上述财产仍为破产企业的财产，破产财产的权属变动并不因该类合同的存续而受到妨碍。因而，从最大限度保护破产财产保值、增值价值出发，对于以使用、收益为目的的合同，司法中不应肯定破产管理人享有解除权。这类合同多为不动产租赁合同、土地承包合同、知识产权转让合同等。

二是涉及公共利益的合同。民事主体从事民事法律行为应当遵守公序良俗，不得损害国家与社会公共利益。对于涉及为社会公众提供基本服务或基本生活用品的涉公共利益的合同，破产管理人的解除权应当受有限制。比如人寿保险合同，供水、供热、供气、供电等涉及公用事业服务的合同等。

三是劳动合同。由于劳动者在劳资双方处于弱势地位，破产管理人对劳动合同的解除权亦应予以限制。我国《劳动合同法》第四十一条、第四十三条和第五十五条均作出了规定。

2. 继续履行的必须是债务人和对方当事人均未履行完毕的合同

《企业破产法》第十八条规定："人民法院受理破产申请后，管理人对破产申请受理前成立而债务人和对方当事人均未履行完毕的合同有权决定解除或者继续履行，并通知对方当事人。"其中"均未履行完毕的合同"

一般也被学者称作"待履行合同"或"尚未履行完毕合同"，主要有以下特征：①合同须成立于破产申请受理之前；②合同主体之一须为破产债务人；③合同自始至终有效并且该有效性延续至破产程序中；④债务人与对方当事人均负有合同义务，即合同须为双务合同；⑤合同中双方当事人的合同义务均未履行完毕，即以下四种模式：双方均为部分履行；债务人尚未履行，对方当事人部分履行；债务人部分履行，对方当事人尚未履行；双方均尚未履行。

继续履行合同不能是破产申请受理后签订的合同，只能成立于破产申请受理前，且合同必须是依法成立的合同，无效合同管理人不能决定继续履行。上述前三种特征在实践中较容易识别，争议不大，但对于"双务合同"及"双方当事人的合同义务均未履行完毕"往往出现不同裁判结果。

（1）合同须为双务合同

虽然《企业破产法》第十八条并未明确"双务合同"，但"债务人和对方当事人均未履行完毕的合同"的表述已经阐明债务人和相对方均负有对待给付义务。因为合同双方互负对待给付义务的合同即为双务合同。

参考案例

《企业破产法》第十八条针对的是双务合同，保证合同属于单务合同，不能适用。——最高人民法院（2020）最高法民申 3564 号山东天圆铜业有限公司、青岛银行股份有限公司台湾路支行普通破产债权确认纠纷再审审查与审判监督民事裁定书

裁判要旨：《企业破产法》第十八条针对的是双务合同，保证合同属于单务合同，不能适用。

基本案情：再审申请人山东天圆铜业有限公司（以下简称天圆公司）因与被申请人青岛银行股份有限公司台湾路支行（以下简称青岛银行）普通破产债权确认纠纷一案，不服山东省高级人民法院（2019）鲁民终 2822 号民事判决，向法院申请再审。

争议焦点：天圆公司主张《最高额保证合同》属于尚未履行完毕的合同，其未通知继续履行，根据《企业破产法》第十八条的规定，该合同已解除。

法院认为：保证合同属于单务合同，而《企业破产法》第十八条针对的是双务合同，不适用本案，其以此为由申请再审，理由也不能成立。

（2）合同中双方当事人的合同义务均未履行完毕

继续履行的合同只能是债务人和对方当事人均未履行完毕的合同，债务人和对方当事人一方已履行完毕的合同，而另一方则还未履行完毕不属于此种类型。

参考案例

1.《企业破产法》第十八条规定的"双方均未履行完毕"是指双方在合同中的主要义务并未履行完毕，而非次要义务。——北京市第三中级人民法院（2019）京03民终16483号北京众鑫融昌投资有限公司诉海南世知旅游有限公司、第三人海南众鑫融昌投资有限公司股东出资纠纷案

裁判要旨：《企业破产法》第十八条规定的"双方均未履行完毕"是指双方在合同中的主要义务并未履行完毕，而非次要义务。"双方均未履行完毕"特指未履行完毕的事实状态，至于双方未履行完毕的义务，是"应当履行未履行"还是"还未到履行期限尚不需要履行"，在所不问。

基本案情：原告（上诉人）北京众鑫融昌投资有限公司（以下简称北京众鑫公司）诉称：2014年12月6日，北京众鑫公司与被告海南世知旅游有限公司（以下简称海南世知公司）签订《出资人协议书》，约定双方共同出资设立目标公司即第三人海南众鑫融昌投资有限公司（以下简称海南众鑫公司），海南世知公司以坐落于海口市勋亭路海口八一厂西侧的两块土地使用权出资，占注册资本的30%。合同签订后，北京众鑫公司依约履行了义务，海南众鑫公司也于2014年12月24日成立，海南世知公司将涉案土地及拍卖手续等交付给海南众鑫公司，并配合其向海口市土地局申报土地证变更登记材料。因需要提交报建材料而海南世知公司未提供，故土地证变更登记未成功。海南众鑫公司按照租户租期到期先后，分别与租户签订租赁合同，虽然海南世知公司将涉案土地使用权及地上物交付给海南众鑫公司，但至今未完成涉案土地使用权变更登记手续。基于上述事实和理由，原告提出如下诉讼请求：1.海南世知公司，继续履行实物出资义务，即立即配合海南众鑫公司完成将坐落于海口市琼山区勋亭路海口八一厂西侧两块土地［土地权证号：海口市国用（2006）第006433号、海口市国用（2006）第006435号］的权利人变更为海南众鑫公司的变更登记手续；2.判令被告负担本案诉讼费用。

争议焦点："双方均未履行完毕"的认定。

法院认为：为保证债的实现，合同法构建了以主给付义务为核心，从给付义务为辅助，其他义务相伴随的义务群。主给付义务是指合同关系所固有的、必备的，并且用来决定合同关系类型的基本义务；从给付义务是为主给付义务得以实现的辅助性义务。合同主给付义务决定合同目的能否实现，当然对于特殊合同从给付义务是否履行也可能对合同目的的实现造成影响。待履行合同中"双方均未履行完毕"的义务，应主要为主给付义务；从给付义务仅在特定合同中才适用。如果双务合同中主给付义务已经履行完毕，那么非导致合同目的无法实现的从给付义务；通知、协助、保密等附随义务；先、后合同义务以及不真正义务等未履行的，都不能视为未履行完毕。未履行完毕仅指事实状态。"双方均未履行完毕"是指未履行完毕的事实状态，至于该义务，因何原因未履行，即是"应当履行未履行"还是"还未到履行期限尚不需要履行"，在所不问。

2.《企业破产法》第十八条仅适用于双方当事人均未履行完毕债务的情形。——最高人民法院（2020）最高法民再287号洪深、海南中度旅游产业开发有限公司房屋买卖合同纠纷再审民事判决书

裁判要旨：《企业破产法》第十八条仅适用于双方当事人均未履行完毕债务的情形。

基本案情：再审申请人洪深因与被申请人海南中度旅游产业开发有限公司（以下简称中度旅游公司）及原审第三人海南中度实业发展有限公司（以下简称中度实业公司）房屋买卖合同纠纷一案，不服海南省高级人民法院（2018）琼民终586号民事判决，向法院申请再审。

争议焦点：案涉商品房买卖合同是否应当继续履行。

法院认为：《企业破产法》第十八条第一款规定，人民法院受理破产申请后，管理人对破产申请受理前成立而债务人和对方当事人均未履行完毕的合同有权决定解除或者继续履行，并通知对方当事人，管理人自破产申请受理之日起二个月内未通知对方当事人，或者自收到对方当事人催告之日起三十日内未答复的，视为解除合同。该条款仅适用于双方当事人均未履行完毕债务的情形。具体到本案，洪深已向中度实业公司交付了购房款，不存在洪深还有其他义务未予履行的情形，原审判决认定中度旅游公司管理人有权解除合同，适用法律错误，应予以纠正。

（二）决定继续履行合同受到一定的期限限制

《企业破产法》第十八条规定，管理人自破产申请受理之日起二个月

内通知对方当事人，或者自收到对方当事人催告之日起三十日内答复。管理人未在破产申请受理之日起二个月内通知对方当事人的，或者收到对方当事人催告之日起三十日内未答复的，双方之间不产生继续履行合同的效力。依照《企业破产法》的规定，管理人享有任意解除权，该任意解除权属于法定解除权，系形成权，通知达到对方即产生合同解除的效力。

参考案例

破产管理人对破产申请受理前成立且债务人和对方当事人均未履行完毕的合同，依照《企业破产法》的规定，享有任意解除权，该任意解除权属于法定解除权，系形成权，通知达到对方即产生合同解除的效力。——天津市高级人民法院（2021）津民终169号福建易通股权投资有限公司诉柴某成等股权转让纠纷案

裁判要旨：破产管理人对破产申请受理前成立且债务人和对方当事人均未履行完毕的合同，依照《企业破产法》的规定，享有任意解除权，该任意解除权属于法定解除权，系形成权，通知达到对方即产生合同解除的效力。

基本案情：原告（被上诉人）福建易通股权投资有限公司（以下简称易通公司）诉称，2018年4月3日，易通公司与被告柴某成及第三人天津宝成机械集团有限公司（以下简称宝成集团公司）就易通公司持有的天津宝成机械制造股份有限公司（以下简称宝成股份公司）的股权回购及保证事宜签订了《补充协议》，约定：2018年5月19日前，宝成集团公司回购易通公司持有的1889000股宝成股份公司的股权，回购金额为本金加算8%年化利率。宝成集团公司未能按约定回购的，自期限届满之次日起计算滞纳金，滞纳金标准为：回购金额×1‰×逾期天数。同时，宝成集团公司未能如约回购易通公司股权的，柴某成个人须承担不可撤销的连带保证责任，并在该事项到期后一个月内将全部金额支付给原告。现宝成集团公司未依约回购易通公司股权，柴某成亦未履行保证责任。故请求判令柴某成回购易通公司持有的宝成股份公司1889000股股权，并按股本金加算年利率8%的标准向易通公司支付股权回购款；判令柴某成按每日千分之一的标准向易通公司支付自2018年5月3日起至实际给付之日止的滞纳金。

争议焦点：《补充协议》是否解除。

法院认为：《企业破产法》第十八条第一款规定："人民法院受理破产

申请后，管理人对破产申请受理前成立而债务人和对方当事人均未履行完毕的合同有权决定解除或者继续履行，并通知对方当事人。管理人自破产申请受理之日起二个月内未通知对方当事人，或者自收到对方当事人催告之日起三十日内未答复的，视为解除合同。"宝成集团公司管理人于2020年4月23日向易通公司发送了书面通知，要《补充协议》。《补充协议》属于"均未履行完毕的合同"，因管理人的通知而被解除。

（三）破产解除权的行使方式

破产管理人行使合同解除权有如下四种方式，第一，以明示方式作出，口头或者书面方式通知合同相对方行使合同解除权，经检索案例该明示通知主要包括发函形式，如解除通知书、止付函等；通过债权核查为零的方式中推定或在审核意见书中解除；现场张贴公告、报刊公告；口头答复等。第二，自破产申请受理之日起二个月内未通知合同相对方，视为解除合同。第三，自收到合同相对方催告之日起三十日内未答复，视为解除合同。第四，破产管理人决定继续履行合同，相对方要求提供担保，管理人拒不提供担保，视为解除合同。

后三种情形均为不作为方式法律推定解除，在实践中，大部分的观点认为《企业破产法》第十八条属于法定解除权，管理人有无通知，不影响合同解除。但也有案例认为管理人必须要向合同相对方发出明确的解除意思表示，未履行解除通知义务被认定为"默示继续履行"。

> **参考案例**

1. 破产管理人决定解除合同的意思表示必须通过合理、明确的方式予以表达，且不得随意扩大合同任何一方的损失。——江苏省扬州市中级人民法院（2017）苏10民终3184号杨国兵与仪征市悍马汽车精修有限公司破产管理人租赁合同纠纷案

裁判要旨：《企业破产法》第十八条第一款规定："人民法院受理破产申请后，管理人对破产申请受理前成立而债务人和对方当事人均未履行完毕的合同有权决定解除或者继续履行，并通知对方当事人。管理人自破产申请受理之日起二个月内未通知对方当事人，或者自收到对方当事人催告之日起三十日内未答复的，视为解除合同。"本案破产公司管理人已经尽到《企业破产法》规定的通知义务，当事人双方原订房屋租赁合同依法自

动解除。

基本案情：原告杨国兵诉称：仪征市悍马汽车精修有限公司（以下简称"悍马公司"）因经营需要，多次向原告借款480万元。后双方签订了房屋租赁合同，约定将原告应交的房租冲抵悍马公司的欠款。房屋租赁期限为20年，即自2011年8月8日起至2029年8月7日止。随后原告投资数百万元开办了仪征市真州镇豪爵足浴房，经营足浴、保健按摩等业务。2016年11月，江苏华朋律师事务所向原告发送律师函，称其接受被告委托，解除原告与悍马公司签订的房屋租赁合同，并要求原告交还所租赁的房屋。原告既未接到悍马公司的破产通知，也未收到法院受理悍马公司破产的裁定。悍马公司是否符合破产条件，也未可知。华朋律师事务所非破产管理人，其通知解除租赁合同属于主体错误。原告一次性缴纳房租享有物权中的用益物权，具有排他性，故解除租赁合同的条件未成就。即使对悍马公司的破产程序已经启动，但租赁合同是否解除，并不影响破产程序的进行，而且解除租赁合同将导致双方损失的扩大，激化双方的矛盾，故请求法院判令：1.依法确认被告解除租赁合同通知无效；2.被告承担本案的诉讼费用。

争议焦点：房屋租赁合同是否解除。

法院认为：当事人订立、履行合同，应当遵守法律、行政法规的规定。《企业破产法》第十八条第一款规定："人民法院受理破产申请后，管理人对破产申请受理前成立而债务人和对方当事人均未履行完毕的合同有权决定解除或者继续履行，并通知对方当事人。管理人自破产申请受理之日起二个月内未通知对方当事人，或者自收到对方当事人催告之日起三十日内未答复的，视为解除合同。"本案中，前有法院宣告悍马公司破产的裁定及公告，后有悍马公司管理人的委托代理人上门约谈，张贴租赁合同解除通知，乃至再次函告，悍马公司管理人已经尽到破产法规定的通知义务，原告与悍马公司原订房屋租赁合同依法自动解除。

2. 管理人未在法定期限内通知或答复合同相对方，管理人便丧失要求对方继续履行合同的选择权，但不能直接推定解除合同，合同是否解除仍需视具体情况而定。——最高人民法院（2022）最高法民再55号欧阳后进、林荣高等普通破产债权确认纠纷民事再审民事判决书

裁判要旨：《企业破产法》第十八条的规定意在保护合同相对方的正当权利，避免管理人长期不对合同是否继续履行作出决定，使合同处于不确定状态，损害合同相对方利益。故该条规定限制的是管理人的合同履行

选择权，即管理人未在法定期限内通知或答复合同相对方，管理人便丧失要求对方继续履行合同的选择权，但不能直接推定解除合同，合同是否解除仍需视具体情况而定。

基本案情： 再审申请人欧阳后进、林荣高、蔡景开、丁振山（以下简称欧阳后进等人）与水城县都格河边煤矿（以下简称河边煤矿）普通破产债权确认纠纷一案，不服贵州省高级人民法院（2020）黔民终768号民事判决，向法院申请再审。

争议焦点： 案涉《水城县都格河边煤矿安全生产和经营管理合同》的解除时间。

法院认为：《企业破产法》第十八条第一款规定："人民法院受理破产申请后，管理人对破产申请受理前成立而债务人和对方当事人均未履行完毕的合同有权决定解除或者继续履行，并通知对方当事人。管理人自破产申请受理之日起二个月内未通知对方当事人，或者自收到对方当事人催告之日起三十日内未答复的，视为解除合同。"本案破产申请受理时间为2016年11月29日，此后二个月管理人虽未通知欧阳后进等人解除或者继续履行合同，但根据法律规定和本案具体情况不能认定案涉合同已经解除。首先，《企业破产法》第十八条的规定意在保护合同相对方的正当权利，避免管理人长期不对合同是否继续履行作出决定，使合同处于不确定状态，损害合同相对方利益。故该条规定限制的是管理人的合同履行选择权，即管理人未在法定期限内通知或答复合同相对方，管理人便丧失要求对方继续履行合同的选择权，但不能直接推定解除合同，合同是否解除仍需视具体情况而定。其次，本案破产受理后，欧阳后进等人仍在对煤矿进行建设、维护，而管理人在明确通知解除合同前从未对此表示异议，即管理人以默示的方式作出继续履行合同的意思表示。最后，本案审理过程中，双方当事人均未主张合同于2016年11月29日后的二个月即2017年1月29日解除，相反双方当事人对2017年3月22日合同解除时间均予认可。管理人于2017年3月22日发出解除通知的行为进一步印证了双方在通知解除前并未解除合同的事实。

（四）管理人选择继续履行合同的法律效果

《企业破产法》第四十二条第（一）项规定，"人民法院受理破产申请后发生的下列债务，为共益债务：（一）因管理人或者债务人请求对方当事人履行双方均未履行完毕的合同所产生的债务"，故管理人决定继续履行双方均未履行完毕的合同所产生的债务为共益债务，由债务人的财产随时清偿。

破产管理人因行使法定解除权导致合同相对方受到损失的，相对方可以损害赔偿请求权申报破产债权。该种制度设计并未从实质上损害合同相对方利益。首先，合同未能贯彻履行的风险是任何合同缔结者均应预见的风险。其次，当进入破产程序时，无担保债权的债权人应当处于同一清偿顺位，当合同继续履行不能有益于破产财产增值目的，法律无特别保护合同相对方利益的必要，其应当与其他债权人平等受偿。最后，合同相对人与其他债权人平等受偿的后果，也可以有效防止双方恶意串通损害其他债权利益的情况发生。这里合同相对方的损害赔偿请求权因产生基础不同予以区分：破产受理前因破产企业违约行为而导致的损害赔偿请求权，请求权基础为违约责任；破产受理后，经管理人积极通知或消极不作为致使合同解除的，相对方的损害赔偿请求权基于破产法定解除权。但无论相对方损害赔偿请求权机理如何，其赔偿范围应当包括实际损失和可得利益损失。当然，因合同解除的方式不同，导致确认合同解除的时间节点有别，进而在计算合同相对方损失数额时应当区分对待。

（五）对管理人为继续履行合同提供的担保异议的处理

《企业破产法》第十八条第二款规定，管理人决定继续履行合同的，对方当事人有权要求管理人提供担保。管理人不提供担保的，视为解除合同。对方当事人要求担保是基于两方面的考虑：一个是对违约情形的纠正，另一个是对未来依约履行的担保。管理人只要充分地确保合同能够履行或者申明企业未来确实可以履行，对方当事人就应当继续履行合同。实践中，如果管理人提供了相应的担保，对方当事人对该担保提出的异议如何处理？一种观点认为，对方当事人对管理人提供的担保有异议的，可以请求法院作出确认判决；另一种观点认为，对方当事人对管理人为继续履行合同提供的担保有异议的，管理人可以请求人民法院变更合同，变更合同不损害债权人利益的，人民法院应予准许。《企业破产法》赋予对方当事人要求管理人提供担保的权利，这种权利本质上属于不安抗辩权。由于债务人的破产状态已经构成民法上的不安抗辩事由，对方当事人享有要求提供担保的权利。但为了提高破产程序的效率，管理人提供的担保以保障对方当事人的债权为条件，但无须取得对方当事人的认可，对方当事人对担保有异议的，应向受理破产申请的人民法院提起诉讼，由人民法院审查管理人是否提供了充分的担保，确认继续履行合同的效力。第二种观点会导致管理人和对方当事人产生新的争议，使问题进一步复杂化，使得继续履行合同的决策程序无限拖延，不利于提高破产程序的效率。

（六）继续履行合同在破产受理前形成的债权性质认定争议

破产受理后继续履行合同的债权性质属于共益债务已明确规定，对于破产受理前因履行合同产生的债权，其债权性质的界定，实务中一般有两种观点。

1. 普通债权说

（1）理论研究

普通债权说认为以破产受理日为时间分界点，将双方均未履行完毕的合同分为破产受理前后两个时间段产生的债权分别定性，破产受理前合同项下的债权为普通债权，破产受理后合同项下的债权为共益债务，破产受理前形成的债权通过正常的债权申报途径申报债权。德国破产法主张将这部分债权认定为破产债权，将"所负担的给付可以分割"的合同分成破产程序启动前和破产程序启动后的两个合同。基于合同已被分割，首先，相对人基于整个双务合同的履行抗辩权也就不存在了。所以在债务人一方未就相对人一方已经履行部分为对待给付且明确表示不履行这部分债务（前一个合同）的情况下，当事人也不得以履行抗辩权拒绝管理人对未履行部分（后一个合同）的履行请求权。其次，合同相对人也不能将破产前已经履行部分的对待给付请求权与未履行部分的给付义务相抵销。因为前者产生于破产程序启动之前而后者产生于破产程序启动之后，不符合破产抵销权的行使条件。[1]

因共益债务的特殊性，《企业破产法》第四十二条规定的六种共益债务目的是维护全体债权人的共同利益，保障破产程序的顺利进行，促进破产财产的增值而认定为共益债务，而在破产受理前履行合同产生的债务一般认为只是为了合同相对方的个人利益，尚未达到为全体债权人的利益，因此难以将该债务认定为共益债务。

---

[1]　王欣新、余艳萍：《论破产程序中待履行合同的处理方式及法律效果》，《法学杂志》2010年第6期。

（2）司法案例

审判实践中关于破产受理前因履行合同产生的债务非为共益债务的裁判理由，法院在说理部分着重从共益债务的发生时间、共益债务的性质和特征、双方签订的合同类型和性质等方面分析。

参考案例

---

1. 共益债务性质上，系在破产程序中为了全体债权人利益而由债务人财产负担的债务。诉争债务产生于破产申请受理之前，并非系为全体债权人的共同利益而产生。——浙江省高级人民法院（2018）浙民终421号衢州永宁气体有限公司与浙江中宁硅业有限公司普通破产债权确认纠纷

裁判要旨： 共益债务性质上，系在破产程序中为了全体债权人利益而由债务人财产负担的债务。本案诉争债务产生于破产申请受理之前，尽管客观上使得中宁硅业公司的实体财产权益有所增加和保有，但现无证据显示在诉争债务产生之时，合同双方主观上具有使全体债权人获益的意思，故诉争债务并非系为全体债权人的共同利益而产生。

基本案情： 2008年9月28日，衢州永宁气体有限公司（以下简称永宁气体公司）与浙江中宁硅业有限公司（以下简称中宁硅业公司）订立了《供气合同》，约定永宁气体公司按照技术附件为中宁硅业公司建设一套现场制氮气站并为中宁硅业公司提供氮气，合同期限为15年。双方另对建设氮气站所需的土地、设备以及供气价格、数量、付款等内容进行了约定。2017年6月14日，中宁硅业公司向一审法院提出破产清算申请。同年6月26日，一审法院裁定受理该公司破产清算申请，后于2018年2月26日裁定对中宁硅业公司进行重整。2017年8月28日，永宁气体公司向中宁硅业公司管理人申报债权，申报数额为14373731.17元。同年12月28日，永宁气体公司向中宁硅业公司管理人发送《债权异议书》，请求管理人回复前述《供气合同》是否解除或继续履行。2018年1月23日，永宁气体公司与中宁硅业公司及中宁硅业公司管理人三方签署《备忘录》，明确：1.前述《供气合同》继续履行，但相关条款应根据中宁硅业公司实际生产量及生产情况作出修改，重新签订补充协议；2.2017年6月26日以后永宁气体公司供气货款，中宁硅业公司应足额支付；3.对2017年6月26日之前中宁硅业公司尚欠永宁气体公司的气款437.3731万元的金额已无异议。次日，永宁气体公司与中宁硅业公司订立了《补充协

议》，对合同单价、履行期限等重新作出约定。同年 2 月 12 日，永宁气体公司再次向中宁硅业公司管理人发送《债权异议书》，请求管理人确认诉争的 437.3731 万元供气款为共益债务优先清偿。同年 2 月 14 日，中宁硅业公司管理人向永宁气体公司复函，对前述《债权异议书》中的请求不予认可。同年 2 月 28 日，第二次债权人会议就（2017）中宁破管字第 23-2 号重整计划草案进行表决。永宁气体公司作为债权人提交了赞成票，但在表决票上将"普通债权组"字样划除，并标明"债权性质有异议"。上述重整计划草案在共益债务一项中载明：2017 年 6 月 26 日以后，中宁硅业公司与永宁气体公司履行双方均未履行完毕的合同所产生的债务（气款）合计 178.5698 万元，已支付 152.8312 万元，另 25.7386 万元在 2018 年 3 月前支付（该债务不包括永宁气体公司在 2017 年 6 月 26 日前已产生的 437.3731 万元气款，该 437.3731 万元气款根据法院生效裁判文书规定清偿）。永宁气体公司遂向衢州市中级人民法院提起诉讼，要求确认该 437.3731 万元气款为共益债务。

争议焦点：中宁硅业公司于破产程序开始前欠付的 437.3731 万元供气款是否属于该公司的共益债务。

法院认为：案涉供气合同具有时间上的可分性。根据《企业破产法》第四十二条第一项之规定，人民法院受理破产申请后，因管理人或者债务人请求对方当事人履行双方均未履行完毕的合同所产生的债务为共益债务。鉴于供气合同时间上的可分性，不宜将人民法院受理破产申请之前，债务人欠付的案涉合同债务认定为共益债务。诉争债务不具共益债务的特征。共益债务性质上，系在破产程序中为了全体债权人利益而由债务人财产负担的债务。本案诉争债务产生于破产申请受理之前，尽管客观上使得中宁硅业公司的实体财产权益有所增加和保有，但现无证据显示在诉争债务产生之时，合同双方主观上具有使全体债权人获益的意思，故诉争债务并非系为全体债权人的共同利益而产生。

2. 破产重整申请受理前成立而双方均未履行完毕的合同，在破产重整申请受理前已经产生的债务不属于共益债务范畴。——大连市中级人民法院（2017）辽 02 民初 472 号山西艾尔德添加剂新技术有限公司与东北特钢集团大连高合金棒线材有限责任公司、东北特钢集团大连高合金棒线材有限责任公司管理人与破产有关的纠纷案件

裁判要旨：共益债务，是指人民法院受理破产申请后，在破产清算或重整程序中，为了全体债权人的共同利益以及破产程序顺利进行而发生的

债务。相对人与债务人的合同虽成立于法院受理破产重整申请之前，但以法院作出裁定受理重整申请作为临界点，存在已履行和未履行两部分。破产重整申请受理前成立而双方均未履行完毕的合同，在破产重整申请受理前已经产生的债务不属于共益债务范畴，即共益债务须是发生在人民法院受理破产申请之后，因继续履行合同产生的债务，不应包括在受理破产申请之前已经产生而未支付给相对人的债务。

基本案情：2016 年 1 月 1 日，原告山西艾尔德添加剂新技术有限公司（以下简称艾尔德公司）与被告东北特钢集团大连高合金棒线材有限责任公司（以下简称高合金公司）签订《合作协议》及《补充协议》各一份，约定由艾尔德公司给高合金公司供酸洗用添加剂及技术服务，高合金公司根据艾尔德公司的合格酸洗量（吨）定期与艾尔德公司结算。2016 年 10 月 10 日，大连市中级人民法院裁定受理债权人提出的对高合金公司进行重整的申请。同日，指定高合金公司清算组担任高合金公司管理人。10 月 17 日，大连中院准许高合金公司在重整期间在管理人监督下自行管理财产和营业事务。2016 年 11 月 18 日，艾尔德公司向管理人申报债权30694718.53 元，其中包含其在本案中所主张的要求确认为共益债务的16417874.01 元。管理人审查后，对艾尔德公司申报的全部债权30694718.53 元全额确认为普通债权。2016 年 11 月 21 日，管理人向艾尔德公司发出《关于继续履行双方均未履行完毕合同的通知书》，即管理人根据《企业破产法》第十八条的规定，决定继续履行艾尔德公司与高合金公司未履行完毕的协议。2017 年 8 月 11 日，大连中院批准高合金公司的重整计划，终止高合金公司的重整程序。2017 年 8 月 18 日，艾尔德公司向大连中院提起诉讼，要求判令因履行《合作协议》及《补充协议》所产生的债务 16417874.01 元为共益债务。

争议焦点：破产重整申请受理前成立而双方均未履行完毕的合同，在破产重整申请受理前已经产生的债务应否列为共益债务。

法院认为：案涉《合作协议》及《补充协议》成立于本院受理破产重整申请之前，以本院作出裁定受理重整申请作为临界点，存在已履行和未履行两部分。《企业破产法》第四十二条规定的共益债务是为了全体债权人的共同利益以及破产程序顺利进行而发生的债务，破产程序开始前债务人已产生的尚未支付给相对人的债务仅是相对人的个别利益，如将其也列入共益债务的范畴，不仅与共益债务的性质不符合，而且违反了债权平等原则，使破产程序开始前的债权处于不平等地位，此债权因合同继续履行而得到优先清偿，破坏了破产法的公平清偿原则。因此法院将破产受理前合同项下产生的债务性质列为普通债权。

2. 共益债务说

（1）理论研究

共益债务说认为继续履行合同项下的债务都为共益债务，理由如下：首先，《企业破产法》第四十二条并没有明确规定将继续履行合同产生的债务在破产受理前后分别定性，因此整个合同项下的债务都可以认定为共益债务。其次，合同具有整体性和不可分性，应将整个合同整体对待；此外，管理人选择继续履行的合同是有利于债务人继续经营和能够产生价值的合同，有利于破产企业顺利进行重整等原因，将其认定为普通债权对合同相对方来说不公平。因此，认为继续履行合同产生的债务应认定为共益债务。美国和日本破产法主张对这部分债务优先清偿。依据美国破产法典第 11 篇 §365（b）的规定，管理人选择承担待履行合同后，债务人根据租约或合同承担的义务将成为破产财产的义务。据此，"合同相对方对于破产申请前及申请后的债权都享有管理费用优先权"。

以上两种观点在公开的司法案例中都有体现，法院的两种判决结果都有其合理性，考虑到每种合同的性质和本质不同，由此会有不同的判决结果；通过每种观点的裁判理由给在处理此类债权或合同的管理人有一定的启发，管理人接管破产企业后，梳理破产企业对外签订的合同时，也应认真分析该合同的性质和内容，真正地保护债权人和债务人的合法利益。

（2）司法案例

在司法判例中，有详细论述共益债务的性质和认定共益债务的严苛性；有因法律并未对继续履行合同在破产受理前后产生的债务作出区分和分割性排除，因此法院将整个合同项下的债务认定为共益债务。因法律未明确规定，造成审判实践中适用法律标准不统一，除了个别法院在审判说理部分未能充分地表达理由，大多数法院在论证时的观点给人以信服力，管理人处理此类合同时可以参考法院的裁判观点，保护全体债权人和破产企业的利益。

参考案例

1. 当管理人决定继续履行合同时，因该合同而产生的所有债务无论发生在破产案件受理前后，均应作为共益债务优先清偿。——河北省保定市

中级人民法院（2015）保民四终字第 162 号河北立中有色金属集团有限公司与曲阜金皇活塞股份有限公司买卖合同纠纷

裁判要旨：《企业破产法》第十八条规定："人民法院受理破产申请后，管理人对破产申请受理前成立而债务人和对方当事人均未履行完毕的合同有权决定解除或者继续履行……管理人决定继续履行合同的，对方当事人应当履行……"《企业破产法》的此条规定赋予了管理人对合同的选择履行权。管理人决定是否继续履行合同并不是代表原合同当事人的意思，而是以原合同的价值取向决定合同是否该继续履行。也就是说，管理人决定解除或继续履行合同是以维护破产企业的权益和破产财产利益为标准，继续履行合同有利于破产财产的增值。《企业破产法》第四十二条规定："人民法院受理破产申请后发生的下列债务，为共益债务：（一）因管理人或者债务人请求对方当事人履行双方均未履行完毕的合同所产生的债务……"此条规定确定了债务人请求对方当事人履行均未履行完毕的合同所产生的债务为共益债务，该规定并没有对债务做分割性排除，所以，当管理人决定继续履行合同时，因该合同而产生的所有债务无论发生在破产案件受理前后，均应作为共益债务优先清偿。

基本案情：2014 年 4 月 10 日，原告、被告协商签订了《铸造铝合金锭购销合同》（以下简称《合同》），《合同》约定，需方：曲阜金皇活塞股份有限公司（以下简称曲阜金皇公司）；供方：河北立中有色金属集团有限公司（以下简称河北立中公司）。第二条规定了产品的名称为 AOEM 铸造铝合金锭、品牌规格为 AC8A。第三条为供货数量及供货方式约定，每月订货量约为 100 吨，需方每月 21 日前将下月的需求数量以订货单形式下发给供方，供方确认后，按照订货单要求准备原材料并安排生产及发货，具体数量以双方每月共同确认的《订货单》为准。第五条为产品定价方式：AC8A 产品单价＝AOO 铝锭市场单价×84.4%＋金属铜市场单价×1.05%＋金属铁镍市场单价×1.15%＋金属硅市场单价×12.25%＋金属镁市场单价×1.15%＋加工费 1700 元/吨，每月 24 日前双方以《定价单》方式确认当月所供产品单价及数量，双方以此作为本月产品定价的依据，供方于 28 日前将当月发票寄交至需方。第六条为结算方式及期限：结算时间采取月结方式，即供方当月所供产品需方于次月 5 日前将全部货款结清。第十条违约责任第 2 款规定，如需方应付货款逾期超过 5 日，供方有权在需方未付清逾期货款前暂停供货或者终止本协议，供方不承担由此造成的任何损失，但需方应继续履行本协议规定的未履行完毕的义务，供方有权要求需方赔偿因逾期未付款给其造成的实际经济损失（主要为逾期货款的资金占压费用），需方每日向供方支付违约总金额的2‰作为违约金；合同还对履行期限作出规定，协议有效期自2014年4月1日至12月31日。合同签订后，原告河北立中公司按照双方约定的履行方式履行合同。原告于2014年4月20日前向被告发货共计49.985吨，单价每吨16286.03元，货款总计814057.21元。5月20日前共发货101.6195吨，单价每吨16913.36元，货款总计1718727.19元。原告于5月24日至5月30日，三次共计供货40.806吨，单价每吨17009.67元，货款总计694096.59元。被告于2014年5月8日向原告支付76万元承兑汇票。2014年6月17日，（原告与被告未含40.806吨）经双方对货款对账作出"截至2014年6月17日曲阜金皇公司欠河北立中公司货款1767986.52元"的对账单，被告由其采购部部长张峰书写核对无误签名并加盖被告曲阜金皇公司采购部章，原告河北立中公司加盖合同专用章。因被告未按合同约定"结算时间采取月结方式，即供方当月所供产品需方于次月5日前将全部货款结清"的方式结清货款，原告诉于法院。截至2014年6月30日被告曲阜金皇欠原告货款2461974.16元。原告、被告双方对上述欠款额均无异议。7月1日，被告曲阜金皇公司经曲阜市人民法院宣告进入重整阶段。由于原告河北立中公司销售的产品系国家认证的产品，而被告曲阜金皇公司生产活塞须进购经过认证的产品。被告为了企业的生存及全部债权人的利益，于7月10日与原告协商一致订立补充协议，协议规定："需方曲阜金皇公司，供方河北立中公司，经供需双方友好协商，双方就2014年4月10日签订的《合同》补充变更如下：1. 原合同第五条第一款：AC8A产品单价＝AOO铝锭市场单价×84.4%＋金属铜市场单价×1.05%＋金属镍市场单价×1.15%＋加工费1700元，变更为：AC8A产品单价＝AOO铝锭市场单价×84.4%＋金属铜市场单价×1.05%＋金属镍市场单价×1.15%＋加工费1500元。2. A356.2产品单价＝AOO铝锭市场单价＋加工费1550元。3. 其他条款不变。本补充协议是对编号为JHH20140408《合同》的修改和补充，自2014年7月起执行，与原合同具有同等法律效力，经双方代表人签字盖章后生效，传真件具有同等法律效力。4. 未尽事宜双方另行协商。需方：曲阜金皇公司加盖合同专用章，代表人张某玲，2014年7月10日。供方：河北立中公司加盖合同专用章。代表人李某山，2014年7月10日。"补充协议签订后，原告继续供被告货物，被告陆续给付原告货款。自7月10日至10月7日，被告累计欠原告货款516307.26元。

争议焦点： 管理人选择继续履行合同后，因继续履行合同产生的债务发生在破产重整受理前，此时是否属于共益债务。

法院认为：《企业破产法》第十八条规定："人民法院受理破产申请后，管理人对破产申请受理前成立而债务人和对方当事人均未履行完毕的合同有权决定解除或者继续履行……管理人决定继续履行合同的，对方当事人应当履行……"《企业破产法》的此条规定赋予了管理人对合同的选择履行权。管理人决定是否继续履行合同并不是代表原合同当事人的意思，而是以原合同的价值取向决定合同是否该继续履行。也就是说，管理人决定解除或继续履行合同是以维护破产企业的权益和破产财产利益为标准，继续履行合同有利于破产财产的增值。《企业破产法》第四十二条规定："人民法院受理破产申请后发生的下列债务，为共益债务：（一）因管理人或者债务人请求对方当事人履行双方均未履行完毕的合同所产生的债务……"此条规定确定了债务人请求对方当事人履行均未履行完毕的合同所产生的债务为共益债务，该规定并没有对债务做分割性排除，所以，当管理人决定继续履行合同时，因该合同而产生的所有债务无论发生在破产案件受理前后，均应作为共益债务优先清偿。本案中，被上诉人河北立中公司与上诉人曲阜金皇公司于2014年4月10日签订的《合同》中约定了结算方式、期限及违约责任。2014年7月1日上诉人由法院裁定受理对其进行重整后，2014年7月10日上诉人又与被上诉人签订了补充协议，双方约定继续履行合同，被上诉人给上诉人供货近900万元，且上诉人是滚动付款，截至2014年10月7日，上诉人累计欠被上诉人货款516307.26元及按合同约定计算违约金的方法计算违约金（234479.65元），上诉人并无异议。既然上诉人决定继续履行合同，所产生的债务应属共益债务。共益债务由债务人财产随时清偿。原审法院认定其为共益债务，判决上诉人给付欠款及违约金并无不当。上诉人称，偿还重整前的欠款无效，共益债务不包含重整前的债务的主张，法院不予支持。

2. 合同履行的利益大于合同解除的利益，其为了取得项目财产的所有权付出的代价是必须支付全部节能服务费，因此合同约定的节能服务费均应当作为共益债务。——山东省淄博市中级人民法院（2018）鲁03民初207号上海碳索能源环境服务有限公司与桓台县唐山热电有限公司技术服务合同纠纷

裁判要旨： 合同履行的利益大于合同解除的利益，其为了取得项目财产的所有权付出的代价是必须支付全部节能服务费，因此合同约定的节能

服务费均应当作为共益债务。如果被告破产受理之前产生的债务不作为共益债务，即丧失了合同继续履行的基础，被告在不支付前期节能服务费的情况下，合同后续履行即存在障碍，被告也不可能仅支付破产受理之后的节能服务费即取得项目财产的所有权。同时，案涉项目合同约定了原告对于节能服务费的年分享比例，从分享比例分析，原告前三年的分享比例较高，分别达到100%、82.37%、75.77%，后三年的分享比例偏低均为46%，每年的节能分享比例并不均衡，因此合同约定的分享比例具有整体性和不可分性，应当作为一个整体对待。

基本案情： 2013年5月9日，原、被告双方签订《桓台县唐山热电有限公司#2汽轮机（25MW）节能改造合同能源管理项目合同》（以下简称《能源项目管理合同》），约定原告按"合同能源管理"模式就被告二号机组汽轮机改造项目（以下简称"项目"或"本项目"）进行汽轮机专项节能服务，被告支付相应的节能服务费用。双方约定在被告付清合同约定的全部款项前，原告对合同项下的项目财产包括设备、设施和仪器等财产享有所有权。同日，原、被告签订《〈桓台县唐山热电有限公司#2汽轮机（25MW）节能改造合同能源管理项目合同〉补充协议（一）》（以下简称《补充协议》），双方对效益分享期限、效益分享比例、节能效益计算依据和气耗率测试方法等内容做了进一步约定。在协议履行过程中，山东省淄博市中级人民法院于2018年3月8日裁定受理桓台县唐山热电有限公司破产清算一案，并指定桓台县唐山热电有限公司清算组为桓台县唐山热电有限公司管理人。2018年4月24日，桓台县唐山热电有限公司管理人以（2018）热电破管字第19-6号《通知书》通知原告继续履行《能源项目管理合同》和《补充协议》。2018年6月29日原告向管理人申报债权，申报的债权数额为12720596.64元，并明确请求管理人将申报的债权确认为共益债务，但管理人在第一次债权人会议上仅将其中的7052842.25元确认为普通债权，既未说明确认7052842.25元为普通债权的法律依据和计算标准，亦未对剩余部分债权的性质和数额作出说明。2018年7月16日原告向管理人提出异议，2018年7月24日管理人答复原告异议不成立，理由为：1. 经与债务人企业核实，因2017年暂估开具发票问题造成账面记载欠款金额大于实际欠款金额，实际截至2018年3月8日欠款为6271755.28元，同时确认该欠款性质为普通债权；2. 对于2018年3月8日之后因继续履行合同产生的债务，因合同未履行完毕，欠款金额无法最终确认，2018年3月8日之后产生的欠款处于协商中，未到期的欠款不应当列入债务处理。原告认为：1. 根据原、被告《能源项目管理合同》和《补充协议》约定，在被告付清合同约定的全部款项前，原告对合同项下的项目财产包括设备、设施和仪器等财产享有所有权，该所有权保留条款合法有效，人民法院应依法予以确认，被告应返还相应的财产；2. 根据《企业破产法》及司法解释的规定，被告破产，管理人决定继续履行所有权保留合同的，合同中约定的被告支付价款或者履行其他义务的期限在破产申请受理时视为到期，管理人应当及时向原告支付价款或者履行其他义务，因此管理人称未到期的债权不应列入债务处理的主张不能成立；3. 如果破产管理人主张继续履行合同，原告未能取回标的物的，根据《企业破产法》规定的，因买受人未支付价款或者未履行完毕其他义务，该债务为共益债务，管理人应当及时清偿该债务。

争议焦点：原告上海碳索能源环境服务有限公司主张的节能服务费6271755.28 元属于普通债务还是共益债务。

法院认为：首先，法院受理被告破产申请之后，被告管理人有权决定解除合同还是继续履行合同，如果管理人决定解除合同，原告基于项目财产所有权保留的约定享有项目财产的取回权，被告不能取得项目财产的所有权；如果管理人决定继续履行合同，在合同内容全部履行完毕后其有权取得项目财产的所有权。而本案被告管理人决定继续履行合同，说明合同履行的利益大于合同解除的利益，其为了取得项目财产的所有权付出的代价是必须支付全部节能服务费，因此合同约定的节能服务费均应当作为共益债务。如果被告破产受理之前产生的债务不作为共益债务的话，即丧失了合同继续履行的基础，被告在不支付前期节能服务费的情况下，合同后续履行即存在障碍，被告也不可能仅支付破产受理之后的节能服务费即取得项目财产的所有权。其次，案涉项目合同约定了原告对于节能服务费的年分享比例，从分享比例分析，原告前三年的分享比例较高，分别达到100%、82.37%、75.77%，后三年的分享比例偏低均为46%，每年的节能分享比例并不均衡，因此合同约定的分享比例具有整体性和不可分性，应当作为一个整体对待。如果将被告破产之前产生的节能服务费作为普通债权处理，必然导致原告享有的比例较高的分享收益作为普通债权，比例较低的分享收益作为共益债务的后果，对于原告来说明显不公平。综上，本院认定被告破产受理之前欠付原告的节能服务费为共益债务。

三、禁止个别清偿

（一）立法目的

根据《企业破产法》的价值导向，禁止个别清偿的目的是公平地处理债权债务，最大限度地实现债务人财产价值最大化，进而保护全体债权人的合法权益。禁止个别清偿制度的法理基础在于保护债务人法定财产不受侵害，保障所有的一般债权人享有同等的清偿地位。

1. 禁止个别清偿原则是债权人平等原则的具体体现

债权人平等原则是《企业破产法》的基石，要求在企业破产过程中，同一等级的债权人应享有平等的权利，不得因为某些债权人的先行行动而获得不公平的优先受偿权。禁止个别清偿制度的目的就是维护这一原则，防止债权人之间的不公平竞争和恶性抢夺破产企业财产。

2. 债务人财产保全原则

为了确保破产财产的完整性和清偿程序的顺利进行，法律规定在破产程序启动后，应对企业财产进行集中管理和保护。禁止个别清偿制度有助于防止企业财产在破产程序前被个别债权人侵占，保障了破产财产的完整性和清偿资金的充足性。

（二）破产程序内个别清偿无效

《企业破产法》第十六条规定，破产申请受理后，债务人不得对债权进行个别清偿。这是为了防止债务人在破产程序启动后偏袒某些债权人，破坏债权人利益的平等原则。一旦破产程序启动，所有的清偿行为都应该在破产管理人的监督下进行，确保所有债权人按照法定程序和顺序得到清偿。

（三）破产受理前一年内的个别清偿可撤销

《企业破产法》第三十一条规定，人民法院在受理破产申请前一年内，对涉及债务人财产的特定行为，管理人有权请求人民法院予以撤销。这些行为包括：①无偿转让财产；②以明显不合理的价格进行交易；③对没有财产担保的债务提供财产担保；④对未到期的债务提前清偿；⑤其他损害债权人利益的行为。这一条款的目的是保护破产债权人的利益，防止债务人在破产前通过某些行为转移或隐藏财产，从而损害债权人的权益。

第一，无偿转让财产是指债务人以无对价的方式将财产让渡给他人的行为。管理人在核查债务人在进入破产程序前，此处的财产应指债务人的全部资产，不仅包括现金，还包括土地、房屋等实物资产，对外应收款，商标专利等无形资产。

第二，以明显不合理的价格进行交易也是可以被撤销的行为。这意味着债务人以明显不合理的价格与他人进行交易，从而损害了债权人的利益。

第三，对没有财产担保的债务提供财产担保也可以被撤销。这意味着债务人为没有财产担保的债务提供了财产担保，管理人可以请求人民法院予以撤销。

第四，对未到期的债务提前清偿也是可以被撤销的行为。这意味着债务人在债务未到期之前提前清偿了债务，管理人可以请求人民法院予以撤销。

第五，其他损害债权人利益的行为也可以被撤销。这包括其他与债务人财产相关的行为，只要这些行为损害了债权人的利益。

总的来说，《企业破产法》第三十一条是为了维护破产债权人的权益，防止债务人通过有害行为损害债权人的利益。同时，它也允许债务人在正常经营范围内进行必要的行为，以确保企业的正常运营。

（四）破产受理前六个月个别清偿可撤销

在我国的破产法律相关规定中，属于偏颇性清偿的个别清偿并不区分债权人是善意还是恶意，它的构成要件为：①清偿行为发生在破产申请受理前六个月内；②债务人已经存在不能清偿到期债务，并且资产不足以清偿全部债务或明显缺乏清偿能力的客观条件；③债务人明知自己存在上述客观条件的前提下，仍然对个别债务进行清偿；④该清偿行为并未使债务人的财产受益。个别清偿本身是债务人遵守诚实信用原则，合法地履行合同义务的行为，是符合商业交易习惯的。是因为企业法人在具备破产原因的情况下，对个别债权人的偏颇性清偿使得同一性质的债权被区别对待，损害了其他债权人的利益，会导致其他普通债权人的分配比例减少，破坏了破产公平受偿原则。

为维护债权人的利益，平衡各债权人之间的利益，《企业破产法》赋予破产管理人对欺诈性清偿和偏颇性清偿向人民法院请求予以撤销的权利。毫无疑问，这一举措，最大限度地保护了多数债权人的利益。破产撤销权也是为了服务公平受偿，但不是所有的个别清偿都是破坏公平受偿，有的个别清偿恰恰是对债务人有利的，因而《企业破产法》第三十二条规定"使债务人财产受益的"个别清偿不予撤销。但《企业破产法》并未明确规定什么样的情形是使债务人财产受益，司法实务中就会造成认定标准不同，出现不同的判决结果。

参考案例

1. "使债务人财产受益"需要从以下两个方面进行把握：其一，清偿未使债务人积极财产有所减损。对积极财产是否增加或减少应当综合多方因素加以认定。其二，清偿为债务人创造了"新价值"。——浙江省高级人民法院（2021）浙民终160号浙江衢州青年传动系统制造有限公司管理人与浙江汇盛投资集团有限公司请求撤销个别清偿行为纠纷案

案件评析： 那么如何认定"使债务人财产受益"？有的观点认为个别清偿可以避免债务人的违约责任，使债务人财产受益。有的观点认为只要个别清偿没有损害债务人财产就不应当撤销。债务人自身财产，尤其是负债累累、濒临破产的债务人财产应包括积极财产和消极财产两种类型。积极财产是指破产债务人实实在在拥有的、可供分割清偿的破产财产；消极财产是指破产债务人在此时所负的各项债务之总和。区分积极财产和消极财产的意义在于更好、更准确地辨别是否使债务人财产受益。"使债务人财产受益"需要从以下两个方面进行把握：其一，清偿未使债务人积极财产有所减损。对积极财产是否增加或减少应当综合多方因素加以认定。其二，清偿为债务人创造了"新价值"。债务人的清偿行为是否会被撤销，关键取决于该清偿行为给债务人带来了什么，以及该清偿行为对各个利害关系人造成的影响是什么。以债务人转让行为为例，在各方利害关系人不受损害的基础上，客观考察债务人通过该清偿转让行为获得的价值，与债务人转让的财产价值进行比较，如果债务人获得的对价低于其所转让的财产价值，那么该行为就具有了撤销的必要。

2. "使债务人财产受益"的判断，不应简单取决于单笔交易的利益衡量，也不是单纯关注债务人当时的财产得失，而是要依据客观事实，采取结果判断法，立足本条的立法本意即保护一般债权人的清偿利益，着眼交

易行为对债务人的经营状况和财务状况的影响，对交易行为的合理性进行综合判断。——湖北省武汉市中级人民法院（2019）鄂01民终13332号翔龙公司管理人诉常某请求撤销个别清偿行为纠纷案

案件评析： 结合《企业破产法》第三十二条以但书规定，个别清偿使债务人财产受益的情况除外，即令债务人财产受益的个别清偿受到法律保护。故个别清偿行为如果于债务人财产有益，或债权人没有因此获得优先于该行为未发生时在破产分配中的清偿地位，则该清偿行为不应被撤销。实践中对于"使债务人财产受益"的判断没有统一标准。对该条的判断，不应简单取决于单笔交易的利益衡量，也不是单纯关注债务人当时的财产得失，而是要依据客观事实，采取结果判断法，立足本条的立法本意即保护一般债权人的清偿利益，着眼交易行为对债务人的经营状况和财务状况的影响，对交易行为的合理性进行综合判断。据此，实践中可考虑简化复杂的事实，提取判断标准，即从结果来看，是否该个别清偿行为完成后亦不会造成责任财产减少。

（五）"禁止个别清偿"及例外规定

根据《企业破产法》第三十二条的规定，在法院受理破产申请前六个月内，债务人在已不能清偿到期债务，并且资产不足以清偿全部债务，或者明显缺乏清偿能力的情形下实施的个别清偿行为，破产管理人均有权撤销，除非该个别清偿使债务人财产受益。为弥补该条的局限性与抽象性，《最高人民法院关于适用〈中华人民共和国企业破产法〉若干问题的规定（二）》进行了补充解释，主要包括以下几种情形。

1. 保障生存利益

《最高人民法院关于适用〈中华人民共和国企业破产法〉若干问题的规定（二）》对《企业破产法》第三十二条中的"使债务人财产受益"的情形作出了有限的列举：一是债务人为维系基本生产需要而支付水费、电费等的；二是债务人支付劳动报酬、人身损害赔偿金的；三是使债务人财产受益的其他个别清偿。该条主要将生存利益摆在显要位置，即便债务人出现破产原因，只要其未进入破产程序保持正常的生产经营秩序，就是债务人的基本生存利益。

同时，基于生存权特别保护的考虑，《最高人民法院关于适用〈中华人民共和国企业破产法〉若干问题的规定（二）》第十六条中规定了债务

人支付劳动报酬、人身损害赔偿金的，也属于不可撤销的范畴。

2. 已经生效法律文书确认

《最高人民法院关于适用〈中华人民共和国企业破产法〉若干问题的规定（二）》第十五条规定："债务人经诉讼、仲裁、执行程序对债权人进行的个别清偿，管理人依据《企业破产法》第三十二条的规定请求撤销的，人民法院不予支持。但是，债务人与债权人恶意串通损害其他债权人利益的除外。"

同时，该条为了防止某些债务人为了达到破产诈骗、偏袒性清偿的目的，在可撤销期间内利用双方合谋而提起诉讼或仲裁程序，通过法院的判决、仲裁裁决等形式获得法律执行效力，借助法院的执行效力来实现可撤销行为的合法化，以损害债权人的利益。最高人民法院指出当债权人与债务人存在恶意串通的情形时，即便是存在生效的法律文书，债务人亦不可进行个别清偿。

此外，"使债务人财产受益的其他个别清偿"是一种兜底条款，这有助于法官在审判实践中依据具体的情形进行自由裁量，以作出更有利于全体债权人利益的司法决定。

3. 为债务人提供后位新价值

在瑞安市润隆贸易有限公司管理人诉平安银行股份有限公司温州瑞安支行请求撤销个别清偿行为案中，法院认为债务人行为对债权人利益的损害可以从两个方面评价。其一为财产标准，即该违法行为使债权人作为履行债务担保的一般责任财产减少，导致债务人丧失清偿能力而破产，或者使债权人在此后开始的破产程序中可以得到的清偿减少。其二为债权人地位标准，即该违法行为使个别债权人得到偏袒性清偿，使其获得比行为发生前更为有利的受偿地位，破坏对全体债权人的公平清偿。但如个别清偿行为，虽减少了破产财产，但破产财产又得到了增加，获得了新价值（即"后位新价值"），此时清偿和新价值相互抵销，破产财产并没有减少，在新价值的额度范围内没有出现偏颇性清偿的后果，不应被撤销。反之，若管理人有权对此行使撤销权，将导致债权人不愿意和财务陷入危机的债务人继续从事商事交易，甚至在某种程度上会加速债务人的破产进程。

4. 同时进行的交易

交易债权人支付了相等的对价，债务人的财产并没有减少，没有损害其他债权人的利益。并且交易有利于企业的继续经营，使企业免于立即陷入僵局，对债务人是有利的。据此可免于撤销的交易应满足两个条件：一是债权人支付了同等对价，若债务人的给付与债权人的对待给付差距过大，则损害了其他债权人的利益；二是交易具有即时性，即给付与对待给付之间的时间间隔较短，符合同时履行的情形。

5. 个别清偿有利于债务人维持正常经营，间接使债务人受益

沈阳都瑞轮毂有限公司破产管理人诉沈阳方也信贸易有限公司请求撤销个别清偿行为纠纷案二审案中，辽宁省高级人民法院认为："本案中，方也信公司与都瑞公司自 2006 年开始业务往来，都瑞公司直至破产申请前六个月内仍在要求方也信公司供货，双方之间存在长期的连续性的购销合同关系，并且形成了延后给付货款的惯常交易状态。基于都瑞公司的供货请求，方也信公司包括在人民法院受理破产申请前六个月内向都瑞公司的持续供货行为，满足了都瑞公司的生产需要，保证了都瑞公司的正常生产经营，因此，都瑞公司偿付部分货款的行为并非不当处理公司财产，既是履行应尽的合同义务，也使得都瑞公司受益，对全体债权人亦是有利的，依照上述法律规定，该个别清偿行为不应予以撤销。"

结合上述案例，在破产程序中认定"使债务人财产受益"的个别清偿，应从个别清偿是否能够维持企业继续经营，是否能够使企业获得新价值或增加收益等方面进行衡量。

（六）个别清偿的处理方式

1. 处理个别清偿权利主体

个别清偿是指债务人在破产程序启动后或者在破产程序启动前的一定期间内，优先偿还某个或某些债权人的债务，而不是按照法定程序对所有债权人进行平等偿还。这种行为可能会破坏债权人之间的平等原则。《企业破产法》为了防止债务人的个别清偿行为损害其他债权人的公平受偿权利，对于个别清偿行为的效力予以否定。然而，不同主体对于发现个别清偿行为的处理方式并不相同。

（1）管理人

管理人接管债务人后，若发现债务人存在个别清偿行为，有权请求人民法院撤销或确认其无效。管理人可以通过向破产受理法院提起请求确认债务人行为无效纠纷或请求撤销个别清偿行为纠纷诉讼的方式行使该权利。

（2）其他债权人或股东

若其他债权人或股东发现债务人存在个别清偿行为，应第一时间向管

理人书面反映情况，并督促管理人提起诉讼。如果管理人因过错未依法行使撤销权导致债务人财产不当减损，债权人有权提起诉讼主张管理人对其损失承担相应赔偿责任。

2. 个别清偿的处理方式

（1）发函

可以通过发函的方式向债务人提出要求，要求其停止个别清偿行为，并恢复按照法定程序对所有债权人进行平等偿还。

（2）提起撤销或确认无效诉讼

可以通过向法院提起撤销个别清偿行为的诉讼，请求法院确认该行为的无效性，以保护其他债权人的权益。

（3）通过抵扣程序内债务人应付款项的方式进行追收

可以通过抵扣债务人应付款项的方式，追回个别清偿行为导致的损失。

附：抵扣情况说明

抵扣情况说明

针对债务人医院在进入破产重整程序后，分别于××××年××月××日至×××年××月××日期间，向我或我公司个别清偿××××年××月及××月货款，共计×××元的情况，为配合债务人医院破产重整工作，我公司同意将上述个别清偿款项×××元与我公司下次申请付款时的金额进行全额抵扣，直至个别清偿款项全部归还完毕。

特此说明。

×××有限公司
××××年××月××日

综上所述，对于个别清偿的处理方式，可以采取发函、提起撤销或确认无效诉讼以及通过抵扣程序内债务人应付款项的方式进行追收等措施，以保护其他债权人的权益。

3. 撤销个别清偿后的法律效果

在实践中，当管理人行使撤销权时，会产生两个法律后果。首先，债务人对个别债权人实施的债务清偿将被视为无效行为，清偿债务的行为不具有法律效力，且自始就不具有法律效力。这意味着受清偿的债权不受法律保护，清偿部分将被依法追回。其次，因债务人的行为而被转让的财产可以依法追回，纳入债务人财产的范围。这有助于确保债务人的财产在破产清算过程中得到公平分配，以满足债权人的权益。

《企业破产法》的立法宗旨是公平清理债权债务，虽然对于可撤销的个别清偿行为作出了例外性规定，但为了维护交易安全等，对于例外情形的适用也同样作出了限制，以实现对全体债权人权益的保护。需要注意的是，法院撤销的只是债务人个别清偿的行为，并非经生效判决确认的债权，债权本身并未消灭。个别清偿行为被撤销后，债权人可以通过申报破产债权来主张权利。《企业破产法》以监督管理人的方式，实现维护债权人平等受偿权的立法目的，但对个别清偿的债务本身并不因存在个别清偿行为而作出否定性认定。

综上所述，根据《企业破产法》的规定，管理人和其他债权人或股东在发现债务人存在个别清偿行为时，可以通过相应的法律途径来请求撤销或确认其无效。这样的处理方式旨在维护债权人的公平受偿权利，但需要注意的是，个别清偿行为的撤销并不意味着债权本身的消灭，债权人仍然可以通过申报破产债权来主张其权益。

四、重整企业的财务问题——以医院为例

（一）破产企业财务存在的不足之处

1. 风险意识缺失

一些企业没有对风险意识予以高度重视，风险意识严重缺失，同时，企业内部人员的责任意识、风险意识较为薄弱，尚未形成良好的估计和判断事物的能力，而且各部门出现严重脱节的现象，没有紧密连接在一起，进而不利于风险控制机制的构建。

2. 未严格执行相应的会计制度

根据债务人企业法人、民办非企业等不同属性，也应执行不同的会计制度，其中医院因其特殊性，民办非企业也是目前医院主要的形态之一，根据《民间非营利组织会计制度》（财会〔2004〕7号）第二条的规定，民办非企业单位应当以该会计制度执行。但在有些医院破产重整项目期间，发现并非完全按照《民间非营利组织会计制度》执行且存在与其他医院、公司账务交叉及混同的现实情况。

3. 未严格按照权责发生制原则进行会计核算

以民办非企业为例，《民间非营利组织会计制度》第七条中规定，民

办非企业单位会计核算应以权责发生制为基础。但在破产实务中，存在收付实现制以及权责发生制混用的核算方式，这违反了权责发生制原则及会计制度规定，会造成当月及该年度决算不实，影响其宏观决策。

4. 实际发生交易类型与计入的会计科目不一致

在经营期间，未严格按照《民间非营利组织会计制度》第二章第一节第二十六条的规定做账，如预付账款入账，医院财务为节省记账步骤，将医院预付采购的药品款直接在药品入库当日计入应付账款，如药品来货不及时，涉及月份跨期或者年度跨期，在出现预付账款较多的企业，该记账方式会影响该企业资产负债表中负债及流动资产的数据，进而可能会影响该企业领导针对下个会计期间的经营决策。

5. 会计科目记载不完整，有遗漏

债务人因其业务类型的不同涉及的入账科目也不同，如特殊的融资租赁资产入账问题，一般融资租赁物应计入固定资产——融资租赁物会计资产中，但往往医院并未按该科目计入，最终导致融资租赁物与医院资产混同。因账面区分难度大现实无法确认的困境，不仅给债权审核及资产核查带来难度，还将导致医院资产的虚增以及债务的减少。

6. 凭证摘要不规范

破产企业不同程度地存在凭证摘要记录不完整的问题，且摘要格式不规律化。记账凭证摘要不全或不一致，将给看账者或查账者错误信息，不利于会计信息的分析和利用。

7. 未按规定进行会计凭证的保管

从破产实务来看，有部分破产企业会计凭证及账簿仍存在保管主体不当，会计凭证没有装订成册，甚至出现凭证遗失、损毁的现象。

（二）破产企业财务问题的完善对策

1. 加强风险意识

医院应定期进行风险教育和培训，提高全体员工的风险意识。同时，建立风险评估机制，及时发现和应对潜在风险。密切关注医疗行业的发展及政府各部门对该行业的政策及规定的实施，不断加强自身的专业能力以便更好地应对复杂多变的行业发展趋势，并且各部门之间也要保持密切的交流和协作，做到合理分工，协调配合，形成合力，从而整体上避免财务危机的出现。

2. 严格执行会计制度

企业应根据自身属性选择并执行相应的会计制度。对于医院等民办非企业单位，应严格按照《民间非营利组织会计制度》进行会计核算。

首先，遵循权责发生制原则。企业应严格按照权责发生制原则进行会计核算，避免出现收付实现制和权责发生制混用的情况。

其次，规范交易类型与会计科目对应关系，企业应严格按照会计制度规定，确保实际发生交易类型与计入的会计科目一致。

再次，完整记录会计科目，企业应对所有涉及的业务进行完整记录，确保无遗漏。对于特殊业务，如融资租赁资产入账问题，应按照相关规定进行会计处理，避免与医院资产混同。

最后，规范凭证摘要。企业应建立规范的凭证摘要记录制度，确保摘要记录完整、准确且格式统一。

3. 规范入账，加强会计凭证的保管

（1）整理和装订

每月对记账凭证进行整理，按顺序号排列，装订成册，并在封面上注明必要信息，如单位名称、年度月份、起讫日期、凭证种类等。若凭证数量过多，可分装多册，并在封面上注明总册数。对于附件数量较多的凭证，可以单独装订，并在封面和相关记账凭证上加以说明。

（2）防止凭证抽换

为会计凭证加贴封条，确保凭证的完整性和连续性，严格控制原始凭证的外借，如需使用，应经领导批准后进行复制。

（3）指定专人保管

装订成册的会计凭证应集中保管，并指定专人负责管理；建立查阅手续制度，确保凭证的安全和完整；年度终了后，将凭证移交至单位档案机构或指定专人保管，确保长期保存。

（4）严格遵守保管期限和销毁手续

按照会计制度的规定执行凭证的保管期限和销毁手续，期满前不得随意销毁，应按照规定程序进行销毁或移交。

此外，医院还应建立健全档案保管部门及机制，确保会计凭证的长期保存和合规性。这包括定期审计、建立电子档案、备份存储等措施，以应对可能的风险和损失。通过加强会计凭证的保管工作，医院可以确保其财务记录的准确性和可靠性，为医院的稳健运营提供有力保障。

五、管理人的监管

在重整中，债务人自行管理财产和营业事务，是否意味着债务人可自行决定生产经营中的一切事务，并不尽然，《企业破产法》明确规定，债务人的自行管理应在管理人的监督下进行。但对于管理人如何对债务人自行管理财产和营业事务进行监督法律没有规定，实务中也大都根据以往经验摸着石头过河。下面也将结合几起案件从监督范围、监督方式、监督流程等方面谈谈管理人监督问题。

在对自行管理财产和营业事务的债务人进行监督时，管理人应坚持合法性原则，同时也要考虑到便利债务人营业事务的开展，对债务人正常的营业事务往来不加过多干涉，也无法要求债务人事无巨细地汇报。此时，管理人可通过印章管控及付款审批开展监督工作。

（一）印章管理及用印审批

1. 印章管理

（1）印章接管

管理人进驻后，可根据《企业破产法》的规定接管债务人印章，包括但不限于企业公章、财务专用章、合同专用章、税务登记专用章、发票专用章、法定代表人私章、各部门章及分支机构的各类印章。印章接管需要注意如下事项：接管前需提前准备印章交接清单一式两份；实际交接时，应该按照交接清单逐项交接，认真核对、清点，确保所接管的印章与清单中的印模一致；核对完毕后，移交人与接管人均需在两份交接清单中签字确认并注明时间，交接清单双方各持一份。

（2）印章保管

印章应专人保管，责任到人。鉴于重整企业各种利益关系交织，管理人应将印章存放于安全位置，有条件的可安排独立办公室用于印章保管及用印审批，可购置保险柜专门用于存放印章，也可在办公室内安装摄像头全天候对印章进行监管。

（3）印章反向移交

根据债务人企业类别的不同，管理人接管的印章少则三五枚，多则十几枚，给管理人印章保管工作增加难度。为此，管理人可结合接管后印章的使用范围、使用频率，将使用过程中不易发生法律风险较低的印章，如发票专用章、验货专用章等业务章，反向移交给债务人相关部门负责人，并签署保管承诺书，确保印章保管期间的用章安全。不仅能便利债务人印章使用，也能有效提高管理人的工作效率。

2. 印章使用审批流程

（1）债务人原有用印流程梳理

管理人接管债务人后，首先应先了解企业组织架构、部门设置及企业治理制度等基本情况，并通过负责人组织召开企业管理层（包括高层、中层）重整对接会议，介绍重整期间债务人及高管人员的重整配合义务，并简要了解企业各部门分管的职责及运转流程。而对于拒不配合的债务人，管理人还需协调政府相应部门推动债务人交接工作。

一般企业印章通常由行政办公室或人力资源部保管，管理人可向相应负责人沟通了解印章保管方式、印章尤其是公章的数量、用印流程、用印登记及档案管理情况等，便于全面快速了解企业用印流程。

（2）制定债务人重整期间印章使用制度

如债务人原本已经有较为完备的用印审批制度，为不影响债务人正常生产经营，也便于管理人监督，管理人可在债务人原有用印流程的基础上，增加管理人最终审核，作为重整期间的用印审批流程。如债务人部门较少，仅有主要的财务部、人力资源部、销售部等重要部门的，日常用印也较为随意或没有流程可循，管理人应重新制作用印审批流程。但无论采用何种形式，管理人最终确定的印章使用制度都应形成书面文件，下发给债务人及其各科室负责人，以便债务人在重整期间遵照执行。印章使用制度应包括如下方面。

关于审批方式的选择。审批方式不拘泥于纸质或者电子形式，可结合债务人原有审批方式进行选择，如可采用 OA 审批、钉钉审批等方式，此时管理人需要相应负责人沟通在相应平台中增加管理人最终审批角色。在没有电子审批方式的企业，也可采用传统纸质审批的方式，制定重整期间用印审批表，以供债务人执行。

关于审批权限的设置。重整中用印审批权限的设置不宜过多，尤其是对于自行管理财产和营业事务的债务人来说，生产经营过程中的业务往来应由债务人自行决定，管理人仅依法进行监督。此外，还应结合印章类型区分审批级别，如公章的用印审批流程可根据债务人日常用印流程，设置3级或4级审批。而对于部门印章如财务章、人力资源部章等的用印申请，可由经办人发起审批后，部门负责人签字同意即可用印。明确部门负责人及总负责人作为印章使用的主要责任人，应严格遵守《企业破产法》等相关法律法规。

关于审批流程。首先，关于行政公章的用印申请流程。由经办人发起用印审批，部门负责人审批同意后，交由债务人重整负责人审批同意，此处的部门负责人、重整负责人可根据债务人报送至法院的重整负责人名单确定，鉴于重整负责人重整事务较多无暇逐一审批的情况，可考虑启用负责人个人名章代替，上述流程全部走完后再交由管理人进行备案登记。而对于部门印章如财务章、人力资源部章等的用印申请，可由经办人发起审批后，部门负责人签字同意即可用印，管理人仅对用印申请进行备案登记。

附：印章使用申请表模板

×××公司印章使用申请表（试行）

编号：×××

用章事由：		
用章名称：		
文件名称		
文件编号		
份数		
文件接收方		
经办人：	日期：	
联系方式：	所属部门：	
部门审核 意见		部门负责人：××× ××××年××月××日
重整负责人 审核意见		负责人：××× ××××年××月××日

（3）用印审批归档

债务人企业因正当原因需使用印章时，必须遵循管理人制定的印章使用制度，履行相关报批程序。加盖印章后，管理人将用印审批表原件及相应文件资料复印或采用电子扫描等方式留底备查，以防止文件在加盖印章后被篡改，并对用印审批表中的关键信息如编号、使用印章类别、用章事由、经办人、联系方式、所属部分等进行登记备查。同时，管理人应妥善保管用印归档文件，可采用电子化或者独立成册的方式进行管理，以便重整结束后移交债务人。此外，也应提醒债务人内部建立用印归档制度，以便重整后的债务人也能继续按照相应制度规范运营。

3. 用印审批注意事项

为提高用印审批工作的效率，债务人需首先进行自查，并将相应依据材料附随审批单一并提交管理人。管理人也应结合债务人生产经营情况及用印事项进行分类总结，提炼核查重点。如为合同签订类，审核时可与经办人了解该类合同此前签订情况，并可要求提供此前签订合同以供管理人核查，防止新签合同后个别清偿。涉及企业日常类用印，如对内各种行政行文类需用部门印章的，在了解用印事项背景无重大风险的即可用印；如对外发文需用公章的，尤其对可能涉及对外承担责任等安全经营类用印，在充分沟通并做相应风险分析后方可用印。涉及财务专用章用印，如需在收据中加盖财务专用章的，要求财务人员在审批表中注明收据所涉款项是否已经到账，并注明开具收据事由。

（二）付款审批

1. 监管方式

（1）开通管理人账户，专户专用

接受法院指定后，管理人应立即申请法院出具印章刻制函及开设管理人临时账户通知书，并合理安排时间及时开设管理人账户。办理账户开设时，应注意开通两级审批功能，并办理制单、复核 2 个网银盾，并将账户信息报法院备案。

（2）接管银行账户，资金归集

对于债务人自行管理财产和营业事务的，重整期间其原财务制度延续使用。但管理人应对债务人全部银行账户进行接管，包括网银盾、印鉴卡、取现卡、开户许可证等。接管时应制作银行账户交接清单，对开户行、账号、户名、余额、账户类型、有无查封冻结等信息进行一一核对，核对完毕后，移交人与接管人均须在两份交接清单中签字确认并注明时间，交接清单双方各持一份。此外，应要求债务人提供网银盾登记密码，并将银行存款全部归集至管理人账户，通过管理人账户统一进行收支。

（3）协调解封，盘活资金

管理人接管债务人银行账户时，发现债务人银行账户在法院受理破产申请后仍未解除保全措施或仍未中止执行措施，管理人应该通知有关法院解除保全措施或者中止执行措施，及时释放冻结账户资金。

2. 付款审批流程

（1）网银盾保管

网银盾应由专人保管。有条件的可安排独立办公室用于网银盾、印鉴卡、取现卡等保管及付款审批，可购置保险柜专门用于存放，也可在办公室内安装摄像头进行监管。此外，管理人也应将管理人账户制单网银盾反向移交给财务部门，既便于财务记账，又能达到对每笔付款的监督。

（2）审批方式的选择

同印章审批方式的选择一样，需结合债务人原有审批方式进行选择，可采用 OA 审批、钉钉审批等方式，与相应平台沟通增加管理人最终审批角色；也可采用传统纸质审批的方式，制定重整期间付款申请单，以供债务人执行。

（3）付款审批流程

债务人原财务制度继续使用，将财务部及重整总负责人作为付款申请的责任人。所有的付款申请均由财务部与管理人对接，财务部在提交付款申请时应附上申请付款所依据的相关材料，如合同、入库单、发票等，还需提供企业原有财务审批中各级负责人签字同意材料。管理人在核对企业内部签批程序已经走完的情况下，再依法对款项是否涉及合同继续履行、个别清偿等行为进行核查。审批通过的通知财务部制单，管理人复核。

附：付款申请单

×××公司付款申请单（试行）

编号：×××

申请人信息	申请人		申请日期	年　月　日	
	经办人		经办人电话		
	所属部门				

	付款事项描述：
申请付款信息	合同签订及发票情况：
	金额：小写：（大写:）
	收款人
	收款账户：注：如需一张单据报多笔款项的，可就金额、收款人、收款账户进行列表作为申请单附件
	开户行
	付款类别：（√选） 申请类别 □预借□入账后报销
	□1. 采购付款□2. 水/电/网费□3. 建设工程（装修）类 □4. 工资□5. 各类税费□6. 往来款项□7. 差旅费用□8. 其他
部门负责人意见	部门负责人：××× ××××年××月××日
重整负责人审核意见	负责人：××× ××××年××月××日

3. 付款审批核查的重点

（1）个别清偿的审查

《企业破产法》第十六条规定，法院受理破产申请后，债务人对个别债权人的债务清偿无效。对于生产型企业来说，购销关系往往存在账期问题，在付款审查时应注重核查申请付款所附的材料，如合同、发票、支付凭证、履行类凭证（报告、入库单、对方发货随行单）等，对支付重整受理前账期的款项，因涉及个别清偿无效不能审批通过。

（2）职工债权的审查

对于企业提供各类加班费、夜班费、各类奖金、销售提成，可根据情况了解费用类型，要求提供部门各项费用报销制度。

第七章 程序内涉诉涉法

破产企业大多会涉及诉讼、仲裁、执行等法律事务，进入程序后管理人也会依法接管。破产企业的涉诉涉执案件既有破产受理前已启动尚未结束的案件，也有破产受理后新发生的案件。管理人接管破产企业后，为了破产程序的顺利推进，会对破产企业涉执案件向执行法院申请中止执行并对相关资产的保全措施进行解除。本章主要围绕程序内涉及的诉讼、仲裁、执行等法律事务处理展开，以期为相关从业者提供一些参考。

一、程序内诉讼、仲裁

（一）程序内诉讼

广义上的破产衍生诉讼，是指与债务人破产相关的所有民事诉讼案件，"包括两类案件：第一类案件是破产申请受理前法院已经受理但在破产受理时尚未审结的有关债务人的民事诉讼；第二类案件是破产申请受理后当事人新提起的有关债务人的民事诉讼"。狭义的破产衍生诉讼是指第二类诉讼。

实践中人民法院受理破产申请后，有关债务人的诉讼案件主要有以下类型。

1. 因债务人不当行为引起的诉讼案件

人民法院受理企业破产申请前，债务人有可能对个别债权人等不当行为进行清偿，损害了整体债权人利益，管理人可依据《企业破产法》第三十二条、第三十三条、第三十四条的规定，向人民法院提起撤销之诉和确认债务人行为无效的诉讼。

2. 因债务人出资人、高管不当行为引起的诉讼案件

根据《企业破产法》第三十五条、第三十六条、第一百二十五条的规定，管理人在履职过程中发现债务人的出资人、董事、监事和高级管理人员存在上述规定不当行为的可向人民法院提起诉讼。

3. 因债务人财产权属争议发生的纠纷

实践中债务人财产权属争议问题经常出现，管理人应依法进行处理，必要时可以通过诉讼程序或执行异议程序等司法程序进行确权。

4. 因债权确认发生的纠纷

破产程序中，债权人、债务人对于管理人审查编制的债权表所记载的债权以及债权债务抵销等有异议的，异议人可以根据相关法律规定通过诉讼解决。

5. 因清收债务人对外债权发生的纠纷

债务人对外享有的债权或其他财产权利属于债务人财产的组成部分，管理人应当予以清理和追收，具体方式包括电话催收、书面发函催收、实地催收和诉讼催收等。

（二）程序内仲裁

程序内仲裁大体有两种情形：一种是债务人、债权人对债权表记载的债权有异议，对于管理人解释或调整不满，或者管理人不予解释或调整的，当事人在破产受理前订立有仲裁条款或仲裁协议的，应当依法申请仲裁确认债权债务关系；另一种是企业破产后在继续营业过程中与其他主体签订的协议中约定有仲裁条款，在发生争议的情况下依据仲裁约定依法申请裁决。

二、破产涉诉案由

破产程序中准确适用案由，有利于确定案件性质，辅助开庭审判，提高司法统计的准确性；有利于案件的分类管理，保障法院审理法官办案质量考核和管理。

（一）破产涉诉案由规定

最高人民法院《民事案件案由规定》有关破产的案由包括："请求撤销个别清偿行为纠纷、请求确认债务人行为无效纠纷、对外追收债权纠纷、追收未实缴出资纠纷、追收抽逃出资纠纷、追收非正常收入纠纷、破产债权确认纠纷、取回权纠纷、破产抵销权纠纷、别除权纠纷、破产撤销权纠纷、损害债务人利益赔偿纠纷、管理人责任纠纷。"其中破产债权确认纠纷分为职工破产债权确认纠纷和普通破产债权确认纠纷；取回权纠纷又分为一般取回权纠纷和出卖人取回权纠纷。

（二）部分破产涉诉案由适用情形

破产撤销权纠纷中包含无偿转让、以明显不合理的价格进行交易、对没有财产担保的债务提供财产担保、对未到期的债务提前清偿、放弃债权、个别清偿情形。

请求确认债务人行为无效纠纷包括为逃避债务而隐匿、转移财产的行为；虚构或承认不真实的债务的行为；受理后个别清偿行为。

对外追收债权纠纷包括因合同履行形成的债权、因侵权形成的债权、因不当得利形成的债权。

不同的案由争议焦点各有不同，明确的案由是对争议焦点进行类型化、抽象化限定。通过案由显明的概括性争议焦点特征，为各方利害关系人参与破产程序提供参考或借鉴，有效解决破产疑难问题。

三、程序内常见债权人或其他财产权利人起诉类型

债权人在破产程序内可能提起的诉讼类型较多，其中较为常见的是债权人、债务人、职工对管理人核查、确认的债权数额、性质等方面提出异议，并针对管理人未进行调整的部分，债务人、职工或债权人依据《企业破产法》第四十八条、第五十八条赋予的权利提起确认之诉。《企业破产法》还赋予了债权人在满足特定条件情形下抵销的权利，实践中关于能否抵销及抵销范围等可能发生争议进而引发诉讼企业进入破产程序后，财产权利人主张债务人企业存在占有的不属于破产财产的资产，并向管理人行使取回权，该权益未能获得支持情形下，容易引发取回权纠纷。

（一）职工债权确认纠纷

根据法律规定，职工债权无须申报，管理人依法主动核查，但由于现实情况的复杂性，管理人对于核查的债权难免存在缺漏、误差，出现相关情况时，职工可向管理人提出异议，如管理人不予调整，职工可依法向人民法院提起职工债权确认之诉。

（二）普通破产债权确认纠纷

除职工之外的普通债权人应当根据法院公告或通知要求依法申报债权，管理人接收相关申报材料后进行登记造册，管理人对申报的债权进行

形式审查及实质审查，并编制债权表供债权人会议核查，如果债权人、债务人对管理人编制的债权表有异议，有权请求管理人予以更正，管理人不予调整的，可依法向法院提起确认债权诉讼。

（三）破产抵销权纠纷

破产法上的抵销权（简称破产抵销权），是指债权人在破产申请受理前对债务人即破产人负有债务的，无论是否已到清偿期限、标的是否相同，均可在破产财产最终分配确定前向管理人主张相互抵销的权利①。我国《企业破产法》第四十条规定："债权人在破产申请受理前对债务人负有债务的，可以向管理人主张抵销。"因该类纠纷引发破产抵销权诉讼。

对主张抵销的破产债权是否也应经过申报、确认，各国立法规定不一。有的国家立法规定，用于行使抵销权的债权无须申报债权，如德国旧破产法第五十三条。我国台湾学者也主张，行使抵销权的债权无须申报债权。但我国破产法未规定抵销的债权可免予申报，所以，抵销权人也须申报债权。

（四）别除权纠纷

破产别除权，又称破产优先受偿权，是指在破产程序开始前就债务人特定财产设定了担保物权或享有法定优先权的债权人，在破产程序开始后可不依破产分配程序优先就该特定财产优先受偿的权利。

大陆法系的国家，对别除权都作出了规定。法律界认为别除权可以从两大方面进行理解，一方面，别除权针对的是债务人的特定一些财产，这部分财产对于债权人的偿还可以不通过破产程序。而债权人能够得到偿还②。另一方面，别除权的重点在于对债务人的特定财产，某一些债权人能够被优先清偿，由此而形成法律上的权利③。

担保物权和债权需要同时符合《民法典》的相关规定，无论在行使别除权之前还是行使过程中都处于生效的状态。此外，对于破产法的一些特别规定，别除权需要适用。按照相关的国际惯例，"在进入破产程序之前，债务人有相当的时间对债务采取一些其他手段，比如通过赠送亲友等

---

① 王欣新、王中旺：《论破产抵销权》，《甘肃社会科学》2007年第3期。
② 王卫国：《破产法精义》，厦门大学出版社2007年版，第316页。
③ ［日］石川明：《日本破产法》，何勤华、周桂秋译，中国法制出版社1995年版，第80页。

方式来产生一些额外的债务，或者是只给部分债权人清偿债务，而不给另外的债权人偿还。对于债权人来说，也可以有时间采取一些手段维护自己的权益，就整个破产程序而言，无担保债权人往往会受到更多损失"。① 根据我国破产法的相关规定，在以下两种情况下，别除权是不适用的，比如在第三十一条中，认为管理人可以撤销那些在破产前一年内进行了财产担保的债务。另外在第三十三条中，同样指出对于虚构债务是无效的存在，而对于不真实的债务，即使承认也是无效的。

（五）取回权纠纷

《企业破产法》司法解释二第二条第一款规定，债务人基于仓储、保管、承揽、代销、借用、寄存、租赁等合同或其他法律关系占有、使用的他人财产不应认定为债务人财产。

实务中，较为常见的是房地产企业破产案件中的取回权纠纷、特定化货币取回权纠纷、融资租赁中取回权纠纷、代偿性取回权纠纷。

1. 房企破产案件中的取回权纠纷

在房企破产案件中，买房人对其已支付房款但尚未登记到其名下的不动产能否取回，关系到买房人的切身利益，也是破产审判中一直以来面临的难题。对于购房人，基于生存权至上的理念，现有规定赋予其物权期待权的优先地位。实务层面，破产程序开始后，首先要区分破产企业名下财产是否真正归属于企业，对于那些不属于破产企业的财产，应当由其权利人取回。

2. 特定化货币取回权纠纷

能否以保障住房专项资金属于特定化的货币财产为由，在破产程序中主张行使取回权。保障住房专项资金属货币，其作为占有即所有的特殊种类物，在占有与所有相分离的特定化情形下，所有权人方可在占有人破产时行使取回权。保障住房专项资金要成为取回权的行权对象，需具备以下条件：①当事人有明确约定或依款项性质，保障住房专项资金所有权不随占有的转移而转移；②有独立的账户或其他保管方式，足以保证保障住房专项资金不与占有人的财产相混同。

3. 融资租赁中取回权纠纷

医院破产案件中存在较多的涉及融资租赁取回权问题。目前多数医院

---

① 王卫国：《破产法精义》，厦门大学出版社2007年版，第86页。

的大型医疗设备采用融资租赁合作经营模式使用。融资租赁公司主张取回融资租赁物的前提条件是：①融资租赁合同真实有效；②承租人未清偿完毕合同项下全部租金及其他应付款；③融资租赁物标的能特定化，即融资租赁物可以明确确认（型号、购置日期、名称、特殊标记、法院封条）。

4. 代偿性取回权纠纷

2013 年最高人民法院颁布《企业破产法》司法解释二，其中第三十二条对于代偿性取回权明确了适用规则。债务人占有他人财产毁损、灭失的，财产原所有权人对于原物的代偿物享有取回权且具有优先效力。取回权并非破产法新创设的一项独立"权利"，而只是破产法对实体法上已有财产权利的承认和保护，是权利人基于物权等基础性权利主张有关财产不属于债务人，进而请求返还的"权能"。

通常破产管理人接管企业过程中，对于大部分资产的权属管理人可以作出清晰准确的判断。但实务中往往存在有证据证明有些财产曾经被债务人占有但不属于债务人所有，在某个时间节点灭失或者转化了形态，此时原权利人享有何种权利？如何主张权利？关于是否承认代偿性取回权制度，不同国家立法规定各异，目前代偿性取回权制度主要在德国、日本等少数大陆法系国家破产法中予以明确规定。

四、破产衍生诉讼中主体地位的列明

（一）债权异议之诉中债权人、债务人主体地位的列明

《最高人民法院关于适用〈中华人民共和国企业破产法〉若干问题的规定（三）》第九条规定："债务人对债权表记载的债权有异议向人民法院提起诉讼的，应将被异议债权人列为被告。债权人对债权表记载的他人债权有异议的，应将被异议债权人列为被告；债权人对债权表记载的本人债权有异议的，应将债务人列为被告。对同一笔债权存在多个异议人，其他异议人申请参加诉讼的，应当列为共同原告。"

上述司法解释规定了债务人或债权人对债权表记载债权有异议并提起诉讼时债务人或债权人主体地位的列明。虽然规定已经比较明确，实务中仍然有债权人在提起债权确认之诉中将管理人直接列为被告，而法院在处理时也会以被告主体不适格，驳回原告起诉。

以下为《人民法院破产程序法律文书样式（试行）》中破产债权确认

诉讼使用的文书样式，该文书样式中展示了债权人、债务人如何列明。

×××人民法院

民事判决书

（破产债权确认诉讼一审用）

（×××）×××民初字第×××号

原告：×××（写明姓名或名称等基本情况）

被告：×××（债务人名称），住所地×××

诉讼代表人：×××，该企业管理人（或管理人负责人）

原告×××诉被告×××破产债权确认纠纷一案，本院受理后，依法组成合议庭公开开庭进行了审理。×××（写明本案当事人及其诉讼代理人等）到庭参加了诉讼。本案现已审理终结。

原告×××诉称：×××（概述原告提出的具体诉讼请求及所根据的事实与理由）。

被告×××辩称：×××（概述被告答辩的主要意见）。

经审理查明：×××（写明认定的事实及证据）。

本院认为：×××（写明判决的理由）。依照×××（写明判决所依据的法律条款项）之规定，判决如下：

×××（写明判决结果）。

×××（写明诉讼费用的负担）。

若不服本判决，可在判决书送达之日起十五日内，向本院提交上诉状，并按对方当事人的人数提交副本×××份，上诉于×××人民法院。

审判长×××

审判员×××

审判员×××

×××年××月××日

（院印）

本件与原本核对无异

书记员×××

说明：

1. 本样式系根据《中华人民共和国企业破产法》第五十八条制定，供人民法院受理破产债权确认之诉后进行一审判决时使用。

2. 原告也可能是债务人。当债务人为原告时，当事人的具体写法为：

原告：×××（债务人名称），住所地×××

诉讼代表人：×××，该企业管理人（或管理人负责人）

被告：×××（写明债权人的姓名或名称等基本情况）

原告也可能是其他债权人，此时的被告为债务人和相关债权人。

3. 当事人基本情况的写法与样式6、样式96相同。

4. 本样式同样适用于职工权益清单更正纠纷。

（二）管理人责任纠纷中管理人诉讼地位的列明

针对管理人责任纠纷，诉讼主体确定或者列明问题尚无明确规定，如何列明被告，实践中既有将"债务人＋管理人"列为被告的，也有将中介机构或清算组列为被告的。管理人赔偿责任诉讼中，被告应为担任管理人的中介机构而非管理人。最高人民法院（2014）民申字第827号河南安彩高科股份有限公司与华飞彩色显示系统有限公司管理人其他合同纠纷申请再审案中法院认为部分："管理人系破产程序中为接管破产财产并负责破产财产的保管、清理、估价、处理和分配等事务而临时设立的专门职能机构，并非独立的民事主体。河南安彩公司基于华飞管理人履职不当提起诉讼，应当将担任管理人的江苏高的律师事务所列为本案被告。"[1] 明确管理人赔偿责任诉讼的被告应为担任管理人的中介机构。

以下为《人民法院破产程序法律文书样式（试行）》中人民法院受理有关向管理人提出损害赔偿之诉使用的文书样式，该文书样式就区分不同类型管理人列明不同被告进行了说明。

×××人民法院

民事判决书

（管理人承担赔偿责任诉讼一审用）

（×××）×××民初字第×××号

原告：×××（写明姓名或名称等基本情况）

被告：×××，（债务人名称）管理人；或者×××，（债务人名称）清算组管理人成员

---

[1] 最高人民法院（2014）民申字第827号。

原告×××诉被告×××损害赔偿纠纷一案，本院受理后，依法组成合议庭公开开庭进行了审理。×××（写明本案当事人及其诉讼代理人等）到庭参加了诉讼。本案现已审理终结。

原告×××诉称：×××（概述原告提出的具体诉讼请求及所根据的事实与理由）。

被告×××辩称：×××（概述被告答辩的主要意见）。

经审理查明：×××（写明认定的事实及证据）。

本院认为：×××（写明判决的理由）。依照×××（写明判决所依据的法律条款项）之规定，判决如下：

×××（写明判决结果）。

×××（写明诉讼费用的负担）。

如不服本判决，可在判决书送达之日起十五日内，向本院提交上诉状，并按对方当事人的人数提交副本，上诉于×××人民法院。

审判长×××

审判员×××

审判员×××

××××年××月××日

（院印）

本件与原本核对无异

书记员×××

说明：

1. 本样式系根据《中华人民共和国企业破产法》第一百三十条制定，供人民法院受理有关主体向管理人提出损害赔偿之诉后进行一审判决时使用。

2. 原告包括因管理人不当履行职责而遭受损害的债权人、债务人或者第三人。原告基本情况的写法与样式6相同。

3. 应区分不同管理人类型分别确定被告：管理人为个人的，被告应列为担任管理人的律师或者注册会计师；管理人为中介机构的，被告应列为担任管理人的律师事务所、会计师事务所或者破产清算事务所；管理人为清算组的，被告应列为清算组各成员。

（三）在破产衍生诉讼中，管理人作为诉讼代表人的列明

在破产企业作为当事人的案件中，中介机构被指定为管理人的，一般直接列诉讼代表人为某律师事务所或某会计师事务所，例如最高人民法院（2022）最高法民再 233 号破产债权确认纠纷一案；也有列管理人负责人为诉讼代表人的情形，如最高人民法院（2015）民提字第 126 号信用证开证纠纷。如果管理人是清算组，则诉讼代表人是清算组负责人，例如最高人民法院（2016）最高法民再 404 号合同纠纷；也有将清算组列为诉讼代表人的，例如最高人民法院（2020）最高法民再 109 号合同纠纷。

以下为《人民法院破产程序法律文书样式（试行）》中破产抵销权诉讼使用的文书样式，该文书样式中明确了诉讼代表人的列明。

×××人民法院
民事判决书
（破产抵销权诉讼一审用）

（×××）×××民初字第×××号

原告：×××（写明姓名或名称等基本情况）

被告：×××（债务人名称），住所地×××

诉讼代表人：×××，该企业管理人（或管理人负责人）

原告×××诉被告×××破产抵销权纠纷一案，本院受理后，依法组成合议庭公开开庭进行了审理。×××（写明本案当事人及其诉讼代理人等）到庭参加了诉讼。本案现已审理终结。

原告×××诉称：×××（概述原告提出的具体诉讼请求及所根据的事实与理由）。

被告×××辩称：×××（概述被告答辩的主要意见）。

经审理查明：×××（写明认定的事实及证据）。

本院认为：×××（写明判决的理由）。依照×××（写明判决所依据的法律条款项）之规定，判决如下：

×××（写明判决结果）。

×××（写明诉讼费用的负担）。

若不服本判决，可在判决书送达之日起十五日内，向本院提交上诉状，并按对方当事人的人数提交副本×××份，上诉于×××人民法院。

审判长×××

审判员×××

审判员×××

××××年××月××日

（院印）

本件与原本核对无异

书记员×××

说明：

1. 本样式系根据《中华人民共和国企业破产法》第四十条制定，供人民法院受理债权人行使抵销权之诉后进行一审判决时使用。

2. 原告应为要求行使抵销权的债权人。

3. 原告基本情况的写法与样式6相同。

4. 当债务人的管理人为个人管理人时，其诉讼代表人为担任管理人的律师或者注册会计师；当管理人为中介机构或者清算组时，其诉讼代表人为管理人的负责人或者清算组组长。

（四）管理人直接发起的诉讼中，管理人诉讼地位的列明

在管理人发起的撤销诉讼等案件中，原告直接注明"某某公司管理人"或"某某公司清算组"，负责人即是管理人负责人或清算组负责人，例如自贡市人民法院（2016）川03民初字第110号请求撤销个别清偿行为纠纷判决。实践中也有直接将指定的中介机构或个人或清算组列为原告的情形，例如绍兴市柯桥区人民法院（2012）绍商初字第328号破产撤销权纠纷判决。

以下为《人民法院破产程序法律文书样式（试行）》中管理人发起破产撤销诉讼时文书样式，其中，就不同情形下原告主体列明进行了说明。

×××人民法院

民事判决书

（破产撤销权诉讼一审用）

（×××）×××民初字第×××号

原告：×××，（债务人名称）管理人

被告：×××（写明姓名或名称等基本情况）

　　原告×××诉被告×××破产撤销权纠纷一案，本院受理后，依法组成合议庭公开开庭进行了审理。×××（写明本案当事人及其诉讼代理人等）到庭参加了诉讼。本案现已审理终结。

　　原告×××诉称：×××（概述原告提出的具体诉讼请求及所根据的事实与理由）。

　　被告×××辩称：×××（概述被告答辩的主要意见）。

　　经审理查明：×××（写明认定的事实及证据）。

　　本院认为：×××（写明判决的理由）。依照×××（写明判决所依据的法律条款项）之规定，判决如下：

　　×××（写明判决结果）。

　　×××（写明诉讼费用的负担）。

　　如不服本判决，可在判决书送达之日起十五日内，向本院提交上诉状，并按对方当事人的人数提交副本×××份，上诉于×××人民法院。

审判长×××

审判员×××

审判员×××

××××年××月××日

（院印）

本件与原本核对无异

书记员×××

　　说明：

　　1. 本样式系根据《中华人民共和国企业破产法》第三十一条、第三十二条制定，供人民法院受理管理人行使撤销权之诉后进行一审判决时使用。

　　2. 应区分不同管理人类型分别确定原告：管理人为个人的，原告应列为担任管理人的律师或者注册会计师；管理人为中介机构的，原告应列为担任管理人的律师事务所、会计师事务所或者破产清算事务所；管理人为清算组的，原告应列为（债务人名称）清算组，身份标明为该企业管理人。律师事务所等中介机构或者清算组作为原告的，还应当将中介机构管理人负责人或者清算组组长列为诉讼代表人。

　　3. 被告基本情况的写法与样式6相同。

　　4. 此处的被告为受益人。

五、破产衍生诉讼的案件受理费

（一）破产衍生诉讼的诉讼费收取标准

破产衍生诉讼案件受理费等诉讼费用应按照《诉讼费用交纳办法》有关规定计算和交纳。破产实务中，对普通破产债权确认等纠纷，有的法院按照财产案件要求交纳案件受理费，例如铜仁市中级人民法院（2018）黔06民终1034号普通破产债权确认纠纷一案判决，法院认为一审按照财产案件收费标准收取诉讼费并无不当。有的法院按照非财产案件交纳案件受理费，例如会东县人民法院（2019）川3426民初2460号普通破产债权确认纠纷一案中，按件收取100元诉讼费。

（二）破产案件诉讼费等费用清偿

根据《企业破产法》第四十一条的规定，人民法院受理破产申请后发生的破产案件的诉讼费用为破产费用，由债务人财产随时清偿。

根据《最高人民法院关于适用〈中华人民共和国企业破产法〉若干问题的规定（三）》第一条的规定，人民法院裁定受理破产申请的，此前债务人尚未支付的案件受理费、执行申请费，可以作为破产债权清偿。

（三）债务人财产无法支付破产诉讼费时的处理

根据《企业破产法》第四十三条的规定，管理人可以债务人财产不足以清偿破产费用为由，提请人民法院终结破产程序，这个破产费用当然包括破产案件诉讼费用。

（四）诉讼费用的缓交

破产实务中允许破产衍生诉讼案件缓交案件受理费，但仅限于破产企业或管理人作为原告或者上诉人的民事诉讼。全国各地人民法院对缓交案件受理费的规定标准不统一，有的法院同意缓交至判决下发之前，如果判决下发之前不交纳，将按撤诉处理，如河南省新乡市牧野区法院对河南力之星三轮摩托车制造有限公司的破产案件，作出了缓交诉讼费，判决前交齐费用的决定；有的法院同意缓交一定期限，例如合肥市中级人民法院《关于破产衍生诉讼案件诉讼费用缓交办法（试行）》规定破产衍生诉讼费用的缓交期限根据破产案件审理进程确定，最迟缓交至破产程序中通过的重整计划、和解协议或分配方案中确定的清偿时间。因此债务人资金不足的，管理人应积极向法院申请缓交案件受理费等诉讼费用。

六、破产程序中所涉仲裁问题

破产程序中经常遇到多个法律部门受理权限发生冲突，其中经常发生的是破产诉讼与民事仲裁的碰撞。破产法和仲裁法都属于特别法，仲裁以合意即意思自治为基础，破产以概括清偿为目标，本部分针对涉仲裁的管辖及程序衔接问题进行简要论述，以供参考。

（一）约定有仲裁条款情形下提起确认之诉的管辖问题

《最高人民法院关于适用〈中华人民共和国企业破产法〉若干问题的规定（三）》第八条规定："债务人、债权人对债权表记载的债权有异议的，应当说明理由和法律依据。经管理人解释或调整后，异议人仍然不服的，或者管理人不予解释或调整的，异议人应当在债权人会议核查结束后十五日内向人民法院提起债权确认的诉讼。当事人之间在破产申请受理前订立有仲裁条款或仲裁协议的，应当向选定的仲裁机构申请确认债权债务关系。"破产法虽然规定有关债务人的民事诉讼应由受理破产案件的法院集中管辖，但其不能排除当事人程序前仲裁的约定，当事人有约定仲裁条款其主张适用仲裁条款时，法院不能以破产法规定予以驳回。在仲裁条款有效的情形下，应由当事人依照仲裁方式解决。

（二）破产程序中撤销仲裁裁决的管辖问题

一种观点认为，破产程序中仲裁裁决的司法审查管辖权属于受理破产申请的法院。其理由在于，《企业破产法》第二十一条是关于破产衍生诉讼专属管辖的规定，其相对于《仲裁法》的相关规定属于特别条款，在破产程序中应当优先适用。此外，集中管辖有利于法院全面掌握破产企业的债权债务情况，提升司法效率，从而公平保护各债权人利益。例如上海市第一中级人民法院（2021）沪 01 民特 251 号申请撤销仲裁案和广西壮族自治区河池市中级人民法院（2022）桂 12 民辖终 55 号申请撤销仲裁裁决案，法院裁定将案件移送至受理破产申请的法院进行管辖。

另一种观点则认为，破产案件的集中管辖规定并未排除专属管辖的适用。在《仲裁法》第五十八条有明确专属管辖规定的情况下，应由仲裁机构所在地法院管辖。此外，民事诉讼与仲裁系不同的纠纷解决机制，破产法关于破产案件的集中管辖规定是针对民事诉讼而言的，对仲裁案件及其司法审查的管辖并无影响。如果由受理破产申请的法院享有仲裁司法审查权，可能加剧破产案件审理的地方保护主义、架空现有的仲裁司法审查案件逐级报核制度、损害仲裁司法审查案件的统一裁量标准。例如广东省高级人民法院（2019）粤民辖终324号申请撤销仲裁裁决案中，仲裁当事人亿阳集团主张其破产申请已由哈尔滨中级人民法院受理，就广州仲裁委员会作出的仲裁裁决，向广州中级人民法院提起申请撤销仲裁裁决并将案件移送至哈尔滨中级人民法院管辖。广东高级人民法院认为应由仲裁委员会所在地的中级人民法院受理当事人申请撤销仲裁裁决案，故裁定驳回亿阳集团的管辖权异议。

总之，在破产程序中撤销仲裁裁决的管辖问题上，理论和实践中存在一定的争议，具体案件的处理可能需要根据具体情况和相关法律规定进行判断。

（三）劳动仲裁与职工债权确认之诉之间的管辖问题

准确理解和适用《劳动争议调解仲裁法》第五条关于劳动争议仲裁前置程序与《企业破产法》第四十八条关于职工债权确认诉讼程序的关系。法院受理债务人破产申请后，职工与债务人发生《劳动争议调解仲裁法》第二条规定的第（五）项以外的劳动争议，应适用《劳动争议调解仲裁法》第五条关于劳动争议仲裁前置程序解决；职工与债务人因劳动报酬、工伤医疗费、经济补偿或者赔偿金等破产职工债权确认发生争议，职工可以向人民法院提起债权确认诉讼。职工与债务人同时发生《劳动争议调解仲裁法》第二条规定的第（五）项以外的劳动争议和职工债权确认争议的，应适用《劳动争议调解仲裁法》第五条关于劳动争议仲裁前置程序解决。

（四）仲裁请求的实体处理与破产程序衔接问题

《全国法院民商事审判工作会议纪要》第一百一十条指出，债权人已经对债务人提起的给付之诉，破产申请受理后，应当继续审理，但是在判定相关当事人实体权利义务时，应当注意与《企业破产法》及其司法解释的规定协调。据此精神，仲裁庭不必要求申请人对给付请求作变更，可以按照请求事项依法裁决，但是要注意避免作出与破产法规则相冲突的裁决。例如，对债务利息、按日计算的违约金进入破产程序后的部分，以及主张惩罚性赔偿的，不应予以支持。另涉及解除合同的仲裁请求，因与管理人挑拣履行权发生冲突，不能简单按照请求事项裁决，而应该在听取管理人的意见后作出相应处理。

七、财产解封

《企业破产法》第十九条规定："人民法院受理破产申请后，有关债务人财产的保全措施应当解除，执行程序应当中止。"

《最高人民法院关于适用〈中华人民共和国企业破产法〉若干问题的规定（二）》第七条规定："对债务人财产已采取保全措施的相关单位，在知悉人民法院已裁定受理有关债务人的破产申请后，应当依照《企业破产法》第十九条的规定及时解除对债务人财产的保全措施。"

《全国法院破产审判工作会议纪要》第四十二条规定，执行法院收到破产受理裁定后，应当解除对债务人财产的查封、扣押、冻结措施；或者根据破产受理法院的要求，出具函件将查封、扣押、冻结财产的处置权交破产受理法院。破产受理法院可以持执行法院的移送处置函件进行续行查封、扣押、冻结，解除查封、扣押、冻结，或者予以处置。

执行法院收到破产受理裁定拒不解除查封、扣押、冻结措施的，破产受理法院可以请求执行法院的上级法院依法予以纠正。

附：申请财产解封告知函

告知函

×××人民法院：

×××人民法院于××××年××月××日作出（×××）豫×××破申×××号《民事裁定书》，裁定受理了×××有限公司（以下简称"×××"）的重整申请，并于××××年××月××日依法指定×××为管理人。

经查，贵院已立案受理×××有限公司申请保全×××有限公司财产一案，案号：（×××）豫×××财保×××号。

《中华人民共和国破产法》第十九条规定，人民法院受理破产申请后，有关债务人财产的保全措施应当解除，执行程序应当中止。现×××已进入破产重整程序，根据上述规定函告贵院依法中止上述案件的诉讼程序，解除对某某财产采取的查封、扣押、冻结等财产保全措施。

特此函告。

附：

1. 受理破产申请裁定书复印件一份；

2. 指定管理人决定书复印件一份；

3. 联系人：×××，联系电话：×××

×××有限公司管理人

××××年××月××日

八、债务人有关人员不履行义务时的责任

（一）法律依据

《企业破产法》第十五条规定了债务人有关人员在破产程序中需承担保管资料、如实回答法院管理人询问等法定义务。债务人有关人员，指企业法定代表人；经法院决定，可以包括企业财务管理人员和其他经营管理人员。

（二）违反破产法律义务的认定

1. 有关人员的范围

除《企业破产法》第十五条规定的法定代表人及经人民法院决定财务管理人员、经营管理人员外，《企业破产法》第一百二十五条、第一百二十七条、第一百二十八条增加规定了可能承担法律责任的"直接责任人员"及可能承担民事责任的董事、监事、高级管理人员。

法定代表人通常由董事长、执行董事或总经理担任，代表法人享有民事权利，履行民事义务。经营管理人员除去法律已明确指出的财务管理人员还应该有在法务或风控部门负责人、融资部门负责人、人力资源部门负责人、投资部门负责人、商业运营部门负责人等。直接责任人员不一定担任职务，而是与破产企业的具体行为或者后果有因果关系的人员。

2. 有关人员应承担的法律义务

根据《企业破产法》的规定，有关人员需履行的义务有：（1）妥善保管其占有和管理的财产、印章和账簿、文书等资料；（2）根据人民法院、

管理人的要求进行工作，并如实回答询问；（3）列席债权人会议并如实回答债权人的询问；（4）未经人民法院许可，不得离开住所地；（5）不得新任其他企业的董事、监事、高级管理人员。前述有关人员义务的规定是为了便利破产受理法院及破产管理人工作开展，有利于破产程序的顺利推进。有些国家甚至规定在企业破产后，企业相关人员通信自由需受到限制，以便法院和管理人能掌握破产企业有关人员与外部的联系情况，防止破产企业与第三方以通信方式恶意串通损害债权人利益。

3. 有关人员违反应承担法律义务的认定

认定有关人员违反法定义务，首先，其负有履行法定义务的责任；其次，其行为违反了法定义务；再次，对破产程序的推进或者对债权人利益产生了不利影响；最后，其行为与后果具有因果关系。

（三）对有关人员违反破产法律义务的惩罚

《企业破产法》规定了有关人员违反法律义务时人民法院可以作出的处罚，但如何发起并无规定，实践中即债务人破产程序内与债务人长期接触的是破产管理人，管理人更易发现有关人员的违法行为，由管理人向人民法院提出建议然后由法院核查后进行处理较为妥当。同时为发挥债权人监督作用，如债权人掌握相应线索也可提供给法院。

参考诉讼或听证程序，为了确保有关人员不被错误地处罚，应保障其陈述或申辩的权利。通过确保各方对处罚制作过程的参与以对处理结果产生积极影响，通过使各方受到平等对待来确保其地位得到尊重。

经认定属于违反破产法律义务，处罚结果有训诫、罚款、拘留，《企业破产法》并未对罚款金额及区间作出具体规定，也未对拘留期限作出规定，人民法院具有较大自由裁量空间。法院在作出具体的处罚决定时可以考虑责任主体的主观恶意以及造成的损害结果。通过树立典型也有利于管理人履职，有利于破产程序顺利推进。

九、医疗企业破产可能涉及的刑事问题

任何行业都有触犯刑事责任的可能，医疗行业同样如此，2023 年度，医疗领域掀起了反腐风暴，引发巨大关注。如果医疗企业或者民营医院进入破产程序更易使一些隐藏犯罪露出水面，本节就医疗领域存在的部分刑事风险进行梳理。

（一）常见的医疗行业刑事罪名

现实中较为常见的医疗领域罪名有：医疗事故罪；生产、销售不符合标准的医用器材罪；聚众扰乱公众秩序罪；非国家工作人员受贿罪；销售假药、非法经营罪；诈骗罪。

（二）医疗行业可能触犯刑事责任的环节

医药企业的研发、注册、生产、销售、使用、流通、经营等各个阶段中的行为均可能涉及刑事犯罪。

（三）管理人能否代表破产企业参与刑事程序

虽然《企业破产法》没有明文规定管理人应代表债务人企业处理刑事诉讼，但《企业破产法》第二十五条管理人职责中规定管理人代表债务人参加诉讼、仲裁或者其他法律程序。其中关于诉讼程序的理解应包括民事诉讼、行政诉讼和刑事诉讼。

企业进入破产程序后除了法院允许债务人自行营业外，大部分情况下债务人是在管理人的监督管理下处理相关业务，管理人直接代表债务人处理相关刑事案件也有利于维护债务人合法权益最大化。

（四）典型犯罪——医院骗保责任主体

实践中，针对类似以单位名义实施，违法所得归单位所有、分配却又无法以单位犯罪追究刑事责任的相关犯罪，立法机关、司法机关往往通过发布立法、司法解释的方式来填补打击追责的空白或漏洞。全国人民代表大会常务委员会于2014年专门通过并公布了关于《中华人民共和国刑法》第二百六十六条的解释，规定："以欺诈、伪造证明材料或者其他手段骗取养老、医疗、工伤、失业、生育等社会保险金或者其他社会保障待遇的，属于刑法第二百六十六条规定的诈骗公私财物的行为。"据此，医院通过篡改医嘱、多开虚开医保用药的方式骗取医保基金的行为符合该立法解释的规定，应当以诈骗罪进行定罪处罚。而在无法以单位为犯罪主体进行刑法规制，并进而采取"双罚制"进行惩处的情况下，作为医院经营院长，有授意或要求该院医生、护士、财务人员等人配合实施骗取医保基金的行为，并在其中发挥协调作用，应当以个体之名承担相应的刑事责任。

十、破产衍生诉讼案件部分裁判规则

审理破产衍生诉讼，应当以公平清偿为目标，通过衍生诉讼配合破产程序整体推进。部分衍生诉讼案件对破产程序推进有重大影响，破产衍生诉讼案件审理法官需注意与破产案件程序推进的协调。破产事务错综复杂，对于较为典型的破产衍生诉讼案例裁判规则进行梳理，可为相关从业者提供一定参考。

（一）重整计划对债务人担保人的影响

办理破产是世界营商环境评价的重要指标之一，充分运用破产重整、和解等法律手段，挽救有再建价值的企业是人民法院服务市场主体的司法职能。实践中，许多企业因担保链风险传导陷入经营困境，为切断担保链、化解企业债务，有的破产重整计划规定"债权人应在重整计划批准生效后放弃对担保人的追索"，其本意在于通过重整计划的强制约束力免除连带责任保证人的保证之债，达到救治市场主体、提高重整成功率的目的。但这一初衷，显然违背担保制度的设立宗旨，存在"滥用"重整计划强制批准权之嫌，其合法性受到质疑。

有观点认为，根据《企业破产法》第九十二条第一款"经人民法院裁定批准的重整计划，对债务人和全体债权人均具有约束力"，第九十四条"按照重整计划减免的债务，自重整计划执行完毕时起，债务人不再承担清偿责任"。重整计划草案已规定"债权人应在重整计划批准生效后放弃对担保人的追索"，经人民法院强制裁定批准后，债权人应当受重整计划的约束，后另行向连带责任保证人主张权利违反了上述法律规定及重整计划的约定，对其诉讼请求，不予支持。此种观点有违重整计划的合法性，也不符合《企业破产法》和《民法典》的基本原理。

1. 破产重整计划免除连带责任保证人保证之债，处置债权人权利，突破了《企业破产法》的调整范围

《企业破产法》规范的是破产债务人与债权人的破产法律关系，相对而言，债权人和保证人的保证合同属于外部关系，除非《企业破产法》有特别规定，担保人对破产债务人的担保责任应当适用担保法律规定，不受《企业破产法》调整。根据《企业破产法》第九十二条第三款"债权人对债务人的保证人和其他连带债务人所享有的权利，不受重整计划的影响"

以及第一百零一条"和解债权人对债务人的保证人和其他连带债务人所享有的权利，不受和解协议的影响"的规定，在破产重整或和解程序中，保证人的责任范围不受主债务减少的影响。法律赋予债权人程序上的双重救济权，既参加破产，又追索保证人，二者之间并不存在冲突，债务人破产不应当构成债权人向保证人主张权利的程序障碍。即不因重整计划中对债权人的债权数额、清偿条件的调整而受到影响，仍应按照原有数额和条件进行清偿，该重整计划的效力不及于债务人的保证人和其他连带债务人，其不能以重整计划来对抗债权人的权利主张。

原《最高人民法院关于适用〈中华人民共和国担保法〉若干问题的解释》第四十四条第一款规定："保证期间，人民法院受理债务人破产案件的，债权人既可以向人民法院申报债权，也可以向保证人主张权利。"这一点与《最高人民法院关于适用〈中华人民共和国民法典〉有关担保制度的解释》第二十三条一脉相承："人民法院受理债务人破产案件，债权人在破产程序中申报债权后又向人民法院提起诉讼，请求担保人承担担保责任的，人民法院依法予以支持。"强制批准的重整计划草案无疑干预当事人的约定、突破《民法典》的规定和《企业破产法》的调整范围，把担保责任限定在破产债权范围，这与担保制度的目的和当事人的初衷相违背，严重侵害债权人权益。

同时，从担保制度的设立宗旨和风险负担来看，债权人设立担保的预期目的和功能，就是使债务人的保证人和其他连带债务人在债务人无力清偿尤其是破产时承担责任。除非当事人在担保合同中明确约定主债务人破产情形下减轻或者免除担保责任，否则担保人即应对担保合同项下的全部债务承担担保责任。如因债权人在重整计划中不得已减免债务人的部分债务、变更清偿条件，便相应减轻保证人和其他连带债务人的责任，违背设立担保的宗旨。

2. 重整计划强制批准制度强调社会利益优先于个体利益，但不得强行介入第三人的权利义务关系，以"社会公共利益"为名侵害债权人合法权益

重整计划是债务人与债权人、出资人之间达成的有关如何拯救债务人及重整溢价如何分配的合同，法定多数同意即可通过。但与通常合同不同的是，当事人并不享有完全自主权，即使是大额债权的债权人对重整计划话语权亦为有限，无论表决时同意、弃权或反对，经人民法院裁定批准的重整计划对债务人和全体债权人均有约束力。法律依据为《企业破产法》

第九十二条："经人民法院裁定批准的重整计划，对债务人和全体债权人均有约束力。"法律赋予重整计划强制约束的法律效力，利用司法程序平衡各方利益，债务人按照重整计划的内容履行了相应的义务之后，债权债务关系归于消灭。

重整计划作为重整程序中的核心文件，涉及债权人切身利益，《企业破产法》第八十一条规定了重整计划应当包括的内容：债务人的经营方案、债权分类、债权调整方案、债权受偿方案、重整计划的执行期限、重整计划执行的监督期限和有利于债务人重整的其他方案。但对于上述内容之外的事项，是债权人会议禁止或准许表决的事项，未予明确。"或许正是由于债权人会议决议所具有的绝对效力以及法律对重整计划草案内容规定的模糊，导致利用重整计划将原本不属于债权人会议表决范围内的事项以及不应由重整计划调整的权利义务纳入重整计划中予以调整行为的发生。这种未经债权人个别同意，利用债权人会议的多数决机制在重整计划中强行调整个别债权人债权的行为，损害了债权人的合法权利。"如法院强制裁定批准了这一有损债权人重大利益的重整计划草案，强制异议债权人接受重整计划，连带责任保证人据此获得了免除保证责任的抗辩，对债权人权益产生了实质性损害，明显遭受了不公正待遇。由此可见，当表决权人具有正当理由反对重整计划时却遭遇强制批准，债权人对重整计划中涉及自身利益安排的内容，如何寻求救济亦值得深思。更深层次的损害在于，重整计划强制批准制度给予企业重生的机会，但也释放出不合理信号，让部分保证人认为可以通过重整计划免除保证之债，为恶意"逃废债"打开通道。

3. 审慎适用重整计划强制批准制度，加强内容合法性审查，保障市场主体和债权人利益保护得到公平对待

破产重整的目的是力求挽救陷入困境但具有拯救价值和可能的困境企业，由管理人或者债务人通过协商，制订被多数利害关系人认可的重整计划，概括地公平清偿债务，以恢复债务人生产经营的营运价值。但这并不意味着，可以基于这一维护社会公共利益的正当目的，逾越法律规定回避异议债权人的合法诉求，不合法地减损债权人基于担保制度应享有的保证债权，损害债权人合法权益，这将是不公平的，存在"滥用"强制批准权之嫌。此时，破产重整程序中对债权利益的保护是否实现了破产重整的目标，债权人的合法性质疑应当受到足够重视。

"强制批准基于社会利益优于个体利益的法理念有其正当性，但这不

能成为法院在裁判个别案件时应当遵循的指导思想或强制批准的依据。"不合理应用强制批准权,既损害了重整当事人的利益,也损害了司法公信力。"由于强制批准与私法自治原则相冲突,造成司法权对私权的直接调整和干涉,必须贯彻审慎适用原则,设定严格的限制条件。"① 强制批准权的滥用和适用率高也引起了重视,《全国法院破产审判工作会议纪要》指出:"人民法院在审查重整计划时,除合法性审查外,还应审查其中的经营方案是否具有可行性。""人民法院应当审慎适用《企业破产法》第八十七条第二款,不得滥用强制批准权。"因此,在关注程序合法的同时,人民法院应加强对重整计划草案的内容合法性审查,着重审查其是否损害各表决组中少数反对者的合法权益,积极回应异议表决人的合理诉求,只有当其符合法定条件后才能裁定批准,以期保障市场主体和债权人利益保护得到公平对待,契合法治化营商环境的价值导向。

综上,《企业破产法》规范的是破产债务人与债权人的破产法律关系,除非破产法有特别规定,担保人对破产债务人的担保责任应当适用担保法律规定,不受《企业破产法》调整。重整计划草案免除连带责任保证人的保证之债,这一效力不及于债务人的保证人和其他连带债务人,保证人的责任范围不受主债务减少的影响。

参考案例

重整计划的效力不及于债务人的保证人和其他连带债务人,其不能以重整计划来对抗债权人的权利主张。——最高人民法院(2020)最高法民申 1676 号中原银行股份有限公司郑州农业路支行诉许昌恒源发制品股份有限公司、许某甲美发制品有限公司等保证合同纠纷案

裁判要旨:破产法规范的是破产债务人与债权人的破产法律关系,除非破产法有特别规定,担保人对破产债务人的担保责任应当适用担保法律规定,不受破产法调整。人民法院强制批准的重整计划草案免除连带责任保证人的保证之债,但其效力不及于债务人的保证人和其他连带债务人,保证人不能以重整计划来对抗债权人的权利主张,仍应承担连带保证责任。

基本案情:2015 年 6 月 16 日,中原银行股份有限公司郑州农业路支

---

① 王富博:《破产重整制度的发展与完善》,《人民法院报》2018 年 3 月 28 日,第 7 版。

行（以下简称中原银行）向许昌恒源发制品股份有限公司（以下简称恒源公司）发放《流动资金借款合同》项下的贷款人民币3000万元，执行利率5.355‰。许某甲美发制品有限公司（以下简称宇美公司）、许昌万隆发饰品有限公司（以下简称万隆公司）、赵见栓、李红平签订《最高额保证合同》，为该笔借款最高额3000万元承担连带责任担保，保证期间为主合同约定债务人履行债务期限届满之日起两年。

2015年12月30日，河南省许昌市中级人民法院受理恒源公司的破产重整申请。中原银行申报债权后，恒源公司破产管理人出具债权确认通知书，确认其债权本金数额为人民币3000万元，利息为380205元。

2019年3月8日，河南省许昌市中级人民法院作出（2015）许中法破字第5-28号民事裁定，批准对恒源公司的重整计划。该裁定中载明："经本院审查发现，该重整计划草案中的个别条款存在合法性争议，但是并不能否定重整计划草案的整体效力。对于上述个别条款应根据相关法律规定和当事人自愿原则在重整计划执行中予以处理"。在此次表决重整计划草案时，优先债权组、大额普通债权组、出资人组经表决未通过该重整计划草案。二次表决时，优先债权组、大额普通债权组经表决仍未通过该重整计划草案。中原银行在大额普通债权组，未参与表决。该重整计划草案载明"债权人应在重整计划批准生效后放弃对担保人的追索"。

中原银行诉至河南省郑州市中级人民法院，请求判令宇美公司、万隆公司、赵见栓、李红平偿还借款本金人民币3000万元及利息5423332.95元并承担诉讼费、保全费等费用。

判决生效后，恒源公司、赵见栓、李红平向最高人民法院提出再审申请，认为重整计划明确约定"债权人应当在重整计划批准生效后放弃对担保人的追索"，经人民法院批准生效后对全体债权人均有约束力，中原银行应依照重整计划放弃对申请人的追索。

争议焦点：恒源公司进入破产重整程序但尚未终结，中原银行已经对恒源公司的借款申报债权，保证人是否应对恒源公司向中原银行的借款承担保证责任。

法院认为：根据《最高人民法院关于适用〈中华人民共和国担保法〉若干问题的解释》第四十四条之规定，债务人进入破产程序后，债权人可以选择申报债权或向保证人主张权利，若申报了债权，则应在破产程序终结后六个月内要求保证人承担保证责任。对债权人既申报了债权，同时又起诉保证人的案件中，若需等待破产程序终结的，裁定中止诉讼；若径行判决的，应在判决中明确扣除债权人在破产程序中受偿的部分。本案中，中原银行已经申报了债权，同时又起诉了保证人，故一审法院径行判决宇美公司、赵见栓、李红平承担保证责任并无不当。中原银行申报债权本金数额为3000万元，利息为380205元，上述本息数额得到破产管理人的确认。而本案保证人签订的《最高额保证合同》约定的债务最高余额为3000万元，一审判决宇美公司、万隆公司、赵见栓、李红平应当对恒源公司3000万元上述债务承担保证还款责任，并无不当。保证人承担担保责任后，可以依照破产法的相关规定，在承担责任范围内，向审理破产案件的法院及破产管理人申报债权。

（二）破产衍生案件的管辖属性

在人民法院受理破产申请后，当事人提起的针对债务人的民事诉讼，根据《企业破产法》第二十一条的明确规定只能向受理破产申请的人民法院提起。对于受理破产申请法院管辖的性质，有集中管辖和专属管辖两种说法。上述两种说法各有可取之处，亦各有逻辑不自洽之处。如果是专属管辖，管辖连接点具有确定性和排他性，不会因为起诉早于或晚于法院受理债务人破产申请时间而导致管辖权发生变化[①]。而破产衍生诉讼正是因为提起诉讼的时间在人民法院受理破产申请之后，才使得案件管辖发生改变。若为集中管辖，民事诉讼法上并无集中管辖的表述，所谓集中管辖，其实质是指定管辖，法律依据是《民事诉讼法》第三十八条第一款规定，有管辖权的人民法院由于特殊原因，不能行使管辖权的，由上级人民法院指定管辖。实践中，最高人民法院通过发布司法解释性质的文件对特定类型案件管辖作出安排，但这种安排的依据是三大诉讼法和审判工作实际，一般来讲这类文件形式为规定、批复、通知等，从以上文件中可以分析出，关于集中管辖法院一般由最高人民法院通过司法文件的形式确定，或者各高级人民法院对辖区内集中管辖的法院和案件类型向最高人民法院请示，最高人民法院作出批复。但《企业破产法》第二十一条性质上属于法律，制定主体是全国人民代表大会常务委员会，将其视为集中管辖，规格不符。综上，受理破产申请的法院对有关债务人的民事诉讼的管辖应是一种特殊专属管辖，其特殊之处在于：①法律渊源特殊。破产衍生

---

① 陈杭平：《民事诉讼法管辖精义：原理与实务》，法律出版社2002年版，第169页。

诉讼管辖规定来自《企业破产法》，而非《民事诉讼法》。②立法目的特殊。我国《民事诉讼法》和《海事诉讼特别程序法》规定专属管辖的诉讼范围，包括因不动产、港口作业、继承遗产、海域污染损害、海洋勘探开发合同纠纷提起的五类诉讼。这主要因为上述纠纷的诉讼标的特殊，其诉讼标的与某个地域有排他性的联系，因此立法规定专属管辖。而破产衍生诉讼专属管辖则更多基于一种政策性考虑，目的是将影响债务人财产和债务的诉讼集中于同一法院管辖，有利于提高破产财产的清算效率，保障破产事务协调处理。③适用标准特殊。不同于其他专属管辖案件以案由为衡量标准，破产衍生诉讼是以主体或主体关联性暨"有关债务人的民事诉讼"为衡量标准，而实务中，当事人完全可以通过对诉讼主体的选择，在诉讼形式上满足专属管辖的诉讼形式要求，制造管辖连接点。④效力位阶特殊。原则上，专属管辖具有严格的排他效力，凡属于专属管辖的纠纷应一律排除非法定的专属管辖法院，但是对于破产衍生诉讼的专属管辖，由于其立法目的特殊和标准的难以把握，破产衍生诉讼专属管辖法院在排他管辖的效力方面实际上要弱于基于案由确定的专属管辖法院。

1. "有关债务人的民事诉讼"范围界定

根据《企业破产法》第二十一条的规定，受理破产申请的人民法院专属管辖的对象是受理破产申请后提起的与债务人有关的民事案件，一是时间节点，在受理破产申请后；二是与债务人有关的民事诉讼。前者明确具体，容易把握，法律适用的难点在于如何把握"有关债务人的民事诉讼"。"有关"并非一个法律术语，难以对应到具体的案由和诉讼形式。值得注意的是，"有关债务人的民事诉讼"的表述在相关司法解释中被沿用，《最高人民法院关于适用〈中华人民共和国企业破产法〉若干问题的规定（二）》第四十七条第一款规定，人民法院受理破产申请后，当事人提起的有关债务人的民事诉讼案件，应当依据《企业破产法》第二十一条的规定，由受理破产申请的人民法院管辖。这可能主要是因为实践中有关债务人的民事诉讼情形太过复杂，再加上不排除当事人故意制造诉讼连接点的情形。因此，司法解释为避免挂一漏万，而延续了立法规范的表述，把自由裁量权留给法律适用机关，在司法实践中结合个案情况对案件是否属于"有关债务人的民事诉讼"作出符合立法精神的判断。

比较有代表性的案例是最高人民法院作出的（2014）民申字第1495号再审审查裁定。该案系保证合同纠纷，一审原告骊盟公司因保证合同纠纷，以徐文鸿为被告，以新吉鸿公司为第三人，向四川省眉山市中级人民法院起诉，主张徐文鸿承担连带保证责任。一审法院受理后认为：新吉鸿公司申请宣告破产清算已于 2013 年 10 月 16 日被四川省彭山县人民法院裁定受理，故本案属于人民法院受理破产申请后，当事人提起的有关债务人的民事诉讼案件，应当由受理破产申请的人民法院管辖，故根据《中华人民共和国民事诉讼法》第三十六条的规定，裁定将本案移送给四川省彭山县人民法院审理。骊盟公司不服，向四川省高级人民法院提起上诉。四川省高级人民法院裁定：撤销四川省眉山市中级人民法院（2014）眉民初第 11 号民事裁定，本案由四川省眉山市中级人民法院管辖。徐文鸿不服，向最高人民法院申请再审，最高人民法院审查认为，骊盟公司向一审法院提起诉讼，要求徐文鸿根据《预付款买卖合同》约定，以保证人的身份承担连带保证责任，故骊盟公司主张的法律关系为保证合同关系。骊盟公司在诉讼中仅要求徐文鸿承担保证责任，并未向新吉鸿公司主张权利，也未涉及新吉鸿公司的股权质押问题，故本案不适用《企业破产法》及其司法解释的规定，裁定驳回徐文鸿的再审申请。

从上述案例可知，判断是否为"有关债务人的民事诉讼"不应局限于诉讼的外在形式，而应考察诉讼结果是否对债务人的财产产生实际影响，即是否需要债务人承担判决产生的法律责任，或者导致债务人受该判决认定的事实的拘束。

2. 破产衍生专属管辖原则在共同诉讼中的适用

（1）理念：坚持专属管辖原则，兼顾当事人管辖利益

《企业破产法》第二十一条专属管辖的目的是促进破产程序的秩序和效率，带有明显的政策导向。破产衍生诉讼管辖设计并非脱胎于民事诉讼既有的管辖规则逻辑，这导致容易与其他管辖规则产生冲突，例如破产衍生诉讼专属管辖与其他管辖规则的竞合。比如托普公司、张某第三人撤销之诉中，生效判决认为基于民事裁判文书只能由作出该裁判文书的法院或其上级法院进行撤销的固有属性，故第三人撤销之诉专属管辖和破产债务人民事案件集中管辖发生冲突时应适用第三人撤销之诉的管辖规定。因此对破产衍生诉讼的管辖问题的讨论，经常会面临规则的冲突和规则的模糊处境，裁判者需要摒弃"一刀切"的绝对化思维，结合个案情况，在规则之间进行权衡、评判。

（2）对诉讼标的采取实质主义审查立场

尽管可分之诉、不可分之诉与普通共同诉讼和必要共同之诉的分类并非严格对应，但是必要共同诉讼确是一种不可分之诉。因此，不妨碍借用

共同的诉讼标的来分析纠纷是否可分。诉讼标的是民事诉讼中的核心概念，对诉讼标的的审查不应局限于原告诉讼请求的表述，而应立足诉讼请求所依据的实体法律关系，在判断时采取诉讼请求+主要事实的标准判断是否为必要的共同诉讼。

参考案例

债权人起诉诸多被告、其中一个被告是必要共同诉讼当事人且该企业已被受理破产，应由受理破产法院管辖。——湖北省高级人民法院（2022）鄂民辖终40号长江高新（襄阳）诉深圳一电航空技术有限公司等合同纠纷案

裁判要旨：人民法院受理破产申请后，当事人提起的有关债务人诉讼，若债务人系必要共同诉讼中的被告之一，则该案应送受理破产申请的法院审理。

基本案情：原告长江某合伙企业（有限合伙）诉称，2019年7月25日、2020年12月31日，原告与六名被告签署了《某投资协议》《某投资协议补充协议》等协议，约定原告以可转股债权形式对襄阳一电公司进行投资，投资金额6000万元，期限五年。在原告出资后的3个月，原股东对标的公司低于6000万元时，原告有权请求襄阳一电公司、深圳一电公司、张某、张某无条件回购原告债权。若原告未收回本金和利息，差额部分由原股东、张某和张某予以补偿，张某和张某承担无限连带责任。在原告完成债转股之前，襄阳一电公司需向原告支付利息。为保证协议的履行，原告与张某、张某签订保证合同，约定张某、张某提供连带责任保证。因被告襄阳一电公司未按约定支付可转股债权利息，被告深圳一电公司承诺投资未到位等触发回购条件，原告多次向各被告主张履行回购义务，但各被告均不予履行，原告为维护合法权益，诉至法院。请求判令：1. 被告襄阳一电公司回购原告持有的对襄阳一电公司的可转股债权，并支付截至2021年7月31日的回购款67655342元及自2021年8月1日起至前述可转股债权回购之日止的因延迟回购产生的回购款差额（以6000万元为基数，按照年利率7%计算）。2. 被告襄阳一电公司支付违约金600万元。3. 被告襄阳一电公司承担本案诉讼费、保全费、担保费、律师费等因提起诉讼所产生的全部费用。4. 被告深圳一电公司、鑫兴航公司、张某、张某、周某对上述款项承担连带清偿责任。

深圳一电公司在提交答辩状期间，对管辖权提出异议，认为本案应移送广东省某市中级人民法院审理。理由如下：2021 年 5 月 25 日，广东省某市中级人民法院裁定受理对深圳一电公司的破产清算申请。原告于2021 年 8 月 5 日向湖北省某市中级人民法院提起本案诉讼，该院于2021 年 8 月 6 日立案。根据《企业破产法》第二十一条、《最高人民法院关于适用〈中华人民共和国企业破产法〉若干问题的规定（二）》第四十七条之规定，本案应移送广东省某市中级人民法院审理。

争议焦点：本案的核心问题是是否应依据《企业破产法》第二十一条移送受理破产申请的法院审理。该争议焦点可分解为两个小问题，一是针对深圳一电公司提起的诉讼是否应由本院受理，二是本案是否为必要的共同诉讼。

法院认为：关于第一个问题，根据《企业破产法》第五十八条和《全国法院民商事审判工作会议纪要》第一百一十条的规定，深圳一电公司已进入破产清算程序，对于该债务人的权利主张，债权人应向管理人申报债权，如果对管理人编制的债权表记载有异议，有权向受理破产案件的法院提起债权确认之诉。现原告向本院起诉深圳一电公司，既不符合该纠纷解决程序，也违反管辖相关规定。故原告针对深圳一电公司的诉讼不应由本院管辖。关于第二个问题，本案是否为必要的共同诉讼，即本案六名被告是否必须在一个案件中合并审理。该问题的实质是本案的诉讼标的是否是共同的。诉讼标的的识别应结合诉讼请求和案件事实依据综合认定。尽管原告的诉讼请求是请求襄阳一电公司回购 6000 万元可转股债权，支付利息和违约金，同时请求其他五名被告就上述债务承担连带责任。但通过案涉投资协议反映的基本事实，本案纠纷系因被告深圳一电公司等未履行按期出资义务，触发回购条款，回购义务主体为标的公司、控股股东、实际控制人、关联方等。原股东、实际控制人、关联方还承诺对投资方无法从标的公司收回本金和利息，其补偿差额部分。故深圳一电公司应参与本案诉讼，理由如下：第一，深圳一电公司参与本案诉讼关系到回购条件是否成立的认定。第二，深圳一电公司与其他相关被告共同对投资方负有回购义务和补差额义务，该债务并非原告主张的某个主债务的从债务，而是投资合同债务人对投资方负有的共同债务。原告应如何主张权利以及债务人之间责任划分需要全体债务人参与诉讼才能查清，本案的诉讼标的具有不可分性质。最后，深圳一电公司已进入破产程序，将本案移送受理破产申请的法院审理，有利于将案涉纠纷与破产清算程序协调衔接，公平高效保障各方当事人合法权利。基于上述考虑，根据《企业破产法》第二十一条的规定，本案应移送广东省深圳市中级人民法院处理。

（三）破产撤销权制度之以房抵债

破产撤销制度旨在通过对在法定期间内债务人实施的损害债权人利益的行为予以撤销，保护债务人责任财产的完整性，维护全体债权人的利益，实现全体债权人公平受偿的破产法终极目标。

我国破产撤销权制度集中规定在《企业破产法》的第三十一条、第三十二条，这两条规定明确列举了可撤销行为的类型，包括两类：第一类是欺诈行为，主要包括：无偿转让财产的；以明显不合理的价格进行交易的；放弃债权。第二类是偏颇性清偿行为，主要包括：对未到期的债务提前清偿；对没有财产担保的债务提供财产担保；危机期间的个别清偿行为，即第三十二条所规定的情形，根据该条规定，在人民法院受理破产申请的前六个月内，债务人已经具备破产原因但仍对个别债权人进行清偿的，管理人可以请求法院予以撤销，但个别清偿使债务人财产受益的除外。此外，《最高人民法院关于适用〈中华人民共和国企业破产法〉若干问题的规定（二）》第十四条、第十五条、第十六条对危机期间可撤销个别清偿行为又补充规定了几种例外情形，《最高人民法院关于适用〈中华人民共和国企业破产法〉若干问题的规定（二）》第九条对于撤销的法律后果及主体责任作出了规定。

以房抵债是以物抵债的一种形式，目前，对于以物抵债并无明确的法律规定。江苏省高级人民法院在2014年3月31日的审判委员会会议纪要中明确："以物抵债"是指债权人与债务人约定以债务人或经第三人同意的第三人所有的财产折价归债权人所有，用以清偿债务的行为。在上诉人通州建总集团有限公司与被上诉人内蒙古兴华房地产有限责任公司建设工程施工合同纠纷案中，最高人民法院认为以物抵债系债务清偿的方式之一，是当事人之间对于如何清偿债务作出的安排。

2019年9月11日通过的《全国法院民商事审判工作会议纪要》对以物抵债协议签订于履行期限届满前、履行期限届满后进行了类型化的规定。该会议纪要第四十四条规定，当事人在债务履行期限届满后达成以物抵债协议，抵债物尚未交付债权人，债权人请求债务人交付的，人民法院要着重审查以物抵债协议是否存在恶意损害第三人合法权益等情形，避免虚假诉讼的发生。经审查，不存在以上情况，且无其他无效事由的，人民法院依法予以支持。

破产受理前签订的以房抵债协议不应继续履行，已履行的在规定时限内的应认定无效。——江苏省镇江市中级人民法院（2021）苏 11 民终 3486 号镇江汇成置业有限公司管理人与陈某等请求撤销个别清偿行为纠纷案

裁判要旨：法院受理商品房开发企业破产清算后，商品房开发企业此前签订的以房抵债协议属新债清偿时，尚未履行不动产转移登记的，不应继续履行；办理转移登记的，应认定行为无效。

基本案情：镇江市某区人民法院（以下简称"某法院"）于 2020 年 5 月 11 日受理镇江某公司（以下简称"某公司"）破产清算案。某公司、邢某与两被告于 2019 年 8 月 27 日签订债务清偿协议，以案涉房屋抵偿欠两被告的民间借贷款项 356.21 万元。当月 29 日，某公司与两被告签订了《商品房买卖合同》。2020 年 10 月 22 日某公司协助两被告办理了不动产物权变更登记，将案涉房屋登记至两被告名下。原告认为，某公司的行为属于《企业破产法》规定的个别清偿行为。

争议焦点：被告在本案中是否享有物权期待权？管理人能否主张撤销？

法院认为：自被告向邢某转账汇款至汇成公司向被告实物交付 0110 房，先后基于《借款合同书》《债务清偿协议》《商品房买卖合同》形成了合同关系，产生汇成公司的新旧两种债务。偿还被告转账至邢某个人账户的借款及协议约定的利息为旧债，履行《商品房买卖合同》项下交付 0110 房和移转产权为新债务。从新旧债务的关系看，汇成公司以负担新债务清偿旧债务，新旧债务同时并存，新债务不履行旧债务不消灭，新债务履行完毕旧债务消灭。2020 年 5 月 11 日法院受理对汇成公司的破产清算申请，0110 房产权尚未移转给被告，新债务尚未履行完毕，约定偿还被告借款及利息的旧债务仍然存在。根据法律规定："不动产物权的设立、变更、转让和消灭，经依法登记，发生效力；未经登记，不发生效力，但法律另有规定的除外。"《企业破产法》第三十条规定："破产申请受理时属于债务人的全部财产，以及破产申请受理后至破产程序终结前债务人取

得的财产，为债务人财产。"在受理对汇成公司破产申请时，0110 房产权仍在汇成公司名下，依据上述法律规定当属债务人财产，对于该财产应遵循公平清偿的原则进行处置。同时，即使上述 301.1 万元借款及利息确为汇成公司依法应当偿还的债务，债权人即被告亦应按照公平受偿的规则在申报债权后获得相应的清偿。汇成公司在破产申请受理后，实施了 0110 房产权移转给被告的行为，使得被告的债权优先于同顺位债权全部受偿，侵害了其他债权人的合法权益。根据《企业破产法》中"人民法院受理破产申请后，债务人对个别债权人的债务清偿无效"的规定，原告汇成公司管理人主张 0110 房产权转移给被告陈某、王某的行为无效，符合法律规定，予以支持。《最高人民法院关于人民法院办理执行异议和复议案件若干问题的规定》第二十八条是关于不动产买受人物权期待权的规定，并非不动产权属规定，被告认为可以按照该规定确认 0110 房产权的意见，不予采纳。

（四）仲裁条款在破产程序中的效力及影响

债务人与其他主体达成的《债务重组协议》中约定了仲裁条款，该仲裁条款在债务人进入破产程序后仍然有效，但是对提起破产撤销权诉讼的管理人没有约束力，管理人有权依照《企业破产法》的规定，向人民法院提起破产撤销权诉讼。

1. 仲裁条款在债务人进入破产程序后仍有效

仲裁条款系由债务人与受益人达成，对双方均具有约束力。即便是在债务人进入破产程序后，仲裁条款的效力仍然不受影响。债务人与受益人发生纠纷的，应当按照约定通过仲裁方式解决。虽然《企业破产法》关于管辖的规定属于特别法，但它是相对于民事诉讼法的管辖而言在法律适用上应当优先适用。《企业破产法》规定的法院专属管辖并不能排除仲裁条款的效力。在约定的仲裁条款有效的情况下，应当依照《仲裁法》第五条和《民事诉讼法》第一百二十四条的规定，通过仲裁方式解决纠纷。因此，如果债务人与他人已经约定了争议解决方式为仲裁，自然就不受该条款的约束。

2. 仲裁条款对于提起破产撤销权诉讼的管理人没有约束力

仲裁条款约定对债务人和受益人有约束力，但不能约束提起破产撤销权的管理人。本案中仲裁条款系由债务人与受益人达成。至本案诉讼时，债务人已进入破产程序，并由管理人接管。《企业破产法》第三十一条规定的破产撤销权又称否认权，是《企业破产法》赋予管理人的一项法定职权，并以否认债务人与受益人之间行为效力为特征。其行使的主体是管理人，按照《企业破产法》的规定，管理人在破产撤销权的行使上有其特殊的法律地位。在破产撤销权诉讼中，管理人系代表全体债权人利益，并以自己的名义提起诉讼。此时，管理人并不代表仲裁条款中债务人的利益，故不应受仲裁条款的约束。

参考案例

债务人在破产前和相对方签订的仲裁条款在破产程序中对于管理人发起撤销诉讼无约束。——浙江省高级人民法院（2019）浙民辖终 10 号浙江欧华造船股份有限公司管理人与舟山中海投创业投资企业、江西江州联合造船有限责任公司、九江金湖装备制造有限公司破产撤销权纠纷案

裁判要旨： 债务人在破产前与受益人约定的仲裁条款在债务人进入破产程序后，其效力不受影响。但是，对于提起破产撤销权诉讼的管理人没有约束力，因为此时管理人系代表全体债权人利益提起诉讼。

基本案情： 2016 年 12 月，浙江某公司与舟山某企业签署《股权转让协议》，舟山某企业将其所持有的舟山某公司 71.75% 的股权转让给浙江某公司，股权转让对价为人民币 59300 万元。浙江某公司分别于 2016 年 12 月 19 日、2016 年 12 月 20 日支付了 3 亿元和 2 亿元。2017 年 12 月 20 日，浙江某公司又向舟山某企业支付了 1819 万元。2018 年 1 月 2 日浙江某公司与江西某联合公司与中海船舶某公司、中海投企业、九江金湖某公司签订《债务重组协议》，约定"经各方协商一致，同意进行债务的抵销，从江西某联合公司及九江金湖某公司所欠浙江某公司的债务中直接抵扣 6693 万元（其中江西某联合公司抵扣 2893 万元，九江金湖某公司抵扣债务 3800 万元）"。《债务重组协议》第五条约定，"凡因执行本协议或与本协议有关的争议，各方应尽量友好协商解决，若协商不成，任何一方均有权向舟山仲裁委员会提请仲裁。任何仲裁裁决均为终局的并对各方具有约束力，且可根据其条款在任何具有管辖权的法院获得执行"。2018 年 5 月 7 日，舟山市中级人民法院裁定受理浙江某公司破产清算一案。2018 年 8 月 13 日，浙江某公司管理人向本院提起诉讼，认为浙江某公司向中海投企业支付 1819 万元股权转让款的行为应予撤销，江西某联合公

司、九江金湖某公司以其欠付浙江某公司的 6693 万元借款抵销浙江某公司欠付中海投企业的 6693 万元股权转让款的行为应为无效。江西某联合公司在提交答辩状期间，对管辖权提出异议，认为由于各方当事人在《债务重组协议》中已约定仲裁条款，故舟山市中级人民法院对本案无管辖权。

争议焦点：仲裁条款对于提起破产撤销权诉讼的管理人有无约束力。

法院认为：根据浙江某公司管理人的诉请及事实和理由，并结合现有证据材料，本案系浙江某公司管理人基于《企业破产法》第三十一条、第三十二条赋予破产管理人的破产撤销权向法院提起的撤销之诉，而非浙江某公司就《债务重组协议》提起的合同之诉，因此，《债务重组协议》中的仲裁条款在本案中对浙江某公司管理人并无约束力。根据《企业破产法》第二十一条的规定，一审法院作为受理浙江某公司破产清算申请的人民法院，对本案享有管辖权。联合公司的上诉理由不能成立。

（五）恶意串通及债务人财产受益的判断

所谓"恶意串通"是指当事人"以损害他人利益为目的而相互通谋、相互勾结作出的意思表示"。恶意串通的合同之所以无效，是因为其"违反了订立合同应当遵守法律、尊重公德、诚实信用的基本原则，内容严重违法"。由此可见：第一，"恶意串通"之"恶意"是指损害他人利益的主观故意；第二，恶意串通合同之所以无效，是因为内容或目的违法。实践中，对于"恶意"的判断可通过行为人的行为外观推定其主观心理状态，即债务人实施清偿行为时明知会损害其他债权人利益，而受益债权人在接受债权时明知债务人处于破产的事实，由此推断存在主观恶意。如受益债权人对此推定有异议，可举证予以推翻。

《企业破产法》第三十二条规定："人民法院受理破产申请前六个月内，债务人有本法第二条第一款规定的情形，仍对个别债权人进行清偿的，管理人有权请求人民法院予以撤销。但是，个别清偿使债务人财产受益的除外。"在认定个别清偿行为是否可撤销时，既要审查清偿行为是否满足构成要件，还需要审查是否存在"使债务人财产受益"的情形。

那么如何认定"使债务人财产受益"？有的观点认为个别清偿可以避免债务人的违约责任，使债务人财产受益。有的观点认为只要个别清偿没有损害债务人财产就不应当撤销。债务人自身财产，尤其是负债累累、濒临破产的债务人财产应包括积极财产和消极财产两种类型①。积极财产是指破产债务人实实在在拥有的、可供分割清偿的破产财产；消极财产是指破产债务人在此时所负的各项债务之总和。区分积极财产和消极财产的意义在于更好、更准确地辨别是否使债务人财产受益。"使债务人财产受益"需要从以下两个方面进行把握：其一，清偿未使债务人积极财产有所减损。对积极财产是否增加或减少应当综合多方因素加以认定。其二，清偿为债务人创造了"新价值"。债务人的清偿行为是否会被撤销，关键取决于该清偿行为给债务人带来了什么，以及该清偿行为对各个利害关系人造成的影响是什么。以债务人转让行为为例，在各方利害关系人不受损害的基础上，客观考察债务人通过该清偿转让行为获得的价值，与债务人转让的财产价值进行比较，如果债务人获得的对价低于其所转让的财产价值，那么该行为就具有了撤销的必要。

参考案例

在认定个别清偿行为是否可撤销时，既要审查清偿行为是否满足构成要件，还需要审查是否存在"使债务人财产受益"的情形。——浙江省高级人民法院（2021）浙民终160号浙江衢州某公司管理人与浙江汇盛投资集团有限公司请求撤销个别清偿行为纠纷案

裁判要旨： 破产程序依法保证所有债权人按照一定的顺位和比例对债务人可供分配的财产公平受偿。在债务人与债权人恶意串通损害其他债权人利益的情况下，即使债务人经诉讼、执行程序对债权人进行个别清偿，管理人仍有权依据《企业破产法》第三十二条的规定请求予以撤销，人民法院亦应予支持。

基本案情： 2010年8月2日，汇盛公司、中国银行某分行、衢州某公司订立《人民币委托贷款合同》，约定由汇盛公司委托中国银行某分行向衢州某公司发放贷款3000万元。合同订立后，汇盛公司按约放款给衢州某公司，但衢州某公司仅履行了1000万元的还款义务，余款未归还。2016年9月27日，浙江省衢州某区人民法院作出（2016）浙0802民初3698号民事判决，判令衢州某公司归还汇盛公司借款本金19217500.4元及利息，并支付律师代理费损失9.6万元，某汽车集团有限公司对前述债

① 李志强：《论破产法上的偏颇性清偿》，《政法学刊》2008年第2期。

务承担连带清偿责任。判决生效后，进入强制执行程序。因未发现衢州某公司、某汽车集团有限公司有可供执行的财产，浙江省衢州市某区人民法院于 2018 年 1 月 29 日作出（2017）浙 0802 执 2252 号之二执行裁定，终结本次执行程序。2018 年 6 月 15 日，汇盛公司向一审法院申请对衢州某公司进行破产清算，后于同年 7 月 23 日撤回申请。2019 年 5 月 21 日，汇盛公司再次准备《债权人破产申请书》，申请对衢州某公司进行破产清算，申请书中载明衢州某公司有大约 1.4 亿元的债务，明显资不抵债。经浙江省衢州市某区人民法院执行移送浙江省衢州市中级人民法院破产审查，浙江省衢州市中级人民法院于 2019 年 12 月 4 日裁定受理汇盛公司提起的对衢州某公司破产清算申请，并指定浙江某律师事务所、浙江某会计师事务所有限公司联合担任管理人。该院受理时初查明，衢州某公司涉及多件未有效执结案件，标的余额共约 1.4 亿元，还有拖欠职工工资及社保欠费情况。2019 年 6 月 11 日，衢州某公司与汇盛公司订立《租金收益权转让协议》，第三条载明："为合理保障汇盛公司的债权，衢州某公司自愿向汇盛公司转让其位于衢州市东港三路××号的厂房 51407.4m²、土地124360.6m² 未来租金收益权，以此抵偿衢州某公司所欠汇盛公司的债务，转让期至委贷本息结清之日止。"经浙江省宁波市中级人民法院（2016）浙 02 民初 1346 号民事判决确认，中国民生银行股份有限公司某分行系上述东港三路××号厂房、土地的抵押权人（后债权转让给中国长城资产管理股份有限公司浙江省分公司），优先权范围 1 亿余元。同年 7 月 19 日，衢州某公司与衢州华友某公司订立《仓库租赁合同》两份，将该公司位于东港三路××号 2 幢、3 幢及 4 幢的仓库租赁给衢州华友某公司使用。同年 10 月 10 日，衢州某公司与衢州市某物流有限公司订立《室外空地租赁合同》，将东港三路××号的室外场地 8.5 亩租赁给衢州市某物流有限公司使用。同日，衢州某公司与郑某某订立《室外空地租赁合同》两份，分别将东港三路××号的室外场地 12.6 亩、室内场地 95m² 租赁给郑某某使用。以上租赁合同均载明衢州某公司需向承租方提供税率 5% 的租金增值税专用发票。衢州某公司于 2019 年 8 月 5 日分别归还汇盛公司 1904104 元、537204.55 元，于 10 月 9 日归还 16.8 万元，于 10 月 28 日归还 12.3 万元，合计 2732308.55 元用以清偿债务。经衢州某公司管理人催告，汇盛公司于同年 12 月 26 日返还 60 万元，余款拒绝返还。

争议焦点： 债务人清偿是否属于恶意串通。

法院认为：《最高人民法院关于适用〈中华人民共和国企业破产法〉

若干问题的规定（二）》第十五条规定，债务人经诉讼、仲裁、执行程序对债权人进行的个别清偿，管理人依据《企业破产法》第三十二条的规定请求撤销的，人民法院不予支持。但是，债务人与债权人恶意串通损害其他债权人利益的除外。本案在案证据显示，汇盛公司对衢州某公司的债权长期未得到清偿，该公司向人民法院申请对衢州某公司进行破产清算又撤回申请，后又以衢州某公司不能清偿到期债务且资不抵债为由申请对衢州某公司进行破产清算，在人民法院裁定受理对衢州某公司破产清算申请前，该公司又与衢州某公司订立《租金收益权转让协议》意图收回债权，前述情形足以表明汇盛公司知晓衢州某公司的资产状况及履行能力。汇盛公司主张衢州某公司支付的款项系自有款项而非收取的租金。但现有材料显示，衢州某公司系在收取租金后不久就向其用于归还案涉借款的银行账户转账汇入或通过工作人员存入款项，两者差额与相关合同载明内容基本吻合，汇盛公司亦认可已收到款项，且衢州某公司收取租金的银行账户显示，在其收取租金之前并无足额款项用于支付。汇盛公司还称，案涉房屋及场地系在汇盛公司上级管理部门的安排下出租给第三方，即使衢州某公司支付的案涉款项系收取的租金，亦属使衢州某公司受益的行为。但由于案涉房屋场地属抵押给案外人的抵押物，衢州某公司将其收取的抵押物的法定孳息向普通债权人汇盛公司进行个别清偿亦缺乏依据，难谓使衢州某公司受益。一审判决认定汇盛公司与衢州某公司的案涉行为属恶意串通损害其他债权人利益并予撤销并无不当。

（六）关联关系中个别清偿的认定

当破产债务人与债权人存在关联关系，如债权人为破产债务人控股股东时，关联企业天然地具备了个别清偿的土壤和条件，控制公司具有得天独厚的信息优势和止损便利，其总能在债务发生危机之前第一时间内知悉债务履行的不确定性，规避法定清偿红线，利用控制权以看似合法的债务偿还方式，于事实上获得优先受偿，使得债权人的公平地位失衡，原本处于劣势的普通债权主体雪上加霜，严重破坏公平受偿原则。因而，司法裁判中，应当在现有的法律框架下，对于此类地位差异与利益失衡给予特别的关注与调整，方可维护公平的破产生态，达致破产法应有之功能。美国司法实践针对关联关系的破产清偿发展出深石原则或称衡平居次原则，以修补关联关系带来的失衡，我国理论界对此原则亦有较高的呼声，足见对关联关系中的破产清偿予以规制的必要性。

参考案例

对关联关系尤其是居于控制地位的关联方获得优先清偿在审查是否无效时，需从行为主体、行为客体、主观意图、行为结果等四方面进行综合考量。——陕西省高级人民法院（2022）陕民终 142 号西安天虹电气有限公司破产管理人诉尉犁县江阴浚鑫光伏发电有限公司、中船重工西安东仪科工集团有限公司对外追收债权纠纷案

裁判要旨： 当从属关联公司面临破产时，作为控制公司的债权人具有天然的信息优势和止损便利条件，鉴于此，于现有法律框架下，对关联关系中破产清偿行为予以审查，防止控制公司不正当地获取优先受偿利益，系净化破产生态、维护破产公平之必须。具体审查应以破产清偿无效的相关规定为依据，从行为主体、行为客体、主观意图、行为结果等四方面综合考量，其中，主观意图的审查应结合控制关系的程度、破产清偿行为发生的时间以及破产清偿行为发生时公司的财务和经营状况等事实作出全面判断。同时，应当将举证责任较重的分配给获取信息能力的强者即破产债务人和作为控制公司的债权人，方为公平。

基本案情： 2020 年 5 月 15 日，上海仲裁委员会受理了申请人天虹公司与被申请人浚鑫光伏公司工程承包合同项下仲裁案件。2020 年 9 月 25 日，天虹公司与浚鑫光伏公司签订《调解协议》，上海仲裁委员会依据该《调解协议》内容于 2020 年 10 月 16 日出具了（2020）沪仲案字第 0980 号仲裁调解书。主要内容如下：双方确认：根据《新疆巴州尉犁 20MW 光伏并网发电项目 EPC 总承包合同》及《项目结算协议》，双方项目结算金额为人民币 177354000 元，浚鑫光伏公司已向天虹公司支付人民币 168295700 元，剩余未付款项为人民币 9058300 元；浚鑫光伏公司同意向天虹公司支付逾期付款产生的利息人民币 3939909 元；天虹公司已向浚鑫光伏公司开具发票金额为人民币 180250000 元；浚鑫光伏公司应向天虹公司支付的工程款和逾期付款利息共计人民币 12998209 元。浚鑫光伏公司应于 2020 年 10 月 31 日前向天虹公司支付人民币 6500000 元；浚鑫光伏公司应于 2020 年 12 月 31 日前向天虹公司支付人民币 6498209 元。上述款项浚鑫光伏公司应支付至天虹公司指定的如下户名：中船重工西安东仪科工集团有限公司账号：02000492×××，开户行：交行北京翠微路支行；天虹

公司应于浚鑫光伏公司支付上述第二笔款项前，向天虹公司开具剩余金额为人民币1043909元的增值税专用发票；双方就本案合同项下再无其他纠纷。2020年10月29日、30日，浚鑫光伏公司向天虹公司指定的西安东仪公司账户支付款项5138366.38元。

2020年10月12日，天虹公司向本院申请破产清算，2020年10月22日本院依法裁定受理了天虹公司的破产申请。2020年11月19日本院为天虹公司指定陕西三英律师事务所为破产管理人。天虹公司管理人称其接管天虹公司后，于2020年12月4日按照天虹公司的审计报告向浚鑫光伏公司发送了《偿付债务通知书》。2020年12月11日浚鑫光伏公司就该《偿付债务通知书》内容向天虹公司管理人出具《异议函》称：（1）通知书所载金额有误。贵单位通知书所载工程款及逾期利息12998209元，同其与天虹公司的《调解协议》及上海仲裁委员会《仲裁调解书》（以下合称"调解文书"，见附件1）中确认的其应付天虹公司的工程款及利息总额相一致。根据调解文书约定，浚鑫光伏公司应于2020年10月31日前向天虹公司支付人民币6500000元，该款项支付至天虹公司指定的西安东仪公司账户。调解文书履行中，天虹公司又于2020年10月12日向浚鑫光伏公司出具了《委托付款函》（见附件2），说明根据尉犁县人民法院（2019）新2823民初763号民事判决，天虹公司应向陕西建工安装集团有限公司（以下简称陕西建工）支付工程款1361633.62元，浚鑫光伏公司对此承担连带清偿责任，天虹公司要求浚鑫光伏公司在2020年10月31日前，向陕西建工支付人民币1361633.62元，余款5138366.38元，仍向天虹公司指定的西安东仪公司账户支付。根据天虹公司的委托，浚鑫光伏公司已于2020年10月30日向天虹公司指定的西安东仪公司账户支付余款5138366.38元（支付凭证见附件3）：应支付给陕西建工的款项，履行情况如下：因陕西建工已于2020年1月8日向尉犁县人民法院申请强制执行，法院于执行过程中通知国网电力公司冻结浚鑫光伏公司一年的应收电费，截至2020年10月，浚鑫光伏公司已产生待结算电费1353909.7元，根据法院进一步的协助执行通知，国网电力公司将应付浚鑫光伏公司电费直接支付至法院账户（其中，790985.08元付款回单见附件4，另562924.62元回单待法院提供）；（2）可结算电费与应付陕西建工金额的差额部分7723.92元，浚鑫光伏公司已于2020年10月30日支付至尉犁县法院账户（支付凭证见附件5）。综上，浚鑫光伏公司剩余应付天虹公司金额仅为6498209元，并非通知书所载金额12998209元；剩余金额支付的前提条件。根据调解文书，浚鑫光伏公司支付剩余款项 6498209 元前，天虹公司应向浚鑫光伏公司开具金额为 1043909 元的增值税专用发票，截至本函出具之日，其尚未收到。请天虹公司在其付款前予以协调开具；根据调解文书，浚鑫光伏公司应向天虹公司指定的西安东仪公司账户支付调解文书相应款项，请通知西安东仪公司，后续款项将由浚鑫光伏公司付至贵单位账户，并请提供西安东仪公司已知悉前述事宜的回执。

审理中，西安东仪公司委托诉讼代理人称，天虹公司系西安东仪公司的全资子公司，其曾作为天虹公司代理人参与了涉案上海仲裁委员会的涉案仲裁案件。西安东仪公司（甲方）称其与天虹公司（乙方）于 2019 年 12 月 6 日签订了《债权转让协议》约定：由于乙方对甲方负有债务，出于债权债务清偿的需要，乙方自愿将其与浚鑫光伏公司及其关联公司之间尚未实现的建设工程款本金 9058300 元及逾期付款利息作为标的债权全部转让于甲方。甲方已知悉转让事宜并同意受让上述标的债权。债权转让完成后，乙方对甲方负有的债务，应等额抵销已转让的标的债权部分。双方就剩余债务的具体金额、偿还方式、偿还期限等细节由甲乙双方另行签订书面协议进行约定；乙方应就上述标的债权转让事宜向债务人浚鑫光伏公司书面通知；自本协议签订之日起，债权转让行为生效。上述款项可采用任何经甲方与浚鑫光伏公司双方认可的方式向甲方清偿，具体事宜由甲方和浚鑫光伏公司另行签订书面合同进行约定；债权转让生效并实际履行完成后，甲乙双方之间关于标的债权抵销的债务归于消灭，乙方对该抵销的债务不再承担对于甲方的还款义务。甲方亦无权要求乙方按照原各项合同、协议约定承担逾期付款、拒绝付款等违约责任；本协议自双方盖章之日起生效。协议一式四份，合同签订方各执二份，具有同等法律效力。

浚鑫光伏公司称其因不知情向西安东仪公司进行了付款，知情后其现应将剩余款项支付给天虹公司管理人。经核，西安东仪公司提交的债权转让通知书、微信聊天记录及 EMS 邮寄凭证等不足以证明其向浚鑫光伏公司履行了债权转让的通知义务。

另查，西安东仪公司系天虹公司债权人，西安东仪公司在向天虹公司管理人申报债权时将仲裁调解书所涉款项以已经清偿为由未予申报。

争议焦点：浚鑫光伏公司向某某科工集团有限公司支付工程款的效力问题。

法院认为：本案中，《债权转让协议》的签订实际为涉及债务人某公司的财产行为。《企业破产法》第三十三条规定，涉及债务人财产的下列行为无效：（一）为逃避债务而隐匿、转移财产的；（二）虚构债务或者承认不真实的债务的。据此，本案焦点转化为签订《债权转让协议》是否为《企业破产法》第三十三条所规定的"为逃避债务而隐匿、转移财产"的行为。

首先，从行为主体上看，《债权转让协议》的签订主体涉及破产债务人某公司。

其次，从行为性质上看，签订《债权转让协议》旨在发生债务人某公司财产的转移，系债务人某公司处置其财产的行为。

再次，从主观意图上看。其一，某公司系某某科工集团有限公司的全资子公司。其二，某公司管理人称，某公司与某某科工集团有限公司于2019年12月6日签订《债权转让协议》时，某公司已经严重资不抵债。某某科工集团有限公司虽不确定某公司当时存在资不抵债的情况，但其承认某公司当时已存在大量债务。其三，某公司与某某科工集团有限公司签订《债权转让协议》后，仍然由某公司向某光伏公司主张债权，申请仲裁、并达成调解，某公司仍为案涉款项增值税发票的出具主体。某公司管理人接管某公司后，公司审计报告中仍将某公司对某光伏公司所欠工程款及利息列为某公司的应收账款，未根据《债权转让协议》作任何账务处理。据此，可以看出某公司与某某科工集团有限公司在本案所涉款项处理中，存在人格混同情形。其四，某公司于《债权转让协议》签订后不足一年即申请破产清算。综合上述客观事实，在某公司已存在大量债务的客观情形下，作为某公司母公司的某某科工集团有限公司，在其具有对某公司经营控制力、信息获取便利等优势的情况下，在某公司申请破产前不足一年，通过与某公司签订《债权转让协议》将其债权优先受偿，并在案涉款项处理中与某公司发生人格混同，难谓某某科工集团有限公司具有诚信，亦表明某某科工集团有限公司具有滥用其控股股东权利的意图。同时，作为被某某科工集团有限公司全资控股的某公司签订《债权转让协议》的行为，亦表明某公司受控并配合某某科工集团有限公司的滥用控制权行为，具有转移财产、逃避债务的主观意图。

最后，从行为损害结果上看，某公司偏颇清偿其控股股东个别债务的行为，无疑损害了全体债权人的利益，使得债务人作为履行债务担保的一般责任财产减少，使得债权人整体在破产分配中可以获得的清偿减少。

综合上述四点分析，某公司与某某科工集团有限公司签订《债权转让协议》的行为，在行为主体、行为客体、主观意图、行为结果等方面皆符合《企业破产法》第三十三条规定的破产无效行为的主、客观要件。据此，《债权转让协议》应为无效，某光伏公司向某某科工集团有限公司支付工程款的行为无事实及法律依据，亦为无效。综上所述，某某科工集团有限公司的上诉请求不能成立。

（七）破产法司法解释三中十五日非起诉期限或除斥期间

民事诉讼中的期间，是指法院、当事人和其他诉讼参与人实施诉讼行为依法应遵守的期限。为了保证民事诉讼能够富有效率地进行，所有的诉讼行为都应当在一个合理的时间内完成。期间在民事诉讼中具有十分重要的作用，有利于促使各诉讼主体在规定的时间内完成诉讼行为，保证民事纠纷及时得到解决。民事诉讼顺利、及时地完成有赖于相关诉讼主体的配合，有赖于各诉讼主体在规定的时间内完成其诉讼行为。民事诉讼法通过设置期间对各诉讼主体完成诉讼行为的时间作出明确的规定，并预置违反期间规定将承担的不利法律后果，可以有效地促使各诉讼主体及时地实施诉讼行为，从而使诉讼不致发生拖延，使民事纠纷尽快得到解决[1]。

在破产审判实践中，经常出现相关主体不同意管理人的审查结论，但又迟迟不提起破产债权确认之诉，导致债权表记载的相关债权处于不确定状态，影响了后续表决等程序的推进。对破产债权确认案件设定起诉期限，限制或者禁止当事人无限期地拖延起诉，这是理论界和实务界比较一致的看法。基于破产程序效率的考虑，管理人对债权异议人的通知书中，一般会载明向法院起诉的期限，实践中管理人对该期限的设置较为混乱，从七天到一个月不一而足。法院对此问题的意见也不一致。江苏高院、深圳中院发布的相关意见要求异议人要在十五天内提起诉讼，有的法院则要求异议人在合理期限内起诉。我国《民事诉讼法》中有上诉期间的规定，但并没有起诉期间的规定。破产债权确认案件起诉期限的长短，要处理好对异议人权利的保护和及时推进破产案件进程两方面的关系。

《企业破产法》司法解释三发布后，有实务界人士理解该条采纳了除斥期间的观点，这种理解有其合理之处，有利于督促异议人及时行使权利，有利于破产程序的高效率推进。但除斥期间为法定权利的存续期间，因该期间经过而发生权利消灭的法律效果[2]。可见，除斥期间经过后，发生的是实体权利消灭的法律效果。因为《企业破产法》并未规定起

---

① 李浩：《民事诉讼法学》（第三版），法律出版社 2016 年版，第 271—272 页。

② 梁慧星：《民法总论》（第四版），法律出版社 2011 年版，第 246 页。

诉期间,而且根据《企业破产法》第五十六条的规定,债权人迟延申报情形下,尚可在破产财产最后分配前补充申报,即使债权人未依照《企业破产法》规定申报债权的,只是不得依照《企业破产法》规定的程序行使权利而已,并非债权实体权利消灭的后果。因此,超过起诉期间并不导致债权人失去实体权利。因此,本条规定的期间属于诉讼法意义上的期间,而非实体法意义的期间。

《民事诉讼法》上期间的耽误和顺延,是指当事人、诉讼代理人没有在规定的期限内完成某项诉讼行为。期间耽误的法律后果一般是丧失了再为该项诉讼行为的权利,即发生失去某种诉讼权利的不利后果[①]。但是,如果当事人、诉讼代理人耽误期间有法律规定的正当理由,则允许申请顺延期间。这里不可抗拒的事由,是指当事人不能预见、不能避免并不能克服的客观情况,如发生洪水、地震等重大自然灾害,交通、通信中断,使当事人无法在规定的诉讼期限内完成诉讼行为。其他正当理由是指不可抗拒事由以外的使当事人无法在规定期限内完成诉讼行为的事由,如突遇交通事故、患重病住院抢救等。当事人顺延期限的申请,必须在障碍消除后的十日内提出,逾期则会失去申请顺延的权利。对十日内提出的申请,法院应即时进行审查,凡有符合法律规定的顺延事由的,应允许顺延。《民事诉讼法》第八十三条对此作了规定,即"当事人因不可抗拒的事由或者其他正当理由耽误期限的,在障碍消除后的十日内,可以申请顺延期限,是否准许,由人民法院决定"。因此,如果当事人确有法定事由未在十五日内提起债权确认之诉的,可以依法申请顺延期限。

参考案例

《企业破产法》司法解释三规定的十五日并非起诉期限、诉讼时效或除斥期间。——最高人民法院(2022)最高法民再233号沙启英与塔尼尔生物科技(商丘)有限公司等破产债权确认纠纷案

裁判要旨: 破产法司法解释三第八条规定的十五日期间并非诉讼时效、除斥期间或起诉期限,该十五日期间届满并不导致异议人实体权利或诉权消灭的法律后果。

基本案情: 一审法院于2020年6月10日裁定受理塔尼尔公司、宏某

[①] 李浩:《民事诉讼法学》(第三版),法律出版社2016年版,第273页。

公司合并破产重整一案，并指定管理人，管理人在 2020 年 11 月 20 日召开的第一次债权人会议上告知沙启英其申报的 11655787.2 元债权及涉案土地使用权、房屋及设备的取回权未被确认，沙启英提出异议后，管理人于 2020 年 11 月 30 日作出书面异议答复函，向沙启英邮寄送达，异议答复函中明确记载"此答复为管理人最终意见，如您有异议，可于 2020 年 12 月 5 日之前向河南省某中级人民法院提起诉讼"，沙启英于 2020 年 12 月 2 日收到异议答复函，但其直到 2021 年 3 月 29 日才提起本案诉讼。

争议焦点：对于债权确认结果提起确认之诉的期限是否只能在十五日内。

法院认为：《企业破产法》司法解释三第八条规定的十五日期间，系附不利后果的引导性规定，目的是督促异议人尽快提起诉讼，以便尽快解决债权争议，提高破产程序的效率，防止破产程序拖延。异议人未在该十五日内提起债权确认的诉讼，视为其同意债权人会议核查结果，破产程序按债权人会议核查并经人民法院裁定确认的结果继续进行，给异议人财产分配和行使表决权等带来的不利后果，由其自行承担。但《企业破产法》司法解释三第八条规定的十五日期间并非诉讼时效、除斥期间或起诉期限，该十五日期间届满并不导致异议人实体权利或诉权消灭的法律后果。

第八章　重整投资人及重整计划

一、重整投资人招募

破产重整是为了实现破产企业重生，摆脱破产企业原有生产经营困境，对已经出现破产原因但又存在挽救希望和挽救价值的企业进行挽救。为了实现破产重整，往往需要招募投资人帮助破产企业解决债务以及后续经营所需的资金问题。重整投资人招募是重整企业想要摆脱困境、重新正常生产经营的关键一步，在招募过程中需要注意以下内容。

（一）招募主体

《企业破产法》并未规定重整投资人如何招募，但从该法第八十条规定来看，"债务人自行管理财产和营业事务的，由债务人制作重整计划草案。管理人负责管理财产和营业事务的，由管理人制作重整计划草案"。重整投资人的招募主体通常可以分为管理人招募和债务人招募两种。除了管理人和债务人，部分地方法院还规定债权人也可参与招募工作，如深圳市中级人民法院发布的《审理企业重整案件的工作指引（试行）》第七十一条规定："重整投资人可以由债务人或管理人通过协商和公开招募的方式引进，也可以由债权人推荐。"北京市第一中级人民法院发布的《北京破产法庭破产重整案件办理规范（试行）》第九十一条规定："管理人、债务人、债权人等重整利害关系人都可以通过协商推荐或引进重整投资人。人民法院、管理人或自行管理的债务人亦可根据需要决定向社会公开招募重整投资人。"

在我国的司法实践中，管理人招募在重整投资人的招募中占据主导地位。根据《企业破产法》的相关规定，管理人拥有多项职责，包括接管债务人的财产、调查债务人财产状况、决定债务人的内部管理事务、管理和处分债务人的财产等。由于管理人对债务人的资产情况和负债情况有更全面的了解和把握，因此管理人招募更能平衡债权人、债务人和重整投资人之间的利益关系，更具有公信力。然而，债务人在招募投资人方面也有其独特的优势，尤其是在对行业和市场的深入了解方面。债务人更了解潜在投资人的需求和期望，能够更有效地吸引特定的投资者。但是，由于债务人可能会为了保护自己的利益而与投资人达成不利于债权人的协议，因此在债务人招募投资人时，管理人的监督尤为重要。

在实务中，管理人和债务人可以协同工作，结合各自的优势来招募最合适的投资人。同时，听取债权人、法院和政府等主体提出的招募投资人意见，确保重整过程中各方利益的平衡，并促进债务人企业的成功重整。

（二）招募公告发布

招募可以分为公开招募和非公开招募两种方式。公开招募有助于确保招募过程的公平性和透明度，这种方式可以吸引更广泛的潜在投资人，通过竞争机制，可以筛选出最合适的投资人，从而有可能最大化债权人的利益。非公开招募通常涉及定向邀请或协商选定，管理人或债务人通过非公开渠道与潜在投资人进行点对点的谈判，更适用于可能需要特定技术知识或行业经验的破产企业。

近年来，公开招募成为更常见的做法，因为它提供了更大的透明度和公平性，有助于保护债权人的利益，并且能够吸引更多的潜在投资人。然而，根据具体情况和行业特点，非公开招募在某些情况下仍然是必要的。无论采用哪种方式，重整投资人的选择都应该旨在实现企业的成功重整，并最大化所有相关方的利益。

（三）招募方式

在企业重整过程中，不同类型的投资者可以根据自己的投资策略和风险偏好选择合适的投资方式，投资者可以通过不同的方式参与企业的重建和投资，通过这些不同的投资途径，可以有效招募重整投资人，从而为企业的重建和发展提供资金支持。在企业重整过程中，以下是几种常见的投资方式。

1. 直接支付债权清偿对价获得股权

这是最传统的方式，投资者直接向债务人支付一定金额的资金，用以清偿债务人的债权，并作为对价获得债务人的股权。这种方式下，投资者成为企业的股东，并且可以直接参与企业的管理和决策。

2. 共益债权转股

共益债权是指在企业破产重整过程中，为了维护所有债权人的共同利益而产生的一种债权。投资者可以通过购买这些共益债权，然后在重整计划中将其转换为企业的股权。这种方式允许投资者以较低的成本获得企业的控制权，同时也有助于企业减轻债务负担。

3. 收购债权转股

投资者可以从原债权人手中购买企业的债权，然后在重整过程中将这些债权转换为股权。这种方式通常适用于那些原债权人愿意以折价出售债权的情况，投资者可以利用这一点以较低的价格获得企业的股份。

故根据投资方式的不同，可以将投资者分为两类：一是债权投资人，这类投资者主要关注的是通过购买债权来实现投资回报，其可能会在重整过程中将债权转为股权，也可能选择在适当的时机出售债权以获得利润；二是股权投资人，该类投资人直接投资于企业的股份，其目标是成为企业的股东，并通过企业的重整和盈利来获得投资回报。

参考案例

采用引进债权投资人和股权投资人的方式招募重整投资人。——湖南省岳阳市中级人民法院（2022）湘06破3号湖南福尔康医用卫生材料股份有限公司重整计划

内容简述：重整期内进行二次招募投资人，拟引进的投资人分为两类：

（1）债权投资人

根据确定的投资总金额，由债权投资人分批、分阶段注入资金，以"债"的方式引进，确定其投资为共益债权；债权投资人资金分批投入后，将该笔债权作为可转债（可转为股权的债权）。资金投入后，投资人既可选择以转股方式受偿，也可按其投资金额收取本息；债权投资人的投资，可采用长期投资或短期投资的方式。

（2）股权投资人

投资人可采用收购债权的方式，以债权转换股权（债务人增加注册资本）；投资人可采用受让股权的方式，对付对价款用于清偿债务；结合上述方式，股权投资人投入的资金主要用于偿债，部分资金可用于扩大再生产，以维持债务人后续经营。至本重整计划草案提交日，湖南省融智资产经营有限公司、湖北崇德无纺科技有限公司、湖南康沃医疗用品有限公司已经与债务人、管理人意向达成《共益债投资协议》，作出了如下约定：

投资人通过资产管理公司收购债务人的金融债权进行再收购（依法折扣收购），将收购的债权转股权，在股价方面让利给投资人，投资人按股权额不少于20%比例增资扩股，投资人进入董事会，并参与生产经营管理。

（四）招募时间

《企业破产法》对投资人招募时间无明确规定，但管理人或债务人需在规定时间内提交重整计划草案，而投资人是重整计划草案制订的关键，故投资人招募的时间往往处于重整期间。无论是最初以重整案件受理的，还是清算转重整的，启动时间大多处于重整期间。

但实践中存在重整计划执行期间内招募投资人的案例，《全国法院破产审判工作会议纪要》对重整计划执行期间内的变更事宜作出了相关规定①，该规定也为重整计划执行期间招募投资人提供了法律依据。此外，近年来一个新兴趋势是"预重整"，即困境企业在意识到重整的必要性后，与投资人达成一致，并一起向法院提交重整方案，然后法院正式启动重整程序。

参考案例

1. 重整计划执行监督期间，重整投资人未能按时支付重整对价款，管理人重整招募投资人。——漳州市中级人民法院（2022）闽06破申2号海魁系企业四家公司合并重整一案第二次重整投资人招募公告

内容简述：2023年7月6日裁定批准《海魁系企业合并重整计划草案》。在海魁系企业重整计划执行监督期间，重整投资人未能按时支付重整对价款，为维护海魁系企业的运营价值，最大限度保障职工、债权人及相关主体的合法权益，避免海魁系企业走向破产清算，管理人现重新向社会公开招募重整投资人。

2. 重整计划执行期间招募重整投资人。——河南省社旗县人民法院（2022）豫1327破4号河南宛东药业有限公司重整一案招募重整投资人公告

内容简述：为依法高效推进宛东药业公司重整工作，管理人依照《企业破产法》及相关法律规定，制订了《宛东药业公司重整计划（草

---

① 《全国法院破产审判工作会议纪要》第十九条。

案）》，并经债权人会议表决通过后报受案法院裁定予以批准。为发挥重整程序对债务人资产的高效盘活作用，最大限度维护全体债权人的利益，优化宛东药业公司生产销售业态及经营，管理人报请社旗县人民法院批准，决定采用公开招募的方式选聘宛东药业公司重整投资人，现结合宛东药业公司《重整计划》的内容发布招募公告。

3. 预重整期间招募预重整投资人。——西安市中级人民法院（2024）陕 01 破申 25 号西安新长安国际妇产医院有限公司预重整一案预重整投资人招募公告

内容简述： 西安市中级人民法院于 2024 年 3 月 29 日受理西安新长安国际妇产医院有限公司预重整一案，并指定陕西华凌破产清算有限公司担任预重整临时管理人。为优化市场资源配置，实现企业资产与产业价值的整合与优化，拟引入预重整投资人，以最大限度发挥新长安医院现有资产价值，实现债务人资产运营价值最大化和长远发展。临时管理人参照《企业破产法》及相关法律、法规向社会公开招募新长安医院预重整投资人。

（五）招募流程

《企业破产法》对投资人招募流程并无明确规定，实践中招募投资人通常具有以下环节。

1. 招募公告

法律并未明文规定重整招募信息应当通过哪种渠道或平台发布，实践中可以通过全国企业破产重整案件信息网公告招募投资人信息，也可以通过其他权威媒体或报纸报刊招募。另外，当今互联网发展迅速，通过互联网自媒体如微信公众号、阿里资产破产平台、京东拍卖重整与清算平台等招募投资人日益成为普遍招募方式。总之可以通过多种渠道发布招募信息，以便接收信息的人群更加广泛。同时，为提高招募成功率，还可向特定领域的、具有潜在投资意向的机构或行业重点发布，如行业协会、投资机构等。

招募信息中一般包括重整企业的案件信息、企业的基本情况、所处行业、法院受理案件的基本情况、企业的投资价值等内容。而更多涉及案件尚未确定的事实或非常具体的债权债务信息、资产状况等通常不会在招募信息中过多阐述。对于医疗行业在招募投资人时可强调企业拥有的医师技术资质及专业水准、职工在行业内获得的荣誉、硬件设施如医疗设备器械

基本情况（该部分如涉及融资租赁，需另行确定）等，使投资人对重整企业有初步的投资意向和投资预期。

2. 意向投资人尽调

招募信息发布后，意向投资人将会与管理人或债务人联系。一般情况下，意向投资人签订《保密协议》或保密承诺并满足其他招募条件的，即可开始尽职调查工作，获取关于重整企业基本情况的相关材料，如企业的工商登记信息、股东出资情况、资产组成情况、债权和债权人的总体情况、企业的负债情况、特殊行业的税收优惠政策及企业重整价值和未来发展预期等内容。

3. 现场考察

现场考察是意向投资人尽职调查的必备环节，管理人需充分掌握重整企业的基本信息，包括但不限于资产负债、行业地位、市场占有率等，必要时由债务人一并协同完成企业生产经营管理等方面的现场考察。同时引导投资人关注重整企业中有投资价值的内容，突出重整企业的优势，使意向投资人坚定信心，进入下一轮协商和谈判。

4. 提交重整意向书

在意向投资人充分了解重整企业后，应及时提交重整意向书及配套材料。具体来说，包括但不限于投资人的工商登记信息、征信报告、股东出资情况、财务报表、行业发展情况、经营模式、与重整企业相关行业的资源优势、以往的投资案例、债务清偿计划、投资计划、对重整企业的未来规划等。

5. 对意向投资人反向尽调

意向投资人是否有能力履行重整意向书上所涉及的投资、偿债和经营计划，关乎重整能否顺利进行及企业重生。因此，对意向投资人开展尽职调查是必不可少的环节。具体来说可从以下环节展开调查：意向投资人的涉诉涉执情况调查、财务报表和征信报告分析、过往投资案例分析、行业口碑调查等。在对意向投资人完成尽职调查后，经综合评估，推进磋商。

6. 初步遴选意向投资人

如报名参与重整的意向投资人有多人，应初步筛选出数名较为优秀的意向投资人，以供下一步有针对性地开展谈判和评选工作。具体遴选和评选方式应结合重整企业的实际情况确定。

7. 谈判

正式谈判前，如谈判内容涉及商业秘密、核心专利技术等信息，应当明确意向投资人的保密义务和违反保密协议的法律责任。正式谈判中，应围绕债务清偿、未来经营、职工安置、股权设计、重整投资保证金缴纳和退出、重整失败责任划分等方面展开。实践中也可在谈判会议中制作会议记录作为重整投资协议的附件，同时根据会议记录制作中达成的共识形成重整投资意向协议之合意。

8. 评审并签约

在评审确定投资人之前，应组成专门的评审小组，特别是投资人具有较强竞争力且在当地也较为有影响力的债务人遴选意向投资人时，评选参与人除法院人员外还应当聘请政府相关部门人员参加。评审小组根据意向投资人提供的投资意向书等文件，综合评审出重整投资人，并签订正式的投资协议。协议签订后根据协议尽快制作重整计划草案并取得投资人的认可。

（六）招募公告

重整投资人招募公告是指在公司进行财务重整或破产重组过程中，向潜在投资者发布的一份正式文件，旨在吸引他们对公司进行投资，以便重振公司业务，主要包含以下内容。

① 企业及重整情况简介：提供企业的基本信息，包括成立时间、主要业务、市场地位等，以及重整的背景、原因和目前的进展。

② 投资亮点：强调投资该公司的潜在优势，如市场潜力、产品或服务的竞争力、管理团队的经验，以及品牌、技术、市场、特许资质、独占资源等。

③ 资产负债概况：包括主要核心资产，如房产、土地、特殊资质等。

④ 意向投资人资格条件：列出投资者需要满足的条件，如财务实力、行业经验、合规性要求等，确保吸引到合适的投资者。

⑤ 投资方案：包括投资方式、偿债方案、职工安置方案、经营方案、有利于债权人利益的其他安排等。

⑥ 保证金条款：包括结合案件实际情况确定保证金数额，披露保证金的使用、没收、退回条款。

⑦ 尽职调查：尽职调查的申请流程、保密协议的签订、尽职调查时间确定等。

⑧ 意向投资人遴选流程：说明投资人的选择标准和遴选流程，包括报名材料要求、报名截止日期、投资人评审规则及确定规则、投资协议签订等。

⑨ 其他特别事项说明：包括披露可能影响投资决策的其他重要信息，如法律诉讼、潜在的财务风险、重整计划中的关键假设等。

在起草公告时，应确保信息的准确性和透明度，遵守相关法律法规，并考虑到潜在投资者的信息需求。此外，公告的语言应该清晰、简洁，避免使用过于技术性或专业性的术语，以便于非专业投资者理解。最后，公告应当包含联系方式和后续步骤的说明，以便有意向的投资者能够及时与管理人取得联系。

附：重整投资人招募公告

×××企业重整投资人招募公告

××××年××月××日，×××人民法院裁定受理了×××公司重整一案，并于××××年××月××日指定×××为管理人。为维护债务人运营价值，实现资源有效整合，管理人现依据相关法律规定，向社会公开招募投资人，现就有关事项公告如下：

一、招募须知

1. 为公开、公平、公正地引入重整投资人，本次招募以公开的方式进行，以接受各方的监督。

2. 报名参与本次招募的意向投资人，视为熟知重整投资相应法律规定，成为重整投资人后依法合规开展各项事务。

3. 本招募公告由管理人解释。

二、债务人概况

（一）基本情况介绍

略。

（二）主要资产状况

注重介绍包括土地、房屋、建筑、车辆、商标、专利及其他稀缺行政许可证书。

三、意向投资人基本条件

1. 具有较高的社会责任感，良好的商业信誉和足够的资金实力，具备与企业营运方面相适应的能力，需提供相应的资信证明或其他履约能力证明。

2. 无重大违法行为，不存在财务状况或者信用记录不良等情况。

3. 两个或两个以上主体联合参与投资的，需书面说明各自的角色分工、权利义务等，且需同时符合上述条件。

四、招募流程

（一）提交投资意向书和相关资料

意向投资人应向管理人提交投资意向书及相应证明材料，包括但不限于：

1. 投资意向书中应简要陈述投资意向及初步投资方案；

2. 意向投资人基本情况介绍，含公司简介、股权结构、经营范围、经营资质、主营业务核心优势等，并提供近三年的财务报表（如经过审计的，则应提供近三年的审计报告）；

3. 提供含有具体联系人、联系电话、电子邮箱、通信地址等基本信息的联系方式确认单；

4. 提供符合本招募公告第三条"意向投资人基本条件"的承诺或说明；

5. 保密承诺书，承诺对从管理人处获得的任何资料和信息都承担保密义务；

6. 提供相应委托手续，如企业法人营业执照副本复印件或其他主体资格证明材料；法定代表人身份证明原件及身份证复印件；授权委托书原件，受托人身份证复印件。受托人为律师的，还应提交律师证复印件及律师事务所公函原件；

7. 如为联合投资人，需明确牵头方，说明各主体的角色分工、权利义务等，且承诺承担连带责任。

（二）尽职调查

意向投资人提交的上述资料和投资意向书经管理人审查合格后，意向投资人可向管理人申请尽职调查，届时管理人将与意向投资人签订保密协议，随后安排进场调查，尽职调查时间管理人根据情况适时确定。

（三）提交正式投资方案

意向投资人在完成尽职调查工作后，根据管理人通知提交正式投资方案，投资方案应当符合重整程序的相关要求，方案应包括如下内容：

1. 投资方式

在兼顾合法性、衡平性、可行性、时效性的前提下，意向投资人可自行选择投资方式并编制投资方案。

2. 投资方案

为依法推进重整程序，确保兼顾债权人和债务人等各方利益，并得到有效执行，意向投资人应当围绕偿债方案和经营方案制作重整投资方案。方案内容包括但不限于：

2.1　偿债方案

意向投资人应制定清偿破产费用、共益债务、各类债权的偿债方案，并明确偿债资金来源。

2.2　经营方案

意向投资人应详细阐述其经营方案。

2.3　有利于债权人利益的其他安排。

（四）缴纳保证金

意向投资人提交正式投资方案后，根据管理人通知缴纳×××万元履约保证金。逾期未支付，视为放弃本次投资，无权参与投资人评审。

管理人将组织对意向投资人进行评审，最终确认重整投资人。

若意向投资人经评审确定为重整投资人的，其所缴纳的保证金将在投资协议签署并生效，且法院裁定批准重整计划之后转为重整计划执行所需资金的一部分，从投资协议规定应支付的款项中等额抵扣。经评审未能成为重整投资人的，管理人将于结果确定之日起十日内无息退回保证金。

此外，在投资协议签署后，如意向投资人存在反悔或拒绝履行相关义务的情形，管理人有权没收该意向投资人缴纳的保证金，并取消其参与本次投资的资格。

（五）投资人资格评审及确认

管理人将组织评审委员会对意向投资人提交的正式投资方案评审，最终确认重整投资人。评审事项安排如下：

1. 评审时间及评委会成员构成由管理人另行通知；

2. 如仅有一家意向投资人缴纳保证金的，则该意向投资人即为重整投资人，不再进行评审。如存在二家以上意向投资人缴纳保证金的，则经评审后得分最高者为重整投资人；

3. 评审结束后，管理人将向投资人送达《确认重整投资人通知书》，通知重整投资人签订《重整投资协议》。

五、其他事项

1. 意向投资人应将报名材料装订成册一式两份，封面应加盖意向投资人公章。

2. 报名截止时间

意向投资人最迟应于××××年××月××日×××点前向管理人提交重整投资报名文件。期限届满后，未有意向投资人报名的，管理人有权视情况决定是否延长报名期限。

3. 文件接收信息

联系地址：

联系人：

联系电话：

六、特别事项说明

本招募公告所述信息并不当然替代投资人的尽职调查。意向投资人应对于潜在的市场风险以及政策变化风险独立作出判断，自行承担投资风险。

欢迎有实力的社会各界人士和单位前来接洽、参与投资。

×××公司管理人
××××年××月××日

二、医疗行业中的重整投资人特殊招募方式

一般情况下，在对外招募重整投资人公告中少有设定投资条件，但在正式进入谈判后，投资人除了具备资金实力，还应当具备某种特殊条件。特殊条件的设定因项目而异，例如，投资人应当具备一定的行业资质，应当从事某一特定行业且取得一定业绩，应当组建一支专业团队等，这些情况在医疗行业中较为常见。

参考案例

重整投资人招募中可以设定条件。——甘肃省定西市中级人民法院（2023）甘11破5号甘肃扶正药业科技股份有限公司重整案

内容简述：重整投资人招募采用公开竞价方式，甘肃扶正药业科技股份有限公司所有的药品批准文号不得转让、不得变更、不得对外委托生产，不得以在定西市以外区域设立分公司、子公司的形式转移药品批准文号。同时强调员工权益保障，现有职工队伍应保持稳定，对现有管理人员、技术人员、销售人员，包括生产一线的工人，如无特殊原因，不解

聘、不辞退；不降职、不降薪、不解除社保、不减少奖金和福利待遇，逐步提高职工待遇。

（一）药品生产企业重整投资人特殊招募方式

药品生产企业可能会使用"假马竞标"形式招募重整投资人，在重整程序中起到兜底保障、定点上推的效果。如郑州市二七区人民法院（2023）豫 0103 破 1 号河南信心药业有限公司清算转重整案即采取"假马竞标"模式进行重整招募，该模式是为了防止重整投资人投资对价过低而先行通过公开招募程序确定意向投资人。本案中"假马"投资人开展调查之后提交一份兜底的投资报价，并在该报价基础上面向社会再次公开招募投资人进行竞价，以确定最终的投资人。"假马"投资人承担的义务主要包括以下几个方面：进行调查、梳理调查情况并出具调查报告；提交职工安置的可行性方案；提交重整投资方案；有义务参与后续的公开竞价程序。"假马"竞标目的是刺激市场，经竞价确定"真马"为最终的重整投资人。若最终未能被确定为投资人，"假马"往往竹篮打水一场空，其前期投入大量的尽职调查、方案设计等时间及资金成本将得不到任何保障，且在整个投资过程中未能享有与其他观望的潜在投资人同样的"特殊优待"。因此，为鼓励意向"假马"投资人积极报名，河南信心药业有限公司重整案通过签订《假马投资协议》，约定在"假马"投资人经公开竞价后未能成为重整投资人的，可按约定收取"分手费"。这种设定不仅避免了"假马"在参与招募过程中受到损失，也大大刺激了"假马"的积极性。

（二）医院重整投资人特殊招募方式

1. 招募方式

鉴于医院作为特殊服务机构，关系着国计民生且具有较为稳定的经营发展态势，一般对重整投资人的要求不仅有资质还要有强有力的经济实力，以保证未来清偿和医院发展的稳定性。实践中，有采取竞价方式招募的，也有保底竞价方式招募的。

> **参考案例**

1. 以公开竞价方式招募投资人。——长兴县人民法院（2017）浙 0522 破 1 号浙江长兴金陵医院重整一案重整投资人招募公告

内容简述：浙江长兴金陵医院破产重整投资人招募意向投资人采用"举行投资者公开竞价会"的方式进行公开竞价。重整方式为通过承债式收购金陵医院全部投资款方式，取得金陵医院有形资产、企业认证资质等无形资产以及业务控制权。招募条件为：1. 接受管理人拟定的重整投资协议；在报名截止日前向金陵医院管理人缴纳 500 万元保证金以及不低于 2500 万元书面报价函，并认可重整投资协议等公开竞价条件。2. 投资方可在报名截止日前向管理人主动索要所需资料并自行核实调查。3. 公开招募期内有两名以上报名者，同意由管理人另行组织公开竞价程序，依管理人拟定的重整投资协议为竞价条件，价高者得。首位缴纳保证金且接受重整投资协议在同等条件下享有优先权。4. 在重整计划执行期内，重整投资者应全面接受金陵医院管理人的监管。

2. 以确定保底价方式招募投资人。——江苏省宿迁市中级人民法院（2022）苏 13 破 1 号宿迁市妇产医院有限公司重整一案意向投资人招募公告

内容简述：宿迁市妇产医院有限公司招募意向投资人采用"确定底价招募"的方式进行公开招募投资人。招募底价为 38346.678 万元，每次加价幅度为 10 万元及其整数倍。投资人符合本招募公告中意向投资人主体资格、限制条件等所有要求，并愿意执行《宿迁市妇产医院有限公司重整计划》中有关重整投资人权利义务的，以出价最高者确定为重整投资人。

2. 限制条件

医院在重整投资人招募时对意向投资人报名的限制条件主要有营业限制、医院职工安置、投资人资质等，主要基于医院这个行业的特殊性，投资人不仅需要提供资金支持，还要能够保证医院未来稳定发展。

参考案例

对医院的重整投资人限制条件。——江苏省宿迁市中级人民法院（2022）苏 13 破 1 号宿迁市妇产医院有限公司重整一案意向投资人招募公告

内容简述：（1）对营业用途进行限制。招募中要求意向投资人竞得医院营业资产后必须保持医院现有经营状态，不得改变医院现有资产的医疗卫生规划用途和主要经营范围，保证在院病人的医疗救治不能中断，确保医疗质量和医疗安全。（2）对职工安排的限制。招募要求意向投资人或指

定的用工单位必须接收医院现有职工中自愿与其建立劳动关系的职工，实际用工主体及工资标准由职工和投资人依法自愿协商确定，用工单位与职工签订的劳动合同期限不应少于一年。（3）对医疗经营资质的限制。为了确保意向投资人在取得医院整体运营资产后的正常运营，意向投资人须具备当地医疗卫生行政主管部门核发的专科医院或三级综合医院医疗经营许可资质；或在被确定为重整投资人后一定期限内取得当地医疗卫生主管部门核发的与目前重整企业相对应的医疗经营许可资质。

（三）卫材生产企业重整投资人特殊招募方式

在重整投资人的招募方面，卫材生产企业相较于药品生产企业及医院，对意向投资人的资质及限制条件方面较为宽松，但也有案例从重整企业实际情况出发作出适当限制。

参考案例

通过竞争性选任的方式正式遴选重整投资人，并规定限制条件。——岳阳市中级人民法院（2022）湘06破3号湖南福尔康医用卫生材料股份有限公司破产重整投资人招募公告

内容简述：（1）招募原则之一为在意向投资者招募结束后，福尔康公司将通过竞争性选任的方式正式遴选重整投资人。原则上，意向投资人选任以重整方式（含以合并分立、股权收购、债务重组、债转股等具体方式）投资的优先，直接购买资产者次之；针对整体资产投资的优先；出价高者优先（指投资人承诺用于偿债的资金较多者优先）。（2）意向重整投资人基本条件。意向投资人应具备与福尔康公司经营规模相适应的经营和管理能力，有丰富医疗行业经验的企业在同等条件下优先考虑。意向投资人不得改变现有脱脂棉、水刺无纺布资产的属性及医用敷料的性质和用途，仍应作为医用敷料和护理用品经营使用。

三、重整投资协议签订

在企业重整过程中，签订重整投资协议是一个关键步骤，它涉及企业未来的发展和债务的解决方案，因此重整投资协议的签订是重整过程中的

重要环节。重整投资人招募成功后，需要与确定的投资人进行重整投资协议的磋商。在签订协议时，应当根据程序确定签署主体，确保协议内容包含重整计划草案的内容，并注意解决相关争议焦点和法律风险。同时还应注意以下方面：一是协议的法律效力，确保协议符合相关法律法规的要求；二是协议的可执行性，协议中的条款应当是清晰、具体且可执行的，避免产生歧义或增加执行难度；三是保护各方利益，在协议中应当平衡好投资人、债权人和企业的利益，确保各方的权益得到妥善保护；四是透明度和信息披露，在谈判和签订协议的过程中，应当保持透明度，向相关各方充分披露信息。下面将从协议签订主体、重整投资的谈判重点、重整投资协议的主要内容进一步展开。

（一）签订主体的确定

根据《企业破产法》第八十条的规定，债务人自行管理财产和营业事务的，由债务人制作重整计划草案；管理人负责管理财产和营业事务的，由管理人制作重整计划草案。由此，重整中存在管理人主导重整和债务人自行重整两种模式。也就意味着实际签署主体会因重整模式的不同而存在差异。

1. 管理人主导重整模式

在管理人主导重整模式下，管理人的角色是作为债务人的代表，负责管理和控制债务人的财产、经营和人员等。管理人的职责是为了保护债务人的资产并尽可能地恢复其偿债能力，同时维护债权人的利益。

在这种模式下，管理人通常会与潜在的投资者签订重整投资协议，目的是引入新的资金或资源，以帮助债务人恢复正常运营。管理人在签订这些协议时，虽然是协议的主体，但法律上管理人的行为被视为债务人的行为。因此，即使管理人签订了合同，合同产生的权利和义务也是债务人的。如在重整执行期间履行投资协议引起了相关的权利和义务问题，这些问题仍然需要由债务人来解决。管理人的责任是确保这些问题得到妥善处理，同时遵守法律规定和合同条款。在某些情况下，如果管理人未能恰当履行职责，可能会面临法律责任。但总体来说，管理人的作用是作为债务人的代表和监督管理者，而不是取代债务人成为合同的实际主体，并不改变债务人作为权利和义务主体的法律地位。

2. 债务人自行重整模式

在债务人自行重整的模式下，债务人实际负责重整期间的财产管理和营业事务，而管理人则是处于监督的地位。在这种模式下，一般是以债务人为主与投资人进行磋商与谈判，并由债务人企业与投资人签订重整投资协议，管理人一般作为监管方参与合同签订。

然而，根据目前的立法情况，如果债务人避开管理人监管而单独与投资人签订协议，并无法律上的障碍，但管理人在行使监督职责时可能会受到阻碍。这意味着，尽管债务人可以与投资人直接签订协议，但管理人可能无法有效地履行其监督职责。在这种情况下，债务人和投资人在签订协议时应当确保管理人能够有效地实施监督职责。此外，债务人和投资人还可以考虑与管理人进行更密切的合作，以确保重整程序的顺利进行。

（二）重整投资的谈判重点

重整投资的谈判重点主要包括重整计划草案的法定内容及未来企业的经营发展。首先，在选择重整投资人时，需要综合考虑其经营方案、财务实力以及对当地经济的影响等因素。其次，要结合重整计划草案的法定内容，包括投资人的经营方案、不同债权种类的债权调整方案、各类债权的受偿方案以及重整计划的执行期限等。此外，重整投资人在谈判期间可以争取其他利好点，提出产业支持、政策扶持、税收优惠、银行转贷续贷、延长重整资金支付节点、员工分流、债转股等要求，并与政府、银行等相关部门取得联系，共同努力争取对重整企业的支持。

（三）重整投资协议的主要内容

1. 重整投资人资格确认

根据《企业破产法》及相关司法解释，重整投资人需要通过公开招募程序获得适格重整投资人的资格。只有获得资格的重整投资人才有权通过提供重整投资对价的方式获得破产企业对应股权。债务人和重整投资人可在投资协议中再次明确适格重整投资人的资格，并有权通过提供重整投资对价的方式获得破产企业对应股权。

2. 交易对价及安排

在确定重整投资人交易对价范围时，通常包括需清偿重整期间以及重整计划执行期间所产生的破产费用和共益债务，以及按照重整计划规定清偿各类债权所需资金。为确保重整计划顺利执行，还需要提前预留未申报债权清偿所需资金。交易对价支付安排可以约定在重整计划获得法院批准之日起一定期限内分期支付偿债资金及后续生产运营启动资金。

3. 保证金安排

（1）保证金的使用

为保障重整计划有效执行，可在协议中约定重整投资人缴纳的保证金继续用于担保重整计划的执行，在重整投资人最后一期清偿时作为偿债资金的一部分直接使用。

（2）保证金的退出机制

如出现非因重整投资人原因导致其被撤销重整投资人资格，重整计划未获得法院裁定批准；非因重整投资人原因，债务人不执行或不能执行重整计划，并由法院裁定终止执行重整计划，转入破产清算程序等情形的，一般应当退还保证金。

（3）保证金的没收情形

如因重整投资人行为造成投资协议不能继续履行或协议目的无法实现的，保证金一般不予返还；若在重整计划执行期间，重整投资人未能按时支付交易价款，造成重整计划不能实施的，保证金一般不再退回。

4. 各方义务

（1）债务人企业的义务

应向重整投资人提供相应资料和文件，协助、配合办理与投资协议规定各项事项相关的手续，并依法履行或协助履行与投资协议规定各项事项相关的批准、登记或备案手续，接受重整投资人监督，严格执行重整计划。

（2）重整投资人义务

严格按照投资协议约定及重整计划的规定及时足额支付交易价款，以及其他有关法律规定和投资协议约定的应由重整投资人履行的义务。

（3）管理人义务

应向债务人及重整投资人提供为完成投资协议规定各项事项所需的、应由其提供的各种资料和文件，协助、配合办理与投资协议规定各项事项相关的手续，并依法履行或协助履行与投资协议规定各项事项相关的政府部门批准、登记或备案手续，督促和监督债务人及重整投资人全面执行重整计划。

5. 股权、资产负债交割

重整投资人通过支付重整投资对价获得债务人原股东持有的相应股权。在交割过程中，需要明确股权变更、资产负债交割、经营管理权转移、印章证照等相关资料的移交等事项，并确定时间节点。

6. 其他特殊事项

其他特殊事项包括投资风险的再次披露、因投资协议的签署和履行以及执行重整计划而产生的各项税款和费用的承担、保密条款、争议解决条款、违约责任条款等。这些事项可以根据具体情况在投资协议中进行约定。

总的来说，重整投资过程中的这些安排和确认都是为了确保重整计划的成功执行和各方权益的保障。通过明确各方的职责和义务、交易对价和支付安排、保证金机制等，可以为重整投资提供坚实的法律和财务基础。

附：重整投资协议书

重整投资协议书

本协议由以下各方于××××年××月××日在×××签署：

甲方：破产企业

法定代表人/授权代表：

联系地址：

乙方：投资人

法定代表人/授权代表：

联系地址：

丙方：×××公司管理人

负责人：

联系地址：

鉴于：

1. ××××年××月××日，×××人民法院作出×××号民事裁定书，裁定受理甲方重整。同日，指定了甲方管理人（即丙方）。××××年××月××日，×××法院准许甲方在丙方的监督下自行管理财产和营业事务。

2. 根据《中华人民共和国企业破产法》（以下简称《企业破产法》）的规定，甲方自行管理财产和营业事务的，自行制定《重整计划草案》。投资方的引进是《重整计划草案》的核心内容之一，甲方为更有效地推进自身重整程序，有意引进投资方，即乙方。

3. 丙方系×××法院指定的甲方管理人，负责甲方重整程序中的债权核查、资产核查及对甲方监督等。

现各方就乙方参与甲方重整有关事宜达成一致。为进一步明确相关参与主体的权利义务，根据《企业破产法》《民法典》等法律、法规、司法解释的规定，各方经友好平等协商，签订本协议：

第一条　重整投资人资格确认

1.1　甲丙双方共同确认乙方作为重整投资人，经公开招募程序获得了甲方适格重整投资人的资格。

1.2　乙方取得重整投资人资格后，有权通过提供重整投资对价的方式获得甲方×××%的股权。

第二条　交易方案

经各方协商，乙方采取如下方式参与甲方重整投资。

2.1　乙方作为重整投资人，以本协议2.2条约定之对价，获得甲方现有股东所持×××%股权，甲方维持法人主体资格与相应资产权属完整。

2.2　乙方参与甲方重整所支付的股权对价即乙方按照《重整计划草案》参加重整，所支付的股权对价包括：

2.2.1　清偿重整期间以及《重整计划》执行期间所产生的，属于《企业破产法》及相关司法解释所规定的破产费用以及共益债务所需资金；

2.2.2　按照《重整计划》规定清偿担保债权、税款债权、社保债权和职工债权所需资金；

2.2.3　对法院裁定确认的债权表所记载的普通债权及担保债权转入的普通债权，按《重整计划》规定的比例进行清偿所需资金，但债权人选择债转股的除外；

2.2.4　已向丙方申报但尚未经裁定确认的债权，按照《重整计划》预留所需资金；

2.2.5　在《重整计划》获得×××法院批准之日起××日内，乙方应向甲方提供不少于人民币×××万元的偿债资金，作为《重整计划》执行期间的第一批偿债资金；

2.2.6　在《重整计划》获得×××法院批准后，乙方应向甲方投入不低于人民币×××万元，作为甲方后续生产运营启动资金。该款项专款专用，只用于当期的原材料等其他供应商产品或服务的购买和企业管理、销售等费用。

2.3　未依法申报但真实合法有效的债权，依法清偿，但不作为股权对价款。

2.4　甲方、丙方将结合乙方意见制作《重整计划草案》，以提交债权人会议表决。

2.5　《重整计划草案》经×××法院裁定生效后，乙方按《重整计划》偿债安排通过支付现金的方式提供资金保障，汇入丙方指定账户。

第三条　交易安排

3.1　在×××法院裁定批准的《重整计划》确定的债权清偿期限内，乙方应当按照《重整计划》规定的时限和金额，将保证金之外的股权对价余款及时支付至丙方指定账户。

3.2　相关债权人同意延期受偿依据《重整计划》所确定的偿债资金，并向丙方出具有效的书面证明材料的，可视为已按照《重整计划》履行完毕。

3.3　乙方支付的偿债资金连同丙方账户全部资金，甲方将依据《企业破产法》及经×××法院裁定批准的《重整计划》依法专项用于支付下列款项：

3.3.1　破产费用；

3.3.2　共益债务；

3.3.3　经×××法院裁定确认的债权应分配款项及职工债权；

3.3.4　对于已申报但尚未经法院裁定批准的债权，将根据《重整计划》的规定为其预留相应的清偿份额，该预留的份额将提存至丙方或丙方指定账户，由丙方在条件具备时对其进行分配。

若因上述部分费用无须支付、部分债权无须清偿等原因导致乙方提供的资金按照上述顺序支付后还有结余，结余部分将返还乙方。

3.4　保证金安排

3.4.1　乙方确认××××年××月××日缴纳的×××万元保证金本金及利息存留于丙方账户，在甲方按照《重整计划》中的有关偿债的规定向债权人进行最后一期清偿时作为偿债资金的一部分进行支付使用。

3.4.2　因乙方行为造成本协议不能继续履行或本协议目的无法实现的，乙方支付的保证金不予返还；若在《重整计划》执行期间，乙方未能按时支付交易价款的，造成《重整计划》不能实施，前期已支付款项及保证金不再退回。

3.4.3　丙方将于下列事项发生之日起××日内全额退还上述保证金的本息：

（1）非因乙方原因导致其被撤销重整投资人资格；

（2）《重整计划》未获得×××法院裁定批准；

（3）非因乙方原因，甲方不执行或不能执行《重整计划》，并由×××

法院裁定终止执行《重整计划》，转入破产清算程序。该等情况下，如保证金本息已用于偿债，丙方应退还保证金本息余额，不足部分在破产清算程序中依法清偿。

第四条 资产限制措施解除

甲方在提交×××法院与债权人会议的《重整计划草案》中就×××公司财产限制措施的解除作出安排，要求权利人自×××法院裁定批准《重整计划》之日起××日内申请法院解除对甲方资产的保全措施。

第五条 股权、资产负债交割

5.1 根据本协议第二条的约定，乙方通过支付重整投资对价，将获得甲方现登记股东持有的甲方×××%股权。

5.2 ×××法院裁定批准《重整计划》后，乙方变更甲方的法定代表人、公司章程、更换管理层成员等，甲方及丙方应当无条件提供支持与协助。

5.3 ×××法院裁定批准《重整计划》后×××个工作日内，甲乙丙三方办理经营管理权的转移。

5.4 甲方重整申请受理前的负债以及重整申请受理时的资产，由乙方进行调查了解，丙方不对其权利属性、瑕疵等事项进行承诺，甲方有义务配合乙方的尽调。

第六条 各方义务

6.1 在《重整计划》执行完毕前，甲方的义务如下：

6.1.1 应向乙方提供为完成本协议规定各项事项所需的、应由其提供的各种资料和文件，协助、配合办理与本协议规定各项事项相关的手续，并依法履行或协助履行与本协议规定各项事项相关的批准、登记或备案手续；

6.1.2 将根据本协议所支付的交易价款，专项用于偿付本协议第三条3.3中所规定的费用和债务，并接受丙方的监督；

6.1.3 积极协助有关部门及时完成相关手续的批准通过，促成本协议所规定的其他事项尽快完成；

6.1.4 有关法律规定和本协议约定的应由甲方履行的其他义务。

6.2 乙方义务

6.2.1 严格按照本协议的约定及《重整计划》的规定按时足额支付交易价款，未能足额支付交易价款前既不能以×××公司名义也不能用×××公司的资产进行担保；

6.2.2 应向甲方、丙方提供为完成本协议规定各项事项所需的、应由其提供的各种资料和文件，协助、配合办理与本协议规定各项事项相关的手续，并依法履行与本协议规定各项事项相关的政府部门批准、登记或备案手续；

6.2.3 有关法律规定和本协议约定的应由乙方履行的其他义务。

6.3 丙方的义务

6.3.1 应向甲方与乙方提供为完成本协议规定各项事项所需的、应由其提供的各种资料和文件，协助、配合办理与本协议规定各项事项相关的手续，并依法履行或协助履行与本协议规定各项事项相关的政府部门批准、登记或备案手续；

6.3.2 按照《企业破产法》以及×××号《决定书》，履行丙方的法定职责；积极协助甲方做好《重整计划草案》，达成多方共赢；

6.3.3 在《重整计划草案》制作过程中及时与乙方沟通，并将形成的《重整计划草案》协助甲方提交法院；

6.3.4 督促和监督甲方全面执行《重整计划》；努力做好债权人的沟通工作；

6.3.5 积极协调有关部门及时完成相关手续的批准通过，促成本协议所规定的其他事项尽快完成；

6.3.6 在法院裁定批准《重整计划》后且乙方按照2.2.5向管理人缴纳第一批偿债资金后，与乙方及时进行印章、证照等相关资料移交；

6.3.7 有关法律规定和本协议约定的由丙方履行的其他义务。

第七条 陈述及保证

7.1 甲方及丙方陈述保证如下：

7.1.1 根据法律规定和×××法院的要求，依法开展重整程序中的各项工作；

7.1.2 在本协议中承担的义务是合法、有效的，其履行不会与其承担的其他协议义务相冲突，也不会违反任何法律；

7.1.3 不存在任何已知或应知而未向其他方披露的、影响本协议签署的违法事实及法律障碍。

7.2 乙方陈述并保证如下：

7.2.1 为签署本协议已履行必要的内部决策程序，相关授权代表有权签署本协议；

7.2.2 已经充分咨询并完全了解本次重整的全部实际情况及可能存在

的任何风险，并自愿接受本次重整涉及的一切现状及其潜在可能发生的变化和风险，一切交易风险与责任由乙方自负；

7.2.3　在本协议中承担的义务是合法、有效的，其履行不会与其承担的其他协议义务相冲突，也不会违反任何法律；

7.2.4　不存在任何已知或应知而未向其他方披露的、影响本协议签署的违法事实及法律障碍。

第八条　税费

各方应根据法律、行政法规的规定及惯例各自承担因本协议的签署和履行以及执行《重整计划》而产生的应由其缴纳和支付的各项税款和费用。

第九条　保密

9.1　各方承诺：本协议签署后至公开披露前，无论本次投资是否完成，亦无论本协议是否被终止、解除、撤销、认定为无效或履行完毕，各方均应承担以下保密义务：

9.1.1　各方不得向任何第三方披露本协议以及与本协议有关的任何文件（"保密文件"）；

9.1.2　各方不得向任何第三方披露本协议的存在、甲方重整后重整相关事宜及就本协议协商、签署、履行过程中获悉的其他未被公众知悉的相关信息（"保密信息"）。

9.2　各方只能将保密文件和保密信息用于本协议之目的，不得用于任何其他目的，并应促使因本协议目的确有必要知悉保密信息的人士履行保密义务。

9.3　如本协议各方因下列原因披露保密文件及保密信息，不受前款规定的限制：

9.3.1　向本协议各方参与甲方重整工作的工作人员或授权代表及各方聘请的财务顾问、律师、会计师、评估师等中介机构披露；

9.3.2　因遵循法律法规的强制性规定而披露；

9.3.3　因有权政府主管部门的强制性要求而披露。

第十条　不可抗力

10.1　本协议所称不可抗力事件是指受不可抗力影响一方不能合理控制的，无法预料或即使可预料到也不可避免且无法克服，并于本协议签订日之后出现的，使该方对本协议全部或部分的履行在客观上成为不可能的任何事件。

10.2　提出受到不可抗力事件影响的一方应尽可能在最短的时间内通过书面形式将不可抗力事件的发生通知其他各方。提出不可抗力事件导致其对本协议的履行在客观上成为不可能的一方，有责任尽一切合理的努力消除或减轻此等不可抗力事件的影响。

10.3　任何一方由于受到本协议规定的不可抗力事件的影响，部分或全部不能履行本协议项下的义务，将不构成违约，该义务的履行在不可抗力事件妨碍其履行期间应予中止。不可抗力事件或其影响终止或消除后，各方应立即恢复履行各自在本协议项下的各项义务。如不可抗力事件及其影响致使协议任何一方丧失继续履行本协议的能力，则任何一方有权决定终止本协议。

第十一条　违约责任

11.1　本协议签订后，除不可抗力以外，任何一方不履行或不及时、不适当履行本协议项下其应履行的任何义务，或违反其在本协议项下作出的任何陈述、保证或承诺，均构成违约。

11.2　一方承担违约责任应当以守约方所受全部实际损失为限。

第十二条　争议解决

协议各方因履行本协议发生争议的，应当先行友好协商解决，协商解决不成的，任何一方均有权向×××人民法院提起诉讼。

第十三条　其他

13.1　本协议在各方法定代表人/负责人/授权代表签字并加盖公章后生效。

13.2　经法院裁定批准的《重整计划》的相关内容，包括但不限于重整投资人受让股权、重整投资人支付对价及其他应遵守的要求等内容，对本协议各方具有同等约束力。

13.3　任何对本协议内容的增删或修订需在各方协商一致的情况下，以补充协议的方式进行。

13.4　除本协议另有约定外，各方一致同意解除本协议时，本协议方可以书面形式解除。

13.5　就甲方重整相关具体事项或其他未尽事宜，各方可另行签订补充协议。

13.6　除非本协议各方另有书面约定，否则任何一方在未经其他各方事先书面同意，不得向第三方转让本协议或本协议项下的任何权利或义务。

13.7　本协议一式陆份，各方各执壹份，其余用于可能的报批、备案等法律手续之用，各份具有同等法律效力。

甲方：（盖章）

法定代表人或授权代表签字：

乙方：（盖章）

授权代表签字：

丙方：（盖章）

授权代表签字：

签署日期：××××年××月××日

（四）重整投资协议违约责任的预设

重整投资人违约行为对于重整计划的执行是一个很大的挑战。为了保护债权人和其他利害关系人的合法权益，确保重整计划能够顺利执行，管理人或债务人在签订重整投资协议时，需要考虑到可能出现的违约情况，并在协议中预设相应的条款来应对这些风险。

1. 主要的违约情形

（1）重整投资价款支付不到位

重整投资人往往是通过取得重整企业股权或资产的方式介入重整程序。而取得重整企业的股权或资产需要支付一定的对价，故对价不到位是最常见的违约情形。重整计划执行期间，重整投资人一旦未能按时支付对价或支付对价不足额，极有可能阻碍重整计划顺利执行，甚至执行不能，将导致企业被宣告破产，进入清算程序。

（2）重整投资人对债权受偿方案测算失误

债权受偿方案的确定是重整计划草案制定的基础，重整投资人在尽调阶段就需要对重整企业可偿债财产进行精确的测算评估，并对未来偿债资金作出预先安排。如果重整投资人在预估测算时存在重大偏差或者对重整企业继续经营后所能带来的营收测算过于乐观，又将企业重整后的营业收入作为主要偿债资金来源的，很有可能在重整计划执行过程中出现违约。

（3）重整投资人不能实现承诺

很多重整投资人为了能够顺利通过债权人会议表决，可能会对利害关系人作出一定承诺，例如重整投资人承诺拿出专项资金帮助地方政府维稳，承诺重整计划执行过程中继续聘用原有职工等。但在实践中，重整计划的顺利执行需要多方共同努力，一旦重整投资人对各利害关系人作出的承诺不能实现，对重整计划的执行势必产生不利影响。

2. 预设的违约条款

通过在重整投资协议中预设违约条款，可以在一定程度上降低重整投资人违约的风险，保护债权人和其他利害关系人的权益。然而，这些条款的有效性和实施也取决于相关法律法规规定和司法实践，因此在制定这些条款时，还需要考虑具体的法律规定和实际操作的可行性。

（1）补救措施条款

在重整计划执行过程中，如果因为重整投资人的原因导致某些计划内容无法实现，可以预设补救措施，如使用其他等值资产代替原定的抵债资产，或者以现金方式清偿等。

（2）赔偿损失条款

可以在重整投资协议中约定，如果重整投资人违约，相关利害关系人有权要求其赔偿因违约造成的损失。如约定迟延支付债权人受偿款或投资价款时，必须支付违约金。

（3）更换投资人条款

如果重整投资人失去继续履行重整计划的能力，可以通过预设的条款重新招募新的投资人，以保证重整计划的继续实施。

（4）保证金或押金

可以要求重整投资人支付一定数额的保证金或押金，以确保其按约履行重整投资协议。

（5）延期支付条款

在某些情况下，可以允许重整投资人延期支付部分款项，但需明确延期的条件和期限。

（6）权利保留条款

在重整投资人违约时，债权人和其他利害关系人可以保留追索权或其他法律救济的权利。

四、重整计划草案的制定

重整计划草案的制定是企业重整过程中的关键步骤，是重整执行的依据。重整计划草案以化解债务、盘活企业、恢复债务人营运价值为目标，它旨在通过合理的债务调整和企业重组，使企业恢复正常运营，保护债权人的利益。

（一）重整计划草案的制定主体

《企业破产法》第八十条规定："债务人自行管理财产和营业事务的，由债务人制作重整计划草案。管理人负责管理财产和营业事务，由管理人制作重整计划草案。"即法律明文规定制作重整计划的主体为债务人或管理人。

1. 债务人制定

重整期间，经债务人申请，法院可以批准债务人在管理人监督下自行管理财产和营业事务。此种情形下，应由债务人负责制作重整计划草案，一般体现在重整计划草案落款处仅有重整企业印章。

2. 管理人制定

重整期间，如果是管理人负责债务人的财产管理和营业事务，则由管理人负责制作重整计划草案。此种情形下，应由管理人负责制作重整计划草案，一般体现在重整计划草案落款处仅有管理人印章。

3. 债务人与管理人联合制定

除以上法定的重整计划草案制作主体，实践中还存在有两者共同制定的情形。在合并重整案件中，可能存在主体企业被法院批准了自行管理财产和营业事务，其他关联企业由于受主体企业控制或在程序内没有实际经营事务未被法院批准自行管理财产和营业事务。该种情形下，就会出现债务人与管理人共同制作重整计划草案的情况。一般体现在重整计划草案落款处不仅有债务人的印章，还有管理人的印章。

4. 关于重整计划草案制作主体的思考

根据法律规定，明确的制作重整计划草案的主体只有债务人和管理人，债权人、出资人、投资人等利害关系人没有制作重整计划草案的权利。此举可能不利于调动相关利害关系人参与重整的积极性，可以考虑让债权人委员会或其他利害关系人参与重整计划的制作过程中，或由其提出重整计划。这样有助于调动重整程序中各方的积极性，制作更为公平有效的重整计划。管理人或债务人在制作重整计划时也可听取投资人、债权人、出资人等利害关系人的相关意见，充分采纳各方的合理建议，听取各方利害关系人的合理诉求，这样更有利于重整程序的推进。

（二）重整计划草案制定的期限

《企业破产法》第七十九条严格限定了重整期间："债务人或者管理人应当自人民法院裁定债务人重整之日起六个月内，同时向人民法院和债权人会议提交重整计划草案。前款规定的期限届满，经债务人或者管理人请求，有正当理由的，人民法院可以裁定延期三个月。债务人或者管理人未按期提出重整计划草案的，人民法院应当裁定终止重整程序，并宣告债务人破产。"重整企业如在法定期限内未能制作重整计划草案，说明其本身已经缺乏市场竞争力，应当宣告破产，进行清算后退出市场。

实践中往往可能因为一些不可抗力事件的发生导致重整计划草案提交时间的延长。在新冠疫情期间，《最高人民法院关于依法妥善审理涉新冠肺炎疫情民事案件若干问题的指导意见（二）》第二十条第一款对重整期间予以适当延长："在破产重整程序中，对于因疫情或者疫情防控措施影响而无法招募投资人、开展尽职调查以及协商谈判等原因不能按期提出重整计划草案的，人民法院可以依债务人或者管理人的申请，根据疫情或者疫情防控措施对重整工作的实际影响程度，合理确定不应当计入《企业破产法》第七十九条规定期限的期间，但一般不得超过六个月。"

此外，实务中合并重整的案件，一般以法院作出合并重整裁定之日作为提交重整计划草案的起始时间。但这种合并重整期间的延长，在某种角度上是对重整期间的变通，存在恶意使用分阶段分步骤合并延长重整期间的风险。

（三）重整计划草案制定的原则

根据《企业破产法》的相关规定，重整计划草案的制定应遵守以下原则。

1. 合法合规原则

重整计划草案的核心内容，如债权调整方案等内容不能违反《企业破产法》及相关法律法规的规定，依法制定重整计划草案是重整计划执行的前提。例如不同种类债权的清偿顺序必须按照《企业破产法》的规定进行设置，重整计划草案不得豁免其他保证人的保证责任等。

2. 公平合理原则

破产重整程序中要权衡债权人、债务人、职工、出资人等各方利益，最终制定出的重整计划草案必然是各方协商、博弈、斗争、妥协后达成的合意。重整计划草案要尽量做到公平合理，同一组的债权人达到债权性质相同、受偿方式相同及受偿份额相同的效果，即使对重整计划草案持反对意见的债权人也能做到公平受偿。

3. 债权人利益最大化原则

债权人所获得的清偿应当不低于其在重整计划草案被提请批准时依照破产清算程序所能获得的清偿比例，可以使对重整计划草案持反对意见的债权人权益也能受到最大限度的保障。此外，强制批准重整计划也应当符合《企业破产法》第八十七条的前提条件，即担保债权人权利就特定财产将获得全额清偿并且其担保权未受到实质性损害；职工债权和税款债权获得全额清偿；普通债权人获得的清偿不低于清偿状态下获得的清偿；出资人获得了公平公正的对待。

4. 具有可执行性原则

不论重整计划草案如何设计，最终都需要进行落实，只有切实执行完毕才能实现重整目标。重整计划草案是否具有可行性，需要综合考虑企业经营现状、政府态度、政策环境、发展潜力、技术条件、行业现状、产品竞争力等因素，不可脱离实际。

（四）重整计划草案的主要内容

《企业破产法》第八十一条明确规定了重整计划草案的内容："债务人的经营方案、债权分类、债权调整方案、债权受偿方案、重整计划的执行期限、重整计划的监督期限、有利于债务人重整的其他方案。"以上规定是重整计划草案制定内容的基本要求。除此之外，不同的案件应结合实际情况进行增项，特别是对债权人或债务人权益产生影响的事项应详尽说明。

1. 偿债能力分析

重整计划获得批准的硬性条件之一是普通债权人获得的清偿不得低于破产清算状态下可获得的清偿比例。为此，重整计划制订时需要对债务人的偿债能力进行分析，需要对普通债权人在清算状态下可获得的清偿状况进行报告并说明，给予普通债权人参与重整程序提供一定的参考。出于专业性及可信度，偿债能力分析最好由专业的审计机构、评估机构制作，资产评估值需是合理的且合乎市场状况的，若存在较大不确定性的资产需要进行披露说明。重整计划草案中的偿债能力分析必须严谨、科学、客观，才能作为债权人进行表决的参考。

2. 资产重组方案

为有效保障债务人的整体运营价值，合理处置与主营业务关联度不高、低效、闲置等非主营类资产，重整计划草案可形成资产重组方案。该资产重组方案应当有利于保障债务人未来良性、可持续发展，从而切实保障债权人的合法权益。

根据债务人资产构成情况，资产重组计划中可分别对主营类资产及非主营类资产实施重组或处置安排。主营类资产指企业全部资产中与债务人主要营业事务相关且具有未来使用价值的资产。主营类资产作为重整投资对价，交由重整投资人经营管理。非主营类资产指债务人全部资产中与主营业务关联度不强，低效、长期闲置的资产，可进行单独处置。

对于主营业务相关的资产，可在出资人权益调整后由重整投资人承接、整合及运营；对于非主营类资产可通过公开拍卖方式予以变现或信托计划等方式委托承受。重组方案将主营类资产所获重整投资对价款及非主营类资产处置所得价款共同作为重整清偿资金。

3. 出资人权益调整方案

在破产程序中，一般情况下根据中介机构出具的《资产评估报告》及《偿债能力分析报告》，债务人已严重资不抵债，所有者权益为负数，原有出资人已经不具备获得剩余财产分配的可能。若对债务人进行破产清算，债权人的债权将面临大幅减损。一般重整计划草案为实现债务人的重整成功，依法保障债权人合法权益及执行重整计划的需要，会对债务人企业原有出资人权益进行必要调整。如将重整企业的原出资人一定百分比股权无条件让渡给重整投资人，重整投资人有条件提供经营资金并按照重整计划中的债权受偿方案提供清偿资金。

此外，出资人权益调整还需注意两个问题。

一是出资人权益调整的范围及方式。根据《企业破产法》第八十五条第二款的规定，重整计划草案涉及出资人权益调整事项的，应当设出资人组，对该事项进行表决。因此，重整计划草案需要让渡重整企业股权时，会设立出资人组，对出资人权益调整方案进行表决。出资人组的人员组成由截至破产受理日登记在册且权益受到调整的股东组成，并对重整计划草案中的出资人权益调整方案进行表决。为避免权益受到调整的出资人在进入破产程序后至出资人权益调整方案执行完毕前出现股东变动的，应当在重整计划草案中明确出资人权益调整方案的效力自动及于相应的股权受让方及/或承继人。

二是股权存在质押问题。若重整计划草案对出资人股权作出安排，需要将原股东持有的债务人股份调整登记至重整投资人名下时，需要明示虽然债务人的股份存在质押，但是质押股份的实际价值为零。同时在重整计划草案中明示经法院裁定批准重整计划后，质押权人应配合办理质押注销登记手续，如质押权人不予配合，可申请法院出具协助执行手续，将债务人股份依法进行调整登记。

4. 债权分类方案

根据《企业破产法》第八十二条的规定，参加债权人会议的债权人分组对重整计划草案进行表决，不同性质的债权调整方案也不相同，债权分类是否合理公正直接影响重整计划能否表决通过。根据《企业破产法》的规定，重整计划草案中的债权主要包括以下几类。

（1）有财产担保债权

该类债权一般在重整计划草案中被列为担保债权，如抵押权、质押权、留置权等。另外，有些特殊债权，如融资租赁债权、建设工程优先受偿债权，也可以分类至有财产担保债权类进行调整。

参考案例

将融资租赁债权作为有财产担保债权进行调整。——江苏省宿迁市中级人民法院（2022）苏13破1号宿迁市妇产医院有限公司重整一案重整计划草案

内容简述：远东宏信融资租赁有限公司与宿迁市妇产医院存在融资租赁法律关系，合同约定远东宏信融资租赁有限公司对租赁物保留所有权，重整程序中远东宏信融资租赁有限公司将租赁物交由管理人一并处置，并就双方融资租赁合同项下现存的租赁物的折价或者拍卖所得价款优先受偿。该融资租赁债权作为有财产担保债权进行调整。

（2）破产费用、共益债务

破产费用，主要包括聘请审计、评估及造价公司费用，聘请第三方信托机构费用，聘请第三方拍卖辅助机构费用，破产案件受理费，诉讼费用，管理人执行职务费用，管理人报酬等。其中，管理人报酬依据《最高人民法院关于审理企业破产案件确定管理人报酬的规定》，并综合考虑重整企业实际状况及管理人的工作投入情况等，最终数额由人民法院确定。

共益债务，主要包括继续履行合同所需支付的费用、托管运营费用、

为继续营业而支付的职工工资、社会保险以及应缴税款及生产经营费用等。同时，还存在正常经营的债务人，在重整期间经法院批准的经营性借款，也被纳入共益债务。还有些房地产企业破产案件中，为保障投资人后续建设资金的安全退出，一般也会将重整计划执行中的续建资金纳入共益债务范畴。

参考案例

1. 用于船舶建造业务及维持日常经营的借款作为共益债务。——江苏省南京市中级人民法院（2015）宁商破字第 26 号江苏舜天船舶股份有限公司重整案

内容简述： 法院于 2016 年 3 月 18 日收到管理人《关于向江苏舜天国际集团有限公司借款筹集生产资金的请示》，称江苏舜天船舶股份有限公司现有资金已无法维持正常经营，为维护公司员工及债权人的合法权益，保证公司在破产重整期间生产秩序正常，江苏舜天船舶股份有限公司管理人拟向其控股股东江苏舜天国际集团有限公司借款，借款金额不超过 5 亿元，用于船舶建造业务及维持日常经营。经研究，批复如下：准许江苏舜天船舶股份有限公司管理人向江苏舜天国际集团有限公司借款不超过 5 亿元，用于船舶建造业务及维持日常经营。该借款依法在本案中按共益债务处理。

2. 复工及工程续建借款作为共益债务。——安徽省宁国市人民法院（2023）皖 1881 破 4-8 号安徽省宁国市鸿鹰生态旅游发展有限责任公司重整案

内容简述： 同意安徽省宁国市鸿鹰生态旅游发展有限责任公司管理人向第三方借款，借款额度为一亿五千万元（实际用款金额以项目建设需求为准，分期分批借入），借款利率不超过借款合同成立时一年期贷款市场报价利率的四倍，借款周期暂定两年，该借款仅用于支付项目复工及工程续建。该借款本金及利息的性质属于共益债务，优先于破产债权清偿。

（3）职工债权

债务人所欠职工的工资和医疗、伤残补助、抚恤费用；所欠的应当划入职工个人账户的基本养老保险、基本医疗保险费用；以及法律、行政法规规定应当支付给职工的补偿金，包括解除、终止劳动合同经济补偿金、

竞业禁止补偿金等可以纳入职工债权范畴。

（4）社保债权

应当统一缴纳给社会保险基金的社保费用，重整计划草案依法不得规定减免，该项费用的债权人不参与表决。

（5）税款债权

债务人所欠税款，优先于普通债权清偿。债务人所欠税款滞纳金，一般按照普通债权处理。

（6）普通债权

除破产费用、共益债务、优先类债权外的一般都属于普通债权。普通债权分类中，为了保护小额债权人的利益不被大额债权人损害，人民法院可以决定设置小额债权组。

（7）劣后债权

《全国法院破产审判工作会议纪要》规定，对于法律没有明确规定清偿顺序的债权，人民法院可以按照人身损害赔偿债权优先于财产性债权、私法债权优先于公法债权、补偿性债权优先于惩罚性债权的原则合理确定清偿顺序。因债务人侵权行为造成的人身损害赔偿，可以参照《企业破产法》第一百一十三条第一款第（一）项规定的顺序清偿，但其中涉及的惩罚性赔偿除外。破产财产依照《企业破产法》第一百一十三条规定的顺序清偿后仍有剩余的，可依次用于清偿破产受理前产生的民事惩罚性赔偿金、行政罚款、刑事罚金等惩罚性债权[①]。但关联企业成员之间不当利用关联关系形成的债权，应当劣后于其他普通债权顺序清偿，且该劣后债权人不得就其他关联企业成员提供的特定财产优先受偿[②]。

此外，还需注意在重整计划草案中的暂缓债权及未申报债权清偿方案的预留。其中，暂缓债权主要是债务人破产后，有些进入诉讼或仲裁程序甚至涉及刑事案件的债权，在重整计划草案拟定时，尚未有最终的结果，是否需要清偿及如何清偿尚不确定，对于该部分债权需做清偿安排。未申报债权主要是指债务人账上有记载但未申报的债权，以及债务人账上没有记载但有可能真实存在的债权，该部分债权也应当在重整计划草案中进行安排。

---

① 《全国法院破产审判工作会议纪要》第二十八条。
② 《全国法院破产审判工作会议纪要》第三十九条。

5. 债权调整方案

破产重整的目的是化解债务，减轻债务人负担，轻装上阵，涅槃重生。《企业破产法》第一百零九条规定，对破产人的特定财产享有担保权的权利人，对该特定财产享有优先受偿的权利。第一百一十三条规定，破产财产在优先清偿破产费用和共益债务后，依照下列顺序清偿：①破产人所欠职工的工资和医疗、伤残补助、抚恤费用，所欠的应当划入职工个人账户的基本养老保险、基本医疗保险费用，以及法律、行政法规规定应当支付给职工的补偿金；②破产人欠缴的除前项规定以外的社会保险费用和破产人所欠税款；③普通破产债权。破产财产不足以清偿同一顺序的清偿要求的，按照比例分配。上述法条规定债权清偿顺序依次为：对债务人特定财产享有担保的债权，主要包括担保债权、建设工程优先受偿权及融资租赁债权、破产费用、共益债务、职工债权、社保债权、税款债权、普通债权和劣后债权。

重整计划草案结合债务人资产的评估价值及偿债能力分析，对债权依法进行调整，在债务人资产较为充足的情况下，目前实务中顺位在前的优先类债权基本能获得全额清偿。但对于普通债权具体的清偿需结合债务人剩余可供分配资产的情况确定，一般情况下或按照普通债权数额比例在一定期间内现金清偿，或按照资产可拆分性进行实物抵偿，或转化为重整企业股权，近年还有些重整企业采用信托计划的信托受益权清偿。实务中根据绝大多数债务人的资产及经营状况，在重整计划执行期内并不能完全清偿普通债权，在其顺位之后的劣后债权一般无法得到清偿。

6. 债权清偿方案

债权清偿方案是对调整后的债权进行清偿的具体实施方案，包含清偿时间、清偿条件及清偿方式等。清偿方式主要有现金清偿、留债清偿、债转股、债权清偿激励等方式，或者组合清偿。最理想的清偿方式是现金清偿，但因债务人资产中现金流紧张，投资人重整投资重心转移至复产复工，投资资金难以一次性全部到位等原因，为缓解资金压力，同时确保重整计划顺利执行完毕，才衍生出其他清偿方式。

（1）现金清偿

实务中，大多数重整计划对普通债权通常按债权人债权数额的一定比例进行现金清偿。但如果普通债权组中小额债权人数众多且资金总量较小时，重整计划制订的过程中也会充分考虑通过率及后续影响等因素，对小额债权人作出全额现金清偿的安排。

（2）留债清偿

该清偿方式主要适用于大额债权尤其是优先类债权。实务中，多是对债务人特定财产享有担保的债权，也有对建设工程价款优先债权采用留债方式清偿。此外，还有一些重整计划对大额普通债权，会根据债务人资产清偿，确定受偿比例及分期期限，甚至在留债期内给予利息补偿。

参考案例

1. 有财产担保债权留债清偿。——河南省焦作市温县人民法院（2021）豫 0825 破 1 号保和堂（焦作）制药有限公司重整一案重整计划

内容简述： 在重整计划第五章债权清偿方案中对有财产担保债权的清偿安排为：在债务人特定财产的清算价值范围内优先受偿，对担保财产清算价值范围内的债权进行全额留债清偿。

（1）留债金额和期限。经河南省焦作市温县人民法院裁定确认的有财产担保债权在担保财产清算价值范围内优先清偿的金额在重整计划批准之日起留债，留债债权分五期偿还，自重整计划草案批准之日起算五期期间，可以提前清偿。

（2）还款和担保安排。留债期间，按照五期还款比例为 5%、10%、15%、30%、40% 的方式还款，本重整计划项下第一期起止时间为：重整计划草案批准之日起至 2024 年 6 月 30 日，第一期付款时间为 2024 年 6 月 30 日前；第二期起止时间为：2024 年 7 月 1 日至 2025 年 6 月 30 日，以后期间以此类推，第五期起止时间为 2027 年 7 月 1 日至 2028 年 6 月 30 日。保和堂公司根据经营需要可以提前清偿。抵押物被处置的即时清偿处置部分价值对应抵押债权。

留债期间，保留有财产担保债权人对原担保物的抵押或质押权利。在保和堂公司按计划清偿完毕上述留债金额后或提前将上述留债金额偿付完毕，有财产担保债权人应当解除对担保财产设定的担保手续，并就担保财产不再享有优先权。如保和堂公司提前偿付留债金额，担保债权人须积极配合注销相关抵押手续，并以实际偿付日确定留债期间的利息的止付日。

（3）留债期间的利息安排。有特定财产担保的债权留债期间保和堂公司应支付利息。在法院批准重整计划后，以每一期未付的留债金额为基数，按照全国银行间同业拆借中心受权公布最近一期 1 年贷款市场报价利

率（LPR）计算应付利息。自本重整计划经法院裁定批准之日起按期结息，每期末（即每期的 6 月 30 日前）为结息日，不计罚息和复利。

2. 建设工程价款优先债权留债清偿。——贵阳市乌当区人民法院（2023）黔 0112 破 2 号贵阳新民食品有限公司重整一案重整计划

内容简述：重整计划中建设工程价款优先债权调整方案载明，建设工程价款优先债权为经法院判决确认或者破产管理人认可并得到法院裁定确认享有优先受偿权的建设工程价款债权。建设工程价款优先债权 3 家，其中债权本息 500 万元以上的有 2 家，分别为贵州中航众城建筑工程有限公司、贵州宏科建设工程有限责任公司，债权本息合计 27190121.69 元。原则上对该 2 家债权人的债权不作调整，以其债权确认本息的 100% 进行债转股清偿，如该 2 家建设工程价款优先债权人中不愿参与新民公司债转股的，在第二次债权人会议召开后 7 日内向管理人以书面形式明确表达不愿参与转股的意见后，其债权本金在优先标的物评估价值范围内全额清偿，利息、违约金及其他费用等不再清偿，由新民公司在重整计划执行期限内留债进行清偿。若 5 年内无法清偿完毕，则管理人可以根据新民公司营收情况合理延长留债清偿的期限，目前初步测算将延长 3 年，最终延长期限以新民公司经营数据、债务偿还及与留债债权人沟通的情况为准，管理人将及时予以公布。此外，为缓解新民公司偿债压力，建设工程价款优先债权人可以提出"部分转股+部分留债"方式参与转股和债权清偿，最终转股债权金额和留债清偿债权金额的清偿由管理人根据债权人的书面意见并结合前述债转股和留债清偿的内容进行确定。

3. 大额普通债权留债清偿。——海南省三亚市中级人民法院（2022）琼 02 破 1 号三亚凤凰岛国际邮轮港发展有限公司等 3 家公司实质合并重整一案重整计划

内容简述：重整计划中关于普通债权的调整及清偿载明，普通债权包括经法院裁定确认的普通债权以及有财产担保债权优先受偿不足转为普通债权受偿的部分。根据相关机构的测算，重整主体在假设破产清算条件下普通债权人的清偿比例极低。为最大限度保护全体债权人的合法权益，本次重整对普通债权人设置了分段式的清偿安排，以大幅提升普通债权的清偿比例，最多可提升至 100%。具体而言：

（1）每家债权人普通债权在 30 万元（含本数）范围内的部分，在重整计划执行期限内分两次、100% 现金清偿。

（2）每家债权人普通债权在 30 万元（不含本数）以上、2000 万元

（含本数）以下的部分，在重整计划执行期限内按45%的比例以现金清偿。

（3）每家债权人普通债权在2000万元（不含本数）以上、20亿元（含本数）以下的部分，按照5.75%的比例在新邮轮港公司留债8年分期清偿，留债期间不计息。投资者承诺，在有关政策落地情况下，将通过岛外资源收益以现金形式补足该部分债权人综合清偿率至45%。

（3）债转股

部分重整计划草案制定时，设置债权人可选择将对债务人所享有的债权一定限额内转为股份。债转股实务案例中，对转股后的比例及份额的确定方式主要有按照选择转股的债权额计算或者按照选择转股的债权可获清偿额计算。

参考案例

大额普通债权人可选择债转股方式清偿。——北京市第一中级人民法院（2018）京01破8号万瑞飞鸿（北京）医疗器材有限公司重整一案重整计划

内容简述： 重整计划中债权调整方案载明，普通债权的清偿方案为根据前述分析，万瑞飞鸿在破产清算状态下的普通债权模拟受偿率为0%。为最大限度提升债权人的受偿水平，根据万瑞飞鸿的实际情况，本重整计划大幅提高普通债权受偿率，具体调整方案如下：

普通债权金额在50万元（含50万元）以下部分，全额现金清偿；超过50万元的部分，债权人可选择以23.6%的清偿率进行现金清偿或债转股持有投资人股份或间接持有万瑞飞鸿股份。

选择债转股的债权人应在投资人提供的转股方案中选择，并与投资人双向确认后实施，未能双方达成一致确认的，以前述清偿比例现金清偿。

（4）债权清偿激励

重整计划草案设定普通债权人可自愿选择以普通债权超出一定债权金额以上部分整体接受打折清偿，债权人选择打折清偿的，按照一定债权折扣比例相应缩短清偿期限，如债务人因自有资金不足或未能按期完成外部专项融资导致对选择打折清偿的债权人在对应的偿债期内不能按期、足额偿付的，则债务人就债权人所选择的折扣后待偿债权金额设定计算逾期利息。

参考案例

采用债权清偿激励债权清偿方式。——河南省驻马店市中级人民法院（2022）豫17破2号昊华骏化集团有限公司等十二家公司合并重整一案重整计划

内容简述： 重整计划债权调整及清偿方案中对于普通债权，通过现金偿付、留债偿付、超长期债权偿付及债转股的综合受偿方式予以清偿，并设置债权清偿激励机制。债权清偿激励方式具体为，全部普通债权人可自愿选择以普通债权超出50万元以上部分整体接受打折清偿并免除骏化集团系公司对其剩余债权的偿还责任，债权人选择打折清偿的，按照一定的债权折扣比例相应缩短清偿期限（清偿期限自《重整计划》获得法院裁定批准之日起算，期限内不计算利息）。

对于上述债权清偿激励方案中选择打折清偿的债权人，根据管理人收到债权人选择打折清偿书面意见的先后顺序，债务人将在不影响《重整计划》执行前提下优先使用自有资金进行偿付；如债务人自有资金不足以向选择打折清偿的全部债权人清偿债务，可进行外部专项融资协助执行《重整计划》；如债务人因自有资金不足或未能按期完成外部专项融资对选择打折清偿的债权人在对应的偿债期内按期、足额偿付，则债务人应就债权人所选择的折扣后待偿债权金额按照同期全国银行间同业拆借中心公布的1年期贷款市场报价利率（LPR）计算逾期利息。

7. 偿债资金的来源

重整计划草案内容中，大多数情形下会将偿债资金的来源进行列明，保障债权人的知情权。例如在没有引入投资人情形下的存续性重整企业，一般会将债务人自有银行存款及现金、处置资产变现价款及未来的营收作为偿债资金的来源。对于引入重整投资人的，将重整投资人的投资款、外部专项融资等资金作为偿债资金的来源。

8. 债务人经营方案

债务人的经营方案是重整计划草案的法定必备内容，即债务人或者重整投资人为了改变目前亏损状态，如何提高盈利能力，如何提升市场竞争力，以及未来重振企业发展所需采取的措施。实务中，重整投资人会制定相应的经营战略，包括管理模式改进、营销制度改善、产品研发提升、经营成本控制，以及新的融资方案、资产重组方案、业务重组方案等，还包

括非核心业务的剥离、非核心资产的处置、管理架构的改进、销售政策的调整、公司核心产品的甄别、设备的更新换代、员工的更新、业务范围的调整等措施，以恢复企业营运价值，为企业起死回生创造条件。债务人经营方案的合理性直接关系到重整执行期能否顺利执行完毕，是法院批准重整计划前审核的重要内容。

参考案例

医院生产经营方案。——重庆市第五中级人民法院（2020）渝05破317号重庆精诚医院有限公司重整一案重整计划

内容简述：重整计划中生产经营方案包含重整经营思路、重整经营环境打造、重整经营具体方案，具体如下：

（1）重整经营思路。通过引进有重整意向投资人投入资金，清偿债务。巩固现有主营业务，确保现有营业收入不降低的情况下，努力提升业绩。精诚医院有先进的医疗设施和设备，有优秀的医生团队，有特色的烧伤科室，能够为病人提供优质的医疗服务。

（2）重整经营环境打造。债务人将根据本案进程适时解除与重庆市鸿禧养老院有限公司的合作协议，将该场地收回作为开拓医养结合项目的场地，并将引进重整意向投资人参与生产经营，并以此为契机引进先进的医疗设备及重整资金，保持优秀岗位员工的稳定性，把工作重心放在提高营业收入、开拓业务来源、降低营业成本上。

（3）重整经营具体方案。第一，经营目标。债务人拟在重整期间，引进先进的医疗设备、药品，以名下的资产继续经营，同时开拓新的业务市场，对医院的资质进行提升，塑造医院的知名度，以获得的营业利润、其他收益等偿还完本重整计划草案内的所有负债，使普通债权人的清偿率达到10%。第二，市场分析。债务人所处的地理位置优越，以其为中心辐射多个居民住宅区，为社区居民的就近诊疗提供便利。同时，债务人也定期开展社区服务等公益活动，树立了良好的口碑。另外，区域内的竞争对手将在明年整体迁出，竞争对手的迁出将增加债务人的业务来源。第三，对医院现有设备及人员进行分析。第四，根据医院的偿债目标以及运营的状况，对资金需求及未来每月可实现利润预测。第五，制定详细分期偿债资金安排表。

9. 重整计划表决与批准

根据《企业破产法》第八十二条的规定，重整计划需依照债权分类分组进行表决。同时，《企业破产法》第八十四条又对表决的法定比例作出了详尽规定。所以，制定重整计划草案一般也会涵盖债权人会议表决与法院批准的法律规定，以警示债权人、出资人重整计划表决行为的权威性。

（1）重整计划的分组表决

一般情况下，重整计划草案都会将债权人分为出资人组、有财产担保债权组、职工债权组、税款债权组、普通债权组。同时依法对重整计划草案有表决权的债权人进行明确划定。当然，并非所有的重整计划草案都会完全按照以上组别进行表决。根据《最高人民法院关于适用〈中华人民共和国企业破产法〉若干问题的规定（三）》第十一条第二款的规定，对重整计划草案进行分组表决时，权益因重整计划草案受到调整或者影响的债权人或者出资人，有权参加表决；权益未受到调整或者影响的债权人或者出资人，参照《企业破产法》第八十三条的规定，不参加重整计划草案的表决。实践中，对于担保债权组、职工债权组、税款债权组，如果重整计划草案未调整其债权，且作出合法合理清偿的，可以不再设立该组安排表决。

（2）重整计划的批准

重整计划草案还会对法院批准的要求进行阐述，如各表决组均表决通过重整计划草案，重整计划即为通过，管理人及债务人依法向法院提出批准重整计划的申请。此外，根据《企业破产法》第八十七条之规定，部分表决组未通过重整计划草案的，债务人或者管理人可以同未通过重整计划草案的表决组协商再表决一次。再次表决仍未通过的，如果重整计划草案符合法定条件，债务人或者管理人可以申请人民法院直接裁定批准重整计划草案，即对重整计划草案进行强裁。

所有的重整计划草案均须经过法院裁定批准后才具有法律效力。若重整计划草案未获得通过且未依照《企业破产法》第八十七条的规定获得法院裁定，或者已通过的重整计划未获得法院批准的，那么重整企业将被宣告破产，转入清算程序。

参考案例

1. 出资人组未通过重整计划草案时申请法院强裁。——河北省石家庄

市鹿泉区人民法院（2022）冀 0110 破 2 号河北珑玺山医院有限公司重整一案

内容简述： 根据《企业破产法》第八十七条第二款的规定，未通过重整计划草案的表决组拒绝再次表决或者再次表决仍未通过重整计划草案，但重整计划草案符合法定条件及相应标准的，管理人可以申请人民法院批准重整计划草案。

根据表决结果，购房人债权组、建设工程款优先权债权组、有财产担保债权组、普通债权组、税款债权组均已表决通过该《重整计划草案》，出资人组虽未表决通过重整计划草案，但已符合《企业破产法》第八十七条第二款规定的人民法院裁定批准重整计划草案的条件，出资人组虽未通过重整计划草案，但根据审计报告记载，四家公司经调整后的负债总额 2815319527.86 元，调整后的所有者权益总额 -897847266.73 元，四家公司已经资不抵债。根据资产评估情况，四家公司可供清偿的破产财产清算价值评估为 1261928500 元，而本院已经确认的四家公司的债权总额已达 3455593142.94 元，四家公司可供清偿财产已经不足以清偿经本院确认的债权，且上述债权尚未包含暂未确认和尚未申报的债权。根据上述审计、评估报告情况，四家公司剩余价值为零，四家公司的出资人权益已实际不存在，重整计划草案将出资人权益调整为零，符合《企业破产法》第八十七条第二款第（四）项"重整计划草案对出资人权益的调整公平、公正，或者出资人组已经通过重整计划草案"的规定。故批准河北珑玺山医院有限公司、河北宇东地产集团有限公司、河北珑玺山酒店管理有限公司、河北泽惠康医疗科技有限公司四家公司合并重整计划草案。

2. 经营性债权组、非经营性债权组、出资人组未通过重整计划草案时申请法院强裁。——四川省沐川县人民法院（2020）川 1129 破 3 号沐川中医医院有限责任公司重整一案

内容简述： 本案中，第二次债权人会议议程、内容、程序、表决规则及债权分类设置表决组等方面，均符合法律规定，表决程序、表决结果合法有效。其中，优先性债权组表决通过重整计划草案，经营性债权组、非经营性债权组、出资人组表决未通过重整计划草案，因此案涉重整计划草案是否符合批准条件，需要对整个重整计划草案进行综合审查。

关于对债务人的特定财产享有担保权的债权以及职工、社保债权方面。本案中，建设工程价款受偿权、抵押权、融资租赁价金债权三类对特定财产享有担保权的优先性债权组已表决通过重整计划草案。债务人所欠

职工工资，所欠的应当划入职工个人账户的基本养老保险、基本医疗保险费用，以及应当支付给职工的补偿金等职工债权与社保债权将获得全额清偿。

关于普通债权所获清偿比例方面。按照重整计划草案，普通债权30000元以下的部分减按60%的比例受偿，30000元以上的部分减按1.4%的比例受偿。管理人依据审计报告、评估报告和资产现状预估，在破产清算状态下，清偿完优先债权后，剩余资金不能全额清偿职工债权，因而社保债权、普通债权均可能为零清偿。因此，按照重整计划草案，普通债权所获得的清偿比例将高于依清算程序所能获得的清偿比例。

关于出资人权益调整方面。《沐川中医医院有限责任公司破产重整专项审计报告》载明，所有者权益总额-35329556.15元，资产负债率为131.60%。《评估报告》载明，债务人破产财产评估值为112360685.09元，目前已初步确认的债权金额为106630758.06元，再加上待定债权金额、增值税、破产费用、共益债务等，即使以评估价成交，也不能覆盖全部债权，因而所有者权益为负值，出资人不再享有所有者权益。同时，重整计划草案中普通债权人的债权并未获全额清偿，作为企业风险的最终承担者，出资人不能优于债权人从公司获取利益。并且，依照破产清算程序，出资人能够获得的所有者权益亦为零。因此，重整计划草案将出资人权益调整为零公平、公正。

关于重整计划草案公平性、债权清偿顺序以及经营方案可行性方面。重整计划草案中，优先性债权组中分期清偿与延期清偿的债权人均表决通过重整计划草案；非经营性债权组与经营性债权组中所有债权清偿比例一致，清偿时间一致，重整计划草案公平、公正对待同一表决组的成员，且清偿顺序符合《企业破产法》第一百一十三条的规定。按照重整计划草案，投资人主要从事医疗数字信息化整体方案提供、医疗设备（耗材）销售以及民营医院投资业务，在康复及微创外科医疗领域具有一定的资源、技术优势，拟与沐川县人民医院错位发展、优势互补。投资人拟投入5000000元前期启动资金，建立全新的运营管理团队。经审查，投资人拥有相应的医疗行业资源，有引进先进医疗技术和行业人才的能力，且已为医院重新营业储备了部分人才，因此重整计划草案中投资人的经营方案具有可行性。

综上，批准并执行重整计划草案，有利于迅速、高效地清偿债务，减少债权人损失，尽快地恢复并提升沐川中医医院有限责任公司运营能力，实现重整目标。依照《企业破产法》第八十七条第二款、第三款之规定，裁定批准沐川中医医院有限责任公司重整计划草案。

10. 重整计划执行主体与期间

一般重整计划草案会明确执行主体及执行期间，《企业破产法》仅规定了债务人负责执行，同时执行期间届满后终结重整程序。但近些年，重整计划的偿债期间与重整计划执行完毕不同步的现象屡见不鲜，即重整程序终结条件成就时重整计划尚未清偿完毕。

（1）重整计划的执行主体

《企业破产法》第八十九条明确规定重整计划由债务人负责执行。债务人负责执行重整计划存在很多优势，如债务人是企业一直以来的经营者和管理者，其有绝对的信息优势，继续由其来负责执行重整计划能够使得企业的经营有连续性，更加能够快速、高效地完成重整计划规定的各项内容。但是，针对重整投资人完全进驻企业的重整计划执行，基于新老股东现实交接以及对企业的实控权问题，可能会造成重整计划的执行不能顺利实施。

国外破产法律规定与我国执行规定会有不同。如日本的更生法，对重整计划执行主体原则上由管理人负责重整计划的执行，例外情况下也可委付于公司的董事执行。法国破产法中也规定了重整计划由管理人负责执行。事实上，管理人负责重整计划的执行有更多的优势。首先，管理人具有中立的法律地位，更为公正。根据我国《企业破产法》的相关规定，人民法院在受理企业破产之后，依法指定管理人[1]，即管理人既不是债务人的代言人也不是债权人的代言人，而是处于公平、公正的中立地位。因此，如果由管理人作为重整计划的执行主体，则可以最大限度地保障债权人、债务人以及其他利害关系人等各方的合法权益。其次，管理人作为重整计划执行主体有利于执行重整计划的连续性和高效性。在企业进入破产重整程序后，管理人即开始进驻企业并对企业的各项资料包括但不限于财务账册、对外签订的合同等进行接管，之后再通过处理债权债务、职工债权、对公司账目进行审计等工作对企业有了一个充分的了解，由管理人继续执行重整计划有利于工作的连续性和高效性。

---

[1] 《企业破产法》第十三条。

（2）重整计划执行完毕标准的设定

重整计划执行完毕标准的设定是指在破产重整过程中，对于重整计划实施的完成情况进行评估的一系列标准。这些标准通常由债权人会议批准的重整计划进行明确规定，或者由破产法律法规定义。重整计划执行期间是指从重整计划批准开始到重整计划规定的各项措施全部实施完毕的这段时间。监督期限则是指破产管理人或者其他指定的监督机构对重整过程进行监督的时间范围。在不同的案例中，重整计划执行完毕的标准可能会有所不同，具体取决于重整计划的内容、债务人的业务性质等。

参考案例

满足一定条件后，视为重整计划执行完毕。——湖南省岳阳市中级人民法院（2022）湘06破3号湖南福尔康医用卫生材料股份有限公司重整一案

内容简述： 重整计划载明，自下列条件全部满足之日起，重整计划视为执行完毕：

根据重整计划的规定应当支付的破产费用及共益债务已经支付完毕，应当向债权人分配的清偿款项已经分配完毕（剩余预留用于偿债的债务人财产向普通债权的追加分配，不影响重整计划的执行），债权人与债务人另行达成清偿协议且不损害其他债权人利益的，视为债权人已按照重整计划的规定获得清偿。

债权人未受领的清偿款项，已按照重整计划的规定全额提存至管理人账户或对相关债权人的未来求偿权作出相应保障。

福尔康公司股权按照出资人权益调整情况登记至调整后的全体出资人名下。

（3）重整计划执行期间能否短于约定的偿债期限

重整计划草案约定的执行期限原则上不得短于草案中约定的偿债期限，至少应当与偿债期限相同。但在实践中，重整计划执行期限短于偿债期限的案例大量存在。

参考案例

债权清偿期限是8年，重整计划执行期间为5年，短于偿债期

限。——贵州省贵阳市乌当区人民法院（2023）黔 0112 破 2 号贵阳新民食品有限公司重整一案重整计划

内容简述： 有财产担保债权。以债转股方式根据有财产担保债权调整方案的相应安排对有财产担保的债权人进行清偿，其自法院裁定批准重整计划草案之日起三个月内变更为新民公司的股东。

不同意债转股或未安排参与债转股的，偿债期限为八年，自法院批准新民公司重整计划草案之次日起计算偿债期限，每年 1 月 15 日前清偿上一财务年度需偿还的破产债权。债权金额在 1000 万元以内的债权人，前三年每年偿债比例不低于 7%，后五年每年偿债比例不低于 16%。债权金额在 1000 万元以上的债权人，前三年每年偿债比例不低于 5%，后五年每年偿债比例不低于 18%。

普通债权。对于转股普通债权：以债转股方式根据普通债权调整方案中的相应安排对转股普通债权人中债权金额 500 万元（含本数）以上债权人进行清偿，其自法院裁定批准重整计划草案之日起三个月内变更为新民公司的股东。

不同意债转股的，按照非转股普通债权调整方案，自法院裁定批准重整计划草案之日起"5+3 年"期限内即九十六个月内以现金清偿完毕。其中，计划第一至三年，每年平均清偿 7%；第四至八年，每年平均清偿 16%。

建设工程价款优先债权。以债转股方式根据普通债权调整方案中的相应安排对建设工程价款优先债权人进行清偿，其自法院裁定批准重整计划草案之日起三个月内变更为新民公司的股东，以债转股方式进行清偿。

不同意债转股或未参与债转股的，按照普通债权调整方案，自法院裁定批准重整计划草案之日起"5+3 年"期限内即九十六个月内以现金清偿完毕。

重整计划的执行期限为五年，自法院裁定批准重整计划之日起计算。如因客观原因导致新民公司无法在上述期限内执行完毕重整计划的，新民公司应于执行期限届满前十日内向法院提交关于延长重整计划执行期限的申请，并根据法院的有关裁定予以执行。重整计划提前执行完毕的，执行期限在实际执行完毕之日届满。

11. 重整计划的监督

《企业破产法》明确规定了重整计划的监督主体为管理人，同时重整

计划的监督期是重整计划的必备内容之一。绝大多数的重整计划草案也会对重整计划的监督主体、监督期限等进行一个详尽的阐述，以保障债权人的债权如期清偿。

（1）监督的一般主体

管理人与利害关系人均有法定的监督权。《企业破产法》第九十条规定："自人民法院裁定批准重整计划之日起，在重整计划规定的监督期内，由管理人监督重整计划的执行。"《企业破产法》第九十三条第一款规定："债务人不能执行或不执行重整计划的，人民法院经管理人或者利害关系人请求，应当裁定终止重整计划的执行，并宣告债务人破产。"

但实践中，利害关系人的监督权行使仍有不足，主要原因如下。

利害关系人的范围并未明确规定。《最高人民法院关于适用〈中华人民共和国企业破产法〉若干问题的规定（三）》第六条规定："债权表、债权申报登记册及债权申报材料在破产期间由管理人保管，债权人、债务人、债务人职工及其他利害关系人有权查阅。"从该条规定可知，债权人、债务人、债务人职工在涉及债权资料的查阅时属于利害关系人，其他利害关系人并无明确指向，债务人的原股东是否可列入重整计划执行的利害关系人范围，还待商榷。

利害关系人对于重整计划的执行缺乏了解。判断债务人不执行重整计划的前提是需要有相应的判断依据、标准，即重整计划中的执行内容具体、明确，执行事项有具体的时间节点，否则债权人等利害关系人无法判断债务人是否执行重整计划。企业的内部经营情况变差、财务情况恶化甚至债务人内部管理陷入僵局等均可能导致债务人不能执行重整计划，但是以上情况除了重整企业的内部人员，外部人员基本很难掌握。虽然管理人在监督期对债务人的财务状况进行监督，但是管理人所获得的财务信息也是依赖债务人的报告，内容的真实性管理人也无法完全确定。而且实际案件执行过程中，还会出现债务人欺瞒管理人及法院的现象。

利害关系人监督方式单一。如果债务人有能力执行重整计划，债务人的股东或者实控人出于某种目的意图拖延执行重整计划，利害关系人仅能申请债务人破产清算，其维护权益的方式很难具有可操作性，毕竟重整程序耗费巨大，且并非债务人缺乏执行能力，径行申请破产清算既不利于债务人也不利于广大利害关系人。

（2）监督的特殊主体

为保障重整计划的顺利执行，有部分重整计划草案直接对债务人执行行为做了限制性规定或形成较为严厉的监管架构。如增设债权人委员会执行监督职权，即重整程序终止后，按照重整计划清偿完毕各类债权前，债权人委员会继续存在并持续发挥监督债务人执行重整计划的作用。债权人委员会有权要求债务人就重整计划的执行情况及对债权人权益具有重大影响的事项及时向债权人委员会报告，接受债权人委员会的监督。除公司正常生产经营外，债务人实施《企业破产法》第六十九条规定的行为应及时通报债权人委员会，若需债权人委员会审议的事项，应取得债权人委员会的表决意见。

参考案例

《重整计划》未尽事宜，债权人会议同意授权债权人委员会行使相应权利。——江苏省扬州市中级人民法院（2020）苏 10 破 2 号江苏扬安集团有限公司重整一案

内容简述： 重整计划载明，《重整计划》未尽事宜，债权人会议同意授权债权人委员会行使下列职权：

监督债务人财产的管理和处分（管理人实施下列行为，应当及时报告债权人委员会）：（1）涉及土地、房屋等不动产权益的转让；（2）商标、专利等知识产权等财产权的转让；（3）全部库存或者营业的转让；（4）借款；（5）设定财产担保；（6）债权和有价证券的转让；（7）履行债务人和对方当事人均未履行完毕的合同；（8）放弃权利；（9）担保物的取回；（10）对债权人利益有重大影响的其他财产处分行为；监督破产财产分配；提议召开债权人会议；核查预计债权及补充申报的债权；审核确定债权类资产清收方式、债权类资产及不良资产核销等；审议与通过债务人实物资产及股权变卖协议内容；审核确定管理人提交的破产案件中衍生诉讼的调解方案；讨论管理人提交的相关报告及《重整计划》实施的相关事宜；债权人会议委托的其他职权。

（3）监督的期限

根据《企业破产法》第八十一条，重整计划执行的监督期限是重整计划草案的必备内容，但并未规定重整计划执行监督期限的具体时间。因重整计划执行的监督期限是管理人履行监督职责的期限，管理人监督的重点是保障债务人严格执行重整计划，特别是保障对债权进行清偿。故在实务中，重整计划规定的监督期限与执行期限大多是一致的。

参考案例

重整计划执行期间与监督期限一致。——福建省古田县人民法院（2022）闽0922破7号古田县京华电器有限公司重整一案

内容简述：重整计划载明，重整计划执行期间为6个月，自古田县人民法院裁定批准本重整计划后、管理人与重整投资人签订《重整投资协议》之日起算，至本重整计划执行完毕之日为止。管理人对本重整计划的监督期间，与重整计划的执行期间相同。本重整计划执行期间延长的，重整计划监督期间自行顺延。

（4）监督的方式

《企业破产法》并未对管理人监督的方式作出规定，因此实务中如何进行监督、监督的范围等各有不同。但多数情况下，为使管理人更好地履行监督职责，一般会在重整计划草案制定时设定监督制度。主要有以下几种方式。

一是设置对债务人的印鉴监督制度。印鉴是法人权力的象征，在当前的立法和司法实践中，加盖法人公章是判断企业民事活动是否成立和生效的重要标准。为防止企业在重整计划执行期内滥用公章，损害债权人及其他利害关系人的合法权益，重整计划草案设定在重整计划执行期间由管理人或专门委托的人员（可以由债权人委员会专门指定）对印章进行监管，包括公章、财务章、合同章、发票章、法定代表人章等公司有效印章。在日常使用时，需经管理人或专门委托的人员审核后方能用印，以保证债务人在重整计划执行期内的合法经营。

二是设置对债务人资金的监管制度。重整企业能否顺利执行完毕的核心即是资金保障，因此执行期内对资金的监管尤其重要。资金监管的形式有很多，如设置共管账户，重整计划执行期内所有资金包括债务人所有收入、资产处置资金等均通过共管账户，债务人需要使用资金必须经过重整计划中指定人员的审批；或者设置在重整计划执行期内，限定一定额度以上资金的使用由重整计划中的指定人员进行审批。较为宽松的资金监管方式是重整计划执行期内，由债务人每季度或者每半年向重整计划指定人员汇报资金的收支情况并附上相应凭证或制作审计报告。

三是设置要求债务人对有重大影响的事项报告制度。对于执行期间发生的对重整计划执行或债权人利益造成重大影响的事件，债务人应当及时

报告给管理人及重整计划指定的组织或个人，债务人需要详细说明起因、经过、后果等，如签订的超大额合同、合同履行过程中重大违约行为、重整计划执行期内重要的涉诉涉执案件等。

四是设定要求债务人定期汇报制度。若重整计划执行周期较长的，一般可以要求债务人定期季报、半年报、年报；重整计划执行周期较短的，可以要求债务人进行月报。报告的内容除法律明确规定的执行情况及公司财务状况外，还可以要求债务人报告公司重大事项、公司召开的重要会议等，监督人也可以定期或不定期地向公司董事、监事、高级管理人员进行询问。

参考案例

重整计划执行期间管理人对印章、资金使用以及重大事项的报告与审批进行全面监督。——重庆市第五中级人民法院（2020）渝05破317号重庆精诚医院有限公司重整一案

内容简述：重庆精诚医院有限公司重整计划载明，在重整监督期内管理人的监督，为保证精诚医院严格按照重整计划进行重整工作，积极争取实现重整目标，在重整计划规定的监督期内，管理人将对精诚医院执行重整计划的情况进行全面监督。

印章的管理和监督。为更有力地监督精诚医院严格执行重整计划，在五中院裁定批准重整计划草案、管理人向精诚医院移交财产和营业事务后，精诚医院的公章、合同专用章、发票专用章、财务章、法定代表人人名章、银行预留印鉴，管理人有权继续保管，精诚医院在使用上述印章印鉴时需由管理人审核登记；管理人也可视精诚医院治理规范情况，决定交由重整后的精诚医院董事会安排保管，管理人有权随时查看印章使用登记情况。

资金的使用与监督。在五中院裁定批准重整计划后，对于精诚医院所有的营业收入及营业外收入，管理人有权继续进行监管，精诚医院须对上述资金的使用制订具体的支出计划，并由管理人监督执行。管理人也可视精诚医院的治理规范情况，决定交由重整后的精诚医院董事会安排监管。

重大事项的报告与审批。在重整计划执行期内，若发生对重整计划的执行及债权人利益有较大影响的重大事件时，精诚医院须立即向管理人汇报，并说明事件的起因、目前的状况及或有影响。前述重大事项包括但不

限于：1. 精诚医院发生金额 50 万元（含本数）以上的重大债务及未能清偿到期重大债务的违约情况，或发生金额在 20 万元以上的大额索赔情况；2. 公司生产经营的外部条件发生重大变化，如主要客户的订单流失、市场环境出现重大变化等；3. 公司的董事、监事、高级管理人员无法履行职责；4. 涉及公司的重大诉讼、仲裁、股东会、董事会（若在执行期限内设立）决议被依法撤销或宣告无效；5. 主要资产或机器设备被查封、扣押、冻结或被抵押、质押；6. 公司主营业务陷入停顿；7. 管理人认为应当报告的其他情形。

此外，对于以下重大事项，管理人将向精诚医院债权人会议主席报告。若债权人会议主席提出异议且管理人认为有必要的，管理人将提交精诚医院债权人会议表决或五中院依法裁决：1. 公司的重大投资行为、金额在 20 万元以上的重大资产购置决定及股权转让行为；2. 公司订立的可能对公司的资产、负债、权益和经营成果产生重大影响的合同；3. 不动产权益的转让；4. 借款；5. 对外提供担保；6. 放弃权利；7. 应当报告的其他行为。

12. 关于重整计划草案中的其他事宜

除了上述法律明确规定的重整计划草案应当具备的内容，重整计划草案一般还有其他事宜的安排。

（1）关于司法措施解除的安排

为保障重整企业重整执行期内的有序生产，恢复企业信用体系，重整计划草案中会设定人民法院裁定批准重整计划后相关债权人需要对债务人财产的保全措施予以解除。但也会增加在重整计划执行完毕前，债务人包括重整投资人不得对债务人所属国有土地使用权、房屋、大型机器设备等资产进行处置或新设抵押、质押的要求。

参考案例

未配合办理保全措施解除的，债务人有权顺延清偿重整计划约定的相关债务至相关保全措施解除之日。——安徽省蚌埠市中级人民法院（2020）皖 03 破 5 号蚌埠天湖置业有限公司重整一案

内容简述： 重整计划草案中清偿的特别说明载明，根据《企业破产法》第十九条的规定，人民法院受理破产申请后，有关债务人财产的保全措施应当解除。尚未解除对天湖置业公司财产保全措施的债权人或有关机关，应当在蚌埠中院裁定批准重整计划之日起 30 日内积极协助办理资产冻

结、保全、查封等行政、司法措施解除的相关手续。债权人如已经申请相关法院对天湖置业公司的财产采取保全措施，未配合在前述期限内办理保全措施解除的，重整后的天湖置业公司有权顺延清偿重整计划约定的相关债务，其应获得清偿的款项由管理人无息预留或提存至相关保全措施解除后支付。蚌埠中院将依据管理人或重整后的天湖置业公司的申请，向相关部门出具解除保全措施的裁定或协助执行文书。

（2）关于后续债权核查等相关安排

重整计划草案还会对未依法申报的债权作出安排，如在重整计划执行期间，由管理人对申报的债权进行登记，交由债务人、审计机构核查出具核查意见，管理人综合作出债权核查认定后提交债权人会议核查，法定异议期限内债权人、债务人均无异议的，提交法院裁定确认。但该安排应当先与受理法院协商沟通，确定重整计划执行期内是否还能出具确认债权的裁定。

在实务中，对逾期申报债权的债权人，管理人可以收取相应的费用，如管理人参照《诉讼费用交纳办法》关于财产案件受理费交纳标准收取补充申报债权的审查和确认费用。

参考案例

尚未完成审查的债权、异议债权以及后续补充申报的债权，管理人将在审查完毕后通过公告的方式进行核查公示。——云南省富民县人民法院（2022）云 0124 破 1 号云南上游房地产开发有限公司重整一案

内容简述： 重整计划载明后续债权核查方式为，截至重整计划提交债权人会议表决日，管理人尚未完成审查的债权、异议债权以及后续补充申报的债权（如有），管理人将在审查完毕后通过全国企业破产重整案件信息网及上游公司管理人微信公众号公告的方式进行公示、核查。

（3）关于后期票据提供的安排

重整计划草案设定了债务人在按照重整计划规定清偿债权的，相关债权人应及时向债务人提供发票、施工资料、竣工资料等票据，并履行相应配合义务、保修义务等，否则债务人有权提存清偿款项。因债权人拒绝提供相关票据、拒绝履行相关义务造成债务人损失的，债务人有权要求其承担相应的损害赔偿责任。

参考案例

1. 债权人应向债务人开具重整前应开但尚未开具的发票，对获得清偿的债权金额应开具符合要求的发票，其他债务人享有的票据相关权利应得到保护。——青海省西宁市中级人民法院（2023）青01破3号西宁特殊钢股份有限公司重整一案

内容简述： 重整计划中提供欠付债务人的票据安排为：债权人应在本重整计划获得西宁中院裁定批准之日起10日内向债务人开具或返还符合要求的票据。具体包括：债权人在本次重整前应向西宁特钢开具发票而尚未开具的，应向债务人开具符合要求的发票；债权人在本次重整中的债权，应以获得清偿的债权金额向债务人开具符合要求的发票；债权人在本次重整中向债务人主张票据相关权利的，应向债务人返还票据原件或通过电子商业汇票系统完成托收手续，并由债务人对其提供的票据原件及相关手续是否符合要求进行审查。

若债权人未在上述期限内开立发票、返还票据原件或完成托收手续并由债务人审查合格，债务人有权将相关债权人依本重整计划可获分配的现金、股票等予以暂缓分配，待债权人提供后再行分配。

2. 债权人应提供欠付债务人的增值税发票及商业承兑汇票原件。——天津市第二中级人民法院（2018）津02破37号天津冶金集团轧三钢铁有限公司重整一案

内容简述： 重整计划中关于提供欠付债务人的票据的安排如下：

提供欠付债务人的增值税发票。在法院裁定批准本重整计划之日起15日内，债权人应以实际获偿金额向债务人开立相应欠付的发票。若债权人未在上述期限内开立发票，债务人或管理人有权将相关债权人依本重整计划可获分配的现金、股权等予以暂缓分配，待债权人提供后再行分配。

提供商业承兑汇票原件。在法院裁定批准本重整计划之日起15日内，对于向债务人主张商业承兑汇票相关权利的债权人，应向债务人返还票据原件，并由债务人对其提供的票据原件是否符合要求进行审查。若债权人未在上述期限内返还相应的票据，债务人或管理人有权将相关债权人依本重整计划可获分配的现金、股权等予以暂缓分配，待债权人提供后再行分配。

（4）关于融资租赁物的安排

重整计划执行期间某些融资租赁物为后续生产经营不可或缺的资

产，一般重整计划草案需要对该部分融资租赁物作出安排，如设定债务人可以采取定价回购等方式保留融资租赁物。

参考案例

1. 针对融资租赁物是否保留在钢铁资产运营平台进行区分处理，如保留则确定融资租赁物回购价款的支付方式；如不保留，融资租赁物回购价值部分将参照非钢资产平台有财产担保债权受偿方式进行清偿。——天津市第二中级人民法院（2018）津 02 破 37 号天津冶金集团轧三钢铁有限公司重整一案

内容简述：重整计划中融资租赁类债权的受偿方案如下：

（1）若融资租赁物保留在钢铁资产运营平台

融资租赁物回购价款的确定：根据破产法与相关司法解释的规定，若融资租赁物需要保留在钢铁资产运营平台，则融资租赁物回购价款为融资租赁物评估值。

融资租赁物回购价款的支付方式：融资租赁债权人可以选如下一种方式与钢铁资产运营平台协商确认融资租赁物回购价款支付方式：方式一：以现金方式分期支付回购，参照有财产担保债权分期清偿条件进行清偿。方式二：签署融资租赁合同，以融资租赁物回购价值作为基础，由钢铁资产运营平台与融资租赁公司重新签署融资租赁合同，该合同的综合成本不能高于有财产担保债权留债分期清偿的标准。

在钢铁资产运营平台根据上述清偿方式支付相应的回购价款之后或符合协议约定要求，则钢铁资产运营平台享有融资租赁物所有权。

扣除融资租赁物回购价款部分后的普通债权：扣除前述融资租赁物回购价款的剩余债权为普通债权，将按照普通债权受偿方案予以清偿。

（2）若融资租赁物保留在非钢资产平台

若融资租赁物保留在非钢资产平台，则融资租赁公司形成的债权针对融资租赁物回购价值部分将参照非钢资产平台有财产担保债权受偿方式进行清偿，剩余转入普通债权部分将参照非钢铁资产平台普通债权进行清偿。

2. 融资租赁物的取回，需权利人向管理人申请取回，管理人报请法院复函同意取回后，管理人出具《确认取回函》，对权利人主张的取回权予以认可和支持。——辽宁省丹东市中级人民法院（2023）辽 06 破 1 号东港兴尧新能源有限公司重整一案

内容简述： 重整计划中融资租赁物取回情况：

（1）行使取回权情况为：因经营需要，兴尧公司、深能公司、永恒公司三家债务人作为承租人将其全部设备、设施与出租人融资租赁公司办理了融资租赁，并于 2019 年 12 月 31 日签订了《融资租赁合同（回租）》。之后，融资租赁公司将《融资租赁合同（回租）》项下的租赁物所有权、债权等相关权利转让给规划设计公司。2023 年 4 月 28 日，规划设计公司根据《企业破产法》的规定，向管理人主张三家债务人融资租赁物的取回权。经管理人报请丹东中院，法院复函原则上同意取回权。2023 年 10 月 22 日，管理人向规划设计公司出具《确认取回函》，对规划设计公司取回权的主张予以认可和支持。

（2）取回资产价值：根据管理人委托的评估机构对三家债务人作出的评估报告，兴尧公司非流动资产价值为 36998.37 万元，深能公司非流动资产价值为 21074.30 万元，永恒公司非流动资产价值 23001.95 万元，三家债务人非流动资产总额为 81074.62 万元。

（3）返还溢价款：依据管理人与规划设计公司签订的《租赁物取回协议》约定，规划设计公司需将取回融资租赁物的溢价款 3252168.75 元返还给深能公司。

3. 融资租赁类债权参照有财产担保债权处理，以融资租赁物的评估值为限优先受偿，履行清偿义务后融资租赁物所有权转移至债务人，融资租赁债权人应配合债务人办理所有权转移手续。——河南省郑州市中级人民法院（2020）豫 01 破 27 号河南中孚实业股份有限公司重整一案

内容简述： 重整计划中关于融资租赁债权的受偿方案为：在本次重整程序中，为确保中孚实业经营性资产的稳定性，最大限度维护融资租赁债权人的合法权益，融资租赁类债权参照有财产担保债权处理。以融资租赁物的评估值为限优先受偿，优先受偿不足部分转入普通债权，按普通债权清偿方案受偿，即若融资租赁物的评估值可以足额覆盖债权金额的，以债权额为限予以留债；若融资租赁物的评估值不足以覆盖债权金额的，以对应融资租赁物的评估值为限予以留债，剩余部分债权金额转为普通债权。

在中孚实业履行完毕前述清偿义务后，融资租赁物所有权转移至中孚实业，融资租赁债权人应配合债务人办理所有权转移手续；若存在抵质押手续的，融资租赁债权人应解除对担保财产设定的抵质押等手续，并不再就担保财产享有优先受偿权，未及时办理的不影响担保物权消灭。

（5）关于债务人信用等级恢复的安排

鉴于重整计划被法院批准后，重整企业的信用修复直接关系到债务人企业能否恢复良性的市场竞争力，目前，国家及各地区相继出台相关政策帮助重整企业恢复信用等级。

在国家层面，国家发展和改革委员会等13部委联合发布《关于推动和保障管理人在破产程序中依法履职进一步优化营商环境的意见》规定："支持重整企业金融信用修复。人民法院裁定批准重整计划或重整计划执行完毕后，重整企业或管理人可以凭人民法院出具的相应裁定书，申请在金融信用信息基础数据库中添加相关信息，及时反映企业重整情况。鼓励金融机构对重整后企业的合理融资需求参照正常企业依法依规予以审批，进一步做好重整企业的信用修复。"①

在地方层面，浙江省高级人民法院、中国人民银行杭州中心支行、中国银行保险监督管理委员会浙江监管局联合发布《关于优化营商环境完善破产程序配套金融服务若干问题的纪要》，其中第十二条规定："破产企业重整计划被人民法院裁定批准后需要对其信用记录进行修复的，管理人可凭人民法院作出的批准重整计划裁定书向人民银行申请重整企业信用修复。"第十三条规定："人民银行经审查后将重整情况在征信系统征信中心说明中进行添加，并向信息使用者进行展示。人民银行应督促金融机构积极认可破产重整企业征信中心说明的内容，对于重整成功后企业的正常融资需求应予以支持，不得以征信系统内原不良信用记录而一票否决。"第十四条规定："人民银行应督促金融机构加强与上级机构的沟通汇报，在破产程序中受偿后10日内重新上报信贷记录，在企业征信系统展示金融机构与破产重整后企业的债权债务关系，金融机构应将原企业信贷记录展示为结清状态。"中国银行保险监督管理委员会河南监管局、中国人民银行郑州中心支行、河南省高级人民法院、河南省地方金融监督管理局印发了《关于加强对破产重整企业金融支持的意见》（豫高发〔2021〕369号）的通知，其第十六条规定："人民法院裁定批准重整计划后，重整企业或管理人可以凭人民法院出具的相应裁定书，申请在金融信用信息基础数据库中添加相关信息，及时反映企业重整情况，对重整企业进行信用修复。"

基于以上相关规定，实践中在重整计划草案中都会详细阐明对重整企

---

① 《关于推动和保障管理人在破产程序中依法履职进一步优化营商环境的意见》第四条第（九）项。

业的信用修复救济。例如，写明在法院裁定批准重整计划后，将债务人纳入失信被执行人名单的各债权人有义务向相关法院申请删除债务人的失信信息，并解除对债务人法定代表人、主要负责人及其他相关人员的限制消费令及其他信用惩戒措施。同时，对债权人未在上述期限内申请删除失信信息并解除信用惩戒措施进行明示，如在重整计划执行清偿时有权将相关债权人可获分配的现金、留债份额、债转股份额等予以暂缓分配，待信用惩戒措施解除后再行向债权人分配。

参考案例

删除债务人失信信息，解除对债务人法定代表人、主要负责人及其他相关人员的限制消费令及其他信用惩戒措施，同时各金融机构还应及时调整债务人企业信贷分类，并上报中国人民银行征信系统调整债务人征信记录，修复金融系统征信信用。——青海省西宁市中级人民法院（2023）青01 破 3 号西宁特殊钢股份有限公司重整一案

内容简述： 重整计划中关于债务人信用等级恢复的安排为：

在法院裁定批准本重整计划之日起 15 日内，将债务人纳入失信被执行人名单的各债权人应向相关法院申请删除债务人的失信信息，并解除对债务人法定代表人、主要负责人及其他相关人员的限制消费令及其他信用惩戒措施。若债权人未在上述期限内申请删除失信信息并解除信用惩戒措施，债务人有权将相关债权人依本重整计划可获分配的现金、股票等予以暂缓分配，待删除失信信息并解除信用惩戒措施后再行向债权人分配。

在本重整计划获法院裁定批准后，各金融机构应及时调整债务人企业信贷分类，并上报中国人民银行征信系统调整债务人征信记录，确保重整后西宁特钢符合征信要求。若西宁特钢合并报表范围内其他企业因受西宁特钢重整影响导致各金融机构对上述企业信贷分类及征信作出不利调整的，各金融机构应同步完成上述征信记录恢复的上报及企业信贷分类恢复。

五、"信托"为重整计划提供多样化的偿债方案

在企业重整过程中，采用信托方式为重整计划提供多样化的偿债方案是一种创新的做法。这种方法通过设立信托计划，将债务人的资产或股权等转入信托，以此作为偿还债务的资源。通过这种方式，重整计划能够为

债权人提供更加灵活和多样化的偿债方案，同时也有助于提高资产的处置效率，最大化地保护债权人的利益。

重整计划中信托计划方案主要包括：信托计划的设立、信托要素、信托管理机制、出资人权益调整方案、偿债资源筹集与分配、信托受益权的转让和非交易过户、信托利益分配以及债务人主体的存续与注销等方面。具体如下。

① 信托计划的设立：在法院批准重整计划后，委托信托公司设立信托计划，将债务人的资产、股权等转入信托计划，以此作为偿债资源。

② 信托要素：包括委托人（债务人）、受托人（信托公司）、受益人（未获全额清偿的债权人）、信托财产（包括资金、股权等）以及信托计划的成立与生效条件。

③ 信托管理机制：建立包括受益人大会、管理委员会等在内的管理机制，明确受托人和资产管理服务机构的角色和职责，以确保信托计划的有效运作。

④ 出资人权益调整方案：对债务人的出资人权益进行调整，以保护债权人的利益，确保重整计划顺利执行。

⑤ 偿债资源筹集与分配：信托计划通过出售资产、运营收益等方式筹集偿债资源，并根据债权的顺位和金额比例进行分配。

⑥ 信托受益权的转让和非交易过户：允许受益人转让其信托受益权，同时规定了非交易过户的条件和流程。

⑦ 信托利益分配：明确信托利益的来源、分配方式和收费机制，确保债权人能够按照既定的规则获得分配。

⑧ 债务人主体的存续与注销：在重整计划执行期间，债务人主体可能需要继续存续，直到完成处置工作后，根据法律规定进行注销流程。

参考案例

通过信托方式执行重整计划，清偿债务。——上海市第三中级人民法院（2020）沪03破307号中科建设开发总公司重整一案重整计划

内容简述：

一、信托计划要素及内容

（一）信托计划的设立

本重整计划经上海三中院裁定批准后，中科建设先行以人民币300万

元委托信托公司设立信托计划，同时，经本重整计划依法表决通过并经上海三中院裁定批准后，中科建设全部资产归属于信托计划，后续可根据资产经营情况分批转让至信托计划项下。中科院行管局根据司法裁定将持有的中科建设 100% 股权让渡至信托计划（由信托公司代信托计划持有）。

（二）信托要素

1. 委托人为中科建设。

2. 受托人为信托公司。

3. 受益人。待上海三中院裁定本重整计划生效后受益人为债权最终依法确认但未获全额清偿的债权人。债权人以其未获清偿的债权，确定其享有的信托受益权份额，每 1 元未获清偿债权对应 1 份信托单位。

4. 信托财产。信托财产包括中科建设先行以人民币 300 万元委托信托公司设立信托计划的资金，中科院行管局基于所有者权益调整向信托计划让渡的中科建设 100% 股权，以及中科建设的其他全部资产。

5. 信托计划的成立及生效信托计划自中科建设与信托公司之间的信托合同有效签署、信托监管报备已经完成、本重整计划经上海三中院裁定批准、中科建设交付信托计划人民币 300 万元信托设立资金之日起成立并生效。信托计划存续期限为 5 年，自信托计划生效之日（含该日）起算。

6. 信托受益权的确认。信托计划生效之日起 60 日内，受托人根据债权确认所提供的相关资料向债权人出具信托受益权份额确认书，并按规定办理登记手续。信托受益权份额原则上只能登记至债权人名下，信托计划成立时已确权的受益人先行登记为受益人。

7. 信托费用及信托报酬。受托人因处理信托事务发生的下述费用由信托财产承担：信托财产管理、运用或处分过程中发生的税费；信托事务管理费；信托相关机构服务费；以及受托人信托报酬。

二、出资人权益调整方案

为实现"全部资产用于清偿债权"的目标，充分保障全体债权人权益，需要对中科建设出资人权益进行调整，使权益归属债权人。截至重整受理日，中科院行管局持有中科建设 100% 股权。在上海三中院裁定批准本重整计划后，中科建设原有出资人中科院行管局将对其持有的中科建设全部股权进行权益调整，全部无偿划转至信托计划，中科建设 100% 股权将纳入根据本重整计划设立的信托计划，此信托计划的受益人则为未获全额清偿的全体债权人。

六、重整计划获得法院批准后的相关事务

重整计划获得法院批准后，有些工作仍然需要作出安排，主要包括以下几个方面。

（一）重整计划获批后的交接

重整计划获得法院批准后，重整程序终止，意味着重整企业恢复正常的生产经营，成为完全的市场主体，从法定程序上讲，管理人对企业的接管也应当交接。在法院裁定批准重整计划后，管理人与债务人之间通常需要办理交接手续。

根据《企业破产法》的规定，法院裁定受理重整申请后，管理人需履行的职责中重要的一条就是接管债务人的财产、印章和账簿、文书等资料。但在重整期间，债务人经法院批准后可以在管理人的监督下自行管理财产和营业事务。自行管理财产和营业事务的债务人，管理人需要根据法院的裁定将在破产受理后已经接管的财产和营业事务移交给债务人。但因债务人自行管理财产和营业事务，因此重整计划获批准后，债务人与管理人无须再办理移交。针对未获得法院批准自行管理财产和营业事务的债务人，重整计划获批准后，仍需进行移交。主要流程如下。

1. 移交前准备工作

一般情况下，管理人安排专人负责，提前把需要移交的账簿、账户、资质证书、权利凭证、文书等资料等进行归纳整理，列出明细清单。如果有资料缺失，管理人需作出相关说明，提前安排好交接的地点和时间，以及参加交接的人员。同时，债务人也应当指派专人配合此项准备工作，特别是重整投资人参与的重整企业，重整投资人应当指派专人参与交接事宜。

2. 正式交接会议

正式移交可在案件审理法官指导下，举行管理人与债务人或重整投资人交接会议，会议参加人要有专属授权，会议期间需要做会议记录，有条件的可采取录像方式留存会议内容。同时，交接手续应当一式三份，为后续管理人、法院、债务人各方留存。

（二）债务人重整计划执行报告

为便于法院和管理人在重整执行期内的有效监督，债务人一般需要定

期或在发生重大事项时向法院和管理人主动提交重整计划执行情况的报告，包括执行清偿的情况、重大投融资及经营情况等。

（三）管理人向法院提交监督报告

重整计划执行期内管理人的监督情况也需要向法院报告，管理人应当根据现实的监督情况、债务人的执行报告及相关中介机构出具的可信材料制作执行监督报告向法院提交。执行监督报告主要包括以下几方面内容。

1. 重整计划的基本情况

简述重整案件的受理日期、重整计划的批准情况、批准日期、执行期限、监督期限等。

2. 重整计划执行情况以及执行效果

包括重整计划的主要内容、重整计划各部分内容的具体执行情况，列明经营方案、债权调整及受偿情况、出资人权益调整情况，以及其他重整方案的执行情况。未能执行或者未执行完毕的，应当说明理由及解决方案。

3. 债务人的经营状况

简述债务人在重整期间的经营状况，包括债务人的资产负债、销售（营业）额、成本、税后净利润、现金流量值等经营指标，反映债务人在重整前后的经营状况变化。

4. 监督期满后债务人执行重整计划的建议

如果监督期限届满重整计划未执行完毕的，管理人可对监督期满后债务人继续执行重整计划提出建议。

附：重整计划执行监督报告

关于×××重整计划执行监督报告

×××人民法院：

贵院于××××年××月××日作出×××号《民事裁定书》，裁定受理对×××公司的重整申请，并于××××年××月××日作出×××《民事裁定书》，裁定批准《×××重整计划》，终止重整程序。依据《中华人民共和国企业破产法》第九十条之规定，监督期内，债务人及时向管理人报告重整计划执行情况和债务人财务状况。管理人对债务人债务清偿情况进行监督。现管理人重整计划执行监督情况报告如下：

××××年××月××日，×××人民法院作出×××民事裁定书，裁定批准《×××公司重整计划》，终止×××公司重整程序。重整计划执行期内，×××公司积极履行重整计划，现将重整计划执行情况报告如下：

一、重整计划基本情况

贵院裁定批准《×××公司重整计划》后，×××公司进入重整计划执行期限。××××年××月××日，审计机构向管理人出具《关于×××公司重整计划执行的情况说明》，报告显示×××公司已执行完毕重整计划。

二、重整计划的主要内容

（一）重整计划债权分类及调整方案

1. 破产费用

截至×××公司重整计划提交之日，×××公司预计产生破产费用为×××元，未支付金额×××元。

2. 共益债务

截至×××公司重整计划提交之日，×××公司预估产生共益债务为×××元，未支付金额×××元。

3. 担保债权

×××公司重整计划显示，×××公司有财产担保债权按特定财产评估值全额清偿，超出特定财产评估值的部分转为普通债权。×××公司担保债权共×××家，分别为×××。管理人审查确认的有财产担保债权金额×××元，有财产担保债权特定财产评估值为×××元，转入普通债权金额为×××元。

4. 社保债权及税款债权

×××公司重整计划显示，社保债权金额为×××元，税款债权金额为×××元。本重整计划对社保债权及税款债权不予以调整。

5. 普通债权

×××公司重整计划显示，×××公司普通债权涉及×××家，总额为×××元，包括已确认的普通债权总额×××元、担保债权转普通债权总额×××元，暂缓确认总额×××元。

（二）重整计划债权清偿方案

1. 破产费用及共益债务

×××公司重整期发生的重整费用和共益债务由债务人及管理人在重整计划获得批准后，按照实际发生金额或与相关方签订的协议约定条件清偿。

2. 担保债权

鉴于担保债权对应的担保财产在本重整计划中予以保留进行经营，该部分债权按特定财产评估价值在重整计划裁定批准之日起×××个月内以现金方式优先清偿，超出特定财产评估值的部分转入普通债权，按照重整计划规定的普通债权清偿方式清偿。

3. 税款债权及社保类债权

税款债权及社保类债权自法院裁定批准重整计划之日起×××个月内以现金方式清偿。

4. 普通债权

普通债权每家债权金额×××万元（含×××万元）以下的部分按照100%的比例清偿，自重整计划获得法院批准之日起×××个月内以现金方式清偿。

普通债权每家债权金额×××万元以上的部分，按照×××%的比例清偿，自重整计划获得法院批准之日起×××个月内以现金或债转股的方式清偿。选择债转股方式清偿的，债转股的债权金额为法院裁定确认的债权总额。

选择债转股的普通债权人，每家债转股债权人持股比例计算方式如下：

每家债转股债权人持股比＝每家普通债权人转股债权金额/所有债转股债权人债权总额×××%

5. 已申报未裁定确认的债权

在重整计划提交债权人会议表决时尚未确认的债权，在依法得到确认后，按照重整计划规定的同类债权受偿方案进行清偿。

（三）出资人权益调整内容

原股东持有的×××股份调整登记至重整投资人及转股债权人名下。

（四）重整计划执行完毕的标准

自下列条件全部满足之日起，本重整计划视为执行完毕：

1. 根据本重整计划的规定应当支付的破产费用及共益债务已经支付完毕，或已划入管理人指定的银行账户；

2. 自法院裁定批准重整计划之日起×××个月内，现金清偿的债权已清偿完毕，或已提存至管理人指定的银行账户，或债权人与×××公司另行达成清偿协议且不损害其他债权人利益的，视为债权人已按照本重整计划的规定获得清偿；

3. 债权人未领受的清偿款项、所预留债权人的偿债资金及预留的其他资金，已按照本重整计划的规定提存至管理人指定的银行账户；

4. 选择债转股的债权人及转股债权金额已经确定。

三、重整计划各部分内容的具体执行情况

（一）经营方案执行情况

投资人进驻后，×××公司经营做了较大调整，各项工作在稳步推进，主要表现在如下五个方面：

1. 销售组织框架作了较大调整；
2. 调整产品结构，恢复、扩大有市场潜力产品品种生产；
3. 整合销售渠道和提升各渠道效率；
4. 生产设备的购置及维修保养提升产能；
5. 企业内部管理制度的改革。

（二）债权调整及受偿

1. 破产费用清偿完毕

为明确×××公司重整期间破产费用实际数额，特委托审计机构分阶段对×××公司实际产生的破产费用进行专项审计，审计报告显示，截至××××年××月××日，×××公司应付破产费用总额为×××元，未付破产费用为×××元。《关于×××公司重整计划执行的情况说明》显示，截至××××年××月××日×××公司已清偿完毕全部破产费用，破产费用清偿完毕。

2. 共益债务清偿完毕

为明确×××公司重整期间共益债务实际数额，特委托审计机构分阶段对×××公司实际产生的共益债务进行专项审计，审计报告显示，截至××××年××月××日，×××公司应付共益债务总额为×××元，未付共益债务为×××元。《关于×××公司重整计划执行的情况说明》显示，截至××××年××月××日×××公司已清偿完毕全部共益债务，共益债务清偿完毕。

3. 担保债权清偿完毕

×××公司重整计划显示担保债权共×××家，已全部清偿完毕，执行具体情况如下：×××公司有财产担保债权特定财产评估值为×××元，已获得清偿额×××元。

4. 税款债权及社保债权清偿完毕

×××公司重整计划显示：税款债权共×××家，债权金额为×××元，据审计机构出具的《关于×××公司重整计划执行的情况说明》显示，×××公司已清偿完毕税款债权。

×××公司重整计划显示：社保债权共×××家，债权金额为×××元，实际清偿时社保系统显示应支付社保费用金额为×××元。据审计机构出具的《关于×××公司重整计划执行的情况说明》显示，×××公司已按照社保局要求完成对社保系统应付金额×××元的清偿，社保债权已清偿完毕。

5. 普通债权清偿完毕

《关于×××公司重整计划执行的情况说明》显示，法院最终裁定确认普通债权×××家共×××元，普通债权的情况分为两部分：

首先，选择现金清偿的债权总额为×××元，按照重整计划最终须偿付金额为×××元。截至审计情况说明出具之日，选择现金方式清偿的普通债权已全部清偿完毕。

其次，截至债转股清偿方式选择期间届满之日，管理人收到债转股《确认票》，债权金额共计为×××元，分别为：×××公司《确认票》，债权金额为×××元；×××《确认票》，债权金额为×××元。共×××家债权人选择债转股清偿方式，转股债权金额共计×××元，因此，债转股的债权人及转股债权金额均已确定。

综上，普通债权已按照重整计划安排清偿完毕。

（三）出资人权益调整

根据×××公司的重整计划，原股东持有的×××股份调整登记至重整投资人及转股债权人名下，据×××公司反映，相应工商变更手续已在办理中。

四、债务人的经营情况

1. 债务人在重整期间资产负债率依然较高，但流动比率处于增长状态，该指标反映了企业短期偿债能力在增强，附表。

2. 债务人在重整期间营业收入、营业成本均有所下降，总体处于亏损状态，营业净利率及主营业务毛利率也处于波动状态，附表。

综上，×××公司已达到《×××公司重整计划》执行完毕标准，特申请法院裁定确认《×××公司重整计划》执行完毕，裁定终结×××公司破产重整程序。

×××公司管理人

××××年××月××日

七、重整计划的变更

重整计划被法院批准后，原则上需要按照生效的重整计划进行执行，但是有些重整计划在执行中出现了变化，导致重整计划缺乏执行的可能性。如果径行转入破产清算程序，则不免损害债权人等利害关系人的权益。此时可以对重整计划进行变更以减少径行清算带来的不利后果。

对此问题，最高人民法院《全国法院破产审判工作会议纪要》第十九条对重整计划执行中的变更条件和程序作出规定："债务人应严格执行重整计划，但因出现国家政策调整、法律修改变化等特殊情况，导致原重整计划无法执行的，债务人或管理人可以申请变更重整计划一次。债权人会议决议同意变更重整计划的，应自决议通过之日起十日内提请人民法院批准。债权人会议决议不同意或者人民法院不批准变更申请的，人民法院经管理人或者利害关系人请求，应当裁定终止重整计划的执行，并宣告债务人破产。"虽然该规定并非法律或司法解释，但是各级法院在办理破产案件时仍需遵照执行。实务中对于重整计划的变更应审慎使用，防止债务人恶意使用变更程序进一步侵害债权人利益。重整计划变更所涉及的主要问题有以下几点。

（一）申请变更的主体

根据《全国法院破产审判工作会议纪要》的规定，应当由债务人或者管理人提出申请。实际上，重整计划的执行还关系到债权人、债务人职工、债务人出资人等利害关系人的利益，之所以未设置利害关系人直接申请变更的路径，也是为了防止相关利害关系人恶意提起申请浪费司法资源，增加法院的负担。利害关系人可向管理人提出意见及可行性方案，经过管理人审查，如果符合变更的条件，由管理人向法院提出变更申请。

（二）申请变更的程序

申请变更重整计划需要审查是形式还是实质内容的变更。实务中，对于形式变更，程序较为简单，但实质变更需要依法进行。

1. 形式内容的变更

形式变更指的是对重整计划中各利害关系人实质权益不产生影响的变更，如笔误、打印错误、输入错误导致的小数点错误、同音字错误等，由于该错误不对重整计划的实质内容造成影响，无须经过债权人会议表决。实务中可以参考判决书或裁定书的瑕疵补正方式，由法院出具裁定对相关形式内容进行补正。

在新冠疫情期间，还存在不可抗力影响重整计划执行的法定事由。《最高人民法院关于依法妥善审理涉新冠肺炎疫情民事案件若干问题的指导意见（二）》（法发〔2020〕17号）第二十条第二款规定："对于重整计划或者和解协议已经进入执行阶段，但债务人因疫情或者疫情防控措施影响而难以执行的，人民法院要积极引导当事人充分协商予以变更。协商变更重整计划或者和解协议的，按照《全国法院破产审判工作会议纪要》

第十九条、第二十条的规定进行表决并提交法院批准。但是，仅涉及执行期限变更的，人民法院可以依债务人或债权人的申请直接作出裁定，延长的期限一般不得超过六个月。"

受新冠肺炎疫情影响，法院依法延长重整计划执行期限6个月。——重庆市第五中级人民法院（2022）渝05破76号隆鑫集团有限公司等十三家公司合并重整一案

内容简述： 隆鑫集团有限公司等十三家公司合并重整一案，于2022年11月21日，被重庆市第五中级人民法院批准实质合并重整计划，终止十三家公司实质合并重整程序。2023年11月3日，十三家公司向法院提出申请，表示因受新冠肺炎疫情影响，重整计划执行期限需要延长，申请法院延长重整计划执行期限6个月（至2024年5月21日）。法院查明，重整计划执行期限为一年（2022年11月22日至2023年11月21日），已经执行部分内容。重整计划批准后一段时期，新冠肺炎疫情影响较为明显。根据《最高人民法院关于依法妥善审理涉新冠肺炎疫情民事案件若干问题的指导意见（二）》第二十条第二款的规定，2023年11月20日批准延长十三家公司实质合并重整计划执行期限6个月。

2. 实质内容的变更

重整计划执行期内对重整计划实质内容的变更主要是指对利害关系人权益造成影响的变更，尤其是造成负面影响或者不利影响的变更。例如债权性质认定的变更、豁免比例的变更、清偿比例的变更、清偿方式的变更、经营方案的变更、投资人的变更等。对于此类实质内容的变更，应当由权益受到影响的债权人进行表决。

需要说明的是，对于重整计划执行期内的表决仍需依法召开债权人会议，只是重整计划变更的债权人会议，可采取网络、短信、邮件、传真等高效且低成本的方式进行，此过程也可以请公证部门对于表决进行监督并进行公证。

3. 变更的时间

根据《全国法院破产审判工作会议纪要》第二十条的规定："人民法院裁定同意变更重整计划的，债务人或者管理人应当在六个月内提出新的重整计划。变更后的重整计划应提交给因重整计划变更而遭受不利影响的

债权人组和出资人组进行表决。表决、申请人民法院批准以及人民法院裁定是否批准的程序与原重整计划的相同。"也就是说,债务人或管理人应当在出现重整计划变更的事由后及时作出变更的预案,包括变更内容的确定、权益受到调整的债权人沟通、债权人会议的召开形式及时间等,即所有的预备工作都应当在重整计划执行期满前准备就绪。债务人或管理人提前预案,防止届满后逾期提出申请给债权人造成不良影响,引发社会稳定问题。

(三)变更后的效力

变更后的重整计划经过债权人会议表决通过且经法院裁定批准后与原重整计划具有同等的法律效力,对于债权人、债务人等利害关系人产生约束力。

八、重整计划执行的法律后果

重整计划的执行会产生两种法律后果:一是不能完全执行的后果;二是执行完毕的后果。

(一)重整计划不能完全执行

不论是因为债务人的主观原因还是客观情况导致重整计划不能完全执行,在重整计划缺乏再次变更的机会时,依据《企业破产法》第九十三条的规定,经管理人或利害关系人申请,法院将裁定终止重整计划的执行,并宣告债务人破产。宣告破产后,债权人在重整计划中作出的债权调整承诺失去效力,但债权人因执行重整计划所受的清偿依然有效,债权未受清偿的部分作为破产债权。债权人只有在其他顺位债权人同自己所受的清偿达到同一比例时,才能继续接受分配。

(二)重整计划执行完毕

《企业破产法》第九十四条规定:"按照重整计划减免的债务,自重整计划执行完毕时起,债务人不再承担清偿责任。"也就是说,重整计划执行完毕后,依据重整计划减免的债务,债务人不再承担清偿责任。

重整计划执行完毕后,债务人或管理人需及时向法院提交重整计划执行报告,申请法院裁定终结破产重整程序。

附件：企业破产法等相关法律法规

一、中华人民共和国企业破产法

时效性：现行有效

发文机关：全国人大常委会

文号：主席令〔2006〕第 54 号

发文日期：2006 年 8 月 27 日

施行日期：2007 年 6 月 1 日

效力级别：法律

第一章　总　　则

第一条　为规范企业破产程序，公平清理债权债务，保护债权人和债务人的合法权益，维护社会主义市场经济秩序，制定本法。

第二条　企业法人不能清偿到期债务，并且资产不足以清偿全部债务或者明显缺乏清偿能力的，依照本法规定清理债务。

企业法人有前款规定情形，或者有明显丧失清偿能力可能的，可以依照本法规定进行重整。

第三条　破产案件由债务人住所地人民法院管辖。

第四条　破产案件审理程序，本法没有规定的，适用民事诉讼法的有关规定。

第五条　依照本法开始的破产程序，对债务人在中华人民共和国领域外的财产发生效力。

对外国法院作出的发生法律效力的破产案件的判决、裁定，涉及债务人在中华人民共和国领域内的财产，申请或者请求人民法院承认和执行的，人民法院依照中华人民共和国缔结或者参加的国际条约，或者按照互惠原则进行审查，认为不违反中华人民共和国法律的基本原则，不损害国家主权、安全和社会公共利益，不损害中华人民共和国领域内债权人的合法权益的，裁定承认和执行。

第六条 人民法院审理破产案件，应当依法保障企业职工的合法权益，依法追究破产企业经营管理人员的法律责任。

第二章 申请和受理

第一节 申 请

第七条 债务人有本法第二条规定的情形，可以向人民法院提出重整、和解或者破产清算申请。

债务人不能清偿到期债务，债权人可以向人民法院提出对债务人进行重整或者破产清算的申请。

企业法人已解散但未清算或者未清算完毕，资产不足以清偿债务的，依法负有清算责任的人应当向人民法院申请破产清算。

第八条 向人民法院提出破产申请，应当提交破产申请书和有关证据。

破产申请书应当载明下列事项：

（一）申请人、被申请人的基本情况；

（二）申请目的；

（三）申请的事实和理由；

（四）人民法院认为应当载明的其他事项。

债务人提出申请的，还应当向人民法院提交财产状况说明、债务清册、债权清册、有关财务会计报告、职工安置预案以及职工工资的支付和社会保险费用的缴纳情况。

第九条 人民法院受理破产申请前，申请人可以请求撤回申请。

第二节 受 理

第十条 债权人提出破产申请的，人民法院应当自收到申请之日起五日内通知债务人。债务人对申请有异议的，应当自收到人民法院的通知之日起七日内向人民法院提出。人民法院应当自异议期满之日起十日内裁定是否受理。

除前款规定的情形外，人民法院应当自收到破产申请之日起十五日内裁定是否受理。

有特殊情况需要延长前两款规定的裁定受理期限的，经上一级人民法院批准，可以延长十五日。

第十一条 人民法院受理破产申请的，应当自裁定作出之日起五日内送达申请人。

债权人提出申请的，人民法院应当自裁定作出之日起五日内送达债务人。债务人应当自裁定送达之日起十五日内，向人民法院提交财产状况说明、债务清册、债权清册、有关财务会计报告以及职工工资的支付和社会保险费用的缴纳情况。

第十二条 人民法院裁定不受理破产申请的，应当自裁定作出之日起五日内送达申请人并说明理由。申请人对裁定不服的，可以自裁定送达之日起十日内向上一级人民法院提起上诉。

人民法院受理破产申请后至破产宣告前，经审查发现债务人不符合本法第二条规定情形的，可以裁定驳回申请。申请人对裁定不服的，可以自裁定送达之日起十日内向上一级人民法院提起上诉。

第十三条 人民法院裁定受理破产申请的，应当同时指定管理人。

第十四条 人民法院应当自裁定受理破产申请之日起二十五日内通知已知债权人，并予以公告。

通知和公告应当载明下列事项：

（一）申请人、被申请人的名称或者姓名；

（二）人民法院受理破产申请的时间；

（三）申报债权的期限、地点和注意事项；

（四）管理人的名称或者姓名及其处理事务的地址；

（五）债务人的债务人或者财产持有人应当向管理人清偿债务或者交付财产的要求；

（六）第一次债权人会议召开的时间和地点；

（七）人民法院认为应当通知和公告的其他事项。

第十五条 自人民法院受理破产申请的裁定送达债务人之日起至破产程序终结之日，债务人的有关人员承担下列义务：

（一）妥善保管其占有和管理的财产、印章和账簿、文书等资料；

（二）根据人民法院、管理人的要求进行工作，并如实回答询问；

（三）列席债权人会议并如实回答债权人的询问；

（四）未经人民法院许可，不得离开住所地；

（五）不得新任其他企业的董事、监事、高级管理人员。

前款所称有关人员，是指企业的法定代表人；经人民法院决定，可以包括企业的财务管理人员和其他经营管理人员。

第十六条　人民法院受理破产申请后，债务人对个别债权人的债务清偿无效。

第十七条　人民法院受理破产申请后，债务人的债务人或者财产持有人应当向管理人清偿债务或者交付财产。

债务人的债务人或者财产持有人故意违反前款规定向债务人清偿债务或者交付财产，使债权人受到损失的，不免除其清偿债务或者交付财产的义务。

第十八条　人民法院受理破产申请后，管理人对破产申请受理前成立而债务人和对方当事人均未履行完毕的合同有权决定解除或者继续履行，并通知对方当事人。管理人自破产申请受理之日起二个月内未通知对方当事人，或者自收到对方当事人催告之日起三十日内未答复的，视为解除合同。

管理人决定继续履行合同的，对方当事人应当履行；但是，对方当事人有权要求管理人提供担保。管理人不提供担保的，视为解除合同。

第十九条　人民法院受理破产申请后，有关债务人财产的保全措施应当解除，执行程序应当中止。

第二十条　人民法院受理破产申请后，已经开始而尚未终结的有关债务人的民事诉讼或者仲裁应当中止；在管理人接管债务人的财产后，该诉讼或者仲裁继续进行。

第二十一条　人民法院受理破产申请后，有关债务人的民事诉讼，只能向受理破产申请的人民法院提起。

第三章　管　理　人

第二十二条　管理人由人民法院指定。

债权人会议认为管理人不能依法、公正执行职务或者有其他不能胜任职务情形的，可以申请人民法院予以更换。

指定管理人和确定管理人报酬的办法，由最高人民法院规定。

第二十三条　管理人依照本法规定执行职务，向人民法院报告工作，并接受债权人会议和债权人委员会的监督。

管理人应当列席债权人会议，向债权人会议报告职务执行情况，并回答询问。

第二十四条　管理人可以由有关部门、机构的人员组成的清算组或者依法设立的律师事务所、会计师事务所、破产清算事务所等社会中介机构担任。

人民法院根据债务人的实际情况，可以在征询有关社会中介机构的意见后，指定该机构具备相关专业知识并取得执业资格的人员担任管理人。

有下列情形之一的，不得担任管理人：

（一）因故意犯罪受过刑事处罚；

（二）曾被吊销相关专业执业证书；

（三）与本案有利害关系；

（四）人民法院认为不宜担任管理人的其他情形。

个人担任管理人的，应当参加执业责任保险。

第二十五条 管理人履行下列职责：

（一）接管债务人的财产、印章和账簿、文书等资料；

（二）调查债务人财产状况，制作财产状况报告；

（三）决定债务人的内部管理事务；

（四）决定债务人的日常开支和其他必要开支；

（五）在第一次债权人会议召开之前，决定继续或者停止债务人的营业；

（六）管理和处分债务人的财产；

（七）代表债务人参加诉讼、仲裁或者其他法律程序；

（八）提议召开债权人会议；

（九）人民法院认为管理人应当履行的其他职责。

本法对管理人的职责另有规定的，适用其规定。

第二十六条 在第一次债权人会议召开之前，管理人决定继续或者停止债务人的营业或者有本法第六十九条规定行为之一的，应当经人民法院许可。

第二十七条 管理人应当勤勉尽责，忠实执行职务。

第二十八条 管理人经人民法院许可，可以聘用必要的工作人员。

管理人的报酬由人民法院确定。债权人会议对管理人的报酬有异议的，有权向人民法院提出。

第二十九条 管理人没有正当理由不得辞去职务。管理人辞去职务应当经人民法院许可。

第四章　债务人财产

第三十条 破产申请受理时属于债务人的全部财产，以及破产申请受理后至破产程序终结前债务人取得的财产，为债务人财产。

第三十一条 人民法院受理破产申请前一年内，涉及债务人财产的下列行为，管理人有权请求人民法院予以撤销：

（一）无偿转让财产的；

（二）以明显不合理的价格进行交易的；

（三）对没有财产担保的债务提供财产担保的；

（四）对未到期的债务提前清偿的；

（五）放弃债权的。

第三十二条 人民法院受理破产申请前六个月内，债务人有本法第二条第一款规定的情形，仍对个别债权人进行清偿的，管理人有权请求人民法院予以撤销。但是，个别清偿使债务人财产受益的除外。

第三十三条 涉及债务人财产的下列行为无效：

（一）为逃避债务而隐匿、转移财产的；

（二）虚构债务或者承认不真实的债务的。

第三十四条 因本法第三十一条、第三十二条或者第三十三条规定的行为而取得的债务人的财产，管理人有权追回。

第三十五条 人民法院受理破产申请后，债务人的出资人尚未完全履行出资义务的，管理人应当要求该出资人缴纳所认缴的出资，而不受出资期限的限制。

第三十六条 债务人的董事、监事和高级管理人员利用职权从企业获取的非正常收入和侵占的企业财产，管理人应当追回。

第三十七条 人民法院受理破产申请后，管理人可以通过清偿债务或者提供为债权人接受的担保，取回质物、留置物。

前款规定的债务清偿或者替代担保，在质物或者留置物的价值低于被担保的债权额时，以该质物或者留置物当时的市场价值为限。

第三十八条 人民法院受理破产申请后，债务人占有的不属于债务人的财产，该财产的权利人可以通过管理人取回。但是，本法另有规定的除外。

第三十九条 人民法院受理破产申请时，出卖人已将买卖标的物向作为买受人的债务人发运，债务人尚未收到且未付清全部价款的，出卖人可以取回在运途中的标的物。但是，管理人可以支付全部价款，请求出卖人交付标的物。

第四十条 债权人在破产申请受理前对债务人负有债务的，可以向管理人主张抵销。但是，有下列情形之一的，不得抵销：

（一）债务人的债务人在破产申请受理后取得他人对债务人的债权的；

（二）债权人已知债务人有不能清偿到期债务或者破产申请的事实，对债务人负担债务的；但是，债权人因为法律规定或者有破产申请一年前所发生的原因而负担债务的除外；

（三）债务人的债务人已知债务人有不能清偿到期债务或者破产申请的事实，对债务人取得债权的；但是，债务人的债务人因为法律规定或者有破产申请一年前所发生的原因而取得债权的除外。

第五章　破产费用和共益债务

第四十一条　人民法院受理破产申请后发生的下列费用，为破产费用：

（一）破产案件的诉讼费用；

（二）管理、变价和分配债务人财产的费用；

（三）管理人执行职务的费用、报酬和聘用工作人员的费用。

第四十二条　人民法院受理破产申请后发生的下列债务，为共益债务：

（一）因管理人或者债务人请求对方当事人履行双方均未履行完毕的合同所产生的债务；

（二）债务人财产受无因管理所产生的债务；

（三）因债务人不当得利所产生的债务；

（四）为债务人继续营业而应支付的劳动报酬和社会保险费用以及由此产生的其他债务；

（五）管理人或者相关人员执行职务致人损害所产生的债务；

（六）债务人财产致人损害所产生的债务。

第四十三条　破产费用和共益债务由债务人财产随时清偿。

债务人财产不足以清偿所有破产费用和共益债务的，先行清偿破产费用。

债务人财产不足以清偿所有破产费用或者共益债务的，按照比例清偿。

债务人财产不足以清偿破产费用的，管理人应当提请人民法院终结破产程序。人民法院应当自收到请求之日起十五日内裁定终结破产程序，并予以公告。

第六章　债权申报

第四十四条　人民法院受理破产申请时对债务人享有债权的债权人，依照本法规定的程序行使权利。

第四十五条　人民法院受理破产申请后，应当确定债权人申报债权的期限。债权申报期限自人民法院发布受理破产申请公告之日起计算，最短不得少于三十日，最长不得超过三个月。

第四十六条　未到期的债权，在破产申请受理时视为到期。

附利息的债权自破产申请受理时起停止计息。

第四十七条　附条件、附期限的债权和诉讼、仲裁未决的债权，债权人可以申报。

第四十八条　债权人应当在人民法院确定的债权申报期限内向管理人申报债权。

债务人所欠职工的工资和医疗、伤残补助、抚恤费用，所欠的应当划入职工个人账户的基本养老保险、基本医疗保险费用，以及法律、行政法规规定应当支付给职工的补偿金，不必申报，由管理人调查后列出清单并予以公示。职工对清单记载有异议的，可以要求管理人更正；管理人不予更正的，职工可以向人民法院提起诉讼。

第四十九条　债权人申报债权时，应当书面说明债权的数额和有无财产担保，并提交有关证据。申报的债权是连带债权的，应当说明。

第五十条　连带债权人可以由其中一人代表全体连带债权人申报债权，也可以共同申报债权。

第五十一条　债务人的保证人或者其他连带债务人已经代替债务人清偿债务的，以其对债务人的求偿权申报债权。

债务人的保证人或者其他连带债务人尚未代替债务人清偿债务的，以其对债务人的将来求偿权申报债权。但是，债权人已经向管理人申报全部债权的除外。

第五十二条　连带债务人数人被裁定适用本法规定的程序的，其债权人有权就全部债权分别在各破产案件中申报债权。

第五十三条　管理人或者债务人依照本法规定解除合同的，对方当事人以因合同解除所产生的损害赔偿请求权申报债权。

第五十四条　债务人是委托合同的委托人，被裁定适用本法规定的程序，受托人不知该事实，继续处理委托事务的，受托人以由此产生的请求权申报债权。

第五十五条 债务人是票据的出票人，被裁定适用本法规定的程序，该票据的付款人继续付款或者承兑的，付款人以由此产生的请求权申报债权。

第五十六条 在人民法院确定的债权申报期限内，债权人未申报债权的，可以在破产财产最后分配前补充申报；但是，此前已进行的分配，不再对其补充分配。为审查和确认补充申报债权的费用，由补充申报人承担。

债权人未依照本法规定申报债权的，不得依照本法规定的程序行使权利。

第五十七条 管理人收到债权申报材料后，应当登记造册，对申报的债权进行审查，并编制债权表。

债权表和债权申报材料由管理人保存，供利害关系人查阅。

第五十八条 依照本法第五十七条规定编制的债权表，应当提交第一次债权人会议核查。

债务人、债权人对债权表记载的债权无异议的，由人民法院裁定确认。

债务人、债权人对债权表记载的债权有异议的，可以向受理破产申请的人民法院提起诉讼。

第七章　债权人会议

第一节　一般规定

第五十九条 依法申报债权的债权人为债权人会议的成员，有权参加债权人会议，享有表决权。

债权尚未确定的债权人，除人民法院能够为其行使表决权而临时确定债权额的外，不得行使表决权。

对债务人的特定财产享有担保权的债权人，未放弃优先受偿权利的，对于本法第六十一条第一款第七项、第十项规定的事项不享有表决权。

债权人可以委托代理人出席债权人会议，行使表决权。代理人出席债权人会议，应当向人民法院或者债权人会议主席提交债权人的授权委托书。

债权人会议应当有债务人的职工和工会的代表参加，对有关事项发表意见。

第六十条 债权人会议设主席一人，由人民法院从有表决权的债权人中指定。

债权人会议主席主持债权人会议。

第六十一条 债权人会议行使下列职权：

（一）核查债权；

（二）申请人民法院更换管理人，审查管理人的费用和报酬；

（三）监督管理人；

（四）选任和更换债权人委员会成员；

（五）决定继续或者停止债务人的营业；

（六）通过重整计划；

（七）通过和解协议；

（八）通过债务人财产的管理方案；

（九）通过破产财产的变价方案；

（十）通过破产财产的分配方案；

（十一）人民法院认为应当由债权人会议行使的其他职权。

债权人会议应当对所议事项的决议作成会议记录。

第六十二条 第一次债权人会议由人民法院召集，自债权申报期限届满之日起十五日内召开。

以后的债权人会议，在人民法院认为必要时，或者管理人、债权人委员会、占债权总额四分之一以上的债权人向债权人会议主席提议时召开。

第六十三条 召开债权人会议，管理人应当提前十五日通知已知的债权人。

第六十四条 债权人会议的决议，由出席会议的有表决权的债权人过半数通过，并且其所代表的债权额占无财产担保债权总额的二分之一以上。但是，本法另有规定的除外。

债权人认为债权人会议的决议违反法律规定，损害其利益的，可以自债权人会议作出决议之日起十五日内，请求人民法院裁定撤销该决议，责令债权人会议依法重新作出决议。

债权人会议的决议，对于全体债权人均有约束力。

第六十五条 本法第六十一条第一款第八项、第九项所列事项，经债权人会议表决未通过的，由人民法院裁定。

本法第六十一条第一款第十项所列事项，经债权人会议二次表决仍未通过的，由人民法院裁定。

对前两款规定的裁定，人民法院可以在债权人会议上宣布或者另行通知债权人。

第六十六条 债权人对人民法院依照本法第六十五条第一款作出的裁定不服的，债权额占无财产担保债权总额二分之一以上的债权人对人民法院依照本法第六十五条第二款作出的裁定不服的，可以自裁定宣布之日或者收到通知之日起十五日内向该人民法院申请复议。复议期间不停止裁定的执行。

第二节 债权人委员会

第六十七条 债权人会议可以决定设立债权人委员会。债权人委员会由债权人会议选任的债权人代表和一名债务人的职工代表或者工会代表组成。债权人委员会成员不得超过九人。

债权人委员会成员应当经人民法院书面决定认可。

第六十八条 债权人委员会行使下列职权：

（一）监督债务人财产的管理和处分；

（二）监督破产财产分配；

（三）提议召开债权人会议；

（四）债权人会议委托的其他职权。

债权人委员会执行职务时，有权要求管理人、债务人的有关人员对其职权范围内的事务作出说明或者提供有关文件。

管理人、债务人的有关人员违反本法规定拒绝接受监督的，债权人委员会有权就监督事项请求人民法院作出决定；人民法院应当在五日内作出决定。

第六十九条 管理人实施下列行为，应当及时报告债权人委员会：

（一）涉及土地、房屋等不动产权益的转让；

（二）探矿权、采矿权、知识产权等财产权的转让；

（三）全部库存或者营业的转让；

（四）借款；

（五）设定财产担保；

（六）债权和有价证券的转让；

（七）履行债务人和对方当事人均未履行完毕的合同；

（八）放弃权利；

（九）担保物的取回；

（十）对债权人利益有重大影响的其他财产处分行为。

未设立债权人委员会的，管理人实施前款规定的行为应当及时报告人民法院。

第八章 重 整

第一节 重整申请和重整期间

第七十条 债务人或者债权人可以依照本法规定，直接向人民法院申请对债务人进行重整。

债权人申请对债务人进行破产清算的，在人民法院受理破产申请后、宣告债务人破产前，债务人或者出资额占债务人注册资本十分之一以上的出资人，可以向人民法院申请重整。

第七十一条 人民法院经审查认为重整申请符合本法规定的，应当裁定债务人重整，并予以公告。

第七十二条 自人民法院裁定债务人重整之日起至重整程序终止，为重整期间。

第七十三条 在重整期间，经债务人申请，人民法院批准，债务人可以在管理人的监督下自行管理财产和营业事务。

有前款规定情形的，依照本法规定已接管债务人财产和营业事务的管理人应当向债务人移交财产和营业事务，本法规定的管理人的职权由债务人行使。

第七十四条 管理人负责管理财产和营业事务的，可以聘任债务人的经营管理人员负责营业事务。

第七十五条 在重整期间，对债务人的特定财产享有的担保权暂停行使。但是，担保物有损坏或者价值明显减少的可能，足以危害担保权人权利的，担保权人可以向人民法院请求恢复行使担保权。

在重整期间，债务人或者管理人为继续营业而借款的，可以为该借款设定担保。

第七十六条 债务人合法占有的他人财产，该财产的权利人在重整期间要求取回的，应当符合事先约定的条件。

第七十七条 在重整期间，债务人的出资人不得请求投资收益分配。

在重整期间，债务人的董事、监事、高级管理人员不得向第三人转让其持有的债务人的股权。但是，经人民法院同意的除外。

第七十八条 在重整期间，有下列情形之一的，经管理人或者利害关系人请求，人民法院应当裁定终止重整程序，并宣告债务人破产：

（一）债务人的经营状况和财产状况继续恶化，缺乏挽救的可能性；

（二）债务人有欺诈、恶意减少债务人财产或者其他显著不利于债权人的行为；

（三）由于债务人的行为致使管理人无法执行职务。

第二节 重整计划的制定和批准

第七十九条 债务人或者管理人应当自人民法院裁定债务人重整之日起六个月内，同时向人民法院和债权人会议提交重整计划草案。

前款规定的期限届满，经债务人或者管理人请求，有正当理由的，人民法院可以裁定延期三个月。

债务人或者管理人未按期提出重整计划草案的，人民法院应当裁定终止重整程序，并宣告债务人破产。

第八十条 债务人自行管理财产和营业事务的，由债务人制作重整计划草案。

管理人负责管理财产和营业事务的，由管理人制作重整计划草案。

第八十一条 重整计划草案应当包括下列内容：

（一）债务人的经营方案；

（二）债权分类；

（三）债权调整方案；

（四）债权受偿方案；

（五）重整计划的执行期限；

（六）重整计划执行的监督期限；

（七）有利于债务人重整的其他方案。

第八十二条 下列各类债权的债权人参加讨论重整计划草案的债权人会议，依照下列债权分类，分组对重整计划草案进行表决：

（一）对债务人的特定财产享有担保权的债权；

（二）债务人所欠职工的工资和医疗、伤残补助、抚恤费用，所欠的应当划入职工个人账户的基本养老保险、基本医疗保险费用，以及法律、行政法规规定应当支付给职工的补偿金；

（三）债务人所欠税款；

（四）普通债权。

人民法院在必要时可以决定在普通债权组中设小额债权组对重整计划草案进行表决。

第八十三条 重整计划不得规定减免债务人欠缴的本法第八十二条第一款第二项规定以外的社会保险费用；该项费用的债权人不参加重整计划草案的表决。

第八十四条 人民法院应当自收到重整计划草案之日起三十日内召开债权人会议，对重整计划草案进行表决。

出席会议的同一表决组的债权人过半数同意重整计划草案，并且其所代表的债权额占该组债权总额的三分之二以上的，即为该组通过重整计划草案。

债务人或者管理人应当向债权人会议就重整计划草案作出说明，并回答询问。

第八十五条 债务人的出资人代表可以列席讨论重整计划草案的债权人会议。

重整计划草案涉及出资人权益调整事项的，应当设出资人组，对该事项进行表决。

第八十六条 各表决组均通过重整计划草案时，重整计划即为通过。

自重整计划通过之日起十日内，债务人或者管理人应当向人民法院提出批准重整计划的申请。人民法院经审查认为符合本法规定的，应当自收到申请之日起三十日内裁定批准，终止重整程序，并予以公告。

第八十七条 部分表决组未通过重整计划草案的，债务人或者管理人可以同未通过重整计划草案的表决组协商。该表决组可以在协商后再表决一次。双方协商的结果不得损害其他表决组的利益。

未通过重整计划草案的表决组拒绝再次表决或者再次表决仍未通过重整计划草案，但重整计划草案符合下列条件的，债务人或者管理人可以申请人民法院批准重整计划草案：

（一）按照重整计划草案，本法第八十二条第一款第一项所列债权就该特定财产将获得全额清偿，其因延期清偿所受的损失将得到公平补偿，并且其担保权未受到实质性损害，或者该表决组已经通过重整计划草案；

（二）按照重整计划草案，本法第八十二条第一款第二项、第三项所列债权将获得全额清偿，或者相应表决组已经通过重整计划草案；

（三）按照重整计划草案，普通债权所获得的清偿比例，不低于其在重整计划草案被提请批准时依照破产清算程序所能获得的清偿比例，或者该表决组已经通过重整计划草案；

（四）重整计划草案对出资人权益的调整公平、公正，或者出资人组已经通过重整计划草案；

（五）重整计划草案公平对待同一表决组的成员，并且所规定的债权清偿顺序不违反本法第一百一十三条的规定；

（六）债务人的经营方案具有可行性。

人民法院经审查认为重整计划草案符合前款规定的，应当自收到申请之日起三十日内裁定批准，终止重整程序，并予以公告。

第八十八条 重整计划草案未获得通过且未依照本法第八十七条的规定获得批准，或者已通过的重整计划未获得批准的，人民法院应当裁定终止重整程序，并宣告债务人破产。

第三节　重整计划的执行

第八十九条 重整计划由债务人负责执行。

人民法院裁定批准重整计划后，已接管财产和营业事务的管理人应当向债务人移交财产和营业事务。

第九十条 自人民法院裁定批准重整计划之日起，在重整计划规定的监督期内，由管理人监督重整计划的执行。

在监督期内，债务人应当向管理人报告重整计划执行情况和债务人财务状况。

第九十一条 监督期届满时，管理人应当向人民法院提交监督报告。自监督报告提交之日起，管理人的监督职责终止。

管理人向人民法院提交的监督报告，重整计划的利害关系人有权查阅。

经管理人申请，人民法院可以裁定延长重整计划执行的监督期限。

第九十二条 经人民法院裁定批准的重整计划，对债务人和全体债权人均有约束力。

债权人未依照本法规定申报债权的，在重整计划执行期间不得行使权利；在重整计划执行完毕后，可以按照重整计划规定的同类债权的清偿条件行使权利。

债权人对债务人的保证人和其他连带债务人所享有的权利，不受重整计划的影响。

第九十三条 债务人不能执行或者不执行重整计划的，人民法院经管理人或者利害关系人请求，应当裁定终止重整计划的执行，并宣告债务人破产。

人民法院裁定终止重整计划执行的，债权人在重整计划中作出的债权调整的承诺失去效力。债权人因执行重整计划所受的清偿仍然有效，债权未受清偿的部分作为破产债权。

前款规定的债权人，只有在其他同顺位债权人同自己所受的清偿达到同一比例时，才能继续接受分配。

有本条第一款规定情形的，为重整计划的执行提供的担保继续有效。

第九十四条 按照重整计划减免的债务，自重整计划执行完毕时起，债务人不再承担清偿责任。

第九章 和 解

第九十五条 债务人可以依照本法规定，直接向人民法院申请和解；也可以在人民法院受理破产申请后、宣告债务人破产前，向人民法院申请和解。

债务人申请和解，应当提出和解协议草案。

第九十六条 人民法院经审查认为和解申请符合本法规定的，应当裁定和解，予以公告，并召集债权人会议讨论和解协议草案。

对债务人的特定财产享有担保权的权利人，自人民法院裁定和解之日起可以行使权利。

第九十七条 债权人会议通过和解协议的决议，由出席会议的有表决权的债权人过半数同意，并且其所代表的债权额占无财产担保债权总额的三分之二以上。

第九十八条 债权人会议通过和解协议的，由人民法院裁定认可，终止和解程序，并予以公告。管理人应当向债务人移交财产和营业事务，并向人民法院提交执行职务的报告。

第九十九条 和解协议草案经债权人会议表决未获得通过，或者已经债权人会议通过的和解协议未获得人民法院认可的，人民法院应当裁定终止和解程序，并宣告债务人破产。

第一百条 经人民法院裁定认可的和解协议，对债务人和全体和解债权人均有约束力。

和解债权人是指人民法院受理破产申请时对债务人享有无财产担保债权的人。

和解债权人未依照本法规定申报债权的，在和解协议执行期间不得行使权利；在和解协议执行完毕后，可以按照和解协议规定的清偿条件行使权利。

第一百零一条 和解债权人对债务人的保证人和其他连带债务人所享有的权利，不受和解协议的影响。

第一百零二条 债务人应当按照和解协议规定的条件清偿债务。

第一百零三条 因债务人的欺诈或者其他违法行为而成立的和解协议，人民法院应当裁定无效，并宣告债务人破产。

有前款规定情形的，和解债权人因执行和解协议所受的清偿，在其他债权人所受清偿同等比例的范围内，不予返还。

第一百零四条 债务人不能执行或者不执行和解协议的，人民法院经和解债权人请求，应当裁定终止和解协议的执行，并宣告债务人破产。

人民法院裁定终止和解协议执行的，和解债权人在和解协议中作出的债权调整的承诺失去效力。和解债权人因执行和解协议所受的清偿仍然有效，和解债权未受清偿的部分作为破产债权。

前款规定的债权人，只有在其他债权人同自己所受的清偿达到同一比例时，才能继续接受分配。

有本条第一款规定情形的，为和解协议的执行提供的担保继续有效。

第一百零五条 人民法院受理破产申请后，债务人与全体债权人就债权债务的处理自行达成协议的，可以请求人民法院裁定认可，并终结破产程序。

第一百零六条 按照和解协议减免的债务，自和解协议执行完毕时起，债务人不再承担清偿责任。

第十章　破产清算

第一节　破产宣告

第一百零七条 人民法院依照本法规定宣告债务人破产的，应当自裁定作出之日起五日内送达债务人和管理人，自裁定作出之日起十日内通知已知债权人，并予以公告。

债务人被宣告破产后，债务人称为破产人，债务人财产称为破产财产，人民法院受理破产申请时对债务人享有的债权称为破产债权。

第一百零八条 破产宣告前，有下列情形之一的，人民法院应当裁定终结破产程序，并予以公告：

（一）第三人为债务人提供足额担保或者为债务人清偿全部到期债务的；

（二）债务人已清偿全部到期债务的。

第一百零九条 对破产人的特定财产享有担保权的权利人，对该特定财产享有优先受偿的权利。

第一百一十条 享有本法第一百零九条规定权利的债权人行使优先受偿权利未能完全受偿的，其未受偿的债权作为普通债权；放弃优先受偿权利的，其债权作为普通债权。

第二节 变价和分配

第一百一十一条 管理人应当及时拟订破产财产变价方案，提交债权人会议讨论。

管理人应当按照债权人会议通过的或者人民法院依照本法第六十五条第一款规定裁定的破产财产变价方案，适时变价出售破产财产。

第一百一十二条 变价出售破产财产应当通过拍卖进行。但是，债权人会议另有决议的除外。

破产企业可以全部或者部分变价出售。企业变价出售时，可以将其中的无形资产和其他财产单独变价出售。

按照国家规定不能拍卖或者限制转让的财产，应当按照国家规定的方式处理。

第一百一十三条 破产财产在优先清偿破产费用和共益债务后，依照下列顺序清偿：

（一）破产人所欠职工的工资和医疗、伤残补助、抚恤费用，所欠的应当划入职工个人账户的基本养老保险、基本医疗保险费用，以及法律、行政法规规定应当支付给职工的补偿金；

（二）破产人欠缴的除前项规定以外的社会保险费用和破产人所欠税款；

（三）普通破产债权。

破产财产不足以清偿同一顺序的清偿要求的，按照比例分配。

破产企业的董事、监事和高级管理人员的工资按照该企业职工的平均工资计算。

第一百一十四条 破产财产的分配应当以货币分配方式进行。但是，债权人会议另有决议的除外。

第一百一十五条 管理人应当及时拟订破产财产分配方案，提交债权人会议讨论。

破产财产分配方案应当载明下列事项：

（一）参加破产财产分配的债权人名称或者姓名、住所；

（二）参加破产财产分配的债权额；

（三）可供分配的破产财产数额；

（四）破产财产分配的顺序、比例及数额；

（五）实施破产财产分配的方法。

债权人会议通过破产财产分配方案后，由管理人将该方案提请人民法院裁定认可。

第一百一十六条 破产财产分配方案经人民法院裁定认可后，由管理人执行。

管理人按照破产财产分配方案实施多次分配的，应当公告本次分配的财产额和债权额。管理人实施最后分配的，应当在公告中指明，并载明本法第一百一十七条第二款规定的事项。

第一百一十七条 对于附生效条件或者解除条件的债权，管理人应当将其分配额提存。

管理人依照前款规定提存的分配额，在最后分配公告日，生效条件未成就或者解除条件成就的，应当分配给其他债权人；在最后分配公告日，生效条件成就或者解除条件未成就的，应当交付给债权人。

第一百一十八条 债权人未受领的破产财产分配额，管理人应当提存。债权人自最后分配公告之日起满二个月仍不领取的，视为放弃受领分配的权利，管理人或者人民法院应当将提存的分配额分配给其他债权人。

第一百一十九条 破产财产分配时，对于诉讼或者仲裁未决的债权，管理人应当将其分配额提存。自破产程序终结之日起满二年仍不能受领分配的，人民法院应当将提存的分配额分配给其他债权人。

第三节　破产程序的终结

第一百二十条 破产人无财产可供分配的，管理人应当请求人民法院裁定终结破产程序。

管理人在最后分配完结后，应当及时向人民法院提交破产财产分配报告，并提请人民法院裁定终结破产程序。

人民法院应当自收到管理人终结破产程序的请求之日起十五日内作出是否终结破产程序的裁定。裁定终结的，应当予以公告。

第一百二十一条 管理人应当自破产程序终结之日起十日内，持人民法院终结破产程序的裁定，向破产人的原登记机关办理注销登记。

第一百二十二条 管理人于办理注销登记完毕的次日终止执行职务。但是，存在诉讼或者仲裁未决情况的除外。

第一百二十三条 自破产程序依照本法第四十三条第四款或者第一百二十条的规定终结之日起二年内，有下列情形之一的，债权人可以请求人民法院按照破产财产分配方案进行追加分配：

（一）发现有依照本法第三十一条、第三十二条、第三十三条、第三十六条规定应当追回的财产的；

（二）发现破产人有应当供分配的其他财产的。

有前款规定情形，但财产数量不足以支付分配费用的，不再进行追加分配，由人民法院将其上交国库。

第一百二十四条 破产人的保证人和其他连带债务人，在破产程序终结后，对债权人依照破产清算程序未受清偿的债权，依法继续承担清偿责任。

第十一章　法律责任

第一百二十五条 企业董事、监事或者高级管理人员违反忠实义务、勤勉义务，致使所在企业破产的，依法承担民事责任。

有前款规定情形的人员，自破产程序终结之日起三年内不得担任任何企业的董事、监事、高级管理人员。

第一百二十六条 有义务列席债权人会议的债务人的有关人员，经人民法院传唤，无正当理由拒不列席债权人会议的，人民法院可以拘传，并依法处以罚款。债务人的有关人员违反本法规定，拒不陈述、回答，或者作虚假陈述、回答的，人民法院可以依法处以罚款。

第一百二十七条 债务人违反本法规定，拒不向人民法院提交或者提交不真实的财产状况说明、债务清册、债权清册、有关财务会计报告以及职工工资的支付情况和社会保险费用的缴纳情况的，人民法院可以对直接责任人员依法处以罚款。

债务人违反本法规定，拒不向管理人移交财产、印章和账簿、文书等资料的，或者伪造、销毁有关财产证据材料而使财产状况不明的，人民法院可以对直接责任人员依法处以罚款。

第一百二十八条　债务人有本法第三十一条、第三十二条、第三十三条规定的行为，损害债权人利益的，债务人的法定代表人和其他直接责任人员依法承担赔偿责任。

第一百二十九条　债务人的有关人员违反本法规定，擅自离开住所地的，人民法院可以予以训诫、拘留，可以依法并处罚款。

第一百三十条　管理人未依照本法规定勤勉尽责，忠实执行职务的，人民法院可以依法处以罚款；给债权人、债务人或者第三人造成损失的，依法承担赔偿责任。

第一百三十一条　违反本法规定，构成犯罪的，依法追究刑事责任。

第十二章　附　　则

第一百三十二条　本法施行后，破产人在本法公布之日前所欠职工的工资和医疗、伤残补助、抚恤费用，所欠的应当划入职工个人账户的基本养老保险、基本医疗保险费用，以及法律、行政法规规定应当支付给职工的补偿金，依照本法第一百一十三条的规定清偿后不足以清偿的部分，以本法第一百零九条规定的特定财产优先于对该特定财产享有担保权的权利人受偿。

第一百三十三条　在本法施行前国务院规定的期限和范围内的国有企业实施破产的特殊事宜，按照国务院有关规定办理。

第一百三十四条　商业银行、证券公司、保险公司等金融机构有本法第二条规定情形的，国务院金融监督管理机构可以向人民法院提出对该金融机构进行重整或者破产清算的申请。国务院金融监督管理机构依法对出现重大经营风险的金融机构采取接管、托管等措施的，可以向人民法院申请中止以该金融机构为被告或者被执行人的民事诉讼程序或者执行程序。

金融机构实施破产的，国务院可以依据本法和其他有关法律的规定制定实施办法。

第一百三十五条　其他法律规定企业法人以外的组织的清算，属于破产清算的，参照适用本法规定的程序。

第一百三十六条　本法自 2007 年 6 月 1 日起施行，《中华人民共和国企业破产法（试行）》同时废止。

二、最高人民法院关于审理企业破产案件若干问题的规定

时效性：现行有效
发文机关：最高人民法院
文号：法释〔2002〕23 号
发文日期：2002 年 7 月 30 日
施行日期：2002 年 9 月 1 日
效力级别：司法解释

为正确适用《中华人民共和国企业破产法（试行）》（以下简称企业破产法）、《中华人民共和国民事诉讼法》（以下简称民事诉讼法），规范对企业破产案件的审理，结合人民法院审理企业破产案件的实际情况，特制定以下规定。

一、关于企业破产案件管辖

第一条 企业破产案件由债务人住所地人民法院管辖。债务人住所地指债务人的主要办事机构所在地。债务人无办事机构的，由其注册地人民法院管辖。

第二条 基层人民法院一般管辖县、县级市或者区的工商行政管理机关核准登记企业的破产案件；

中级人民法院一般管辖地区、地级市（含本级）以上的工商行政管理机关核准登记企业的破产案件；

纳入国家计划调整的企业破产案件，由中级人民法院管辖。

第三条 上级人民法院审理下级人民法院管辖的企业破产案件，或者将本院管辖的企业破产案件移交下级人民法院审理，以及下级人民法院需要将自己管辖的企业破产案件交由上级人民法院审理的，依照民事诉讼法第三十九条的规定办理；省、自治区、直辖市范围内因特殊情况需对个别企业破产案件的地域管辖作调整的，须经共同上级人民法院批准。

二、关于破产申请与受理

第四条 申请（被申请）破产的债务人应当具备法人资格，不具备法人资格的企业、个体工商户、合伙组织、农村承包经营户不具备破产主体

资格。

第五条 国有企业向人民法院申请破产时，应当提交其上级主管部门同意其破产的文件；其他企业应当提供其开办人或者股东会议决定企业破产的文件。

第六条 债务人申请破产，应当向人民法院提交下列材料：

（一）书面破产申请；

（二）企业主体资格证明；

（三）企业法定代表人与主要负责人名单；

（四）企业职工情况和安置预案；

（五）企业亏损情况的书面说明，并附审计报告；

（六）企业至破产申请日的资产状况明细表，包括有形资产、无形资产和企业投资情况等；

（七）企业在金融机构开设账户的详细情况，包括开户审批材料、帐号、资金等；

（八）企业债权情况表，列明企业的债务人名称、住所、债务数额、发生时间和催讨偿还情况；

（九）企业债务情况表，列明企业的债权人名称、住所、债权数额、发生时间；

（十）企业涉及的担保情况；

（十一）企业已发生的诉讼情况；

（十二）人民法院认为应当提交的其他材料。

第七条 债权人申请债务人破产，应当向人民法院提交下列材料：

（一）债权发生的事实与证据；

（二）债权性质、数额、有无担保，并附证据；

（三）债务人不能清偿到期债务的证据。

第八条 债权人申请债务人破产，人民法院可以通知债务人核对以下情况：

（一）债权的真实性；

（二）债权在债务人不能偿还的到期债务中所占的比例；

（三）债务人是否存在不能清偿到期债务的情况。

第九条 债权人申请债务人破产，债务人对债权人的债权提出异议，人民法院认为异议成立的，应当告知债权人先行提起民事诉讼。破产申请不予受理。

第十条 人民法院收到破产申请后，应当在七日内决定是否立案；破产申请人提交的材料需要更正、补充的，人民法院可以责令申请人限期更正、补充。按期更正、补充材料的，人民法院自收到更正补充材料之日起七日内决定是否立案；未按期更正、补充的，视为撤回申请。

人民法院决定受理企业破产案件的，应当制作案件受理通知书，并送达申请人和债务人。通知书作出时间为破产案件受理时间。

第十一条 在人民法院决定受理企业破产案件前，破产申请人可以请求撤回破产申请。

人民法院准许申请人撤回破产申请的，在撤回破产申请之前已经支出的费用由破产申请人承担。

第十二条 人民法院经审查发现有下列情况的，破产申请不予受理：

（一）债务人有隐匿、转移财产等行为，为了逃避债务而申请破产的；

（二）债权人借破产申请毁损债务人商业信誉，意图损害公平竞争的。

第十三条 人民法院对破产申请不予受理的，应当作出裁定。

破产申请人对不予受理破产申请的裁定不服的，可以在裁定送达之日起十日内向上一级人民法院提起上诉。

第十四条 人民法院受理企业破产案件后，发现不符合法律规定的受理条件或者有本规定第十二条所列情形的，应当裁定驳回破产申请。

人民法院受理债务人的破产申请后，发现债务人巨额财产下落不明且不能合理解释财产去向的，应当裁定驳回破产申请。

破产申请人对驳回破产申请的裁定不服的，可以在裁定送达之日起十日内向上一级人民法院提起上诉。

第十五条 人民法院决定受理企业破产案件后，应当组成合议庭，并在十日内完成下列工作：

（一）将合议庭组成人员情况书面通知破产申请人和被申请人，并在法院公告栏张贴企业破产受理公告。公告内容应当写明：破产申请受理时间、债务人名称、申报债权的期限、地点和逾期未申报债权的法律后果、第一次债权人会议召开的日期、地点；

（二）在债务人企业发布公告，要求保护好企业财产，不得擅自处理企业的账册、文书、资料、印章，不得隐匿、私分、转让、出售企业财产；

（三）通知债务人立即停止清偿债务，非经人民法院许可不得支付任何费用；

（四）通知债务人的开户银行停止债务人的结算活动，并不得扣划债务人款项抵扣债务。但经人民法院依法许可的除外。

第十六条 人民法院受理债权人提出的企业破产案件后，应当通知债务人在十五日内向人民法院提交有关会计报表、债权债务清册、企业资产清册以及人民法院认为应当提交的资料。

第十七条 人民法院受理企业破产案件后，除应当按照企业破产法第九条的规定通知已知的债权人外，还应当于三十日内在国家、地方有影响的报纸上刊登公告，公告内容同第十五条第（一）项的规定。

第十八条 人民法院受理企业破产案件后，除可以随即进行破产宣告成立清算组的外，在企业原管理组织不能正常履行管理职责的情况下，可以成立企业监管组。企业监管组成员从企业上级主管部门或者股东会议代表、企业原管理人员、主要债权人中产生，也可以聘请会计师、律师等中介机构参加。企业监管组主要负责处理以下事务：

（一）清点、保管企业财产；

（二）核查企业债权；

（三）为企业利益而进行的必要的经营活动；

（四）支付人民法院许可的必要支出；

（五）人民法院许可的其他工作。

企业监管组向人民法院负责，接受人民法院的指导、监督。

第十九条 人民法院受理企业破产案件后，以债务人为原告的其他民事纠纷案件尚在一审程序的，受诉人民法院应当将案件移送受理破产案件的人民法院；案件已进行到二审程序的，受诉人民法院应当继续审理。

第二十条 人民法院受理企业破产案件后，对债务人财产的其他民事执行程序应当中止。

以债务人为被告的其他债务纠纷案件，根据下列不同情况分别处理：

（一）已经审结但未执行完毕的，应当中止执行，由债权人凭生效的法律文书向受理破产案件的人民法院申报债权。

（二）尚未审结且无其他被告和无独立请求权的第三人的，应当中止诉讼，由债权人向受理破产案件的人民法院申报债权。在企业被宣告破产后，终结诉讼。

（三）尚未审结并有其他被告或者无独立请求权的第三人的，应当中止诉讼，由债权人向受理破产案件的人民法院申报债权。待破产程序终结后，恢复审理。

（四）债务人系从债务人的债务纠纷案件继续审理。

三、关于债权申报

第二十一条 债权人申报债权应当提交债权证明和合法有效的身份证明；代理申报人应当提交委托人的有效身份证明、授权委托书和债权证明。

申报的债权有财产担保的，应当提交证明财产担保的证据。

第二十二条 人民法院在登记申报的债权时，应当记明债权人名称、住所、开户银行、申报债权数额、申报债权的证据、财产担保情况、申报时间、联系方式以及其他必要的情况。

已经成立清算组的，由清算组进行上述债权登记工作。

第二十三条 连带债务人之一或者数人破产的，债权人可就全部债权向该债务人或者各债务人行使权利，申报债权。债权人未申报债权的，其他连带债务人可就将来可能承担的债务申报债权。

第二十四条 债权人虽未在法定期间申报债权，但有民事诉讼法第七十六条规定情形的，在破产财产分配前可向清算组申报债权。清算组负责审查其申报的债权，并由人民法院审查确定。债权人会议对人民法院同意该债权人参加破产财产分配有异议的，可以向人民法院申请复议。

四、关于破产和解与破产企业整顿

第二十五条 人民法院受理企业破产案件后，在破产程序终结前，债务人可以向人民法院申请和解。人民法院在破产案件审理过程中，可以根据债权人、债务人具体情况向双方提出和解建议。

人民法院作出破产宣告裁定前，债权人会议与债务人达成和解协议并经人民法院裁定认可的，由人民法院发布公告，中止破产程序。

人民法院作出破产宣告裁定后，债权人会议与债务人达成和解协议并经人民法院裁定认可，由人民法院裁定中止执行破产宣告裁定，并公告中止破产程序。

第二十六条 债务人不按和解协议规定的内容清偿全部债务的，相关债权人可以申请人民法院强制执行。

第二十七条 债务人不履行或者不能履行和解协议的，经债权人申请，人民法院应当裁定恢复破产程序。和解协议系在破产宣告前达成的，人民法院应当在裁定恢复破产程序的同时裁定宣告债务人破产。

第二十八条 企业由债权人申请破产的，如被申请破产的企业系国有企业，依照企业破产法第四章的规定，其上级主管部门可以申请对该企业进行整顿。整顿申请应当在债务人被宣告破产前提出。

企业无上级主管部门的，企业股东会议可以通过决议并以股东会议名义申请对企业进行整顿。整顿工作由股东会议指定人员负责。

第二十九条 企业整顿期间，企业的上级主管部门或者负责实施整顿方案的人员应当定期向债权人会议和人民法院报告整顿情况、和解协议执行情况。

第三十条 企业整顿期间，对于债务人财产的执行仍适用企业破产法第十一条的规定。

五、关于破产宣告

第三十一条 企业破产法第三条第一款规定的"不能清偿到期债务"是指：

（一）债务的履行期限已届满；

（二）债务人明显缺乏清偿债务的能力。

债务人停止清偿到期债务并呈连续状态，如无相反证据，可推定为"不能清偿到期债务"。

第三十二条 人民法院受理债务人破产案件后，有下列情形之一的，应当裁定宣告债务人破产：

（一）债务人不能清偿债务且与债权人不能达成和解协议的；

（二）债务人不履行或者不能履行和解协议的；

（三）债务人在整顿期间有企业破产法第二十一条规定情形的；

（四）债务人在整顿期满后有企业破产法第二十二条第二款规定情形的。

宣告债务人破产应当公开进行。由债权人提出破产申请的，破产宣告时应当通知债务人到庭。

第三十三条 债务人自破产宣告之日起停止生产经营活动。为债权人利益确有必要继续生产经营的，须经人民法院许可。

第三十四条 人民法院宣告债务人破产后，应当通知债务人的开户银行，限定其银行账户只能由清算组使用。人民法院通知开户银行时应当附破产宣告裁定书。

第三十五条 人民法院裁定宣告债务人破产后应当发布公告，公告内容包括债务人亏损情况、资产负债状况、破产宣告时间、破产宣告理由和法律依据以及对债务人的财产、账册、文书、资料和印章的保护等内容。

第三十六条 破产宣告后，破产企业的财产在其他民事诉讼程序中被查封、扣押、冻结的，受理破产案件的人民法院应当立即通知采取查封、扣押、冻结措施的人民法院予以解除，并向受理破产案件的人民法院办理移交手续。

第三十七条 企业被宣告破产后，人民法院应当指定必要的留守人员。破产企业的法定代表人、财会、财产保管人员必须留守。

第三十八条 破产宣告后，债权人或者债务人对破产宣告有异议的，可以在人民法院宣告企业破产之日起十日内，向上一级人民法院申诉。上一级人民法院应当组成合议庭进行审理，并在三十日内作出裁定。

六、关于债权人会议

第三十九条 债权人会议由申报债权的债权人组成。

债权人会议主席由人民法院在有表决权的债权人中指定。必要时，人民法院可以指定多名债权人会议主席，成立债权人会议主席委员会。

少数债权人拒绝参加债权人会议，不影响会议的召开。但债权人会议不得作出剥夺其对破产财产受偿的机会或者不利于其受偿的决议。

第四十条 第一次债权人会议应当在人民法院受理破产案件公告三个月期满后召开。除债务人的财产不足以支付破产费用，破产程序提前终结外，不得以一般债权的清偿率为零为理由取消债权人会议。

第四十一条 第一次债权人会议由人民法院召集并主持。人民法院除完成本规定第十七条确定的工作外，还应当做好以下准备工作：

（一）拟订第一次债权人会议议程；

（二）向债务人的法定代表人或者负责人发出通知，要求其必须到会；

（三）向债务人的上级主管部门、开办人或者股东会议代表发出通知，要求其派员列席会议；

（四）通知破产清算组成员列席会议；

（五）通知审计、评估人员参加会议；

（六）需要提前准备的其他工作。

第四十二条 债权人会议一般包括以下内容：

（一）宣布债权人会议职权和其他有关事项；

（二）宣布债权人资格审查结果；

（三）指定并宣布债权人会议主席；

（四）安排债务人法定代表人或者负责人接受债权人询问；

（五）由清算组通报债务人的生产经营、财产、债务情况并作清算工作报告和提出财产处理方案及分配方案；

（六）讨论并审查债权的证明材料、债权的财产担保情况及数额、讨论通过和解协议、审阅清算组的清算报告、讨论通过破产财产的处理方案与分配方案等。讨论内容应当记明笔录。债权人对人民法院或者清算组登记的债权提出异议的，人民法院应当及时审查并作出裁定；

（七）根据讨论情况，依照企业破产法第十六条的规定进行表决。

以上第（五）至（七）项议程内的工作在本次债权人会议上无法完成的，交由下次债权人会议继续进行。

第四十三条 债权人认为债权人会议决议违反法律规定或者侵害其合法权益的，可以在债权人会议作出决议后七日内向人民法院提出，由人民法院依法裁定。

第四十四条 清算组财产分配方案经债权人会议两次讨论未获通过的，由人民法院依法裁定。

对前款裁定，占无财产担保债权总额半数以上债权的债权人有异议的，可以在人民法院作出裁定之日起十日内向上一级人民法院申诉。上一级人民法院应当组成合议庭进行审理，并在三十日内作出裁定。

第四十五条 债权人可以委托代理人出席债权人会议，并可以授权代理人行使表决权。代理人应当向人民法院或者债权人会议主席提交授权委托书。

第四十六条 第一次债权人会议后又召开债权人会议的，债权人会议主席应当在发出会议通知前三日报告人民法院，并由会议召集人在开会前十五日将会议时间、地点、内容、目的等事项通知债权人。

七、关于清算组

第四十七条 人民法院应当自裁定宣告企业破产之日起十五日内成立清算组。

第四十八条 清算组成员可以从破产企业上级主管部门、清算中介机构以及会计、律师中产生，也可以从政府财政、工商管理、计委、经委、审计、税务、物价、劳动、社会保险、土地管理、国有资产管理、人事等部门中指定。人民银行分（支）行可以按照有关规定派人参加清算组。

第四十九条　清算组经人民法院同意可以聘请破产清算机构、律师事务所、会计事务所等中介机构承担一定的破产清算工作。中介机构就清算工作向清算组负责。

第五十条　清算组的主要职责是：

（一）接管破产企业。向破产企业原法定代表人及留守人员接收原登记造册的资产明细表、有形资产清册，接管所有财产、账册、文书档案、印章、证照和有关资料。破产宣告前成立企业监管组的，由企业监管组和企业原法定代表人向清算组进行移交；

（二）清理破产企业财产，编制财产明细表和资产负债表，编制债权债务清册，组织破产财产的评估、拍卖、变现；

（三）回收破产企业的财产，向破产企业的债务人、财产持有人依法行使财产权利；

（四）管理、处分破产财产，决定是否履行合同和在清算范围内进行经营活动。确认别除权、抵销权、取回权；

（五）进行破产财产的委托评估、拍卖及其他变现工作；

（六）依法提出并执行破产财产处理和分配方案；

（七）提交清算报告；

（八）代表破产企业参加诉讼和仲裁活动；

（九）办理企业注销登记等破产终结事宜；

（十）完成人民法院依法指定的其他事项。

第五十一条　清算组对人民法院负责并且报告工作，接受人民法院的监督。人民法院应当及时指导清算组的工作，明确清算组的职权与责任，帮助清算组拟订工作计划，听取清算组汇报工作。

清算组有损害债权人利益的行为或者其他违法行为的，人民法院可以根据债权人的申请或者依职权予以纠正。

人民法院可以根据债权人的申请或者依职权更换不称职的清算组成员。

第五十二条　清算组应当列席债权人会议，接受债权人会议的询问。债权人有权查阅有关资料、询问有关事项；清算组的决定违背债权人利益的，债权人可以申请人民法院裁定撤销该决定。

第五十三条　清算组对破产财产应当及时登记、清理、审计、评估、变价。必要时，可以请求人民法院对破产企业财产进行保全。

第五十四条　清算组应当采取有效措施保护破产企业的财产。债务人的财产权利如不依法登记或者及时行使将丧失权利的，应当及时予以登记或者行使；对易损、易腐、跌价或者保管费用较高的财产应当及时变卖。

八、关于破产债权

第五十五条 下列债权属于破产债权：

（一）破产宣告前发生的无财产担保的债权；

（二）破产宣告前发生的虽有财产担保但是债权人放弃优先受偿的债权；

（三）破产宣告前发生的虽有财产担保但是债权数额超过担保物价值部分的债权；

（四）票据出票人被宣告破产，付款人或者承兑人不知其事实而向持票人付款或者承兑所产生的债权；

（五）清算组解除合同，对方当事人依法或者依照合同约定产生的对债务人可以用货币计算的债权；

（六）债务人的受托人在债务人破产后，为债务人的利益处理委托事务所发生的债权；

（七）债务人发行债券形成的债权；

（八）债务人的保证人代替债务人清偿债务后依法可以向债务人追偿的债权；

（九）债务人的保证人按照《中华人民共和国担保法》第三十二条的规定预先行使追偿权而申报的债权；

（十）债务人为保证人的，在破产宣告前已经被生效的法律文书确定承担的保证责任；

（十一）债务人在破产宣告前因侵权、违约给他人造成财产损失而产生的赔偿责任。

（十二）人民法院认可的其他债权。

以上第（五）项债权以实际损失为计算原则。违约金不作为破产债权，定金不再适用定金罚则。

第五十六条 因企业破产解除劳动合同，劳动者依法或者依据劳动合同对企业享有的补偿金请求权，参照企业破产法第三十七条第二款第（一）项规定的顺序清偿。

第五十七条 债务人所欠非正式职工（含短期劳动工）的劳动报酬，参照企业破产法第三十七条第二款第（一）项规定的顺序清偿。

第五十八条 债务人所欠企业职工集资款，参照企业破产法第三十七条第二款第（一）项规定的顺序清偿。但对违反法律规定的高额利息部分不予保护。

职工向企业的投资，不属于破产债权。

第五十九条 债务人退出联营应当对该联营企业的债务承担责任的，联营企业的债权人对该债务人享有的债权属于破产债权。

第六十条 与债务人互负债权债务的债权人可以向清算组请求行使抵销权，抵销权的行使应当具备以下条件：

（一）债权人的债权已经得到确认；

（二）主张抵销的债权债务均发生在破产宣告之前。

经确认的破产债权可以转让。受让人以受让的债权抵销其所欠债务人债务的，人民法院不予支持。

第六十一条 下列债权不属于破产债权：

（一）行政、司法机关对破产企业的罚款、罚金以及其他有关费用；

（二）人民法院受理破产案件后债务人未支付应付款项的滞纳金，包括债务人未执行生效法律文书应当加倍支付的迟延利息和劳动保险金的滞纳金；

（三）破产宣告后的债务利息；

（四）债权人参加破产程序所支出的费用；

（五）破产企业的股权、股票持有人在股权、股票上的权利；

（六）破产财产分配开始后向清算组申报的债权；

（七）超过诉讼时效的债权；

（八）债务人开办单位对债务人未收取的管理费、承包费。

上述不属于破产债权的权利，人民法院或者清算组也应当对当事人的申报进行登记。

第六十二条 政府无偿拨付给债务人的资金不属于破产债权。但财政、扶贫、科技管理等行政部门通过签订合同，按有偿使用、定期归还原则发放的款项，可以作为破产债权。

第六十三条 债权人对清算组确认或者否认的债权有异议的，可以向清算组提出。债权人对清算组的处理仍有异议的，可以向人民法院提出。人民法院应当在查明事实的基础上依法作出裁决。

九、关于破产财产

第六十四条 破产财产由下列财产构成：

（一）债务人在破产宣告时所有的或者经营管理的全部财产；

（二）债务人在破产宣告后至破产程序终结前取得的财产；

（三）应当由债务人行使的其他财产权利。

第六十五条 债务人与他人共有的物、债权、知识产权等财产或者财产权，应当在破产清算中予以分割，债务人分割所得属于破产财产；不能分割的，应当就其应得部分转让，转让所得属于破产财产。

第六十六条 债务人的开办人注册资金投入不足的，应当由该开办人予以补足，补足部分属于破产财产。

第六十七条 企业破产前受让他人财产并依法取得所有权或者土地使用权的，即便未支付或者未完全支付对价，该财产仍属于破产财产。

第六十八条 债务人的财产被采取民事诉讼执行措施的，在受理破产案件后尚未执行的或者未执行完毕的剩余部分，在该企业被宣告破产后列入破产财产。因错误执行应当执行回转的财产，在执行回转后列入破产财产。

第六十九条 债务人依照法律规定取得代位求偿权的，依该代位求偿权享有的债权属于破产财产。

第七十条 债务人在被宣告破产时未到期的债权视为已到期，属于破产财产，但应当减去未到期的利息。

第七十一条 下列财产不属于破产财产：

（一）债务人基于仓储、保管、加工承揽、委托交易、代销、借用、寄存、租赁等法律关系占有、使用的他人财产；

（二）抵押物、留置物、出质物，但权利人放弃优先受偿权的或者优先偿付被担保债权剩余的部分除外；

（三）担保物灭失后产生的保险金、补偿金、赔偿金等代位物；

（四）依照法律规定存在优先权的财产，但权利人放弃优先受偿权或者优先偿付特定债权剩余的部分除外；

（五）特定物买卖中，尚未转移占有但相对人已完全支付对价的特定物；

（六）尚未办理产权证或者产权过户手续但已向买方交付的财产；

（七）债务人在所有权保留买卖中尚未取得所有权的财产；

（八）所有权专属于国家且不得转让的财产；

（九）破产企业工会所有的财产。

第七十二条 本规定第七十一条第（一）项所列的财产，财产权利人有权取回。

前款财产在破产宣告前已经毁损灭失的，财产权利人仅能以直接损失额为限申报债权；在破产宣告后因清算组的责任毁损灭失的，财产权利人有权获得等值赔偿。

债务人转让上述财产获利的，财产权利人有权要求债务人等值赔偿。

十、关于破产财产的收回、处理和变现

第七十三条 清算组应当向破产企业的债务人和财产持有人发出书面通知，要求债务人和财产持有人于限定的时间向清算组清偿债务或者交付财产。

破产企业的债务人和财产持有人有异议的，应当在收到通知后的七日内提出，由人民法院作出裁定。

破产企业的债务人和财产持有人在收到通知后既不向清算组清偿债务或者交付财产，又没有正当理由不在规定的异议期内提出异议的，由清算组向人民法院提出申请，经人民法院裁定后强制执行；

破产企业在境外的财产，由清算组予以收回。

第七十四条 债务人享有的债权，其诉讼时效自人民法院受理债务人的破产申请之日起，适用《中华人民共和国民法通则》第一百四十条关于诉讼时效中断的规定。债务人与债权人达成和解协议，中止破产程序的，诉讼时效自人民法院中止破产程序裁定之日起重新计算。

第七十五条 经人民法院同意，清算组可以聘用律师或者其他中介机构的人员追收债权。

第七十六条 债务人设立的分支机构和没有法人资格的全资机构的财产，应当一并纳入破产程序进行清理。

第七十七条 债务人在其开办的全资企业中的投资权益应当予以追收。

全资企业资不抵债的，清算组停止追收。

第七十八条 债务人对外投资形成的股权及其收益应当予以追收。对该股权可以出售或者转让，出售、转让所得列入破产财产进行分配。

股权价值为负值的，清算组停止追收。

第七十九条 债务人开办的全资企业，以及由其参股、控股的企业不能清偿到期债务，需要进行破产还债的，应当另行提出破产申请。

第八十条 清算组处理集体所有土地使用权时，应当遵守相关法律规

定。未办理土地征用手续的集体所有土地使用权，应当在该集体范围内转让。

第八十一条 破产企业的职工住房，已经签订合同、交付房款，进行房改给个人的，不属于破产财产。未进行房改的，可由清算组向有关部门申请办理房改事项，向职工出售。按照国家规定不具备房改条件，或者职工在房改中不购买住房的，由清算组根据实际情况处理。

第八十二条 债务人的幼儿园、学校、医院等公益福利性设施，按国家有关规定处理，不作为破产财产分配。

第八十三条 处理破产财产前，可以确定有相应评估资质的评估机构对破产财产进行评估，债权人会议、清算组对破产财产的评估结论、评估费用有异议的，参照最高人民法院《关于民事诉讼证据的若干规定》第二十七条的规定处理。

第八十四条 债权人会议对破产财产的市场价格无异议的，经人民法院同意后，可以不进行评估。但是国有资产除外。

第八十五条 破产财产的变现应当以拍卖方式进行。由清算组负责委托有拍卖资格的拍卖机构进行拍卖。

依法不得拍卖或者拍卖所得不足以支付拍卖所需费用的，不进行拍卖。

前款不进行拍卖或者拍卖不成的破产财产，可以在破产分配时进行实物分配或者作价变卖。债权人对清算组在实物分配或者作价变卖中对破产财产的估价有异议的，可以请求人民法院进行审查。

第八十六条 破产财产中的成套设备，一般应当整体出售。

第八十七条 依法属于限制流通的破产财产，应当由国家指定的部门收购或者按照有关法律规定处理。

十一、关于破产费用

第八十八条 破产费用包括：
（一）破产财产的管理、变卖、分配所需要的费用；
（二）破产案件的受理费；
（三）债权人会议费用；
（四）催收债务所需费用；
（五）为债权人的共同利益而在破产程序中支付的其他费用。

第八十九条 人民法院受理企业破产案件可以按照《人民法院诉讼收

费办法补充规定》预收案件受理费。

破产宣告前发生的经人民法院认可的必要支出，从债务人财产中拨付。债务人财产不足以支付的，如系债权人申请破产的，由债权人支付。

第九十条　清算期间职工生活费、医疗费可以从破产财产中优先拨付。

第九十一条　破产费用可随时支付，破产财产不足以支付破产费用的，人民法院根据清算组的申请裁定终结破产程序。

十二、关于破产财产的分配

第九十二条　破产财产分配方案经债权人会议通过后，由清算组负责执行。财产分配可以一次分配，也可以多次分配。

第九十三条　破产财产分配方案应当包括以下内容：

（一）可供破产分配的财产种类、总值，已经变现的财产和未变现的财产；

（二）债权清偿顺序、各顺序的种类与数额，包括破产企业所欠职工工资、劳动保险费用和破产企业所欠税款的数额和计算依据，纳入国家计划调整的企业破产，还应当说明职工安置费的数额和计算依据；

（三）破产债权总额和清偿比例；

（四）破产分配的方式、时间；

（五）对将来能够追回的财产拟进行追加分配的说明。

第九十四条　列入破产财产的债权，可以进行债权分配。债权分配以便于债权人实现债权为原则。

将人民法院已经确认的债权分配给债权人的，由清算组向债权人出具债权分配书，债权人可以凭债权分配书向债务人要求履行。债务人拒不履行的，债权人可以申请人民法院强制执行。

第九十五条　债权人未在指定期限内领取分配的财产的，对该财产可以进行提存或者变卖后提存价款，并由清算组向债权人发出催领通知书。债权人在收到催领通知书一个月后或者在清算组发出催领通知书两个月后，债权人仍未领取的，清算组应当对该部分财产进行追加分配。

十三、关于破产终结

第九十六条　破产财产分配完毕，由清算组向人民法院报告分配情况，并申请人民法院终结破产程序。

人民法院在收到清算组的报告和终结破产程序申请后，认为符合破产程序终结规定的，应当在七日内裁定终结破产程序。

第九十七条 破产程序终结后，由清算组向破产企业原登记机关办理企业注销登记。

破产程序终结后仍有可以追收的破产财产、追加分配等善后事宜需要处理的，经人民法院同意，可以保留清算组或者保留部分清算组成员。

第九十八条 破产程序终结后出现可供分配的财产的，应当追加分配。追加分配的财产，除企业破产法第四十条规定的由人民法院追回的财产外，还包括破产程序中因纠正错误支出收回的款项，因权利被承认追回的财产，债权人放弃的财产和破产程序终结后实现的财产权利等。

第九十九条 破产程序终结后，破产企业的账册、文书等卷宗材料由清算组移交破产企业上级主管机关保存；无上级主管机关的，由破产企业的开办人或者股东保存。

十四、其 他

第一百条 人民法院在审理企业破产案件中，发现破产企业的原法定代表人或者直接责任人员有企业破产法第三十五条所列行为的，应当向有关部门建议，对该法定代表人或者直接责任人员给予行政处分；涉嫌犯罪的，应当将有关材料移送相关国家机关处理。

第一百零一条 破产企业有企业破产法第三十五条所列行为，致使企业财产无法收回，造成实际损失的，清算组可以对破产企业的原法定代表人、直接责任人员提起民事诉讼，要求其承担民事赔偿责任。

第一百零二条 人民法院受理企业破产案件后，发现企业有巨额财产下落不明的，应当将有关涉嫌犯罪的情况和材料，移送相关国家机关处理。

第一百零三条 人民法院可以建议有关部门对破产企业的主要责任人员限制其再行开办企业，在法定期限内禁止其担任公司的董事、监事、经理。

第一百零四条 最高人民法院发现各级人民法院，或者上级人民法院发现下级人民法院在破产程序中作出的裁定确有错误的，应当通知其纠正；不予纠正的，可以裁定指令下级人民法院重新作出裁定。

第一百零五条 纳入国家计划调整的企业破产案件，除适用本规定外，还应当适用国家有关企业破产的相关规定。

第一百零六条 本规定自 2002 年 9 月 1 日起施行。在本规定发布前制定的有关审理企业破产案件的司法解释，与本规定相抵触的，不再适用。

三、最高人民法院关于适用《中华人民共和国企业破产法》若干问题的规定（一）

时效性：现行有效

发文机关：最高人民法院

文号：法释〔2011〕22 号

发文日期：2011 年 9 月 9 日

施行日期：2011 年 9 月 26 日

效力级别：司法解释

为正确适用《中华人民共和国企业破产法》，结合审判实践，就人民法院依法受理企业破产案件适用法律问题作出如下规定。

第一条 债务人不能清偿到期债务并且具有下列情形之一的，人民法院应当认定其具备破产原因：

（一）资产不足以清偿全部债务；

（二）明显缺乏清偿能力。

相关当事人以对债务人的债务负有连带责任的人未丧失清偿能力为由，主张债务人不具备破产原因的，人民法院应不予支持。

第二条 下列情形同时存在的，人民法院应当认定债务人不能清偿到期债务：

（一）债权债务关系依法成立；

（二）债务履行期限已经届满；

（三）债务人未完全清偿债务。

第三条 债务人的资产负债表，或者审计报告、资产评估报告等显示其全部资产不足以偿付全部负债的，人民法院应当认定债务人资产不足以清偿全部债务，但有相反证据足以证明债务人资产能够偿付全部负债的除外。

第四条 债务人账面资产虽大于负债，但存在下列情形之一的，人民法院应当认定其明显缺乏清偿能力：

（一）因资金严重不足或者财产不能变现等原因，无法清偿债务；

（二）法定代表人下落不明且无其他人员负责管理财产，无法清偿债务；

（三）经人民法院强制执行，无法清偿债务；

（四）长期亏损且经营扭亏困难，无法清偿债务；

（五）导致债务人丧失清偿能力的其他情形。

第五条 企业法人已解散但未清算或者未在合理期限内清算完毕，债权人申请债务人破产清算的，除债务人在法定异议期限内举证证明其未出现破产原因外，人民法院应当受理。

第六条 债权人申请债务人破产的，应当提交债务人不能清偿到期债务的有关证据。债务人对债权人的申请未在法定期限内向人民法院提出异议，或者异议不成立的，人民法院应当依法裁定受理破产申请。

受理破产申请后，人民法院应当责令债务人依法提交其财产状况说明、债务清册、债权清册、财务会计报告等有关材料，债务人拒不提交的，人民法院可以对债务人的直接责任人员采取罚款等强制措施。

第七条 人民法院收到破产申请时，应当向申请人出具收到申请及所附证据的书面凭证。

人民法院收到破产申请后应当及时对申请人的主体资格、债务人的主体资格和破产原因，以及有关材料和证据等进行审查，并依据企业破产法第十条的规定作出是否受理的裁定。

人民法院认为申请人应当补充、补正相关材料的，应当自收到破产申请之日起五日内告知申请人。当事人补充、补正相关材料的期间不计入企业破产法第十条规定的期限。

第八条 破产案件的诉讼费用，应根据企业破产法第四十三条的规定，从债务人财产中拨付。相关当事人以申请人未预先交纳诉讼费用为由，对破产申请提出异议的，人民法院不予支持。

第九条 申请人向人民法院提出破产申请，人民法院未接收其申请，或者未按本规定第七条执行的，申请人可以向上一级人民法院提出破产申请。

上一级人民法院接到破产申请后，应当责令下级法院依法审查并及时作出是否受理的裁定；下级法院仍不作出是否受理裁定的，上一级人民法院可以径行作出裁定。

上一级人民法院裁定受理破产申请的，可以同时指令下级人民法院审理该案件。

四、最高人民法院关于适用《中华人民共和国企业破产法》若干问题的规定（二）

时效性：现行有效
发文机关：最高人民法院
文号：法释〔2020〕18 号
发文日期：2020 年 12 月 29 日
施行日期：2021 年 1 月 1 日
效力级别：司法解释

根据《中华人民共和国民法典》《中华人民共和国企业破产法》等相关法律，结合审判实践，就人民法院审理企业破产案件中认定债务人财产相关的法律适用问题，制定本规定。

第一条 除债务人所有的货币、实物外，债务人依法享有的可以用货币估价并可以依法转让的债权、股权、知识产权、用益物权等财产和财产权益，人民法院均应认定为债务人财产。

第二条 下列财产不应认定为债务人财产：

（一）债务人基于仓储、保管、承揽、代销、借用、寄存、租赁等合同或者其他法律关系占有、使用的他人财产；

（二）债务人在所有权保留买卖中尚未取得所有权的财产；

（三）所有权专属于国家且不得转让的财产；

（四）其他依照法律、行政法规不属于债务人的财产。

第三条 债务人已依法设定担保物权的特定财产，人民法院应当认定为债务人财产。

对债务人的特定财产在担保物权消灭或者实现担保物权后的剩余部分，在破产程序中可用以清偿破产费用、共益债务和其他破产债权。

第四条 债务人对按份享有所有权的共有财产的相关份额，或者共同享有所有权的共有财产的相应财产权利，以及依法分割共有财产所得部分，人民法院均应认定为债务人财产。

人民法院宣告债务人破产清算，属于共有财产分割的法定事由。人民法院裁定债务人重整或者和解的，共有财产的分割应当依据民法典第三百零三条的规定进行；基于重整或者和解的需要必须分割共有财产，管理人请求分割的，人民法院应予准许。

因分割共有财产导致其他共有人损害产生的债务，其他共有人请求作为共益债务清偿的，人民法院应予支持。

第五条 破产申请受理后，有关债务人财产的执行程序未依照企业破产法第十九条的规定中止的，采取执行措施的相关单位应当依法予以纠正。依法执行回转的财产，人民法院应当认定为债务人财产。

第六条 破产申请受理后，对于可能因有关利益相关人的行为或者其他原因，影响破产程序依法进行的，受理破产申请的人民法院可以根据管理人的申请或者依职权，对债务人的全部或者部分财产采取保全措施。

第七条 对债务人财产已采取保全措施的相关单位，在知悉人民法院已裁定受理有关债务人的破产申请后，应当依照企业破产法第十九条的规定及时解除对债务人财产的保全措施。

第八条 人民法院受理破产申请后至破产宣告前裁定驳回破产申请，或者依据企业破产法第一百零八条的规定裁定终结破产程序的，应当及时通知原已采取保全措施并已依法解除保全措施的单位按照原保全顺位恢复相关保全措施。

在已依法解除保全的单位恢复保全措施或者表示不再恢复之前，受理破产申请的人民法院不得解除对债务人财产的保全措施。

第九条 管理人依据企业破产法第三十一条和第三十二条的规定提起诉讼，请求撤销涉及债务人财产的相关行为并由相对人返还债务人财产的，人民法院应予支持。

管理人因过错未依法行使撤销权导致债务人财产不当减损，债权人提起诉讼主张管理人对其损失承担相应赔偿责任的，人民法院应予支持。

第十条 债务人经过行政清理程序转入破产程序的，企业破产法第三十一条和第三十二条规定的可撤销行为的起算点，为行政监管机构作出撤销决定之日。

债务人经过强制清算程序转入破产程序的，企业破产法第三十一条和第三十二条规定的可撤销行为的起算点，为人民法院裁定受理强制清算申请之日。

第十一条 人民法院根据管理人的请求撤销涉及债务人财产的以明显不合理价格进行的交易的，买卖双方应当依法返还从对方获取的财产或者价款。

因撤销该交易，对于债务人应返还受让人已支付价款所产生的债务，受让人请求作为共益债务清偿的，人民法院应予支持。

第十二条 破产申请受理前一年内债务人提前清偿的未到期债务，在破产申请受理前已经到期，管理人请求撤销该清偿行为的，人民法院不予支持。但是，该清偿行为发生在破产申请受理前六个月内且债务人有企业破产法第二条第一款规定情形的除外。

第十三条 破产申请受理后，管理人未依据企业破产法第三十一条的规定请求撤销债务人无偿转让财产、以明显不合理价格交易、放弃债权行为的，债权人依据民法典第五百三十八条、第五百三十九条等规定提起诉讼，请求撤销债务人上述行为并将因此追回的财产归入债务人财产的，人民法院应予受理。

相对人以债权人行使撤销权的范围超出债权人的债权抗辩的，人民法院不予支持。

第十四条 债务人对以自有财产设定担保物权的债权进行的个别清偿，管理人依据企业破产法第三十二条的规定请求撤销的，人民法院不予支持。但是，债务清偿时担保财产的价值低于债权额的除外。

第十五条 债务人经诉讼、仲裁、执行程序对债权人进行的个别清偿，管理人依据企业破产法第三十二条的规定请求撤销的，人民法院不予支持。但是，债务人与债权人恶意串通损害其他债权人利益的除外。

第十六条 债务人对债权人进行的以下个别清偿，管理人依据企业破产法第三十二条的规定请求撤销的，人民法院不予支持：

（一）债务人为维系基本生产需要而支付水费、电费等的；

（二）债务人支付劳动报酬、人身损害赔偿金的；

（三）使债务人财产受益的其他个别清偿。

第十七条 管理人依据企业破产法第三十三条的规定提起诉讼，主张被隐匿、转移财产的实际占有人返还债务人财产，或者主张债务人虚构债务或者承认不真实债务的行为无效并返还债务人财产的，人民法院应予支持。

第十八条 管理人代表债务人依据企业破产法第一百二十八条的规定，以债务人的法定代表人和其他直接责任人员对所涉债务人财产的相关行为存在故意或者重大过失，造成债务人财产损失为由提起诉讼，主张上述责任人员承担相应赔偿责任的，人民法院应予支持。

第十九条 债务人对外享有债权的诉讼时效，自人民法院受理破产申请之日起中断。

债务人无正当理由未对其到期债权及时行使权利，导致其对外债权在破产申请受理前一年内超过诉讼时效期间的，人民法院受理破产申请之日起重新计算上述债权的诉讼时效期间。

第二十条 管理人代表债务人提起诉讼，主张出资人向债务人依法缴付未履行的出资或者返还抽逃的出资本息，出资人以认缴出资尚未届至公司章程规定的缴纳期限或者违反出资义务已经超过诉讼时效为由抗辩的，人民法院不予支持。

管理人依据公司法的相关规定代表债务人提起诉讼，主张公司的发起人和负有监督股东履行出资义务的董事、高级管理人员，或者协助抽逃出资的其他股东、董事、高级管理人员、实际控制人等，对股东违反出资义务或者抽逃出资承担相应责任，并将财产归入债务人财产的，人民法院应予支持。

第二十一条 破产申请受理前，债权人就债务人财产提起下列诉讼，破产申请受理时案件尚未审结的，人民法院应当中止审理：

（一）主张次债务人代替债务人直接向其偿还债务的；

（二）主张债务人的出资人、发起人和负有监督股东履行出资义务的董事、高级管理人员，或者协助抽逃出资的其他股东、董事、高级管理人员、实际控制人等直接向其承担出资不实或者抽逃出资责任的；

（三）以债务人的股东与债务人法人人格严重混同为由，主张债务人的股东直接向其偿还债务人对其所负债务的；

（四）其他就债务人财产提起的个别清偿诉讼。

债务人破产宣告后，人民法院应当依照企业破产法第四十四条的规定判决驳回债权人的诉讼请求。但是，债权人一审中变更其诉讼请求为追收的相关财产归入债务人财产的除外。

债务人破产宣告前，人民法院依据企业破产法第十二条或者第一百零八条的规定裁定驳回破产申请或者终结破产程序的，上述中止审理的案件应当依法恢复审理。

第二十二条 破产申请受理前，债权人就债务人财产向人民法院提起本规定第二十一条第一款所列诉讼，人民法院已经作出生效民事判决书或者调解书但尚未执行完毕的，破产申请受理后，相关执行行为应当依据企业破产法第十九条的规定中止，债权人应当依法向管理人申报相关债权。

第二十三条 破产申请受理后，债权人就债务人财产向人民法院提起本规定第二十一条第一款所列诉讼的，人民法院不予受理。

债权人通过债权人会议或者债权人委员会，要求管理人依法向次债务人、债务人的出资人等追收债务人财产，管理人无正当理由拒绝追收，债权人会议依据企业破产法第二十二条的规定，申请人民法院更换管理人的，人民法院应予支持。

管理人不予追收，个别债权人代表全体债权人提起相关诉讼，主张次债务人或者债务人的出资人等向债务人清偿或者返还债务人财产，或者依法申请合并破产的，人民法院应予受理。

第二十四条 债务人有企业破产法第二条第一款规定的情形时，债务人的董事、监事和高级管理人员利用职权获取的以下收入，人民法院应当认定为企业破产法第三十六条规定的非正常收入：

（一）绩效奖金；

（二）普遍拖欠职工工资情况下获取的工资性收入；

（三）其他非正常收入。

债务人的董事、监事和高级管理人员拒不向管理人返还上述债务人财产，管理人主张上述人员予以返还的，人民法院应予支持。

债务人的董事、监事和高级管理人员因返还第一款第（一）项、第（三）项非正常收入形成的债权，可以作为普通破产债权清偿。因返还第一款第（二）项非正常收入形成的债权，依据企业破产法第一百一十三条第三款的规定，按照该企业职工平均工资计算的部分作为拖欠职工工资清偿；高出该企业职工平均工资计算的部分，可以作为普通破产债权清偿。

第二十五条 管理人拟通过清偿债务或者提供担保取回质物、留置物，或者与质权人、留置权人协议以质物、留置物折价清偿债务等方式，进行对债权人利益有重大影响的财产处分行为的，应当及时报告债权人委员会。未设立债权人委员会的，管理人应当及时报告人民法院。

第二十六条 权利人依据企业破产法第三十八条的规定行使取回权，应当在破产财产变价方案或者和解协议、重整计划草案提交债权人会议表决前向管理人提出。权利人在上述期限后主张取回相关财产的，应当承担延迟行使取回权增加的相关费用。

第二十七条 权利人依据企业破产法第三十八条的规定向管理人主张取回相关财产，管理人不予认可，权利人以债务人为被告向人民法院提起诉讼请求行使取回权的，人民法院应予受理。

权利人依据人民法院或者仲裁机关的相关生效法律文书向管理人主张取回所涉争议财产，管理人以生效法律文书错误为由拒绝其行使取回权的，人民法院不予支持。

第二十八条 权利人行使取回权时未依法向管理人支付相关的加工费、保管费、托运费、委托费、代销费等费用，管理人拒绝其取回相关财产的，人民法院应予支持。

第二十九条 对债务人占有的权属不清的鲜活易腐等不易保管的财产或者不及时变现价值将严重贬损的财产，管理人及时变价并提存变价款后，有关权利人就该变价款行使取回权的，人民法院应予支持。

第三十条 债务人占有的他人财产被违法转让给第三人，依据民法典第三百一十一条的规定第三人已善意取得财产所有权，原权利人无法取回该财产的，人民法院应当按照以下规定处理：

（一）转让行为发生在破产申请受理前的，原权利人因财产损失形成的债权，作为普通破产债权清偿；

（二）转让行为发生在破产申请受理后的，因管理人或者相关人员执行职务导致原权利人损害产生的债务，作为共益债务清偿。

第三十一条 债务人占有的他人财产被违法转让给第三人，第三人已向债务人支付了转让价款，但依据民法典第三百一十一条的规定未取得财产所有权，原权利人依法追回转让财产的，对因第三人已支付对价而产生的债务，人民法院应当按照以下规定处理：

（一）转让行为发生在破产申请受理前的，作为普通破产债权清偿；

（二）转让行为发生在破产申请受理后的，作为共益债务清偿。

第三十二条 债务人占有的他人财产毁损、灭失，因此获得的保险金、赔偿金、代偿物尚未交付给债务人，或者代偿物虽已交付给债务人但能与债务人财产予以区分的，权利人主张取回就此获得的保险金、赔偿金、代偿物的，人民法院应予支持。

保险金、赔偿金已经交付给债务人，或者代偿物已经交付给债务人且不能与债务人财产予以区分的，人民法院应当按照以下规定处理：

（一）财产毁损、灭失发生在破产申请受理前的，权利人因财产损失形成的债权，作为普通破产债权清偿；

（二）财产毁损、灭失发生在破产申请受理后的，因管理人或者相关人员执行职务导致权利人损害产生的债务，作为共益债务清偿。

债务人占有的他人财产毁损、灭失，没有获得相应的保险金、赔偿金、代偿物，或者保险金、赔偿物、代偿物不足以弥补其损失的部分，人民法院应当按照本条第二款的规定处理。

第三十三条 管理人或者相关人员在执行职务过程中，因故意或者重大过失不当转让他人财产或者造成他人财产毁损、灭失，导致他人损害产生的债务作为共益债务，由债务人财产随时清偿不足弥补损失，权利人向管理人或者相关人员主张承担补充赔偿责任的，人民法院应予支持。

上述债务作为共益债务由债务人财产随时清偿后，债权人以管理人或者相关人员执行职务不当导致债务人财产减少给其造成损失为由提起诉讼，主张管理人或者相关人员承担相应赔偿责任的，人民法院应予支持。

第三十四条 买卖合同双方当事人在合同中约定标的物所有权保留，在标的物所有权未依法转移给买受人前，一方当事人破产的，该买卖合同属于双方均未履行完毕的合同，管理人有权依据企业破产法第十八条的规定决定解除或者继续履行合同。

第三十五条 出卖人破产，其管理人决定继续履行所有权保留买卖合同的，买受人应当按照原买卖合同的约定支付价款或者履行其他义务。

买受人未依约支付价款或者履行完毕其他义务，或者将标的物出卖、出质或者作出其他不当处分，给出卖人造成损害，出卖人管理人依法主张取回标的物的，人民法院应予支持。但是，买受人已经支付标的物总价款百分之七十五以上或者第三人善意取得标的物所有权或者其他物权的除外。

因本条第二款规定未能取回标的物，出卖人管理人依法主张买受人继续支付价款、履行完毕其他义务，以及承担相应赔偿责任的，人民法院应予支持。

第三十六条 出卖人破产，其管理人决定解除所有权保留买卖合同，并依据企业破产法第十七条的规定要求买受人向其交付买卖标的物的，人民法院应予支持。

买受人以其不存在未依约支付价款或者履行完毕其他义务，或者将标的物出卖、出质或者作出其他不当处分情形抗辩的，人民法院不予支持。

买受人依法履行合同义务并依据本条第一款将买卖标的物交付出卖人管理人后，买受人已支付价款损失形成的债权作为共益债务清偿。但是，买受人违反合同约定，出卖人管理人主张上述债权作为普通破产债权清偿的，人民法院应予支持。

第三十七条 买受人破产，其管理人决定继续履行所有权保留买卖合同的，原买卖合同中约定的买受人支付价款或者履行其他义务的期限在破产申请受理时视为到期，买受人管理人应当及时向出卖人支付价款或者履行其他义务。

买受人管理人无正当理由未及时支付价款或者履行完毕其他义务，或者将标的物出卖、出质或者作出其他不当处分，给出卖人造成损害，出卖人依据民法典第六百四十一条等规定主张取回标的物的，人民法院应予支持。但是，买受人已支付标的物总价款百分之七十五以上或者第三人善意取得标的物所有权或者其他物权的除外。

因本条第二款规定未能取回标的物，出卖人依法主张买受人继续支付价款、履行完毕其他义务，以及承担相应赔偿责任的，人民法院应予支持。对因买受人未支付价款或者未履行完毕其他义务，以及买受人管理人将标的物出卖、出质或者作出其他不当处分导致出卖人损害产生的债务，出卖人主张作为共益债务清偿的，人民法院应予支持。

第三十八条 买受人破产，其管理人决定解除所有权保留买卖合同，出卖人依据企业破产法第三十八条的规定主张取回买卖标的物的，人民法院应予支持。

出卖人取回买卖标的物，买受人管理人主张出卖人返还已支付价款的，人民法院应予支持。取回的标的物价值明显减少给出卖人造成损失的，出卖人可从买受人已支付价款中优先予以抵扣后，将剩余部分返还给买受人；对买受人已支付价款不足以弥补出卖人标的物价值减损损失形成的债权，出卖人主张作为共益债务清偿的，人民法院应予支持。

第三十九条 出卖人依据企业破产法第三十九条的规定，通过通知承运人或者实际占有人中止运输、返还货物、变更到达地，或者将货物交给其他收货人等方式，对在运途中标的物主张了取回权但未能实现，或者在货物未达管理人前已向管理人主张取回在运途中标的物，在买卖标的物到达管理人后，出卖人向管理人主张取回的，管理人应予准许。

出卖人对在运途中标的物未及时行使取回权，在买卖标的物到达管理人后向管理人行使在运途中标的物取回权的，管理人不应准许。

第四十条 债务人重整期间，权利人要求取回债务人合法占有的权利人的财产，不符合双方事先约定条件的，人民法院不予支持。但是，因管理人或者自行管理的债务人违反约定，可能导致取回物被转让、毁损、灭失或者价值明显减少的除外。

第四十一条 债权人依据企业破产法第四十条的规定行使抵销权，应当向管理人提出抵销主张。

管理人不得主动抵销债务人与债权人的互负债务，但抵销使债务人财产受益的除外。

第四十二条 管理人收到债权人提出的主张债务抵销的通知后，经审查无异议的，抵销自管理人收到通知之日起生效。

管理人对抵销主张有异议的，应当在约定的异议期限内或者自收到主张债务抵销的通知之日起三个月内向人民法院提起诉讼。无正当理由逾期提起的，人民法院不予支持。

人民法院判决驳回管理人提起的抵销无效诉讼请求的，该抵销自管理人收到主张债务抵销的通知之日起生效。

第四十三条 债权人主张抵销，管理人以下列理由提出异议的，人民法院不予支持：

（一）破产申请受理时，债务人对债权人负有的债务尚未到期；

（二）破产申请受理时，债权人对债务人负有的债务尚未到期；

（三）双方互负债务标的物种类、品质不同。

第四十四条 破产申请受理前六个月内，债务人有企业破产法第二条第一款规定的情形，债务人与个别债权人以抵销方式对个别债权人清偿，其抵销的债权债务属于企业破产法第四十条第（二）、（三）项规定的情形之一，管理人在破产申请受理之日起三个月内向人民法院提起诉讼，主张该抵销无效的，人民法院应予支持。

第四十五条 企业破产法第四十条所列不得抵销情形的债权人，主张以其对债务人特定财产享有优先受偿权的债权，与债务人对其不享有优先受偿权的债权抵销，债务人管理人以抵销存在企业破产法第四十条规定的情形提出异议的，人民法院不予支持。但是，用以抵销的债权大于债权人享有优先受偿权财产价值的除外。

第四十六条 债务人的股东主张以下列债务与债务人对其负有的债务抵销，债务人管理人提出异议的，人民法院应予支持：

（一）债务人股东因欠缴债务人的出资或者抽逃出资对债务人所负的债务；

（二）债务人股东滥用股东权利或者关联关系损害公司利益对债务人所负的债务。

第四十七条 人民法院受理破产申请后，当事人提起的有关债务人的民事诉讼案件，应当依据企业破产法第二十一条的规定，由受理破产申请的人民法院管辖。

受理破产申请的人民法院管辖的有关债务人的第一审民事案件，可以依据民事诉讼法第三十八条的规定，由上级人民法院提审，或者报请上级人民法院批准后交下级人民法院审理。

受理破产申请的人民法院，如对有关债务人的海事纠纷、专利纠纷、证券市场因虚假陈述引发的民事赔偿纠纷等案件不能行使管辖权的，可以依据民事诉讼法第三十七条的规定，由上级人民法院指定管辖。

第四十八条 本规定施行前本院发布的有关企业破产的司法解释，与本规定相抵触的，自本规定施行之日起不再适用。

五、最高人民法院关于适用《中华人民共和国企业破产法》若干问题的规定（三）

时效性：现行有效

发文机关：最高人民法院

文号：法释〔2020〕18号

发文日期：2020年12月29日

施行日期：2021年1月1日

效力级别：司法解释

为正确适用《中华人民共和国企业破产法》，结合审判实践，就人民法院审理企业破产案件中有关债权人权利行使等相关法律适用问题，制定本规定。

第一条 人民法院裁定受理破产申请的，此前债务人尚未支付的公司强制清算费用、未终结的执行程序中产生的评估费、公告费、保管费等执行费用，可以参照企业破产法关于破产费用的规定，由债务人财产随时清偿。

此前债务人尚未支付的案件受理费、执行申请费，可以作为破产债权清偿。

第二条 破产申请受理后，经债权人会议决议通过，或者第一次债权人会议召开前经人民法院许可，管理人或者自行管理的债务人可以为债务人继续营业而借款。提供借款的债权人主张参照企业破产法第四十二条第四项的规定优先于普通破产债权清偿的，人民法院应予支持，但其主张优先于此前已就债务人特定财产享有担保的债权清偿的，人民法院不予支持。

管理人或者自行管理的债务人可以为前述借款设定抵押担保，抵押物在破产申请受理前已为其他债权人设定抵押的，债权人主张按照民法典第四百一十四条规定的顺序清偿,人民法院应予支持。

第三条 破产申请受理后,债务人欠缴款项产生的滞纳金,包括债务人未履行生效法律文书应当加倍支付的迟延利息和劳动保险金的滞纳金,债权人作为破产债权申报的,人民法院不予确认。

第四条 保证人被裁定进入破产程序的,债权人有权申报其对保证人的保证债权。

主债务未到期的,保证债权在保证人破产申请受理时视为到期。一般保证的保证人主张行使先诉抗辩权的,人民法院不予支持,但债权人在一般保证人破产程序中的分配额应予提存,待一般保证人应承担的保证责任确定后再按照破产清偿比例予以分配。

保证人被确定应当承担保证责任的,保证人的管理人可以就保证人实际承担的清偿额向主债务人或其他债务人行使求偿权。

第五条 债务人、保证人均被裁定进入破产程序的,债权人有权向债务人、保证人分别申报债权。

债权人向债务人、保证人均申报全部债权的,从一方破产程序中获得清偿后,其对另一方的债权额不作调整,但债权人的受偿额不得超出其债权总额。保证人履行保证责任后不再享有求偿权。

第六条 管理人应当依照企业破产法第五十七条的规定对所申报的债权进行登记造册,详尽记载申报人的姓名、单位、代理人、申报债权额、担保情况、证据、联系方式等事项,形成债权申报登记册。

管理人应当依照企业破产法第五十七条的规定对债权的性质、数额、担保财产、是否超过诉讼时效期间、是否超过强制执行期间等情况进行审查、编制债权表并提交债权人会议核查。

债权表、债权申报登记册及债权申报材料在破产期间由管理人保管,债权人、债务人、债务人职工及其他利害关系人有权查阅。

第七条 已经生效法律文书确定的债权,管理人应当予以确认。

管理人认为债权人据以申报债权的生效法律文书确定的债权错误,或者有证据证明债权人与债务人恶意通过诉讼、仲裁或者公证机关赋予强制执行力公证文书的形式虚构债权债务的,应当依法通过审判监督程序向作出该判决、裁定、调解书的人民法院或者上一级人民法院申请撤销生效法律文书,或者向受理破产申请的人民法院申请撤销或者不予执行仲裁裁决、不予执行公证债权文书后,重新确定债权。

第八条 债务人、债权人对债权表记载的债权有异议的,应当说明理由和法律依据。经管理人解释或调整后，异议人仍然不服的，或者管理人不予解释或调整的，异议人应当在债权人会议核查结束后十五日内向人民法院提起债权确认的诉讼。当事人之间在破产申请受理前订立有仲裁条款或仲裁协议的，应当向选定的仲裁机构申请确认债权债务关系。

第九条 债务人对债权表记载的债权有异议向人民法院提起诉讼的，应将被异议债权人列为被告。债权人对债权表记载的他人债权有异议的，应将被异议债权人列为被告；债权人对债权表记载的本人债权有异议的，应将债务人列为被告。

对同一笔债权存在多个异议人，其他异议人申请参加诉讼的，应当列为共同原告。

第十条 单个债权人有权查阅债务人财产状况报告、债权人会议决议、债权人委员会决议、管理人监督报告等参与破产程序所必需的债务人财务和经营信息资料。管理人无正当理由不予提供的，债权人可以请求人民法院作出决定；人民法院应当在五日内作出决定。

上述信息资料涉及商业秘密的，债权人应当依法承担保密义务或者签署保密协议；涉及国家秘密的应当依照相关法律规定处理。

第十一条 债权人会议的决议除现场表决外，可以由管理人事先将相关决议事项告知债权人，采取通信、网络投票等非现场方式进行表决。采取非现场方式进行表决的，管理人应当在债权人会议召开后的三日内，以信函、电子邮件、公告等方式将表决结果告知参与表决的债权人。

根据企业破产法第八十二条规定，对重整计划草案进行分组表决时，权益因重整计划草案受到调整或者影响的债权人或者股东，有权参加表决；权益未受到调整或者影响的债权人或者股东，参照企业破产法第八十三条的规定，不参加重整计划草案的表决。

第十二条 债权人会议的决议具有以下情形之一，损害债权人利益，债权人申请撤销的，人民法院应予支持：

（一）债权人会议的召开违反法定程序；

（二）债权人会议的表决违反法定程序；

（三）债权人会议的决议内容违法；

（四）债权人会议的决议超出债权人会议的职权范围。

人民法院可以裁定撤销全部或者部分事项决议，责令债权人会议依法重新作出决议。

债权人申请撤销债权人会议决议的，应当提出书面申请。债权人会议采取通信、网络投票等非现场方式进行表决的，债权人申请撤销的期限自债权人收到通知之日起算。

第十三条 债权人会议可以依照企业破产法第六十八条第一款第四项的规定，委托债权人委员会行使企业破产法第六十一条第一款第二、三、五项规定的债权人会议职权。债权人会议不得作出概括性授权，委托其行使债权人会议所有职权。

第十四条 债权人委员会决定所议事项应获得全体成员过半数通过，并作成议事记录。债权人委员会成员对所议事项的决议有不同意见的，应当在记录中载明。

债权人委员会行使职权应当接受债权人会议的监督，以适当的方式向债权人会议及时汇报工作，并接受人民法院的指导。

第十五条 管理人处分企业破产法第六十九条规定的债务人重大财产的，应当事先制作财产管理或者变价方案并提交债权人会议进行表决，债权人会议表决未通过的，管理人不得处分。

管理人实施处分前，应当根据企业破产法第六十九条的规定，提前十日书面报告债权人委员会或者人民法院。债权人委员会可以依照企业破产法第六十八条第二款的规定，要求管理人对处分行为作出相应说明或者提供有关文件依据。

债权人委员会认为管理人实施的处分行为不符合债权人会议通过的财产管理或变价方案的，有权要求管理人纠正。管理人拒绝纠正的，债权人委员会可以请求人民法院作出决定。

人民法院认为管理人实施的处分行为不符合债权人会议通过的财产管理或变价方案的，应当责令管理人停止处分行为。管理人应当予以纠正，或者提交债权人会议重新表决通过后实施。

第十六条 本规定自 2019 年 3 月 28 日起实施。

实施前本院发布的有关企业破产的司法解释，与本规定相抵触的，自本规定实施之日起不再适用。

六、最高人民法院关于审理企业破产案件指定管理人的规定

时效性：现行有效

发文机关：最高人民法院

文号：法释〔2007〕8 号

发文日期：2007 年 4 月 12 日

施行日期：2007 年 6 月 1 日

效力级别：司法解释

为公平、公正审理企业破产案件，保证破产审判工作依法顺利进行，促进管理人制度的完善和发展，根据《中华人民共和国企业破产法》的规定，制定本规定。

一、管理人名册的编制

第一条 人民法院审理企业破产案件应当指定管理人。除企业破产法和本规定另有规定外，管理人应当从管理人名册中指定。

第二条 高级人民法院应当根据本辖区律师事务所、会计师事务所、破产清算事务所等社会中介机构及专职从业人员数量和企业破产案件数量，确定由本院或者所辖中级人民法院编制管理人名册。

人民法院应当分别编制社会中介机构管理人名册和个人管理人名册。由直辖市以外的高级人民法院编制的管理人名册中，应当注明社会中介机构和个人所属中级人民法院辖区。

第三条 符合企业破产法规定条件的社会中介机构及其具备相关专业知识并取得执业资格的人员，均可申请编入管理人名册。已被编入机构管理人名册的社会中介机构中，具备相关专业知识并取得执业资格的人员，可以申请编入个人管理人名册。

第四条 社会中介机构及个人申请编入管理人名册的，应当向所在地区编制管理人名册的人民法院提出，由该人民法院予以审定。

人民法院不受理异地申请，但异地社会中介机构在本辖区内设立的分支机构提出申请的除外。

第五条 人民法院应当通过本辖区有影响的媒体就编制管理人名册的有关事项进行公告。公告应当包括以下内容：

（一）管理人申报条件；

（二）应当提交的材料；

（三）评定标准、程序；

（四）管理人的职责以及相应的法律责任；

（五）提交申报材料的截止时间；

（六）人民法院认为应当公告的其他事项。

第六条　律师事务所、会计师事务所申请编入管理人名册的，应当提供下列材料：

（一）执业证书、依法批准设立文件或者营业执照；

（二）章程；

（三）本单位专职从业人员名单及其执业资格证书复印件；

（四）业务和业绩材料；

（五）行业自律组织对所提供材料真实性以及有无被行政处罚或者纪律处分情况的证明；

（六）人民法院要求的其他材料。

第七条　破产清算事务所申请编入管理人名册的，应当提供以下材料：

（一）营业执照或者依法批准设立的文件；

（二）本单位专职从业人员的法律或者注册会计师资格证书，或者经营管理经历的证明材料；

（三）业务和业绩材料；

（四）能够独立承担民事责任的证明材料；

（五）行业自律组织对所提供材料真实性以及有无被行政处罚或者纪律处分情况的证明，或者申请人就上述情况所作的真实性声明；

（六）人民法院要求的其他材料。

第八条　个人申请编入管理人名册的，应当提供下列材料：

（一）律师或者注册会计师执业证书复印件以及执业年限证明；

（二）所在社会中介机构同意其担任管理人的函件；

（三）业务专长及相关业绩材料；

（四）执业责任保险证明；

（五）行业自律组织对所提供材料真实性以及有无被行政处罚或者纪律处分情况的证明；

（六）人民法院要求的其他材料。

第九条　社会中介机构及个人具有下列情形之一的，人民法院可以适用企业破产法第二十四条第三款第四项的规定：

（一）因执业、经营中故意或者重大过失行为，受到行政机关、监管机构或者行业自律组织行政处罚或者纪律处分之日起未逾三年；

（二）因涉嫌违法行为正被相关部门调查；

（三）因不适当履行职务或者拒绝接受人民法院指定等原因，被人民法院从管理人名册除名之日起未逾三年；

（四）缺乏担任管理人所应具备的专业能力；

（五）缺乏承担民事责任的能力；

（六）人民法院认为可能影响履行管理人职责的其他情形。

第十条 编制管理人名册的人民法院应当组成专门的评审委员会，决定编入管理人名册的社会中介机构和个人名单。评审委员会成员应不少于七人。

人民法院应当根据本辖区社会中介机构以及社会中介机构中个人的实际情况，结合其执业业绩、能力、专业水准、社会中介机构的规模、办理企业破产案件的经验等因素制定管理人评定标准，由评审委员会根据申报人的具体情况评定其综合分数。

人民法院根据评审委员会评审结果，确定管理人初审名册。

第十一条 人民法院应当将管理人初审名册通过本辖区有影响的媒体进行公示，公示期为十日。

对于针对编入初审名册的社会中介机构和个人提出的异议，人民法院应当进行审查。异议成立、申请人确不宜担任管理人的，人民法院应将该社会中介机构或者个人从管理人初审名册中删除。

第十二条 公示期满后，人民法院应审定管理人名册，并通过全国有影响的媒体公布，同时逐级报最高人民法院备案。

第十三条 人民法院可以根据本辖区的实际情况，分批确定编入管理人名册的社会中介机构及个人。

编制管理人名册的全部资料应当建立档案备查。

第十四条 人民法院可以根据企业破产案件受理情况、管理人履行职务以及管理人资格变化等因素，对管理人名册适时进行调整。新编入管理人名册的社会中介机构和个人应当按照本规定的程序办理。

人民法院发现社会中介机构或者个人有企业破产法第二十四条第三款规定情形的，应当将其从管理人名册中除名。

二、管理人的指定

第十五条 受理企业破产案件的人民法院指定管理人，一般应从本地管理人名册中指定。

对于商业银行、证券公司、保险公司等金融机构以及在全国范围内有重大影响、法律关系复杂、债务人财产分散的企业破产案件，人民法院可以从所在地区高级人民法院编制的管理人名册列明的其他地区管理人或者异地人民法院编制的管理人名册中指定管理人。

第十六条 受理企业破产案件的人民法院，一般应指定管理人名册中的社会中介机构担任管理人。

第十七条 对于事实清楚、债权债务关系简单、债务人财产相对集中的企业破产案件，人民法院可以指定管理人名册中的个人为管理人。

第十八条 企业破产案件有下列情形之一的，人民法院可以指定清算组为管理人：

（一）破产申请受理前，根据有关规定已经成立清算组，人民法院认为符合本规定第十九条的规定；

（二）审理企业破产法第一百三十三条规定的案件；

（三）有关法律规定企业破产时成立清算组；

（四）人民法院认为可以指定清算组为管理人的其他情形。

第十九条 清算组为管理人的，人民法院可以从政府有关部门、编入管理人名册的社会中介机构、金融资产管理公司中指定清算组成员，人民银行及金融监督管理机构可以按照有关法律和行政法规的规定派人参加清算组。

第二十条 人民法院一般应当按照管理人名册所列名单采取轮候、抽签、摇号等随机方式公开指定管理人。

第二十一条 对于商业银行、证券公司、保险公司等金融机构或者在全国范围有重大影响、法律关系复杂、债务人财产分散的企业破产案件，人民法院可以采取公告的方式，邀请编入各地人民法院管理人名册中的社会中介机构参与竞争，从参与竞争的社会中介机构中指定管理人。参与竞争的社会中介机构不得少于三家。

采取竞争方式指定管理人的，人民法院应当组成专门的评审委员会。

评审委员会应当结合案件的特点，综合考量社会中介机构的专业水准、经验、机构规模、初步报价等因素，从参与竞争的社会中介机构中择优指定管理人。被指定为管理人的社会中介机构应经评审委员会成员二分之一以上通过。

采取竞争方式指定管理人的，人民法院应当确定一至两名备选社会中介机构，作为需要更换管理人时的接替人选。

第二十二条 对于经过行政清理、清算的商业银行、证券公司、保险公司等金融机构的破产案件，人民法院除可以按照本规定第十八条第一项的规定指定管理人外，也可以在金融监督管理机构推荐的已编入管理人名册的社会中介机构中指定管理人。

第二十三条 社会中介机构、清算组成员有下列情形之一，可能影响其忠实履行管理人职责的，人民法院可以认定为企业破产法第二十四条第三款第三项规定的利害关系：

（一）与债务人、债权人有未了结的债权债务关系；

（二）在人民法院受理破产申请前三年内，曾为债务人提供相对固定的中介服务；

（三）现在是或者在人民法院受理破产申请前三年内曾经是债务人、债权人的控股股东或者实际控制人；

（四）现在担任或者在人民法院受理破产申请前三年内曾经担任债务人、债权人的财务顾问、法律顾问；

（五）人民法院认为可能影响其忠实履行管理人职责的其他情形。

第二十四条 清算组成员的派出人员、社会中介机构的派出人员、个人管理人有下列情形之一，可能影响其忠实履行管理人职责的，可以认定为企业破产法第二十四条第三款第三项规定的利害关系：

（一）具有本规定第二十三条规定情形；

（二）现在担任或者在人民法院受理破产申请前三年内曾经担任债务人、债权人的董事、监事、高级管理人员；

（三）与债权人或者债务人的控股股东、董事、监事、高级管理人员存在夫妻、直系血亲、三代以内旁系血亲或者近姻亲关系；

（四）人民法院认为可能影响其公正履行管理人职责的其他情形。

第二十五条 在进入指定管理人程序后，社会中介机构或者个人发现与本案有利害关系的，应主动申请回避并向人民法院书面说明情况。人民法院认为社会中介机构或者个人与本案有利害关系的，不应指定该社会中介机构或者个人为本案管理人。

第二十六条 社会中介机构或者个人有重大债务纠纷或者因涉嫌违法行为正被相关部门调查的，人民法院不应指定该社会中介机构或者个人为本案管理人。

第二十七条 人民法院指定管理人应当制作决定书，并向被指定为管理人的社会中介机构或者个人、破产申请人、债务人、债务人的企业登记机关送达。决定书应与受理破产申请的民事裁定书一并公告。

第二十八条 管理人无正当理由，不得拒绝人民法院的指定。

管理人一经指定，不得以任何形式将管理人应当履行的职责全部或者部分转给其他社会中介机构或者个人。

第二十九条 管理人凭指定管理人决定书按照国家有关规定刻制管理人印章，并交人民法院封样备案后启用。

管理人印章只能用于所涉破产事务。管理人根据企业破产法第一百二十二条规定终止执行职务后，应当将管理人印章交公安机关销毁，并将销毁的证明送交人民法院。

第三十条 受理企业破产案件的人民法院应当将指定管理人过程中形成的材料存入企业破产案件卷宗，债权人会议或者债权人委员会有权查阅。

三、管理人的更换

第三十一条 债权人会议根据企业破产法第二十二条第二款的规定申请更换管理人的，应由债权人会议作出决议并向人民法院提出书面申请。

人民法院在收到债权人会议的申请后，应当通知管理人在两日内作出书面说明。

第三十二条 人民法院认为申请理由不成立的，应当自收到管理人书面说明之日起十日内作出驳回申请的决定。

人民法院认为申请更换管理人的理由成立的，应当自收到管理人书面说明之日起十日内作出更换管理人的决定。

第三十三条 社会中介机构管理人有下列情形之一的，人民法院可以根据债权人会议的申请或者依职权径行决定更换管理人：

（一）执业许可证或者营业执照被吊销或者注销；

（二）出现解散、破产事由或者丧失承担执业责任风险的能力；

（三）与本案有利害关系；

（四）履行职务时，因故意或者重大过失导致债权人利益受到损害；

（五）有本规定第二十六条规定的情形。

清算组成员参照适用前款规定。

第三十四条 个人管理人有下列情形之一的，人民法院可以根据债权人会议的申请或者依职权径行决定更换管理人：

（一）执业资格被取消、吊销；

（二）与本案有利害关系；

（三）履行职务时，因故意或者重大过失导致债权人利益受到损害；

（四）失踪、死亡或者丧失民事行为能力；

（五）因健康原因无法履行职务；

（六）执业责任保险失效；

（七）有本规定第二十六条规定的情形。

清算组成员的派出人员、社会中介机构的派出人员参照适用前款规定。

第三十五条 管理人无正当理由申请辞去职务的，人民法院不予许可。正当理由的认定，可参照适用本规定第三十三条、第三十四条规定的情形。

第三十六条 人民法院对管理人申请辞去职务未予许可，管理人仍坚持辞去职务并不再履行管理人职责的，人民法院应当决定更换管理人。

第三十七条 人民法院决定更换管理人的，原管理人应当自收到决定书之次日起，在人民法院监督下向新任管理人移交全部资料、财产、营业事务及管理人印章，并及时向新任管理人书面说明工作进展情况。原管理人不能履行上述职责的，新任管理人可以直接接管相关事务。

在破产程序终结前，原管理人应当随时接受新任管理人、债权人会议、人民法院关于其履行管理人职责情况的询问。

第三十八条 人民法院决定更换管理人的，应将决定书送达原管理人、新任管理人、破产申请人、债务人以及债务人的企业登记机关，并予公告。

第三十九条 管理人申请辞去职务未获人民法院许可，但仍坚持辞职并不再履行管理人职责，或者人民法院决定更换管理人后，原管理人拒不向新任管理人移交相关事务，人民法院可以根据企业破产法第一百三十条的规定和具体情况，决定对管理人罚款。对社会中介机构为管理人的罚款 5 万元至 20 万元人民币，对个人为管理人的罚款 1 万元至 5 万元人民币。

管理人有前款规定行为或者无正当理由拒绝人民法院指定的，编制管理人名册的人民法院可以决定停止其担任管理人一年至三年，或者将其从管理人名册中除名。

第四十条 管理人不服罚款决定的，可以向上一级人民法院申请复议，上级人民法院应在收到复议申请后五日内作出决定，并将复议结果通知下级人民法院和当事人。

七、全国法院破产审判工作会议纪要

时效性：现行有效
发文机关：最高人民法院
文号：法〔2018〕53号
发文日期：2018年3月4日
施行日期：2018年3月4日
效力级别：司法文件

为落实党的十九大报告提出的贯彻新发展理念、建设现代化经济体系的要求，紧紧围绕高质量发展这条主线，服务和保障供给侧结构性改革，充分发挥人民法院破产审判工作在完善社会主义市场经济主体拯救和退出机制中的积极作用，为决胜全面建成小康社会提供更加有力的司法保障，2017年12月25日，最高人民法院在广东省深圳市召开了全国法院破产审判工作会议。各省、自治区、直辖市高级人民法院、设立破产审判庭的市中级人民法院的代表参加了会议。与会代表经认真讨论，对人民法院破产审判涉及的主要问题达成共识。现纪要如下：

一、破产审判的总体要求

会议认为，人民法院要坚持以习近平新时代中国特色社会主义经济思想为指导，深刻认识破产法治对决胜全面建成小康社会的重要意义，以更加有力的举措开展破产审判工作，为经济社会持续健康发展提供更加有力的司法保障。当前和今后一个时期，破产审判工作总的要求是：

一要发挥破产审判功能，助推建设现代化经济体系。人民法院要通过破产工作实现资源重新配置，用好企业破产中权益、经营管理、资产、技术等重大调整的有利契机，对不同企业分类处置，把科技、资本、劳动力和人力资源等生产要素调动好、配置好、协同好，促进实体经济和产业体系优质高效。

二要着力服务构建新的经济体制，完善市场主体救治和退出机制。要充分运用重整、和解法律手段实现市场主体的有效救治，帮助企业提质增效；运用清算手段促使丧失经营价值的企业和产能及时退出市场，实现优胜劣汰，从而完善社会主义市场主体的救治和退出机制。

三要健全破产审判工作机制，最大限度释放破产审判的价值。要进一步完善破产重整企业识别、政府与法院协调、案件信息沟通、合法有序的利益衡平四项破产审判工作机制，推动破产审判工作良性运行，彰显破产审判工作的制度价值和社会责任。

四要完善执行与破产工作的有序衔接，推动解决"执行难"。要将破产审判作为与立案、审判、执行既相互衔接、又相对独立的一个重要环节，充分发挥破产审判对化解执行积案的促进功能，消除执行转破产的障碍，从司法工作机制上探索解决"执行难"的有效途径。

二、破产审判的专业化建设

审判专业化是破产审判工作取得实质性进展的关键环节。各级法院要大力加强破产审判专业化建设，努力实现审判机构专业化、审判队伍专业化、审判程序规范化、裁判规则标准化、绩效考评科学化。

1. 推进破产审判机构专业化建设。省会城市、副省级城市所在地中级人民法院要根据最高人民法院《关于在中级人民法院设立清算与破产审判庭的工作方案》（法〔2016〕209号），抓紧设立清算与破产审判庭。其他各级法院可根据本地工作实际需求决定设立清算与破产审判庭或专门的合议庭，培养熟悉清算与破产审判的专业法官，以适应破产审判工作的需求。

2. 合理配置审判任务。要根据破产案件数量、案件难易程度、审判力量等情况，合理分配各级法院的审判任务。对于债权债务关系复杂、审理难度大的破产案件，高级人民法院可以探索实行中级人民法院集中管辖为原则、基层人民法院管辖为例外的管辖制度；对于债权债务关系简单、审理难度不大的破产案件，可以主要由基层人民法院管辖，通过快速审理程序高效审结。

3. 建立科学的绩效考评体系。要尽快完善清算与破产审判工作绩效考评体系，在充分尊重司法规律的基础上确定绩效考评标准，避免将办理清算破产案件与普通案件简单对比、等量齐观、同等考核。

三、管理人制度的完善

管理人是破产程序的主要推动者和破产事务的具体执行者。管理人的能力和素质不仅影响破产审判工作的质量，还关系到破产企业的命运与未来发展。要加快完善管理人制度，大力提升管理人职业素养和执业能力，强化对管理人的履职保障和有效监督，为改善企业经营、优化产业结构提供有力制度保障。

4. 完善管理人队伍结构。人民法院要指导编入管理人名册的中介机构采取适当方式吸收具有专业技术知识、企业经营能力的人员充实到管理人队伍中来，促进管理人队伍内在结构更加合理，充分发挥和提升管理人在企业病因诊断、资源整合等方面的重要作用。

5. 探索管理人跨区域执业。除从本地名册选择管理人外，各地法院还可以探索从外省、市管理人名册中选任管理人，确保重大破产案件能够遴选出最佳管理人。两家以上具备资质的中介机构请求联合担任同一破产案件管理人的，人民法院经审查符合自愿协商、优势互补、权责一致要求且确有必要的，可以准许。

6. 实行管理人分级管理。高级人民法院或者自行编制管理人名册的中级人民法院可以综合考虑管理人的专业水准、工作经验、执业操守、工作绩效、勤勉程度等因素，合理确定管理人等级，对管理人实行分级管理、定期考评。对债务人财产数量不多、债权债务关系简单的破产案件，可以在相应等级的管理人中采取轮候、抽签、摇号等随机方式指定管理人。

7. 建立竞争选定管理人工作机制。破产案件中可以引入竞争机制选任管理人，提升破产管理质量。上市公司破产案件、在本地有重大影响的破产案件或者债权债务关系复杂，涉及债权人、职工以及利害关系人人数较多的破产案件，在指定管理人时，一般应当通过竞争方式依法选定。

8. 合理划分法院和管理人的职能范围。人民法院应当支持和保障管理人依法履行职责，不得代替管理人作出本应由管理人自己作出的决定。管理人应当依法管理和处分债务人财产，审慎决定债务人内部管理事务，不得将自己的职责全部或者部分转让给他人。

9. 进一步落实管理人职责。在债务人自行管理的重整程序中，人民法院要督促管理人制订监督债务人的具体制度。在重整计划规定的监督期内，管理人应当代表债务人参加监督期开始前已经启动而尚未终结的诉讼、仲裁活动。重整程序、和解程序转入破产清算程序后，管理人应当按照破产清算程序继续履行管理人职责。

10. 发挥管理人报酬的激励和约束作用。人民法院可以根据破产案件的不同情况确定管理人报酬的支付方式，发挥管理人报酬在激励、约束管理人勤勉履职方面的积极作用。管理人报酬原则上应当根据破产案件审理进度和管理人履职情况分期支付。案情简单、耗时较短的破产案件，可以在破产程序终结后一次性向管理人支付报酬。

11. 管理人聘用其他人员费用负担的规制。管理人经人民法院许可聘用企业经营管理人员，或者管理人确有必要聘请其他社会中介机构或人员处理重大诉讼、仲裁、执行或审计等专业性较强工作，如所需费用需要列入破产费用的，应当经债权人会议同意。

12. 推动建立破产费用的综合保障制度。各地法院要积极争取财政部门支持，或采取从其他破产案件管理人报酬中提取一定比例等方式，推动设立破产费用保障资金，建立破产费用保障长效机制，解决因债务人财产不足以支付破产费用而影响破产程序启动的问题。

13. 支持和引导成立管理人协会。人民法院应当支持、引导、推动本辖区范围内管理人名册中的社会中介机构、个人成立管理人协会，加强对管理人的管理和约束，维护管理人的合法权益，逐步形成规范、稳定和自律的行业组织，确保管理人队伍既充满活力又规范有序发展。

四、破产重整

会议认为，重整制度集中体现了破产法的拯救功能，代表了现代破产法的发展趋势，全国各级法院要高度重视重整工作，妥善审理企业重整案件，通过市场化、法治化途径挽救困境企业，不断完善社会主义市场主体救治机制。

14. 重整企业的识别审查。破产重整的对象应当是具有挽救价值和可能的困境企业；对于僵尸企业，应通过破产清算，果断实现市场出清。人民法院在审查重整申请时，根据债务人的资产状况、技术工艺、生产销售、行业前景等因素，能够认定债务人明显不具备重整价值以及拯救可能性的，应裁定不予受理。

15. 重整案件的听证程序。对于债权债务关系复杂、债务规模较大，或者涉及上市公司重整的案件，人民法院在审查重整申请时，可以组织申请人、被申请人听证。债权人、出资人、重整投资人等利害关系人经人民法院准许，也可以参加听证。听证期间不计入重整申请审查期限。

16. 重整计划的制定及沟通协调。人民法院要加强与管理人或债务人的沟通，引导其分析债务人陷于困境的原因，有针对性地制定重整计划草案，促使企业重新获得盈利能力，提高重整成功率。人民法院要与政府建立沟通协调机制，帮助管理人或债务人解决重整计划草案制定中的困难和问题。

17. 重整计划的审查与批准。重整不限于债务减免和财务调整，重整的重点是维持企业的营运价值。人民法院在审查重整计划时，除合法性审查外，还应审查其中的经营方案是否具有可行性。重整计划中关于企业重新获得盈利能力的经营方案具有可行性、表决程序合法、内容不损害各表决组中反对者的清偿利益的，人民法院应当自收到申请之日起三十日内裁定批准重整计划。

18. 重整计划草案强制批准的条件。人民法院应当审慎适用企业破产法第八十七条第二款，不得滥用强制批准权。确需强制批准重整计划草案的，重整计划草案除应当符合企业破产法第八十七条第二款规定外，如债权人分多组的，还应当至少有一组已经通过重整计划草案，且各表决组中反对者能够获得的清偿利益不低于依照破产清算程序所能获得的利益。

19. 重整计划执行中的变更条件和程序。债务人应严格执行重整计划，但因出现国家政策调整、法律修改变化等特殊情况，导致原重整计划无法执行的，债务人或管理人可以申请变更重整计划一次。债权人会议决议同意变更重整计划的，应自决议通过之日起十日内提请人民法院批准。债权人会议决议不同意或者人民法院不批准变更申请的，人民法院经管理人或者利害关系人请求，应当裁定终止重整计划的执行，并宣告债务人破产。

20. 重整计划变更后的重新表决与裁定批准。人民法院裁定同意变更重整计划的，债务人或者管理人应当在六个月内提出新的重整计划。变更后的重整计划应提交给因重整计划变更而遭受不利影响的债权人组和出资人组进行表决。表决、申请人民法院批准以及人民法院裁定是否批准的程序与原重整计划的相同。

21. 重整后企业正常生产经营的保障。企业重整后，投资主体、股权结构、公司治理模式、经营方式等与原企业相比，往往发生了根本变化，人民法院要通过加强与政府的沟通协调，帮助重整企业修复信用记录，依法获取税收优惠，以利于重整企业恢复正常生产经营。

22. 探索推行庭外重组与庭内重整制度的衔接。在企业进入重整程序之前，可以先由债权人与债务人、出资人等利害关系人通过庭外商业谈判，拟定重组方案。重整程序启动后，可以重组方案为依据拟定重整计划草案提交人民法院依法审查批准。

五、破产清算

会议认为，破产清算作为破产制度的重要组成部分，具有淘汰落后产能、优化市场资源配置的直接作用。对于缺乏拯救价值和可能性的债务人，要及时通过破产清算程序对债权债务关系进行全面清理，重新配置社会资源，提升社会有效供给的质量和水平，增强企业破产法对市场经济发展的引领作用。

23. 破产宣告的条件。人民法院受理破产清算申请后，第一次债权人会议上无人提出重整或和解申请的，管理人应当在债权审核确认和必要的审计、资产评估后，及时向人民法院提出宣告破产的申请。人民法院受理破产和解或重整申请后，债务人出现应当宣告破产的法定原因时，人民法院应当依法宣告债务人破产。

24. 破产宣告的程序及转换限制。相关主体向人民法院提出宣告破产申请的，人民法院应当自收到申请之日起七日内作出破产宣告裁定并进行公告。债务人被宣告破产后，不得再转入重整程序或和解程序。

25. 担保权人权利的行使与限制。在破产清算和破产和解程序中，对债务人特定财产享有担保权的债权人可以随时向管理人主张就该特定财产变价处置行使优先受偿权，管理人应及时变价处置，不得以须经债权人会议决议等为由拒绝。但因单独处置担保财产会降低其他破产财产的价值而应整体处置的除外。

26. 破产财产的处置。破产财产处置应当以价值最大化为原则，兼顾处置效率。人民法院要积极探索更为有效的破产财产处置方式和渠道，最大限度提升破产财产变价率。采用拍卖方式进行处置的，拍卖所得预计不足以支付评估拍卖费用，或者拍卖不成的，经债权人会议决议，可以采取作价变卖或实物分配方式。变卖或实物分配的方案经债权人会议两次表决仍未通过的，由人民法院裁定处理。

27. 企业破产与职工权益保护。破产程序中要依法妥善处理劳动关系，推动完善职工欠薪保障机制，依法保护职工生存权。由第三方垫付的职工债权，原则上按照垫付的职工债权性质进行清偿；由欠薪保障基金垫付的，应按照企业破产法第一百一十三条第一款第二项的顺序清偿。债务人欠缴的住房公积金，按照债务人拖欠的职工工资性质清偿。

28. 破产债权的清偿原则和顺序。对于法律没有明确规定清偿顺序的债权，人民法院可以按照人身损害赔偿债权优先于财产性债权、私法债权优先于公法债权、补偿性债权优先于惩罚性债权的原则合理确定清偿顺序。因债务人侵权行为造成的人身损害赔偿，可以参照企业破产法第一百一十三条第一款第一项规定的顺序清偿，但其中涉及的惩罚性赔偿除外。

破产财产依照企业破产法第一百一十三条规定的顺序清偿后仍有剩余的，可依次用于清偿破产受理前产生的民事惩罚性赔偿金、行政罚款、刑事罚金等惩罚性债权。

29. 建立破产案件审理的繁简分流机制。人民法院审理破产案件应当提升审判效率，在确保利害关系人程序和实体权利不受损害的前提下，建立破产案件审理的繁简分流机制。对于债权债务关系明确、债务人财产状况清楚的破产案件，可以通过缩短程序时间、简化流程等方式加快案件审理进程，但不得突破法律规定的最低期限。

30. 破产清算程序的终结。人民法院终结破产清算程序应当以查明债务人财产状况、明确债务人财产的分配方案、确保破产债权获得依法清偿为基础。破产申请受理后，经管理人调查，债务人财产不足以清偿破产费用且无人代为清偿或垫付的，人民法院应当依管理人申请宣告破产并裁定终结破产清算程序。

31. 保证人的清偿责任和求偿权的限制。破产程序终结前，已向债权人承担了保证责任的保证人，可以要求债务人向其转付已申报债权的债权人在破产程序中应得清偿部分。破产程序终结后，债权人就破产程序中未受清偿部分要求保证人承担保证责任的，应在破产程序终结后六个月内提出。保证人承担保证责任后，不得再向和解或重整后的债务人行使求偿权。

六、关联企业破产

会议认为，人民法院审理关联企业破产案件时，要立足于破产关联企业之间的具体关系模式，采取不同方式予以处理。既要通过实质合并审理方式处理法人人格高度混同的关联关系，确保全体债权人公平清偿，也要避免不当采用实质合并审理方式损害相关利益主体的合法权益。

32. 关联企业实质合并破产的审慎适用。人民法院在审理企业破产案件时，应当尊重企业法人人格的独立性，以对关联企业成员的破产原因进行单独判断并适用单个破产程序为基本原则。当关联企业成员之间存在法人人格高度混同、区分各关联企业成员财产的成本过高、严重损害债权人公平清偿利益时，可例外适用关联企业实质合并破产方式进行审理。

33. 实质合并申请的审查。人民法院收到实质合并申请后，应当及时通知相关利害关系人并组织听证，听证时间不计入审查时间。人民法院在审查实质合并申请过程中，可以综合考虑关联企业之间资产的混同程度及其持续时间、各企业之间的利益关系、债权人整体清偿利益、增加企业重整的可能性等因素，在收到申请之日起三十日内作出是否实质合并审理的裁定。

34. 裁定实质合并时利害关系人的权利救济。相关利害关系人对受理法院作出的实质合并审理裁定不服的，可以自裁定书送达之日起十五日内向受理法院的上一级人民法院申请复议。

35. 实质合并审理的管辖原则与冲突解决。采用实质合并方式审理关联企业破产案件的，应由关联企业中的核心控制企业住所地人民法院管辖。核心控制企业不明确的，由关联企业主要财产所在地人民法院管辖。多个法院之间对管辖权发生争议的，应当报请共同的上级人民法院指定管辖。

36. 实质合并审理的法律后果。人民法院裁定采用实质合并方式审理破产案件的，各关联企业成员之间的债权债务归于消灭，各成员的财产作为合并后统一的破产财产，由各成员的债权人在同一程序中按照法定顺序公平受偿。采用实质合并方式进行重整的，重整计划草案中应当制定统一的债权分类、债权调整和债权受偿方案。

37. 实质合并审理后的企业成员存续。适用实质合并规则进行破产清算的，破产程序终结后各关联企业成员均应予以注销。适用实质合并规则进行和解或重整的，各关联企业原则上应当合并为一个企业。根据和解协议或重整计划，确有需要保持个别企业独立的，应当依照企业分立的有关规则单独处理。

38. 关联企业破产案件的协调审理与管辖原则。多个关联企业成员均存在破产原因但不符合实质合并条件的，人民法院可根据相关主体的申请对多个破产程序进行协调审理，并可根据程序协调的需要，综合考虑破产案件审理的效率、破产申请的先后顺序、成员负债规模大小、核心控制企业住所地等因素，由共同的上级法院确定一家法院集中管辖。

39. 协调审理的法律后果。协调审理不消灭关联企业成员之间的债权债务关系，不对关联企业成员的财产进行合并，各关联企业成员的债权人仍以该企业成员财产为限依法获得清偿。但关联企业成员之间不当利用关联关系形成的债权，应当劣后于其他普通债权顺序清偿，且该劣后债权人不得就其他关联企业成员提供的特定财产优先受偿。

七、执行程序与破产程序的衔接

执行程序与破产程序的有效衔接是全面推进破产审判工作的有力抓手，也是破解"执行难"的重要举措。全国各级法院要深刻认识执行转破产工作的重要意义，大力推动符合破产条件的执行案件，包括执行不能案件进入破产程序，充分发挥破产程序的制度价值。

40. 执行法院的审查告知、释明义务和移送职责。执行部门要高度重视执行与破产的衔接工作，推动符合条件的执行案件向破产程序移转。执行法院发现作为被执行人的企业法人符合企业破产法第二条规定的，应当及时询问当事人是否同意将案件移送破产审查并释明法律后果。执行法院作出移送决定后，应当书面通知所有已知执行法院，执行法院均应中止对被执行人的执行程序。

41. 执行转破产案件的移送和接收。执行法院与受移送法院应加强移送环节的协调配合，提升工作实效。执行法院移送案件时，应当确保材料完备，内容、形式符合规定。受移送法院应当认真审核并及时反馈意见，不得无故不予接收或暂缓立案。

42. 破产案件受理后查封措施的解除或查封财产的移送。执行法院收到破产受理裁定后，应当解除对债务人财产的查封、扣押、冻结措施；或者根据破产受理法院的要求，出具函件将查封、扣押、冻结财产的处置权交破产受理法院。破产受理法院可以持执行法院的移送处置函件进行续行查封、扣押、冻结，解除查封、扣押、冻结，或者予以处置。

执行法院收到破产受理裁定拒不解除查封、扣押、冻结措施的，破产受理法院可以请求执行法院的上级法院依法予以纠正。

43. 破产审判部门与执行部门的信息共享。破产受理法院可以利用执行查控系统查控债务人财产，提高破产审判工作效率，执行部门应予以配合。

各地法院要树立线上线下法律程序同步化的观念，逐步实现符合移送条件的执行案件网上移送，提升移送工作的透明度，提高案件移送、通知、送达、沟通协调等相关工作的效率。

44. 强化执行转破产工作的考核与管理。各级法院要结合工作实际建立执行转破产工作考核机制，科学设置考核指标，推动执行转破产工作开展。对应当征询当事人意见不征询、应当提交移送审查不提交、受移送法院违反相关规定拒不接收执行转破产材料或者拒绝立案的，除应当纳入绩效考核和业绩考评体系外，还应当公开通报和严肃追究相关人员的责任。

八、破产信息化建设

会议认为，全国法院要进一步加强破产审判的信息化建设，提升破产案件审理的透明度和公信力，增进破产案件审理质效，促进企业重整再生。

45. 充分发挥破产重整案件信息平台对破产审判工作的推动作用。各级法院要按照最高人民法院相关规定，通过破产重整案件信息平台规范破产案件审理，全程公开、步步留痕。要进一步强化信息网的数据统计、数据检索等功能，分析研判企业破产案件情况，及时发现新情况，解决新问题，提升破产案件审判水平。

46. 不断加大破产重整案件的信息公开力度。要增加对债务人企业信息的公开内容，吸引潜在投资者，促进资本、技术、管理能力等要素自由流动和有效配置，帮助企业重整再生。要确保债权人等利害关系人及时、充分了解案件进程和债务人相关财务、重整计划草案、重整计划执行等情况，维护债权人等利害关系人的知情权、程序参与权。

47. 运用信息化手段提高破产案件处理的质量与效率。要适应信息化发展趋势，积极引导以网络拍卖方式处置破产财产，提升破产财产处置效益。鼓励和规范通过网络方式召开债权人会议，提高效率，降低破产费用，确保债权人等主体参与破产程序的权利。

48. 进一步发挥人民法院破产重整案件信息网的枢纽作用。要不断完善和推广使用破产重整案件信息网，在确保增量数据及时录入信息网的同时，加快填充有关存量数据，确立信息网在企业破产大数据方面的枢纽地位，发挥信息网的宣传、交流功能，扩大各方运用信息网的积极性。

九、跨境破产

49. 对跨境破产与互惠原则。人民法院在处理跨境破产案件时，要妥善解决跨境破产中的法律冲突与矛盾，合理确定跨境破产案件中的管辖权。在坚持同类债权平等保护的原则下，协调好外国债权人利益与我国债权人利益的平衡，合理保护我国境内职工债权、税收债权等优先权的清偿利益。积极参与、推动跨境破产国际条约的协商与签订，探索互惠原则适用的新方式，加强我国法院和管理人在跨境破产领域的合作，推进国际投资健康有序发展。

50. 跨境破产案件中的权利保护与利益平衡。依照企业破产法第五条的规定，开展跨境破产协作。人民法院认可外国法院作出的破产案件的判决、裁定后，债务人在中华人民共和国境内的财产在全额清偿境内的担保权人、职工债权和社会保险费用、所欠税款等优先权后，剩余财产可以按照该外国法院的规定进行分配。